economics | 经济读物

FAULT LINES

HOW HIDDEN FRACTURES STILL THREATEN THE WORLD ECONOMY

How Hidden Fractures Still Threaten the World Economy

断层线

全球经济潜在的危机

[美] 拉古拉迈·拉詹◎著

刘念　蒋宗强　孙倩　刘开雄◎译

How Hidden Fractures Still Threaten the World Economy

中信出版社

CHINA CITIC PRESS

图书在版编目（CIP）数据

断层线：全球经济潜在的危机 /（美）拉詹著；刘念，蒋宗强，孙倩，刘开雄译 .—北京：中信出版社，2011.8

书名原文：Fault Lines

ISBN 978–7–5086–2888–2

I. 断… II. ① 拉… ② 刘… ③ 蒋… ④ 孙… ⑤ 刘… III. 经济危机 – 研究 – 世界 IV. F113.7

中国版本图书馆 CIP 数据核字（2011）第 129822 号

断层线——全球经济潜在的危机

DUANCENGXIAN

著　　者：[美] 拉古拉迈 · 拉詹

译　　者：刘　念　蒋宗强　孙　倩　刘开雄

策划推广：中信出版社（China CITIC Press）

出版发行：中信出版集团股份有限公司（北京市朝阳区惠新东街甲 4 号富盛大厦 2 座　邮编　100029）

（CITIC Publishing Group）

承 印 者：北京诚信伟业印刷有限公司

开　　本：787mm × 1092mm　1/16　　**印　　张**：20.25　　**字　　数**：260 千字

版　　次：2011 年 8 月第 1 版　　**印　　次**：2011 年 11月第 4 次印刷

京权图字：01–2011–1358

书　　号：ISBN 978–7–5086–2888–2 / F · 2368

定　　价：49.00 元

服务热线：010–84849283

http: //www.publish.citic.com

服务传真：010–84849000

E-mail: sales@citicpub.com

author@citicpub.com

金融风暴来临时，众人皆醉，他独醒——他是对的。

当几乎所有的人都在畅谈经济复苏时，他却大谈全球经济潜在的危机——他也将是对的。

拉古拉迈·拉詹所有的智慧，都蕴涵在这部名叫“断层线”的书中。

献给我的双亲

《断层线：全球经济潜在的危机》

Fault Lines: How Hidden Fractures Still Threaten the Wcrlc Economy

摘取“经济学界”的皇冠，商业史上的里程碑式巨著

一个传奇色彩的作者，一部传奇色彩的书

★ 拉古拉迈 · 拉詹是少数在全球金融危机爆发之前就发出警告的经济学家之一。

2005 年，在美联储表彰格林斯潘任期内表现的会议上，有个值得一提的时刻：一位勇敢的与会者拉古拉迈 · 拉詹（令人惊讶的是他出身于芝加哥大学）展示了一篇关于“金融体系的风险水平有着潜在危险”的论文。他被在场的大多数人嘲笑了，包括拉里 · 萨默斯，萨默斯说这位学者的警告是“被误导的”。

在这本书中，拉古拉迈 · 拉詹认为，全球经济的危机之源在于停滞不前的工资和日益增长的不平等。随着中产阶层的购买力落后于生活成本，社会对于信贷的需求也在猛增。金融行业在政府的支持下大量发行债券。这种毫无限制的信贷增长的副作用是非常巨大的。

★ 这场金融危机似乎没有带来任何好消息，唯独有一条：它将拉古拉迈 · 拉詹带回了人们的视线！

拉古拉迈 · 拉詹是少数几个能够预测到金融危机发生的经济学家，在金融危机过后，拉古拉迈 · 拉詹却断言，全球经济还是有潜在的危机，如果我们放任不管，全球经济将再次陷入萧条。

华尔街从来不缺著书立传者，尤其是在金融危机后，各种原因分析、漏洞指陈的书籍一打又一打，但是它们都无法和拉詹的《断层线》相提并论，因为拉詹是为数极少的几个在金融危机前就预言风暴即将来临的经济学家，后来事情真的发生了，所以人们更愿意听他的分析！

★ 华尔街不喜欢“马后炮”对历史的推演，却毫无保留地倾向于饱受抨击但大胆道出厄运的“预言者”。

有人认为金融危机应归咎于贪婪的华尔街银行家，尤其是高盛。有人指出政府也有错，尤其是房利美和房地美。但拉詹告诉我们：这个问题比我们想象中复杂，全球经济

不平等的鸿沟犹如全球地质板块的断层，会将政府和金融引向一场金融地震。

眼下拥抱拉詹，就意味着要与另一场厄运迎面相遇。因为拉詹口中的“断层线”并没有因为2008年的金融危机烟消云散。收入差距引发贫富之间的鸿沟越来越大，社会又缺乏完善的保障制度，一方面是薄弱的卫生医疗、劳动保障，一方面是被富人抬高的消费水平，跟不上节奏的广大人群只能求助于借贷……拉詹在书中写道：“一些比较严重的断层线的起因是政治，而非经济。不幸的是，在危机爆发之前，我们不知道这些断层线何在。我们现在了解得比较清楚了，但危险在于我们会继续置之不理。”我们还有什么理由不拥抱拉詹？

★ 拉古拉迈·拉詹这个“厄运预言博士”还是幸运的，他的书成为“全球最聪明人”的案头必读之书。

美国《外交政策》杂志公布了“2010年度全球思想家”榜单，沃伦·巴菲特、比尔·盖茨领衔全球100名政治、经济、环保领域精英位列其上。排排坐，或许是又一种形式的名利场聚会。但令人意外的是，该杂志今年首创“全球思想家读书俱乐部”，要求这些“全球最聪明的人”列出最近阅读的书单。《断层线》名列榜首。

《断层线》的推荐者中，有全球思想家排名46位的普林斯顿大学哲学系教授阿皮亚、排名73位的马里兰大学经济学家卡门·莱因哈特、排名12位的经济学家鲁里埃尔·鲁比尼、排名48位的耶鲁大学经济学家罗伯特·希勒和排名58位的芝加哥大学行为经济学家理查德·泰勒。

★ 众多媒体和专家被拉古拉迈·拉詹的观点所折服。

一本令人深思的新作……拉詹的声音值得倾听。

——马丁·沃尔夫 《金融时报》副主编

在一大堆关于金融危机的书中，拉詹的书却格外引人注目：作者才智非凡，他的学术世界和真实世界都包含在金融和宏观经济问题之中，他全球化的视野，他在美国不断扩大的经济不平等中寻找金融危机的根源，当然还有他的坚持。在2005年，拉詹就预见到了即将到来的金融崩溃——而在当时，他却因此而备受批评。

——理查德·波斯纳 法律经济学运动的重要人物

昨夜，我利用一段时间如饥似渴地读了拉詹的《断层线》。这本力作篇幅不长，鞭辟入里，特别引人入胜。我强烈推荐读者将其列入关于金融危机的阅读书目中。

——马修 · 伊格莱西亚斯　美国著名作家

拉詹认为，世界经济体系的裂痕与地质断层线相似，但其隐蔽性与广泛性绝对超出常人所想，而且其危害性可能比贪婪的银行家、庸碌的管理者以及不负责任的债务人等显性的角色更加突出。拉詹先生……指出这些角色（以及其他角色）正活跃在更为广阔的世界舞台上，他们过去，而且目前依然服从政治经济的需要……这是一本严肃而深刻的力作。

——《纽约时报》

在《断层线》这本新作中，拉詹指出金融体系崩溃的初始原因是薪酬水平停滞不前和社会不公加剧。由于许多中产家庭生活费用增加而购买力不足，信贷便应运而生。在政府的鼓励下，金融业开始提供房屋净值贷款、次级抵押贷款和汽车贷款……无节制的信贷可能引发毁灭性的结果，却很少有经济学家考虑到这一点。

——《纽约客》

普林斯顿大学出版社出版的这本书，经过激烈的竞争，最终击败其他五本候选图书，成为 2010 年度最引人注目、最有趣的商业类图书。七位评审经过激烈的争论，最后将焦点集中到了《断层线》上。《断层线》这本书指出了削弱世界金融体系的缺陷，给出了潜在的解决方案，同时警告说，除非决策者进行痛苦的改革，否则世界也许会重新陷入混乱。

——《金融时报》

左派指出这次金融危机的罪魁祸首是华尔街贪婪的银行家，尤其是高盛集团。右派也指出，此次金融危机的根源在于政府的错误，尤其是房利美和房地美的错误。芝加哥大学布斯商学院的拉古拉迈 · 拉詹说，原因更加复杂。世界各地区经济发展水平之间的断层，促使大的政府和大的金融机构不断迈向金融地震。在他看来，这是一个希腊式的悲剧，投机商和银行家，议员和债务人都起到了推波助澜的作用，最终将全球经济推向了无法逆转的痛苦深渊。但是，如果你把他视为芝加哥自由市场派的代表，他却出人意料地指出贫富差距是这场金融灾难的重大根源。

——《华尔街日报》

太好了……当前这个时代，越来越多的人倾向于将一切问题归咎于“全球化”等口号式词汇，而《断层线》却是独树一帜的，非常值得一读。

——《经济学人》

很有说服力。

——《纽约时报杂志》

拉詹的著作清晰易懂，直截了当。

——彭博新闻社

《断层线》是必读之作。

——福布斯网

《断层线》对金融危机的起源及后果进行了入木三分且深入浅出的剖析，荣获金融时报-高盛年度最佳商业书大奖。只有少数人就这次危机提出预警，而拉詹便是其中之一。这本书的观点令人惊奇，发人深省。

——《金融时报》

只有少数人能够预见到这次经济萧条，而拉古拉迈·拉詹便是其中之一。他的《断层线》很有价值，主要在于它清楚地阐述了动机良好的政府干预所带来的意外的经济后果。

——《华盛顿时报》

国际货币基金组织前首席经济学家拉古拉迈·拉詹在其新书《断层线》中，概括并解释了导致金融危机的种种弊端，即他所说的在过去几年中所暴露出来的“断层线”。之后，拉詹就如何避免危机重现提出了广泛的政策建议。拉詹的著作高屋建瓴地审视了使我们陷入危机的各种因素，并为避免重蹈覆辙提出了引人注目的政策路径。

——《金融与发展》

拉詹在《断层线》中提出的全球性改革包罗万象。除了华尔街的薪酬体系，他还就在全球信贷体系内建立资本缓冲，以及消除对大公司以及金融巨无霸的政府救助提出了创新性的建议。

——《巴伦金融周刊》

2007 年，时任国际货币基金组织首席经济学家的拉古拉迈·拉詹就曾向世界顶级的银行家们发出预警，指出金融市场正在步入崩溃的深渊，而他们却不以为意，一笑了之。金融危机之后，拉詹推出新作《断层线》，警告说世界金融体系注定要重蹈覆辙。拉詹同许多力挺市场经济的人一样，要人们别把银行家妖魔化。但其注重不公平现象的金融保守主义使其脱颖而出。他指出，薪酬差距不断扩大是金融动荡的隐形推手，迫使政治家们不断进行短期性的调整。

——《多伦多星报》

《断层线》是 2010 年的最佳经济学著作。拉詹接受金融时报–高盛年度最佳商业书大奖证明了这本书是多么受欢迎。不难理解为什么那么多人钟情于这本书，因为它毫无夸大之词，清晰而全面地阐述了这场危机的根源。

——《基金策略》

FAULT LINES 目录

第二章

中国的断层线：世界各国的发展历程对中国意味着什么

第三章

外资的诱惑：全球资本是如何运转的？

第四章

危机之下薄弱的社保体系

第五章

谁在制造泡沫

第六章

当货币成为一切的价值衡量

第十章

说服中国：怎样才算最正确的做法

沿着断层线追溯金融地震的形成与演变

金融危机让金融机构和决策者一筹莫展，但是却往往激励着金融研究者寻求新的经济金融分析框架，来更好地解释和理解金融危机，为下一步更好地把握金融危机提供理论参照。因此，危机之后，往往是理论创新的活跃时期。

在当前关于金融危机的各种反思文献之中，凯恩斯在20世纪30年代关于大萧条的反思常常被引用，凯恩斯在一篇题为《1930年的大衰退》（*The Great Slump of 1930*，发表于当年12月份）的文章中说："我们已置身于巨大的混乱之中，在操控一台精密机器时出了差错——其运行机理是我们所不理解的。"从特定意义上说，金融危机的爆发，往往是由于传统的理论分析框架无法完全解释，使得金融界对于全球经济金融体系这样的精密机器的机理难以理解。同时，这种反思也促使金融界进行创新。

在各种危机的反思之中，拉詹的分析，包括这一本《断层线》，可以说是独树一帜的。在众多反思金融危机的学者当中，拉詹应当说属于个性鲜明、才华出众的一类，有这些特性的学者注定在大动荡时期会引人注目。拉詹现在担任芝加哥大学布斯商学院金融学教授，曾任国际货币基金组织的首席经济学家。在他担任国际货币基金组织首席经济学家期间，他的一篇论文“*Has financial development made the world riskier?*”被视为为数不多的在危机之前预见到此次危机爆发的出色论文之一，至少在2011年的奥斯卡最佳纪录片《监守自盗》中，拉詹及其论文被视为有远见的预警者，他的这篇论文强调美国金融创新中存在的显著的激励约束机制的不对称、风险和收益的不对称必然会导致美国金融体系的崩溃。

拉詹在中国经济界广为人知，我想一个因素是2011年的奥斯卡最佳纪录片中的叙述以及对拉詹的多次采访，另外一个因素便是此前拉詹和津加莱斯合著的《从资本家手中拯救资本主义》已经在国内翻译出版，并得到不少的好评。拉詹曾获美国金融学会的费雪–布莱克奖，这个奖项是奖励有才华的、40岁以下的金融研究者的。

从直接原因看，此次世界性的金融危机是由于美国房地产价格下跌波及金融市场，导致金融机构持有的大量次贷支持证券大幅缩水，但问题的背后是在当前的国际货币体系和经济结构下所形成的全球经济金融结构失衡，以及建立在这个失衡基础上的华尔街投行模式的制度性缺陷。在拉詹的分析中，他借用了地质学的一个概念，就是断层线，地震往往是沿着断层线爆发的，因此，沿着断层线的痕迹去追溯，可以为把握金融危机及其演变提供一个新的视角。

拉詹在本书中进一步强调，对于这次金融危机并没有一个单一的解释，而是发达国家贫富悬殊与政治压力之下的过度宽松房贷政策、新兴国家出口导向政策与发达国家过度消费、发达国家与新兴国家在金融监管上的尺度不一以及不当的政府干预措施等因素形成了多条“断层线”，这些深层次的不平衡相互作用，阻碍了各自功能的正常发挥，并由此打破了各国为抑制金融膨胀而建立的制衡体系，在积累了巨大的泡沫之后，整个世界金融体系便出现了深度的调整。

与不少分析金融危机的著作不同，本书并没有将视野局限在经济领域和金融市场，而是从社会变迁、政治制度、世界经济一体化、国际货币体系等宏观视角入手，层层推进，并结合对不同体系的微观分析，尝试从系统的角度道出金融危机的来龙去脉和演进根源。

作者认为，新世纪以来，在计算机和通信技术革命的推动下，以美国为代表的发达国家出现了大量结构性失业现象，导致收入水平严重不平衡。在政治压力之下，政客们极力推动了以扩大住房信贷为代表的宽松信贷政策，促使低收入阶层提前消费，改善生活质量，其后果就是助推了房地产市场的巨大泡沫，构成了第一个“断层线”。

与发达国家过度消费相对应的是新兴市场国家的过度储蓄，由于内部市场狭小，新兴国家对出口型企业的补贴政策会抑制家庭消费，使国内市场受到进一步压制，其巨额的外汇储备又只能以低廉的资金价格流回发达国家，助推了资产泡沫，这是造成金融危机的第二个“断层线”。

在一些发达国家，社会保障体系薄弱，加上较高的失业率，使得政府倾向于制定减税、增加支出、降息等宽松的经济政策，一方面造成了巨额的财政赤字，另一方面推高了资产价格，形成了第三个“断层线”。

极度宽松的货币环境加上金融自由化浪潮下的监管放松，使得金融机构的道德风险彰显，倾向于大规模扩张业务，制造了大量的衍生证券，而各国廉价的资金涌入美国又进一步刺激了以次级贷款为基础的金融衍生品的交易扩张，这是第四个“断层线”。

作者给出的国际金融体系改革路线图也是清晰的：减少政府不当的市

场干预，制定适应经济周期的监管规则；终结对金融机构的补贴和特权，鼓励金融竞争，变革金融机构的薪酬体系，降低道德风险，消除大而不倒的难题；减少对金融债权的过度保护，逐步淘汰存款保险；建立良好的危机缓冲机制，完善金融机构的破产机制等。简单来说，就是要在继续推行金融市场化的同时，确保金融系统的风险被有效控制和释放。这些建议大部分已被人们意识到，但真正去修补金融市场的断层需要国际社会、政府监管部门、金融机构等多方势力的博弈，推行起来还是会受到既得利益阶层的重重阻挠，系统性的国际金融体系改革既复杂，又具有艰巨性和长期性。

所幸的是，金融危机爆发后，各国迅速建立了沟通协调和金融合作机制，通过政府信用向金融机构输血，采取了大规模的财政刺激计划和更为宽松的货币政策，将世界经济和金融机构从危机的边缘拯救过来，避免了20世纪30年代“大萧条”的重演。更为重要的是，过度扩张的金融风险引起了监管机构和市场参与者的广泛认识和警觉，改革国际金融监管体系成为各国的共识，特别是要提高复杂的金融衍生品的透明度、加强对影子银行的监管、完善信息披露等，以《巴塞尔协议Ⅲ》和美国《现代金融监管结构蓝皮书》及《金融改革框架》为标志，一场全方位的世界金融体制改革正在迅速推进和落实之中，那些世界经济和金融市场的断层也得以逐步修复。

但是，任何经济政策的选择都具有两面性。经过各国的共同努力，目前金融危机已经走出了最为艰难的时期，新兴市场国家经济实现了全面复苏。同时我们也看到，大规模财政刺激计划和量化宽松货币政策所造成的负面后果也逐步显现，在美元依然作为主要国际货币的制度框架下，大量的货币发行导致美元不是进入美国实体经济，而是流向国际市场，一方面带来资产泡沫和通货膨胀，另一方面推动新兴国家的货币大幅升值，冲击其出口市场。

从金融市场发展的历史看，金融机构和监管者的博弈难以停止，每次危机之后，市场的漏洞总是会被聪明的人们不断修补。而技术的发展和金融创新活动的加快又将给市场带来新的风险，给监管者带来新的课题。因此，世界经济金融体系中的断层有的可能会得到修复，也有的断层不但不会被完全修复，原有的断层还可能会进一步加深，新的断层也可能继续出现。因此，从金融历史的角度看，这次金融危机不是第一次，也不会是最后一次，但是，金融市场却会随着人们认识的不断加深和对断层的不断修复而走向更有效率的发展路径。

是为序。

巴曙松　研究员

国务院发展研究中心金融研究所副所长、博士生导师

中国银行业协会首席经济学家

2011年6月于国务院发展研究中心

美国金融危机爆发之后，许多著名学者都出版了他们的新作，对金融危机进行了深入的剖析。比如一直预言美国要爆发金融危机的“末日博士”鲁比尼推出了《危机经济学》，哈佛大学经济学教授肯尼思·罗格夫和马里兰大学经济学教授卡门·莱因哈特也出版了《这一次不一样了：过去800年以来的金融危机》，美国联邦法官、经济法学的代表人物波斯纳先出了一本《资本主义的失败》，似乎还觉得意犹未尽，很快又写了一本《资本主义民主的危机》。很多出色的记者也出版了关于金融危机的新书，比如《金融时报》副主编吉莲·邰蒂的《愚人之金》(*Fool's Gold*)、《纽约时报》专栏作家安德鲁·罗斯·索尔金 的《大而不倒》(*Too Big to Fail*)、《华尔街日报》华盛顿分社副社长戴维·韦塞尔的《美联储与我们同在》(*In Fed We Trust*) 等。尽管已经有了这么多出色的作品，拉詹的新书《断层线》仍然显得卓然不群。

拉詹是芝加哥大学布斯商学院金融学教授，曾任国际货币基金组织的首席经济学家。他和津加莱斯合著的《从资本家手中拯救资本主义》已经在国内翻译出版。拉詹曾获美国金融学会的费雪–布莱克奖，该奖项专门奖给40岁以下的最优秀的金融学家。

拉詹在本书中谈到，美国金融危机爆发之后，尽管人们已经有很多反思，比如金融机构盲目地进行金融创新、金融监管漏洞百出、美联储的货币政策存在严重失误，但是，金融危机的根源要比这些原因更为深层。拉詹此书取名《断层线》，借用的是地质学中的术语。当地壳岩石承受的压力超过其本身的强度之后，就会发生断裂，出现断层。地质学家发现，地震往往是沿着断层线发生的。拉詹谈到，有三条断层线导致了美国金融危机的爆发，而且，由于我们没有从根本上解决问题，未来的危机仍然会沿着这三条断层线爆发。

第一条断层线来自美国收入差距不断扩大和美国国内政治之间的冲撞。1976年，收入最高的1%的美国家庭收入占美国家庭总收入的8.9%。到2007年，这一比例已经增加到23.5%。从1976年到2007年，美国全国的实际收入每增长一美元，就有58美分流入最富有的1%的家庭的腰包。因大举做空次贷按揭一下走红的对冲基金投资经理人约翰·保尔森2007年的收入是37亿美元，相当于74 000个美国普通家庭收入的总和。拉詹谈到，对于普通的美国人来说，更切肤的感受是收入在水平线以下的家庭状况不断恶化。而这又是因为美国教育体制存在着巨大的弊端。收入水平较低的家庭往往受教育程度更低。由于工作岗位对教育和技能的要求越来越高，有大学文凭的雇员和没有大学文凭的雇员的工资差距不断拉大。2008年，有高中文凭的劳动者平均年工资为27 963美元，而有大学文凭的劳动者平均年工资为48 097美元。收入低的家庭受教育程度更低，受教育程度更低则下一代的收入水平更低，这样一来，教育的差距会使得收入差距越来越恶化。普通劳动者的后代在竞争中弱势会越来越明显。

雪上加霜的是，美国的社会保障体系和其他发达国家如欧洲国家相比，覆盖的时间更短。一般来说，失业救济只管6个月，而且，医疗保险是和工作挂钩的，一旦丢掉工作，就很难加入医疗保险。这种社会保障体制或许在过去是适合美国国情的。从1960年到1991年，美国所经历的经济衰退都是短暂的，就业也能迅速恢复。但是，从20世纪90年代之后，美国屡次经历“没有就业增长的复苏”。1991年，美国的经济产出用了三个季度就恢复增长，但就业用了23个月才回到衰退之前的水平。2001年，美国只用了一个月就实现了经济增长，但就业用了38个月才回到衰退之前的水平。

收入差距的拉大和社会保障的落伍，让美国人越来越感到焦虑和担心。政治家们必须对此有所回应。改革美国的教育体制，提高劳动者的收入，本来应该是最重要的政策目标，但是，美国的政客们希望用更速效的药、味道更甜的药。于是，他们开始以刺激消费的政策讨好选民。这种政策就是扩张性的货币政策。随着利率降低、信贷扩张，刺激了人们的消费，尤其是房地产消费。信贷扩张带来的好处是巨大的、迅速的、广泛的，但是其风险和成本却被隐藏起来。美国原本就有房地产金融，1929年大萧条爆发之后，很多美国人因为失业而还不起月供，到1933年春，超过一半的住房抵押贷款出现问题。罗斯福总统上台之后，很快就成立了房主贷款公司（HOLC）和联邦住房管理局（FHA）。1936年房主贷款公司停止运作，美国很快就成立了联邦住房全国抵押贷款协会，即后来的房利美。1968年政府国家房贷联盟（即吉利美）成立，1970年联邦住房抵押贷款公司（即房地美）成立。从20世纪90年代开始，美国政府鼓励以抵押贷款的方式支持美国人民买房。1992年美国通过了《联邦住宅企业财务安全和稳健法》，目的之一就是提高低收入家庭和少数民族家庭的自有住房率。无论是克林顿政府，还是小布什政府，都对房地产金融推崇不已。2002年小布什在美国住房建设部演讲时就说道：“拥有自己的住房就是实现了美国梦。”房地产信贷能帮助政客拉选票，而银行看中的是政府的隐含担保，所以大胆地进军房地产金融。对于美国政府来说，支持房利美和房地美还有助于减少政府赤字，因为一部分赤字其实转移给了这些“政府支持企业”。常在河边走，哪能不湿鞋。房利美和房地美尽管自称从来不做次级贷款，但实际上，这些政府支持企业持有大约59%的次级贷款。为了讨好民众而大肆扩张信贷，最终一定会带来严重的银行危机。美国1929~1933年大萧条之前，就出现过民粹主义政府支持下的急剧信贷扩张，过了不到10年时间，金融危机就来敲门了。

第二条断层线是国际收支失衡。靠借贷消费是有限制的，一旦对消费品和服务的需求强劲增长，就会带来通货膨胀。央行就不得不提高利率，这就会让消费者借钱的能力下降。但是，在过去20年间，美国家庭消费的增长中，有很大一部分来自国外资金，尤其是德国、日本、中国等贸易顺差国。这些国家的国内储蓄高于国内投资，因此才出现了经常账户顺差。为什么这些国家，尤其是越来越多的发展中国家，会走上出口导向的发展道路呢？归根结底，这是由于这些相对落后的国家的经济增长焦虑症。过去的经济增长从来没有这样快。

1820~1870年间，当时的“新兴市场”澳大利亚和美国的年均经济增长率分别是1.8%和1.3%。它们成长为发达国家，靠的不是高速增长，而是长期持续的增长。但是，1950~1973年日本的增长率已经超过8%，中国在过去30多年的经济增长甚至超过了日本。德国和日本在战后鼓励出口是形势所迫。当时，作为战败国的德国和日本满目疮痍，国内居民的消费能力严重不足，唯一的出路就是出口。日本和德国的成功经验很快被发展中国家所模仿。一开始，很多发展中国家借鉴的是苏联模式，热衷于建立国有企业，但效果并不理想。后来，发展中国家发现，出口对于经济增长能带来两个好处：一是国际市场上的竞争是真刀真枪的，只有真正具有竞争力的企业才能生存，把自己的企业逼到国际市场上，有助于其加速成长；二是国际市场可以克服国内市场狭小的局限，最大限度地实现规模经济、专业化分工的优势。但是，为了鼓励出口，发展中国家普遍采取压低利率，尤其是存款利率，以及压低汇率的政策，这不利于鼓励国内居民的收入增长和消费。与此同时，国内的服务业往往受到政府的过度保护，效率低下。一个值得关注的现象是，实行出口导向的发展中经济体大多是威权主义政权，这是因为，通过压抑国内消费刺激经济增长的做法，靠一个民粹主义政府几乎是无法实现的。

问题在于，这种重出口、轻消费的政策从长期来看是难以持续的。政府也要对民众的怨言作出反应。但是，当各国政府意识到问题的严重性的时候，往往已经积重难返。德国在这一问题上比日本做得更好，这主要得益于德国加入了欧盟，因此很多会得罪既得利益者的国内改革，可以借助欧盟的外部约束实现。日本就没有这样的便利。加之日本很快就进入了人口老龄化社会，实施改革更是难上加难。日本的官员回忆说，20 世纪 80 年代日本的股市和房地产市场价格暴涨的时候，日本政府本来希望利用财富效应鼓励国内投资和消费，借机实现战略转型，结果出乎意料的是企业投资没有增加，因为日本企业都到海外，尤其是劳动力更廉价的东亚地区投资了。消费的增长只是昙花一现。到 1990 年之后，日本的股市和房地产市场泡沫破灭，日本从此失去了改革的最佳时机，进入了失去的二十年。

第三条断层线是不同的金融体系之间的碰撞。在英美国家的金融体系被拉詹称为“公平交易”金融体系。这种金融体系非常注重信息的透明，有法律约束。金融家不需要刻意和企业客户保持紧密的关系，他们需要企业的信息，可以通过各种公开的渠道获得，如果企业经营状况不好或是不还款，有市场和法庭来制裁。英美金融体系中以直接金融为主。但是在制造业为主的经济体系中，金融体系主要靠的是银行。在这些地方，关于企业的信息不透明或不公开，要想知道企业的真实状况，银行必须和企业建立长期的紧密关系。由于政府有意压低存款利率，缺乏对消费信贷的完整记录，而且没有司法体系的保护，因此消费信贷难以得到长足发展。一旦金融机构提高对消费者贷款的利率，政治家就会出面，以保护消费者的名义加以制止。在两种情况下，发展中国家需要从国外融资，这个时候，就会出现不同的金融体系之间的碰撞。一种情况是传统的发展中国家，比如1994年金融危机之前的墨西哥，以及一些非洲国家，这些国家的国内储蓄太少，所以需要国外融资。另外一种情况是1997年金融危机之前的东亚经济体，这些经济体的国内投资太多，所以需要国外融资。当英美金融资本来到发展中国家之后，出于保护自身利益的考虑，会采取三种办法：一是只借短债不借长债，方便随时出逃；二是用外币贷款不用本币贷款，这样可以回避汇率风险；三是通过国内银行贷款，这样一来，国外资本的利益和国内银行的利益捆绑在一起，一旦出现金融危机，发展中国家不得不救本国银行，一旦救了本国银行，也就等于救了国外的金融资本。这样的碰撞带来了“货币错配”和“期限错配”，即本来要用本币，但借到的却是外币，本来是想长期贷款，但得到的都是短期贷款，所有的风险都转嫁到了发展中国家借款者的头上。这就是新兴市场出现金融危机的原因之一。1988年，韩国、马来西亚和泰国的投资占GDP的比例平均为29%，到1996年就剧增到42%。触发东亚金融危机的另一个导火索是1995年日元贬值，日本的出口增长，但东亚新兴经济体的出口却纷纷下跌，结果东亚经济体突然陷入增长停滞，危机不请自来。

从金融危机爆发以来的政策对策来看，大抵仍是“头疼医头，脚疼医脚”。无论是采取扩张性的刺激政策，还是加强对金融体系的监管，都没有触及拉詹所说的断层线。全球经济的地壳仍然在断层线的两侧移动，粗糙不平的断层面相互摩擦，并考验着岩石的承受力。当岩石承受不了巨大的压力产生断裂的时候，我们就会看到，在脆弱的断层线上，地震将再一次爆发。

何帆

中国社会科学院世界经济与政治研究所副所长

生活在贫富断层的漂移大陆上

我们真的理解金融危机，并且我们有勇气、有决心防范下一次金融危机吗？

答案是悲观的。因为艰难困苦的体制改革，远远落后于技术改革的速度。

后金融危机时代，对金融危机的分析、反省汗牛充栋。有一位金融专家从社会公平体制的角度解读金融危机，使公共知识分子的专业批判性解读深入人心。毫无疑问，这是借金融危机抨击由来已久的体制不公，正是在不公平的分配体制上造就了虚拟经济的疯狂，而这一疯狂必然导致经济危机的灭顶之灾。

拉詹，芝加哥大学布斯商学院金融学教授，曾任国际货币基金组织的首席经济学家，从他以往与津加莱斯合作的《从资本家手中拯救资本主义》一书的书名可以一窥这位金融学家的社会责任。而拉詹推出的全球思想家阅读榜首位的《断层线》，再次强调了社会体制的失误与金融危机之间密不可分的关系。

经济危机与金融危机和疯狂的货币、超前的消费紧密相连，而这一次全球金融危机与以往不同的是，它与分配体制的不公密切相关。

三大经济与社会断层线，各个经济体的生产者与消费者，在孤独的大陆上四处漂浮。宽松的货币政策以最糟糕的方式弥补裂缝，最后将不同的群体、不同的经济大陆撕扯成碎片，分隔得更远。

拉詹勾勒出三条断层线，一是日渐扩大的贫富不均，二是以出口为导向的经济体忽略内需，三是经济衰退后所需要的复苏期拉长，使低息政策成为复苏的法宝，是政治正确的唯一选择。

贫富差距是一切的根源。

美国在 1976 年到 2007 年间，实际收入每增长 1 美元，最富裕的 1%家庭能得到 58 美分，上述数据说明了内需动力彻底丧失。要发展经济，政府必须鼓励内需，因此，最好的办法就是扩大对家庭放贷，尤其是对低收入家庭放贷。于是乎，降低信贷门槛、发展虚拟经济、对金融道德风险眼开眼闭成为再自然不过的选择。

当美国的模式放之四海而皆准时，我们看到同样的现象流毒全球，普遍的贫困，暴富的族群，宽松的货币，以及可怕的贫困代际传递。可以想象，法制健全的美国因为贫富差距而陷入金融危机泥潭，法治不彰、利益群体横行的社会到底会如何。东南亚金融危机、拉美经济危机早就提供了答案。

从 20 世纪 80 年代算起，这样的模式居然能够维持 20 多年，从中国加入世贸组织算起，这样的模式维持了将近 10 年，在 2001 年“9 · 11”事件后又维持了 6 年，出口国家购买美国国债与美国的低息政策功不可没。

各国不断购买美国国债使美国能够不断发行基础货币，美联储主席最重要的任务成为维持基准利率不上涨，格林斯潘因此成为英雄，因为利息政策缔造了美国房地产投资与华尔街的传奇。既然放松货币就能推动内需增长，何必触动如此庞大的既得利益群体进行费力不讨好的分配体制与保障体制改革呢？再说，购买美债的国家会为美国的内需埋单，美国所需要做的是印刷更多的货币，变相消灭负债——金融流氓主义大行其道，讽刺的是，流氓成了英雄，因为这位英雄兼流氓准确地看到了全球美元持有者为美国消费者埋单的前景。但故事的结尾是，泡沫过于庞大，淹没了一切。

巨大的泡沫是人性贪婪、货币疯狂与消费梦、投资梦的混合体。但就人性而言，在每个泡沫破灭之前，所有人都很愉快，因此，每个人都会留恋泡沫。当泡沫崩溃后，凯恩斯主义与货币主义结合，宽松的货币政策再次成为救命稻草，不出意外，宽松的货币政策再次得到了痛苦的负资产拥有者的拥戴，宽松货币政策拥有强有力的利益基础与民粹基础。

拉詹开出药方，在美国，要加强全民社会福利保障网，全民健康保险计划是其中之一，另一个就是要提升全民的教育水平。全球范围来说，各经济体必须降低对出口的依赖。第三就是金融系统必须改革，限制它们进行更大的风险活动。

三大药方是全球正在努力的方向，美国总统奥巴马终于迈出了医疗改革的步伐，中国在努力扩大内需，减少对出口的依赖，全球金融监管日趋严厉。

但我们依然无法因此乐观，人性难敌利益的诱惑，救急的货币政策正在推动资本市场的新一轮泡沫，社会组织架构中各种利益的叠加，使得改革成为一团乱麻。改革需要勇气、决心与智慧，所有卓有成效的改革都需要达成对危机成因的共识。

达成共识谈何容易。

拉詹在书中表示，“全球经济存在深刻的断层线，其原因是在一体化的经济体和一体化的世界上，对个体行为者和个体机构最有利的未必对整个系统最有利。一些比较严重的断层线的起因是政治，而非经济。不幸的是，在危机爆发之前，我们不知道这些断层线何在。我们现在了解得比较清楚了，但危险在于我们会继续置之不理”。

这是金融的宿命，经济的宿命，甚至是人类的宿命？希望不是。

叶檀

著名财经评论家

FAULT LINES 序言

2007年的金融崩溃以及随之而来的经济衰退让许多经济学家不得不采取退守之势。无论是新闻节目、杂志、权威人士，还是英国女王都在追问同样一个问题：为什么没有人预见到金融危机的到来？经济界人士或撰写文章或召开各种会议，反思他们为何犯下如此大的错误，其他人则拼命维护自己的权威。对于那些一向敌视主流经济学的基本假设的人来说，这次金融危机无疑证明了他们一直以来都是对的：皇帝终于恍然大悟，原来自己根本就什么都没穿。公众对政府的信心也因此发生了剧烈的动摇。

当然，我们也不能说没有任何人预见了这场危机。一些对冲基金经理人和投资银行的交易商只顾埋头赚钱，却对即将到来的危机闭口不谈。为数不多的几个政府官员和美联储官员对此曾表示过深切的担忧。一些经济学家，如肯尼思·罗格夫（Kenneth Rogoff）、鲁里埃尔·鲁比尼（Nouriel Roubini）、罗伯特·希勒（Robert Shiller）和威廉·怀特（William White），曾多次就美国房价水平和家庭债务水平向民众发出过警告。历史学家尼

尔 · 弗格森曾将此次经济繁荣同过去那些带来灾难性后果的经济泡沫相提并论。问题并不是没有人提醒过可能存在的风险，问题是那些从经济过热中尝到甜头的人——这是一个很庞大的群体——根本就没心思听。经济评论家们常被人们戏谑地称为卡姗德拉或“永远的悲观论者”，因为他们总是预言经济下滑，所以不管怎样他们的预测最终都是对的，这就好像一座停了的钟，一天中也总有两次所指的时间是对的。我知道这些，因为我就是这些卡姗德拉中的一员。

每年，世界各国央行的领袖们都要在美国怀俄明州的杰克逊霍尔召开为期三天的会议，就会议主办方堪萨斯联邦储备银行提交的主题论文展开辩论，参加会议的还有私营部门的分析师、经济学家以及金融记者。每天会议结束之后，参会人员都会去游览美丽的大提顿国家公园，在那令人叹为观止的湖光山色中，他们又谈起了自己的老本行：在潺潺的流水声中激烈地讨论着维克塞尔利率理论。

2005 年，美联储主席艾伦 · 格林斯潘卸任前最后一次参加杰克逊霍尔会议，因此会议的主题被定为格林斯潘时代的遗产。当时我担任国际货币基金组织首席经济学家，而此前的 20 年中，我曾任教于芝加哥大学，教授银行学与金融学课程。主办方要求我提交一份论文，主要论述格林斯潘时代金融领域的发展演进。

当时研究金融部门的论文通常都是关于金融市场在全球的迅猛扩张的。主要集中于证券化的神奇之处，银行通过证券化将住房贷款和信贷打包在金融市场上出售，以此规避风险。同时，金融市场中包括养老基金和保险公司在内的长期投资者因购买此类债券而承担一小部分风险，由于它们投资期限长且资产组合多样化，因此抗风险能力要高于银行。从理论上来讲，风险得到分散之后，投资者应获得的收益也相应减少，从而使银行能够降低贷款利率，也就扩大了借款者的融资渠道。

在撰写论文的准备过程中，我请助手为我搜集了一些图表和表格。在研究这些图表和表格的过程中，我发现了几个令人好奇的地方。首先是这些图表对美国大型银行风险的衡量不同，其次是这些资料显示，在过去的10年中，银行所承担的风险逐步加大了。这着实令人吃惊，如果银行通过出售债券将高风险贷款从资产负债表中转移出去的话，银行的安全性应该提高才对。最终我才想通，原来我犯了经济学家们最大的一个通病，我假设其他条件不变，也就是说我假设除我所要研究的证券化这一现象以外的其他条件都是不变的。而通常来讲，万事万物都是在不断变化的。更重要的是，放宽管制以及证券化的发展加剧了金融市场的竞争，从而使银行家们（更广泛地说是财务经理们）开始追逐更加复杂的风险形式。

当我认清这一趋势后，论文也就一气呵成。我将标题定为《金融业的发展是否加剧世界的风险》。《华尔街日报》曾在2009年刊登一篇文章对我的这篇论文发表评论：

拉詹先生认为，金融部门的员工在获取利润后得到高额奖励，而造成损失后受到的惩罚却很轻微，这使激励制度严重失衡。这促使金融公司将资金投入能够产生巨大收益的金融产品，这种投资如果失败将会损失惨重。

他提到了为债券风险提供保障的“信用违约互换”。拉詹先生称，承保人或其他人通过出售这种看似风险较小的掉期合约获得巨大收益，可是违约情况一旦出现，损失也是极其惨痛的。

他认为银行同样持有这样的信用证券，如果这些债券出现问题，整个银行系统将出现动荡。他说，那样的话，银行之间将会对彼此失去信心。“银行间市场的冻结也就不可避免，金融危机的全面爆发更是近在咫尺了”。

两年之后，这一切真的都应验了。

在那时，预测未来的经济走势并不要求有多么高超的先见之明：我只是运用了我和同事一起研讨的理论框架，将一些点连接起来而已。然而，我并没有预见到一向彬彬有礼的大会听众将作出何种反应。毫不夸张地说，我就如同一个早期的基督徒，莽撞地闯入了饥肠辘辘的狮群。我的观点自然是遭到了一些大人物的严厉批评（当然也不乏一些例外），从大会讲台走下来的时候，我感到十分不安。这并不是因为我受到了抨击，在各种研讨会上身经百战之后，人们自然会练就一张厚脸皮：如果总是对观众的意见耿耿于怀，今后就甭想发表任何观点了。令我不安的是，批评者们似乎对眼前发生的事情视而不见。

首先，我因为跑题而遭到了“炮轰”。会议中的大部分论文紧跟格林斯潘时代这个大主题，探讨格林斯潘是否是有史以来最为杰出的央行行长之一。有些人则给这些赞誉之词浇上了一盆冷水，他们说一切都很糟糕，并呼吁加强监管。众所周知，格林斯潘对监管的有效性是持怀疑态度的，这种论调自然是被嗤之以鼻的。其次，大家的反应都是在竭力为自己辩护，如果金融业发展严重脱轨，监管者们难道不应为自己的疏忽负责吗？而且，听众的反应也显示了监管者的盲目乐观。美联储成功地应对了2000~2001年由互联网泡沫引起的经济衰退，因此自信地认为可以在金融体系再次触礁时力挽狂澜。

尽管我在演讲时担心银行家的动机，但在讲话结束的时候已经开始担心监管者的动机了。虽然越来越多的评论者和监管者开始接受我的观点，但我认识到这些问题只不过是冰山一角罢了。这次金融危机的真正根源不仅更具广泛性，而且更具隐蔽性。我们不应把一些看似说得过去的原因堆砌起来，再把一切问题归咎于它们。那些贪婪的银行家们会受到监管，不称职的政府官员也会下台。这是一个最轻松的解决方案，因为坏人总是很容易被辨认出来，人们可以针对不法行为和渎职采取措施。更进一步说，我们就无须为加剧经济衰退负责了，这也搬走了压在每个人心底的一块石头。但是这种说法未免太草率了。

我们不能对这次危机掉以轻心，认为它和以前的危机没什么两样，也是由房地产市场和外资流动所引起的。尽管每次金融危机的起因都存在着十分广泛的共性，但很多人认为，这场危机的真正原因是全世界最为复杂的金融体系出了问题。一贯有效的监管和制衡机制到底怎么了？市场本身的规范机制到底怎么了？个人自我保护的本能又到底怎么了？难道自由企业制度已经从根本上失败了吗？如果这只是发生在一个发展中国家的一次“平常的”危机，我们也不会有如此多的质疑。可是考虑到此次危机的代价，我们岂能作出轻率的抑或错误的判断。

虽然我仍然相信自由企业制度的基本思想，但加剧这次危机的那些断层线却遍布于整个系统之中。它们不仅来自某一个个人或机构。为这次危机负责的应该是一个更加庞大的群体：其中有国内的政客，有外国政府，还有像我一样的经济学家和像你一样的普通百姓。而且，大家并不是都被一种集体的狂热气氛笼罩着。我们不能说人们的行为缺少理性，因为利益的诱惑实在太大了。尽管有越来越多的证据表明金融市场出了问题，但是所有人还是幻想未来会云开雾散，并紧紧抓住这个希望不松手，因为这和每个人的利益息息相关。然而，我们的行为“齐心协力”地把世界经济逼到了灾难的边缘，如果不能认识到自己的错误并采取措施亡羊补牢的话，悲剧还会再次上演。

在全球经济中存在着很深的断层线，并且还在不断加深，因为在经济一体化和全球一体化的背景下，对个人和机构来说最适合的未必适合整个系统。其中一些十分严重的断层并不是由经济原因导致，它们是政治的产物。不幸的是，在金融危机将一切暴露无遗之前，我们并不知道这些断层线分布在哪儿。如今政客们宣称要“永远告别危机”。但毫无疑问的是他们只会抓几个替罪羊而已，这并不仅仅因为体系难以改变，还因为政客们若是追踪这些断层的所在，就会发现其中一部分牵涉到他们自身。如果经济复苏加快，人们安于现状的想法就会变得更加坚定，作出改变则会变得更加困难。因此，本书旨在吸取本次金融危机的经验教训，从更深的层次剖析问题产生的原因，从而提出能够应对本次危机真正原因的政策选择，以避免重蹈覆辙。

大家普遍认为本次危机是由历史性危机的延续造成的，首先，我要说说我对此的看法。20世纪90年代末，一些曾经依靠外国借款花钱大手大脚的发展中国家（为简洁起见，我用“发展中国家”这个词来指代那些人均收入水平较低的国家，用“工业化国家”来指代那些人均收入水平较高的国家）决定改变消费习惯，以储蓄来替代消费。全球第二大经济体日本当时也处于日益加剧的经济下滑之中，为了防止世界经济进一步下滑，必须有人扩大消费和投资。对于那些愿意花钱的国家，好消息是现在的发展中国家和日本以及紧随其后的德国和石油富国们已经有足够的盈余为它们埋单。

20世纪90年代末，在工业化国家中，一些公司对信息技术和通信行业进行了大规模投资。不幸的是，这股投资热潮最终演变成了我们如今所说的互联网泡沫，2000年初泡沫最终破灭，同时各个公司也在大规模地缩减投资。

随着美国经济的放缓，美联储加大干预力度，大幅削减利率。希望以此激活经济领域中对利率敏感的经济活动。正常地讲，此举本应拉动企业投资的增加，但是这些企业在互联网泡沫时代进行了大量投资，此时已经力不从心。相反，较低的利率刺激了美国消费者购买住房的热情，从而抬高了房价，使房地产投资猛增。这些住房购买者中有相当数量的人信用评级较低或者有不良的信用记录，也就是所谓的次级借款人和Alt-A借款人，这些不符合常规抵押贷款借贷条件的人也获得了贷款途径。持续走高的房价使次级借款人有能力为低息抵押贷款重新融资（从而避免违约）。对于许多借款人来说，还贷似乎是一件遥遥无期的事。

海外投资者通过对美国的出口积累了大量资金，这些资金如洪水般向美国的借款人涌来，从而助长了美国无节制的消费习惯。那么德国斯图加特的一名牙科医生是如何把钱借给美国内华达州拉斯韦加斯的一名次级贷款借款人的呢？这名德国的牙医当然不能直接把钱借给要贷款的人，那样会产生巨额的成本，因为她既要调查该借款人的信用程度，又要使贷款行为符合地方的各项法律法规，还要收回还款，一旦发生违约还要进行干预。而且，每一个次级贷款购房者违约的可能性都很高，远超过一个保守的私人投资者可以接受的范围。

此时，错综复杂的美国金融业就有了用武之地。贷款证券化让一切问题迎刃而解。如果将该抵押贷款同来自其他地区的抵押贷款打包出售，那么多样化的投资将有利于风险的降低。风险最高的贷款可以出售给有能力进行风险评估并具有风险偏好的买家。安全性较高的贷款则可以直接卖给这名德国的牙医和她的银行。

以这种方式，美国的金融业填补了美国与其他国家之间的鸿沟。一边是过度消费，需求旺盛，而另一边则是消费不足，市场低迷。但整个大厦是建立在房地产市场的基础之上的。新的住房建设工程以及房地产销售增加了美国建筑业、房地产中介以及金融业的就业岗位，而攀升的房价又可以为贷款和新的消费融资。美国的消费者看起来欲壑难填，其他国家则一边通过对美国出口拉动经济走出低迷，一边又借钱给美国为进口埋单。人们好像活在一个甜蜜的梦中，可梦终究是会醒的。

当美联储宣布要提高利率并抑制房价上扬时，这列飞速运行的“欲望号街车”终于戛然而止，疯狂的借贷行为也因房价的走低而偃旗息鼓。次级抵押贷款证券价格骤降，因为其背后的抵押风险比宣称的风险更大。而这些看上去很精明的银行家们手里却持有大量评级高但质量低的证券，虽然连他们自己都知道这是在玩火。而且，他们竟然通过大量的短期债务为这些证券融资。结果可想而知，短期债务的持有者惊恐万分，当债务到还款期限时，他们拒绝再为银行融资。一些银行以破产告终，其他银行获得了政府的援助，而整个体系却濒临崩溃的边缘。世界经济急速下滑，虽然现在已处于恢复期，但是恢复得十分缓慢。

于是人们不禁要问，为什么大量流入美国的资金被用来为次级信贷融资呢？其他经济体，如德国和日本靠出口走出了2001年的经济衰退，为什么美国不能效仿此法呢？为什么像中国这样较为贫困的发展中国家要为美国这样的富国的不可持续性消费融资呢？为什么美联储要在如此长的时间内保持较低的利率呢？为什么金融公司要贷款给那些无收入、无工作、无资产的三无人员呢——这种做法极为普遍，甚至已经有了自己专有的名称，叫忍者贷款（NINJA loans）。既然银行知道这些次贷证券是怎么制造出来的，为什么还要持有那么多呢？

我试图在本书中解答所有这些问题。首先我要说，对于这次金融危机，我并没有一个单一的解释，因此也就谈不上什么预防危机再次发生的灵丹妙药。任何单一的解释都会显得过于简单化。为了更好地解释，我引用了断层线这个比喻。在地质学中，由于地壳构造板块相互挤压和冲撞在地壳表面形成的断裂称为断层线。来自四面八方的巨大压力慢慢积聚，挤压着这些断层线。我将在本书中对全球经济中出现的断层线加以论述，并解释这些断层线是如何影响金融行业的。

第一类断层线产生的根源是国内政治压力，尤其是对美国来说。几乎每一场金融危机都有其政治根源，尽管各不相同，因为强有力的政治力量能够战胜大多数工业国家为抑制金融膨胀而建立的制衡体系。第二类断层线则产生于上述经济增长模式所引发的国家间贸易失衡。最后一类断层线的产生是由于不同类型的金融体系走到一起为不平衡的贸易融资，尤其是当像美国和英国这样建立在合约基础上的透明的公平金融体系为其他国家不透明的金融体系融资或接受后者的资金时。因为不同的金融体系运作的原则不同，政府干预的形式也多种多样，所以当它们相互作用时会阻碍各体系自身功能的发挥。所有这些断层线都会影响到金融领域的行为，对理解此次危机具有核心意义。

不平等的加剧助推了住房信贷的发展

第一种断层线最典型的例子便是美国日益严重的收入不平等现象及其要求放松信贷所造成的政治压力。很显然，美国高收入人群的显性收入持续增加。1976 年，收入排在美国前 1%的家庭的总收入占当年国民总收入的 8.9%，但到 2007 年，这一比例已上升至 23.5%。换句话说，从 1976 年到 2007 年，美国实际总收入每增长一美元，就会有 58 美分流入这些超高收入家庭。2007 年，对冲基金经理约翰 · 保尔森的收入为 37 亿美元，是美国中等收入家庭的 7.4 万倍。

尽管精英人群的巨额收入受到了公众的关注，甚至激怒了代表中产阶级的专栏作家，但是这样具有亿万资产的对冲基金经理在美国还是很少见的。人们更关注的是和自己的切身经历相关的事情，比如自 20 世纪 80 年代以来，美国高收入工作者（如办公室经理）工资的增速要远高于中等收入工作者——工厂工人和办公室助理是该类人群的典型代表。可以说多方面的原因导致了收入差距的拉大。其中最重要的一点是，尽管美国生产技术的进步要求劳动者掌握更高的技能——对于我们的父母那一代人来说，有高中文凭就够了，但是如今的大学本科毕业生只能当一个办公室文员——我们的教育体系并未能够为广大的劳动力提供足够的、必需的教育。这是因为营养、社会化和学习在人们的孩提时代并未受到重视，加上小学和中学的教育又差强人意，使得很多美国人没有做好进入大学继续深造的准备。

结果，中产阶级工资水平几乎停滞不前，失业的可能性却持续上升。虽然政客们能够体察民怨，但改善教育的质量实属不易，只有通过在某一地区实行切实有效的政策才有可能实现，而该地区的既得利益者往往更希望维持现状。更重要的是，任何改革都不会立竿见影，无法解决选民的燃眉之急。因此政客们就自觉不自觉地选择其他能够快速见效的方法来安抚选民。我们一直都明白一个道理，即消费能力比收入多少更加重要。说穿了就是，如果能够提高中产阶级家庭的消费能力，让他们隔几年就可以买辆新车，偶尔还可以出国度假，那么他们也就不会那么在意收入是否在原地打转了。

因此，面对日益加剧的收入不平等现象，政府采取的措施是扩大对家庭的借贷，尤其针对低收入家庭。政府如此应对选民的诉求，不知是有意为之还是顺水推舟。不管怎样，拉动消费和扩大就业的成效立刻显现了出来，而人们距离偿还贷款的期限还远着呢。回顾历史就会发现，当政府无法直接消除中产阶级家庭的深层次焦虑时，就会拿宽松信贷来作为安抚剂。然而，政客们在表述这一目的时并不是直接告诉人们要扩大消费，他们的宣传更令人振奋也更具煽动性。在美国，拥有住房被视为美国梦的重要元素，让中低收入家庭也能购买房屋是扩大信贷和消费的关键。一方面政府积极推动宽松信贷政策，另一方面以利益为驱动的金融行业错综复杂、竞争激烈且道德缺失，当二者发生相互作用时，一条深深的断层线便产生了。

当然，政府通过扩大信贷来缓解一部分人因落后而产生的担忧情绪，这在历史上不是第一次，也不会是最后一次。实际上，这样的例子在美国俯拾皆是。在20世纪早期，美国的放松管制政策和银行业的迅速扩张从很大程度上来讲是对民粹主义运动的回应，该运动得到了中小型农场主的广泛支持，他们认为自己已经落后于队伍日益壮大的产业工人，并要求获得更加宽松的信贷。而过度的农村信贷是美国大萧条时期导致银行业崩溃的重要原因之一。

出口导向型增长及其依赖性

靠借债来维持的消费往往有着各种各样的限制，尤其是对美国这样的大国来说。对消费品和服务的强烈需求使得物价不断攀升，从而引发了通货膨胀。为缓解对通胀的担忧，央行通过加息来抑制家庭的借贷能力和消费欲望。从20世纪90年代末到21世纪的前10年，在美国日益增长的家庭需求中，有相当一部分是通过国外进口得到满足的，过去是从德国和日本进口，现在更多的是从中国进口，这些国家历来都是靠出口带动经济增长并且拥有十分充足的产能。但是正如我将在第二章中所讲的那样，如此强大的消费品生产能力也反映出这些国家在增长模式上存在着严重的缺陷，即过度依赖国外的消费者。这种依赖是形成第二条断层线的根源所在。

全球经济之所以不堪一击，是因为传统的出口国国内需求疲软，从而迫使其他国家不得不扩大开支以维持平衡。因为出口国能够提供充足的商品，像西班牙、美国、英国这样忽视甚至鼓励家庭债务的国家，以及像希腊这样缺少政治意愿去压制政府的民粹主义和工会需求的国家，就开始了长期的负债消费。最终，这些国家的家庭和政府都债台高筑，不仅未来需求的扩张受到了制约，而且不可避免地要走向痛苦的全面改革。但是，只要像德国和日本这样的国家坚持以出口为导向的经济结构，大量的商品就会像潮水一样在全球范围内流动，寻找政策和自制力最为薄弱的国家作为突破口，诱使其消费，直到最后无法负担，继而陷入危机之中无法自拔。

为什么会有如此之多的经济体要依赖其他国家的消费才能发展？这种依赖性产生于它们为摆脱“二战”的毁灭性打击或者摆脱贫困实现飞速发展而选择的发展道路。在这些经济体中，政府（和银行）广泛地进行干预，以牺牲本国家庭消费能力为代价，打造实力雄厚的企业和极具竞争力的出口商。

长久以来，这些国家建立了十分高效的以出口为导向的制造行业，如佳能、丰田、三星以及台塑等企业都处于全球领先的地位。为保护其在海外市场上的竞争力，它们必须时刻保持警惕。尽管全球性的竞争减轻了政府干预出口领域所产生的恶性影响，但是面向国内的生产领域就难逃此劫了。银行、零售、餐饮以及建筑行业通过对政府的政策施加影响限制了各行业内的国内竞争。所以，这些行业的效率很低。比如在日本，没有一家银行能在全球范围内与汇丰银行相抗衡，没有一家零售商在规模和价格优势上超过沃尔玛，没有一家快餐连锁在分店数量上击败麦当劳。

所以，尽管这些经济体能够实现高速增长并跻身富国行列，但低劳动成本优势会渐渐消失，出口也会变得愈加困难，那些效率极低的内向型行业就会成为严重制约国内经济自发性增长的瓶颈。到那时，这些经济体在正常时期发展已经很困难，要是赶上萧条时期，若不通过巨额财政开支的刺激作用，实现国内增长更是难上加难。当政府迫于压力不得不实施援助时，政府会出于本能地眷顾那些具有较大影响力的国内生产商，但是这些企业效率偏低，并且对经济的长远发展毫无益处。所以，这些国家不得不依赖国外需求来使自己走出经济低谷。

前景看起来不容乐观。随着这些国家人口结构的老龄化，改革会变得更加困难，其依赖性也会日趋严重。尽管中国可能会在不远的将来成为世界第一大经济体，但中国目前也正走在这样一条危险的道路上，只有作出实质性的政策转变，才能充分发挥其重要的推动作用。

体系的碰撞

过去，在一些快速增长的发展中国家，尽管工厂生产的主要目的是为了满足国外的需求，但这些国家并不是净出口国。在20世纪80年代及90年代初，包括韩国和马来西亚在内的一些国家增长较快，因此要从德国和日本等国大量进口机械设备。这就意味着这些国家要承担贸易逆差，并要从世界资本市场贷款为其融资。

甚至连出口导向型的发展中国家最初也帮助消化了一些出口。但是发展中国家在20世纪90年代遭受了一连串的金融危机，使这些国家认识到从工业化国家大规模贷款来投资无疑是自找麻烦。在第三章中，我将会解释为什么这些国家会从剩余产品的吸收国转变为净出口国，从而导致了问题的出现。从实质上说，这些国家的金融体系与其融资国的金融体系是建立在不同的基本原则之上的，而且两种体系是互不相容的。这种差异性是断层线产生的另一个根源，也极大地提高了通过借债来为本国投资和增长提供资金支持的风险。

像美国和英国这样具有竞争力的金融体系强调的是透明度及合同在法律体系内的可执行性，因为商业交易并不依靠幕后的私人关系，这被称为“公平交易”制度。因为金融家们有能力搜集各种公开的信息，也了解借款者的运作方式，并且深知自己的债权会得到法律的保护与执行，所以信心十足，他们愿意持有长期债权（如股份）和长期债务，不需要通过银行等中间机构就可以为最终受益者直接融资。每一笔交易都应该公正公平，并且要通过激烈的竞标。上述说法显然有点讽刺的意味——因为在最近的一次金融危机中透明性已经荡然无存——但这种说法反映了该体系的实质。

对于那些政府和银行积极干预经济增长的国家，其金融体系与上述体系是截然不同的。公开的金融信息非常有限，或许是因为政府和银行在经济发展过程中直接控制资金的流通，不需要也不想要公众监督。如今，虽然在大多数这样的国家中，政府已经放下了手中的指挥棒，但银行仍在发挥着重要的作用，而且信息被严格地控制在一些内部人士手中。由于公开的信息较少，所以合同条款的执行基本上要依赖于长期的商业关系。借款方要么还款，要么通过诚信的方式同贷款方进行协商，以防关系破裂产生不良后果。在这样的一种体系中，关系就是金钱。这就意味着体系外的金融机构，尤其是外国的金融机构几乎无法融入该体系。事实上，恰恰是这种差异令这一体系能够顺利地运转，因为如果借款人能够像在公平交易体系中那样让贷款人之间相互竞争，干预将失去效力。

因此，如果来自工业化国家公平交易体系中的私人投资者需要为发展中国家的公司融资——正如20世纪90年代初所发生的那样——那么会出现什么情况？外国投资者因为不了解这些剪不断理还乱的内部关系，所以会采取三项保护措施。第一，只提供短期贷款，以确保能随时撤资，达到风险最小化。第二，只接受外币支付，以防该国发生通货膨胀或者货币贬值从而导致其债权缩水。第三，通过当地银行放款，如果出现问题，而当地银行无力还款，政府将出面协助银行以避免大面积的经济损失。因此，投资者得到了政府的隐性担保。由于担心当地经济出现动荡而受到附带性损害，这些来自公平交易体系的投资者愿意将他们的资金委托给这个模糊的体系。

这样一来，东亚在20世纪90年代中期就出现了问题，外国投资者由于受到这些措施的保护，几乎没有任何动力去审查获得融资的企业。而国内银行体系的贷款一直都是由政府来掌控和担保，几乎没有能力进行细致的评估，尤其是当借款者处于技术升级阶段并投资于复杂的资本密集型项目时。

看到信贷的自由流动，借款者高兴都来不及，哪会去想潜在的问题。但是，当项目出现表现不佳的迹象时，外国投资者就会迅速撤走资金。因此，严重依赖外资的发展中国家就经历了周期性的繁荣和衰退，最后以20世纪90年代末的金融危机而告终。

那些危机不仅极具破坏力，而且令人感到不可思议。例如，印度尼西亚的国内生产总值从峰值一路狂降25%，堪比美国大萧条时期的经济下滑。但这一切只发生在短短一年的时间里。经济自由落体式的下滑，使得数百万工人失去饭碗，衣食无着，也让印度尼西亚遭遇了种族暴乱和政治动荡。最糟糕的是，印度尼西亚曾经为从殖民者的统治中获得解放并取得了一定程度的经济独立而感到自豪，这时却要可怜兮兮地向国际货币基金组织请求贷款，为此还不得不接受了大量的附加条件。其中很多条件都是工业化国家为满足自身利益而直接制定的，印度尼西亚虽然怒火中烧，却只能眼睁睁地看着自己的主权受到侵犯。

从此以后，许多发展中国家都暗下决心以后绝不能再依赖国际金融市场（或国际货币基金组织）的怜悯度日。联想到印度尼西亚的遭遇，这也就不足为奇了。这些国家的政府和企业决定不再从国外贷款，彻底抛弃大规模的投资项目和以借债来维持的经济扩张。此外，一些国家还决定通过低估货币来扩大出口。它们不仅通过购买外汇来维持较低的汇率，还建立了大规模的外汇储备，未雨绸缪，以防国外债主再次发生恐慌。所以，在20世纪90年代末，发展中国家缩减投资，从商品和资本的净进口国转型为净出口国，从而加剧了全球商品的过剩。

不久之后，工业化国家企业的投资项目也在互联网泡沫中迅速崩溃，世界经济在21世纪的头几年间陷入衰退。像德国和日本这样的国家，因其经济模式是出口导向型，所以也自身难保。刺激增长的重任便落在美国的肩上。

失业型复苏和刺激政策

正如我前面所提到的，美国的政治因素决定其必须刺激消费。尽管美国为世界经济走出2001年的衰退提供了必要的刺激，但人们仍然发现，正如1991年的复苏一样，工作岗位并没有随之增加。由于美国的失业救济期限较短，进一步刺激经济活力的政治压力显著升高。正如我在第四章中所说，失业型复苏并不是一个过去时——实际上，目前的复苏情况已经表明美国迄今为止在增加就业岗位方面进展缓慢。失业型复苏极其有害，因为长期刺激政策的目标是迫使私营部门非自愿地增加就业，这样做会削弱该部门的积极性，尤其是对金融行业来说。这也就形成了由政治和金融领域的相互作用而产生的另一条断层线，这一次，它随着经济循环发展到不同阶段而不断变化。

从1960年直到1991年的经济衰退之前，美国的每次经济复苏都很迅速。经济从衰退的低谷回升到衰退前的产量所用的平均时间不到两个季度，恢复就业所用的时间也不到8个月。但是，1991年和2000~2001年之后的经济复苏情况就大不一样了。尽管恢复产量的时间仍然较短，1991年为三个季度，2001年仅为一个季度，但两次经济衰退之后，恢复就业的时间却分别用了23个月和38个月。确实，尽管经济回暖，但失业仍在继续，所以这类复苏被称为“失业型复苏”。

不幸的是，美国面对失业型复苏简直手足无措。一般来说，美国的失业津贴仅发放6个月。更糟的是，医疗保健福利一直以来都是和工作捆绑在一起的，一个失业的工人很有可能无法承担医疗费用。

只有在经济回升较快且工作岗位充足时，这种短期的福利才会有效。工人们因为担心在找到下一份工作之前就失去失业津贴，所以会更加卖力地寻找适合自己的工作。但是新增工作岗位数量很少，积极的动力又沦为巨大的焦虑和不确定性——不仅对失业者来说是这样，那些拥有工作的人也担心某一天会丢了饭碗，陷入这种落魄境地。

政客们若是无视公众的焦虑，只能自食苦果。尽管老布什在伊拉克打了胜仗，但他第二次竞选仍然失败了，大家普遍认为这是由于他对1991年经济衰退后的失业型复苏所引发的公众担忧缺少关注。政客们充分地吸取了这个教训。从政治上来讲，经济复苏的关键不是产量，而是就业，政客们愿意从财政方面（政府支出和低税收）和货币方面（降低短期利率）加大对经济的刺激，直到就业出现起色为止。

从理论上讲，这种行为反映了民主的优越性。而实际上，公众要求政府采取行动的巨大压力反而让政客们无视美国长久以来由政策制定的制衡体系。在危机的阴影下，政府出台一些长期的政策，那些在经济下滑时期恰巧执政的政党就可以借此机会为自己谋取利益。这样在政策制定上就会产生更大的不确定性，这是选民们所不愿意看到的。同时还会导致过度支出，不利于政府长期的财政稳定。

在第五章中，我将会探讨这些政治因素是通过什么具体方式影响美国的货币政策的。货币政策当然由美联储掌管，但美联储的独立只不过是表象罢了，若是有哪位美联储主席敢挑战政府的权威，在就业状况没有好转之前就提高利率的话，那他是需要极大的勇气的。确实，美联储的职责之一就是保持高就业率。而且，当失业率居高不下时，工资上涨（央行的主要担忧）的可能性也不大，因此，美联储就会认为保持低利率是理所当然的事情。但这会产生不良的后果：一方面，包括国外市场在内的一些其他市场会对宽松的货币政策作出反应。例如，石油和金属等大宗商品的价格可能会上扬。另一方面，房屋、股票以及证券等资产价格也会发生膨胀，因为投资者会抛弃较低的短期利率，转向收益更高的投资。

更严重的是，在这些时期，金融行业所面临的风险更大。在2003~2006年间，低利率使得政府原本就鼓励的低收入人群购房行为更加疯狂，助长了房地产泡沫的膨胀，同时也加重了美国的债务。美联储为鼓励企业投资，增加就业岗位，曾承诺会在较长的时期内保持低利率，这无疑是火上浇油。这个承诺让资产价格继续走高，并加大了金融行业的风险。致命一击来自艾伦·格林斯潘，这位美联储主席在2002年宣布，美联储不会出手捅破资产价格泡沫，但如果市场崩溃，美联储会通过新的扩张帮美国度过危机。如果金融市场在进入狂热状态之前需要一个许可的话，那么这番话就是那个许可。

美联储仅仅关注就业和通胀——实际上，只有就业受到了关注，这是一种在政治上缺乏深谋远虑的行为。尽管这完全是美联储的职责所在，但这是极其危险的。因为手中的工具有限，美联储以此为借口宣称自己不应承担多项具有潜在竞争性的目标。尽管如此，我们仍然不能忽视其狭隘的侧重点对经济产生的广泛后果，尤其是美联储倡导的低利率和高流动性对金融行业的行为产生了广泛的影响。断层线由于以政治为动机的刺激政策与寻求竞争优势的金融行业的相互作用而产生，就如同鼓励低收入人群购房一样，潜藏着巨大的危险。

美国金融行业的恶果

来自各个断层线的微震是如何集中爆发，差点毁了美国整个金融行业的？我认为有两点值得一提。首先，大量的资金从海外或通过房利美和房地美等政府扶持的抵押贷款机构流入了低收入住房市场。这导致了房价暂时的飙升以及按揭贷款质量的不断下降。其次，商业银行和投资银行承担了大量的风险，包括购买大量为次级抵押贷款融资而发行的低质量证券，同时甚至通过短期贷款的方式为上述高风险交易进行融资。

让我说得更具体一些。在21世纪的头几年中，发展中国家靠出口积累了大量的资金，而美国在其财政政策和货币政策的刺激下，对商品和服务的需求大量增加，尤其是在住房建设行业，于是发展中国家就扮演了美国的融资者的角色。为安全起见，外国投资者购买了由房利美和房地美等政府扶持的抵押贷款机构所发行的证券，进一步推动了美国政府的低收入住房计划。这些投资者很多都是来自发展中国家，他们认为美国政府会为这些机构背书，就好像过去的工业国投资者认为在危机发生时会得到发展中国家政府的支持一样。尽管房利美和房地美承担了巨大的风险，但它们已经不再受市场规则的约束了。

还有一部分来自国外私有部门的资金流入了评级较高的次级按揭证券。此时，缺少警惕性的外国投资者过于天真地相信了美国的公平交易体系。他们充分相信该体系中的评级和市场价格，却没有意识到，流入次贷市场的来自抵押贷款机构和国外投资者的大量资金已经腐蚀了这一体系。因为正如我在第六章中所说，公平交易体系的弱点之一便是它依赖于价格的准确性，但是当流入资金规模过大时，价格可能会变得极其不真实。在这里，不同金融系统之间的相互作用再一次加重了金融领域的脆弱性。

然而，这次金融恐慌的主要原因并不是银行将低质量的次级抵押贷款证券打包出售，而是银行本身持有了大量的此类证券，并通过短期债务为其融资。说到这里，我们就又回到了我在杰克逊霍尔演讲的主题。是哪里出了问题？为什么这么多美国的银行愿意承担如此高的风险？

在第七章中我将会讲到，问题出在这些风险的特殊性上。来自投资者的大量资金流入美国次级贷款市场，以及政府在住房市场上的积极参与，似乎暗示着在购房者没有发生违约之前，这种状况还会持续很长时间。与此相似，由于高失业率的影响，美联储愿意在较长时间内保持宽松的环境，因此融资紧缩的风险短期之内不会出现。在这种情况下，现代金融体系吸收了过量的风险。

对于银行来说，通常情况下，承担的风险越大，收益越大，但也有可能损失惨重。从社会的角度看，银行不应当承担这么大的风险，因为一旦遭受损失，代价是十分高昂的。不幸的是，金融体系的激励机制鼓励利用短期的优势，这也使得银行从业者更热衷于追逐风险。

尤其有害的是，为推动政治目标的实现，或避免政治痛苦，来自政府和中央银行的已经或即将进行的干预形成了一股强大的力量，促使很多金融实体承担同样的风险。这样一来，风险转化为损失的可能性就更大了。金融行业当然应该为风险承担主要责任。在这次危机中，金融业的失败表现在以下方面，如扭曲的动机、盲目乐观、贪婪、错误的信念以及从众心理。但是政府也难辞其咎，它让风险看上去更加诱人，妨碍市场遵守规则，甚至还为违规行为叫好。不幸的是，危机发生之后的政府干预正好符合了金融部门事前的预期。在这次危机之中，政治道德风险与金融业的道德风险一拍即合。令人担忧的是，此类情况很有可能会再次出现。

换句话说，在现代民主制度中，自由企业资本主义的主要问题一直都是如何平衡政府和市场所扮演的角色。尽管很多学者都把重点放在定义两者的合理行为上，但是两者之间的相互作用才是脆弱性的主要来源。在民主制度中，政府不会允许普通百姓遭受来自残酷市场的附带损害。成熟的现代金融业了解这一弱点，通过各种方式利用政府对不平等、失业以及金融稳定的担忧。问题的症结是，从根本上讲，资本主义的宗旨和民主制度的宗旨互不相容，但两者却能够携手并进，因为两种体系可以互相弥补彼此的缺陷。

我并不是要为银行家们辩护，他们在危机发生之后的政府救助阶段仍然享受高额津贴，从道德上说，这是令人愤慨的，从政治上讲，这也是缺乏远见的。但是光有愤怒是没有用的。尽管金融行业罪行累累，但由于它处在多条断层线交汇的中心位置，行为自然会受到影响。包括银行家、政客、穷人、国外投资者、经济学家和中央银行在内的每一位参与者都做了自以为正确的事情。但实际上，像政客和银行家这样的关键参与者极有可能无意识地分别受到了选举模式和市场认可的影响，选择了促发危机的行为。我们无法找到真正的恶人，而且每一个参与者都没能成功地弥合断层线，使我们更难找到解决方案。规范银行高管的津贴只能解决一部分问题，尤其是当他们没有意识到自己承担着多么大的风险时。

面临的挑战

如果此次危机是由参与者的合理行为（至少从他们各自的角度，他们认为这些行为是合理的）造成的，那么我们就有大量的工作要做了，而且很多都是金融行业以外的工作。怎样才能让美国的弱势群体真正拥有成功的机会？我们是否应该建立更加强大的社会保障体系，以便在金融危机来袭时保护家庭的利益，还是寻找别的方式增强工人们抵御风险的能力？如何让世界上的一些大国摆脱对出口的依赖？怎样才能使它们完善本国的金融行业，更加有效地分配资源和风险？当然，还包括美国应如何改革金融体系，以避免再次将世界经济推向深渊。

在改革的过程中，我们必须认识到，真正安全的金融体系既不承担任何风险，也不鼓励创新和增长，更不会帮助穷人脱贫，消费者的选择余地也很小。这是一个满足于现状的体系。但是从长远来看，尤其是从人类所面临的各项严峻挑战来看——如气候变化、人口老龄化、贫穷等——满足于现状才是最大的风险，因为这会让我们无力应对即将到来的挑战。我们不想再回到过去那些糟糕的日子，不想让银行业再次变得乏味；我们总是忘记在一个严格管制的体系中，消费者和企业的选择是那么的少。我们希望金融业富有创造力和活力，但不想看到过高的风险和令人愤慨的行为。这很难实现，但是值得我们为之努力。

我们也应该认清，好的经济和好的政治是分不开的，这就是经济学曾经被称为政治经济学的原因所在。经济学家错就错在他们相信一个国家只要建立起制度的框架，政治的影响就会被削弱，这个国家就会永远摆脱发展中国家的状况。我们现在应该看清，只有当政治合理且均衡的时候，制度（如监管者）才能充分发挥其影响力。深层次的不平衡（如不平等）能够在政治上掀起巨浪，也能突破制度的约束。一个国家若是政治失衡，不管其制度多么发达，都会重新退回到发展中国家的状态。

我并没有什么灵丹妙药能够解决这些问题。改革需要仔细的分析，有时也需要对细节的观察，这是有些乏味的。我将在第八章到第十章探讨可行的改革方案，并主要关注宏观政策。我希望我的建议比那些要求严惩银行家及监管者的呼声更具建设性意义。如果这些建议得以实施，我们的世界将发生根本性的变化，它将摆脱日益加深的危机，走上一条经济更加健康、政治更加稳定、合作更加广泛的道路。我们将会在克服全球挑战方面取得进展。这些改革的成功也需要各个国家改变生活方式、增长方式以及选择方式。任何改革都难免会经历阵痛，但是它能够给我们带来更加广泛并且深远的好处。这种改革因为见效慢，所以很难受到民众的欢迎，因而对政客们的吸引力也很小。但是如果我们无所作为的话，我们要付出的代价会比这次经济动荡更加惨痛。如果不加以补救，断层线就会日趋加深。

世界的前景并非暗淡无光。今天的我们有两个充分的理由来保持乐观：技术进步让几个世纪以来都难以解决的问题迎刃而解，经济改革带领大批的穷人从中世纪的生存条件一跃进入现代经济。只要能够从危机中吸取正确的经验教训，稳定世界经济，未来的我们就会大有作为。同样，如果从中吸取了错误的经验，我们将会失去更多。现在，让我把这些断层线和艰难的抉择一一呈现在你们的面前，此时此刻，我怀揣着一个信念，只要我们同心同德，就一定能够书写一个更加美好的明天。为了我们自己，我们必须这样做。

第一章 “放心贷款吧，有人埋单”

简在一家非营利性的研究组织担任助理，她在这家机构工作已经32年了。她在学校的时候曾是一名出色的打字员，而且还修了一些商务方面的课程。上完大学第一学期的课程之后，她觉得对她来说大学教育的成本要高于收益。市场对打字员的需求很大，而且薪水也比较有吸引力。她的第一份工作就是在这家非营利组织，一开始她要为两位上司工作。她的主要职责是打印报告和研究论文，整理堆积如山的文件并接听电话。

很多年之后，许多最初和简做同样工作的人都失去了工作。计算机的出现——先是大型机，然后是个人计算机——缩减了助理们的日常工作量。中层主管和经理们都学会了自己打印文件，报告和基础分析都外包给了其他公司，那些公司的工作人员能够很快地完成任务。大多数过去存放在柜子里的文件现在都以电子的形式存储在硬盘里。而且，简的老板越来越习惯通过电子邮件交流，电话也就不常用了：他们的业务并不需要时刻同客户保持口头交流。结果，简的秘书工作也受到了威胁，最后，她失业了。

然而，简通过重新给自己定位，顶住了来自机器的侵袭。她很快又在这个组织中找到了另一份工作。她成了新上司们的“维修工”，协助处理他们没有时间和精力处理的事务，比如，挑选餐厅、为办公室订餐、邀请演讲人并负责安排日程、安抚愤怒的客户并确保他们的问题得到解决，或是跟一个固执的会计打交道，处理她的上司提交的账单。因为简现在所处理的事务都是非常规的，是无法通过机器解决的，所以她需要向更多的上司汇报工作——最多的一次是9位上司。由于有来自各个方面的压力，工作是很辛苦的，但是她很庆幸自己至少还有一份工作。现在，这份工作变得越来越有趣了。

简的上司们是计算机和通信技术革命的极大受益者。他们发表的研究报告和文章得到了更加广泛的传播。过去，他们要把这些文章影印出来通过邮递的方式寄送给一小部分真正感兴趣的人，但是现在，他们把文章上传到一个网站上，很快就会被广泛地阅读。他们的报告更加丰富，论坛也办得更加有趣，吸引了越来越多的关注。他们经常会回答一些来自陌生人的提问，这些人在网站上读到了他们的文章，希望同他们交流或征求专家的意见。

科技突飞猛进的发展产生了十分广泛的影响。秘书和文职人员的日常工作已经逐步被自动化所替代，他们像简一样，大多数人拥有高中教育甚至大学教育的背景。那些高学历人员需要处理的非常规性的、富有创造性的工作则得到了技术的辅助。由于运用了先进的技术，首席执行官们在键盘上敲打几下就能看到公司的库存状况，分析师和咨询师的报告在世界各个地方都可以读到，其影响的深度和广度都有所提高。尽管技术的发展抢了一些人的饭碗，但是它确实提高了人们的生产力。

然而，一般来说，技术的进步从长远来看对每一个人都是有益的。它能够缩减单调乏味的工作，让劳动者有时间和精力充分发掘自己的才能。现在我们可以把文章直接发到网站上供人浏览，不再需要让秘书贴上数千张邮票，再把这些最终都会被丢进垃圾箱的信件邮寄出去，这样一来，还可以保护大量的树木。但是从短期来看，技术进步也可能极具破坏性，而且如果人们缺乏应对措施的话，这种破坏性可能会一直持续下去。

美国在历史上曾经针对技术的变革作出了适应性的调整。19世纪中期，随着农业的主导地位被制造业取代，美国掀起了一场普及小学教育的热潮，使美国人成为当时世界上受教育程度最高的人口。但是随着时代的发展，工厂的劳动日益复杂化，一些新兴的大公司也划分出多个部门，对能够处理大量工作的办公室工作人员的需求不断提升，拥有高中学历的工人也越来越受到欢迎。20世纪初，高中教育开始发展起来，为美国的工厂和办公室培养了一批灵活且训练有素的工人。在1910年，只有不到十分之一的美国工人拥有高中学历，到了20世纪70年代，也就是简开始工作的时候，四分之三以上的美国人都接受过高中教育。

尽管美国早期对技术变革的适应是成功的，但是正如哈佛大学经济学家克劳迪娅·戈尔丁（Claudia Goldin）和劳伦斯·卡茨（Lawrence Katz）所言，在下一个阶段中，美国在教育方面的进展远远不能令人满意。近来的技术进步要求工作人员拥有大学本科学历才能够胜任。但是，大学毕业生的数量却无法满足需求——确实，各个年龄段人口中高中毕业生的比例都停止了增长，甚至和20世纪70年代的水平相比还略有下降。随着就业市场出现大学毕业生供不应求的状况，那些有学士学位或者更高学历的幸运儿们发现自己的收入直线上升。但是那些没这么幸运的人——据2008年的统计，占美国人口的70%——收入水平则没有变动，甚至还有所下降。

美国的社会保障体系不堪一击，下一波技术革命和外包热潮很可能吞噬掉大量的工作岗位，令人愈加担忧。面对这一切，许多美国人很难对未来保持乐观。虽然大部分美国人在寻找工作方面比较灵活，他们愿意背井离乡，漂洋过海到另一个国度去开始一份新的工作——但是时代对他们提出了更高的要求。很多人不得不回到高中去“充电”，然后才能获得继续教育所带来的好处，而这一切都是为了得到遥远的、不确定的工作机会。有些人缺少接受继续教育的毅力和动力，而另一些人则压根儿就没有资源。例如，一个有两个孩子的单身母亲，她每月要做两份报酬很低的工作，总是入不敷出，对她来说，继续教育简直就是天方夜谭。

由于美国的教育在质量和数量上都存在不足，因此在对技术人员的需求和供给之间存在巨大的鸿沟，这只是不平等状况日益严重的原因之一，或许是最重要的原因。到底是什么原因造成了这种不平等，这是一个极具争议性的问题。左派和右派各执一词。不可否认的是，还有一些其他的因素，比如，近几十年大范围的放松管制以及由此引发的对资源（如人才）日益激烈的竞争，税率的变革，工会力量的削弱，合法移民和非法移民数量的增加，这些都起到了推波助澜的作用。不管这种现象是如何产生的，它已经让很多人深感不安。

美国曾被誉为一片充满机遇的土地，这种说法曾经得到了广泛的支持，也让美国成为自由经济的大本营，但是现在很多人都对这一说法失去了信心。政客们总是对选民的声音非常敏感，他们试图寻找一剂灵丹妙药来应对这一发展难题：为那些在经济增长和技术进步过程中落在后面的人提供宽松的信贷资金。于是，美国在教育事业上的失败以及公民因缺乏机会而产生的焦虑情绪被间接地转化成沉重的家庭债务，并最终成为这次金融海啸的震源。大部分观察家都忽视了这些因素之间的关联，而这恰恰说明了这些断层线隐藏之深，危险之大。

收入不平等的加剧

美国收入水平的不均衡状况日益加剧。工资是收入中最重要的组成部分。工资水平排在美国总人口前10%的人（即比美国总人口中90%的人工资要高的人），在1975年到2005年间，其工资的增长额要比排在后10%的人高出65%。（这一差异被称为90/10工资鸿沟。）在1975年，前者的平均工资比后者多3倍，到2005年，则多出5倍。这种增长主要体现在超高收入人群中，中等收入者和低收入者之间的分化并没有同高收入者之间的分化那么严重。

很多来自学术界和大众媒体的评论人士比较关注前1%甚至0.1%的精英人士的薪水，这或许是因为人们总是喜欢往上看。我认为美国目前最令人担忧的趋势是90/10和90/50工资鸿沟，这些差异真实地反映了普通美国人的生存状态。

90/10工资鸿沟产生的原因基本可以归结为经济学家所说的“大学升水效应”。拥有本科学历者的工资同只拥有高中学历者的工资之间的比值自1980年以来稳步上升。美国人口普查局2008年进行的人口调查结果显示，高中毕业生的工资中值为27 963美元，而本科毕业生为48 097美元——比前者高出将近72%。拥有专业学历的人（如医学博士或工商管理硕士）的薪水则更高——工资中值为87 775美元。“大学升水效应”同样也能解释为什么50/10工资鸿沟并未迅速扩大，因为中等收入者和低收入者都没有进过大学或没有完成大学学业。实际上，中等收入者的队伍主要由像简和她的同事一样的白领阶层构成，他们受到技术变革的冲击是最大的。

为什么“大学升水效应”会日益显著？有一种观点认为技术的发展要求工人拥有更高水平的技能，反映了经济学家所提出的“偏重于技能的技术变革”。但是戈尔丁和卡茨指出，科技的进步会对技能提出更高的要求，但是二者之间的相对发展速度是稳定的：在20世纪初，车辆和飞机的出现对人们生活方式的影响不亚于出现在20世纪末的互联网和组织结构变革。真正发生改变的是受教育者的数量。在1930年到1980年之间，30岁或30岁以上美国人的平均受教育时间每隔10年增长一年。到1980年，美国人受教育的平均时间比1930年多4.7年。但是，在1980年到2005年间，这种增长十分缓慢——整整四分之一个世纪中仅增加了0.8年。

人才输出减速的部分原因是高中毕业率的停滞不前。尽管回顾历史，美国高中毕业生在总人口中所占的比重曾处于世界领先地位，但这一比重自1980年以来一直岿然不动，其他国家却已经赶上并超越了美国。而且，尽管现在有越来越多处于20~24岁这个年龄段的美国人正在接受大学教育（这些人占该年龄段总人口的比率从1980年的44%上升到2003年的61%），但是大学毕业率的提高却跟不上这个速度。尽管“大学升水效应”日渐显现，但是很多像简一样的学生还是选择了从大学退学。20世纪70年代出生的年轻人的大学毕业率比40年代的高不了多少——当我们联想到现如今大学毕业生的需求量与日俱增这个事实时，不能不感到震惊。

教育发展停滞不前的一个合理解释是一国国民所能接受的教育总量或许存在着内在限制。毕竟，不是每一个人都具有写出一篇博士论文的潜质。如果真是这样的话，似乎只有美国受到了限制，其他国家并未受制于此。尽管美国历史上曾领先全球，如今却在四年制大学毕业率上落后于其他12个发达国家。如果我们注意到美国的高中毕业率在发达国家排名中位列倒数第三，那么我们就会明白为什么美国不仅输给了自己的历史，也输给了竞争对手。

话说回来，工资并不是收入的唯一组成部分。总收入应该包括来自股票和债券的收益，并从中扣除应缴纳的税金。有趣的是，在20世纪末，占美国总人口0.01%的最富有人士的收入中有80%来自工资和自营产业，只有20%来自金融投资。这一比例同20世纪初的情况形成了鲜明的反差，那时富人的收入多数来源于资产。现在的富人都是勤劳致富——不管是像比尔·盖茨这样的企业家还是像高盛集团的劳埃德·布兰克费恩这样的银行家——而不是坐享其成。这是一个有了好工作就能致富的时代，但是对于很多美国人来说，这可能是不幸的，因为他们缺乏良好的教育背景，只能眼睁睁地被那些能带来财富的好工作拒之门外。

尽管我一直都在用“教育”这个词，但是有时我所指的也包括就业的能力，其实一个更好的说法是人力资本，即广义上的能力，包括健康、知识、智力、态度、社交能力和责任感，正是这些素质让人成为对社会有益的一分子。传统教育或许在培养个人人力资本的过程中最为关键，但是家庭、社区和雇主所发挥的作用同样不可小觑。在后面的内容中，我将继续关注教育的话题，但是其中也包含上述其他因素。

教育不仅能够帮助人们增加收入、拓宽就业前景，它的意义要远胜于此：教育通过其内在的价值让人们充分发挥自己的潜质。此外，研究表明受教育者通常更关注保健，参与犯罪活动的可能性更小，更愿意参加公益活动和政治活动。而且，他们也会潜移默化地影响下一代，从而让子孙后代从中受益。因此，随着美国教育的衰退，社会整体的质量也每况愈下。

为什么美国会落后？

为什么美国的教育体系令人失望？美国的大学教育体系仍可称得上世界一流，吸引着来自世界各地的莘莘学子，所以问题显然不是出在大学体系上。其实，我在前面的论述中已经提到了三个很明显的问题。首先，很多学生在学校的学习经历极其糟糕，没等高中毕业就退学了。其次，即使在那些能够从高中毕业的人中，仍有很多人没有准备好接受严格的大学教育。最终，随着“大学升水效应”的增加，高等教育的学费也在不断攀升：这是一项由受过良好教育的人提供的服务，但近年来这项服务并没有多大改进（通信技术的极大提高并没有让芝加哥大学的班级规模显著扩大，尽管学生的学习体验或许有所改善)。尽管美国有意扩大对学校的经济支持，但是把子女送到私立大学接受高质量的教育甚至对中产阶级家庭来说都是可望而不可即的事。随着各州预算吃紧，连州立大学也在大幅度地提高学费。

当然，在学校学习并不是接受教育的唯一方式。在营养摄取、学习环境和行为期待值方面的差异使得每个孩子在童年时代就显现出不同的学习能力。家庭至关重要，同时，孩子们渴望效仿的对象以及朋友们的看法也会产生关键性影响。我女儿所在的大学附属中学里，班级里一个最聪明的孩子总是出类拔萃，尽管她并不受欢迎，但却是其他孩子秘密崇拜的对象。拔尖的学生在高中时期就已经开始学习大学的课程，甚至和教授签约参与研究项目。然而，在美国很多学校中，聪明极有可能意味着危险，因为孩子们总是对那些充满自信的孩子充满怨恨。同样的道理，强者总是越来越强。富人们住在体面的街区，为孩子提供充分的健康护理和营养，使他们能够健康地成长，功课若是掉队了，家长也能出钱给他们请家庭教师和学习助手。如果父母有钱的话，即使是残疾，对于孩子来说痛苦也会少一些。正如政治分析家罗斯 · 多赛特（Ross Douthat）和雷汉 · 萨拉姆（Reihan Salam）所说：“康涅狄格州预科学校的孩子抽着大麻却仍能像他们的父母一样去读大学，印第安纳州农村的孩子吸食冰毒并且辍学，纽约南布朗克斯的孩子吸食可卡因，最终死于流氓斗殴。”

家庭不稳定对贫困孩子的伤害也更大。贫困且受教育程度低的夫妻关系破裂的可能性更大，一旦离婚，经济负担要比富人沉重得多，因为他们需要同时维系两个家庭，轮流照看孩子，这些就要花去他们收入中的一大部分，使得其他基本需求都很难得到满足，更不用说给孩子请辅导教师帮助孩子渡过难关了。因此，在贫困家庭中，离婚对孩子的健康和教育所产生的影响要远大于富裕家庭。在这种社会环境中，不平等往往会愈演愈烈。

我们并不需要触及那些极端不平等的例子中所引发的道德问题，就可以看出这是一个多么令人厌恶的现象。大批的人因无法接触到优质的教育资源而不能实现自身的发展，这显示出社会效率极其低下。对头脑的浪费是一件极为可怕的事情，美国已经浪费了太多。

工资差距拉大不平等

在日新月异的技术革新对劳动者技能提出更高要求的大背景下，受教育程度的差异只是造成不平等日渐严重的原因之一。还有其他原因也助推了这一问题的加剧。在过去 30 年中，日趋严重的不平等问题恰逢美国放宽管制的时期。激烈的竞争确实加大了对人才的需求，与此同时也拉大了美国人口的工资差距。竞争提高了歧视有才能的穷人所要付出的代价，这本应该有助于缓解不平等现象，但是总体来说，不平等仍然加剧了。放宽管制也增加了企业经营的灵活性，扩大了员工工资的涨落幅度：一个企业家在经过若干年的颗粒无收之后突然赚了上百万，这会增加收入分布曲线最顶部和最底部的分布范围。（对于一个后来成为收入颇丰的教授的穷学生来说也是如此！）这些影响要为不平等现象的加剧负三分之一的责任。

更大规模的移民和贸易也在这个问题上难辞其咎，因为移民直接参与非技术性工作的竞争，而远在其他国家的非技术性工人也通过贸易间接地参与到竞争之中，两者共同压低了美国非技术性工人的工资。大部分研究认为这一因素的影响比较小。然而，非技术性移民只是通过一种不同的方式助长了不平等。他们基本上位于收入分布的底部，从而使收入差距拉大的现象更加严重。矛盾的是，尽管他们在美国的收入要高于在自己本国的收入，但是他们仍然是美国贫困人口的一员。

战后对高收入的惩罚性边际税率的削减（在 20 世纪 50~60 年代期间，

最高税率曾高达91%，后来经过起起伏伏，到我撰写本书时，已经降到了35%）刺激了人们去追求更高的收入，同时也促进了企业家精神的发展并加剧了不平等。放宽管制以及进口带来的间接性竞争是造成很多工会成员失去高薪工作的主要原因，与此同时工会的软弱也削弱了那些受教育程度不高的工人讨价还价的能力。尽管只有一小部分美国工人领取最低法定工资，但是在通货膨胀的情况下，最低工资标准保持不变就意味着实际最低工资下降（这样一来也确保那些可能失去工作的人能够找到工作），最后，妇女也加入到劳动力的大军中来，这也会对不平等程度产生影响。因为具有良好社会关系且受教育程度较高的人更愿意相互结合，这种“门当户对”的婚姻也是导致家庭收入不平等的原因之一。

毫无疑问，造成不平等现象日益加剧的原因究竟是什么，这是一个热议的话题。在我看来，一些最具说服力的证据表明，最令人担忧的不平等，即90/10工资鸿沟，主要是由市场对高学历人士的供求关系失衡所致。自罗纳德·里根总统开始执行反劳工政策以来，在他之后的共和党政府都延续了该政策，其中，革新派发挥了重要的作用，而保守派则通过倡导压制工资的方式来支持罗斯福提出的反竞争政策。然而，这两派都不否认教育的不平等是导致不平等问题的重要原因。

如何对待不平等

美国人历来不太在意经济上的不平等，除非这一现象走向极端——像19世纪末所发生的那样。通过采用包括反托拉斯法和征收遗产税在内的多种方式，人们确信由公司所有权所创造的财富并没有高度集中到能够左右政治力量分配的程度。为限制银行的权利，政府曾进行了多次干预——如安德鲁·杰克逊为关闭美国第二银行而作出的斗争（在此之前，他指责该银行干涉政治领域），1913 年美联储成立，取代摩根大通成为各个银行的最后贷款人，1933 年的《格拉斯-斯蒂格尔法案》将最具实力的银行拆分，实行分业经营的模式。同样，通过反托拉斯调查，政府扼制了商业大鳄的实力，其中最有名的两项调查是针对洛克菲勒的美孚石油公司和比尔·盖茨的微软公司。但是，除一些特殊时期外——如大萧条时期——政府和公众并没有强烈的意愿要向富人征税，以实现收入分配的均衡。

向富人征收重税的政策并没有受到穷人的欢迎，这并不一定是因为他们同情富人，而是因为穷人相信自己终有一天会变富：霍雷肖·阿尔杰（Horatio Alger）所写的关于普通人在这片充满机遇的土地上获得成功的故事具有十分广泛的吸引力。尽管这种乐观主义精神一直以来都不切实际，但是在过去，可能性与现实之间的差距并不十分大，以至于美国人可以把这个梦继续做下去。根据世界价值观调查的数据显示，高达 71%的美国人认为穷人很有可能摆脱贫困，而只有 40%的欧洲人持有这样的观点。这一差异令人感到十分惊讶，因为根据跨国研究的结果，美国人的收入流动性并不比欧洲人高，实际上在美国，收入水平位于后 20%的人的收入流动性极低。尽管如此，收入流动性这一概念还是根深蒂固的。美国伟大的社会学家托克维尔曾说，在美国，“财富流动的速度是令人震惊的，实践表明很少有上下两代人都受到财富眷顾的例子”。

在过去的 25 年间，越来越多的美国人不得不面对一个痛苦的现实，即他们已成为教育质量不达标的受害者。《纽约时报》专栏作家罗伯特·萨缪尔森（Robert Samuelson）评论说：“大体上，美国人并不十分担心不平等，即贫富差距，他们更在意的是能否获得机会与成就。难道这说明人类进步了吗？”但是教育不平等的危害是极其隐秘的，因为它能够造成机会的不平等。一个人若是只接受过一般的高中教育，就很难在新兴的产业中谋求一份工作。很多美国人“将政治自由定义为完全的平等，却将经济自由定义为拥有平等的机会去实现不平等的成就”，在高质量教育面前并非人人平等这一状况恰恰动摇了美国人心目中实现经济自由的根基，因为机会已不再平等。

如果美国人没有机会让收入水平提高到更高的层次，他们就很难对未来保持乐观并对其他人的收入流动性保持容忍——因为眼睁睁看着别人往高处走的滋味并不好受。当其他人变得富有时，所有东西的价格都会上涨，而那些原地不动的人的实际收入——即通过购买力来衡量的收入——实际上就降低了。若是这些人通过自己的资产来衡量自己的价值，情况就更糟了，当我邻居的车从本田换成玛莎拉蒂的时候，我的雪佛兰就显得十分寒酸了。美国人历来不喜欢嫉妒别人，因为他们都很自信。但是当自信心即将离我们远去的时候，嫉妒和仇恨这对手足兄弟离我们还会远吗？

随着越来越多的美国人开始意识到自己为参与竞争所做的准备并不充分，他们也就开始接受对自身期待值降低这一事实，“经济自由”这个词也不再能为他们勾画出一个充满机遇的美好愿景，反而成了一个可怕的梦魇，充斥着持续增加的不稳定性和嫉妒情绪，因为穷人越来越难翻身了。如果不加以遏止，任其发展的话，毁灭性的阶级冲突将不可避免。

政治应对措施

政客们已经意识到不平等现象所导致的问题。因为和其他群体相比，非裔美国人和拉美裔美国人受到教育质量低下的影响更大，所以，他们的发展缓慢经常同种族歧视联系起来。然而，政客们深知，改善教育只能解决一部分问题。美国历史上有多位总统都曾推动过教育改革，但成效不大。而且，即使他们的改革真的奏效，变化也会姗姗来迟，来不及改变人们眼前的生活。

税收和再分配应该是可选的解决方案，但是政治学家诺兰·麦卡蒂（Nolan McCarthy）、基思·普尔（Keith Poole）和霍华德·罗斯塔尔（Howard Rosenthal）指出，日益加重的收入不均问题让国会更加分化，从而更难在税收和再分配问题上达成一致。就在我写作本书的时候，议会中两党对医疗改革的政策和态度大相径庭，民主党一致支持，而共和党则一致反对。政客们正在学着接受亚里士多德的智慧，他说：在一个不平等的社会中，争吵是自然会发生的，费力地去纠正不平等的现象反而可能加剧公民所不愿看到的冲突。

因此，政客们开始寻求方法提高选民们的生活质量。自20世纪80年代初以来，宽松信贷一直都是一个最具吸引力的解决方式。从某种程度上来说，这是一条障碍最少的道路。由政府提供的信贷并不会像收入再分配那样引起右派的关注——尽管通过自身的经历，我们认识到它最后可能会成为成本最高的再分配方式，不仅危害接受者，同时也牺牲纳税人的利益。

政客们热衷于让银行扩大住房信贷，因为信贷能够同时实现多个目标。它能抬高房价，让房屋所有者觉得自己变得更富有了，还能推动他们消费。信贷还能够增加金融行业、房地产中介行业和房屋建筑行业的利润和就业岗位。而且这一切都是安全的——像房屋一样牢固——至少目前是这样。

宽松信贷真是好处多多，它收益大，见效快，受益面广，而且成本到未来才需支付。它的收益结构正中政客们的下怀，让许多国家都屈从于宽松信贷的诱惑。随着时间的推移，富裕国家建立了一些金融行业的监管机构，它们可能对抗政客们，批判这种目光短浅的行为。然而，这次美国的问题是，政客想办法绕过了这些监管机构，而且住房信贷享有广泛的民众支持，以至于没有人敢提出反对。

住房信贷的始末

美国大萧条爆发之前一段时期内同样出现了大规模的信贷扩张和严重的收入不平等现象，或许这并非巧合。那时的按揭贷款和现在的并不一样。住宅按揭由银行和储蓄公司提供（也称储蓄与贷款协会）。按揭的期限较短，大约为五年，到期时需全额还本付息——除非借款者能够重新融资。而且，大部分贷款的利率都是浮动利率，所以借款人要承担利率变动的风险。一般情况下，贷款人只提供不超过按揭价值50%的贷款，因此，房屋所有者要承担因房产价格波动而带来的大量风险。

到了20世纪30年代，大萧条日益恶化，融资干涸，房产估价骤降，房屋拥有者无力偿还到期的贷款，大批借款者开始拖欠贷款。全国10%的房产被取消了赎回权，政府不得不介入，挽救即将跌入深渊的住房市场。房主贷款公司和联邦住房管理局是政府最初建立的两个机构。

房主贷款公司的作用是从银行和公司手中购买违约的抵押贷款，把它们重组为固定利率的20年完全分期偿还抵押贷款（在贷款期限内偿还本金）。较长的还款期限和完全分期的还款方式意味着房屋所有者不必再去面对灾难性的融资难题。政府愿意在一定时期内持有这些抵押贷款，但并不打算长期参与贷款业务，所以政府必须寻找一种方式让私有部门的贷款者对这些抵押贷款产生兴趣。那些历来都排斥长期贷款的私人贷款者是不会轻而易举地信任借款者的。

解决这个问题的办法是，联邦住房管理局通过提供抵押保险来承担违约风险——主要是为了让贷款者吃一颗定心丸，一旦发生违约，联邦住房管理局会偿还贷款。为了保护自己的利益，联邦住房管理局收取保险费，并严格设定它所担保的最高贷款上限（最初为房产价值的80%）以及贷款金额。这些限制性条件也促成了一个政府不愿担保的私人抵押贷款市场的出现。

因此，那些购买由联邦住房管理局提供担保的抵押贷款的银行和储蓄公司只需承担利率风险——利率风险的产生是由于它们用短期的浮动利率存款来为长期的固定利率抵押贷款融资。只要短期利率不走高，这笔生意还是有利可图的。

1936年，房主贷款公司停止运作。为了向银行提供融资渠道，政府建立了联邦国民抵押贷款协会，即房利美，以再次吸引长期私人贷款者进入抵押贷款市场。事实上，房利美还购买了由联邦住房管理局担保的抵押贷款并且发行长期债券，出售给像保险公司和养老基金这样的投资者，以此方式来为购买抵押贷款融资。和银行以及储蓄公司不同的是，房利美拥有更长期的固定利率的融资渠道，所以即使长期持有抵押贷款，也不用承担利率风险。

该体系一直运转良好，直到20世纪60年代，短期利率上扬，导致存款从银行和储蓄公司流出——因为在大萧条时期，政府为防止过度竞争而制定了调控性存款利率上限，使银行和储蓄公司无法与更高的市场利率进行竞争。抵押贷款的融资渠道又干涸了。为了补救，1968年，政府试图通过将房利美一分为二来加强市场的直接融资能力——新建了政府全国抵押贷款协会（即吉利美），继续从事抵押贷款的担保、打包和证券化，房利美经过改制成为私人持股公司，通过向公众发行债券和证券化债权为抵押贷款融资。那时，林登·约翰逊总统正需要资金为越南战争提供支持，私有化巧妙地将房利美的债务从政府的账单中抹去，让政府的资产负债表看上去更健康了。不久之后，房地美（全称美国联邦住宅抵押贷款公司）成立，负责将储蓄公司的抵押贷款证券化。最终房地美也被私有化了。

20世纪70年代末到80年代初，通货膨胀愈演愈烈，美联储主席保罗·沃尔克为扼制通胀将短期利率上调到迄今都难以想象的水平。储蓄和贷款行业的投资组合中大部分都是利率较低时购入的固定利率长期抵押贷款，而在融资的过程中却要支付高得离谱的短期利率，这些机构最终都破产了。政府并没有让储蓄公司关门大吉：房地产市场太重要了，而信贷又是一个牵一发而动全身的行业，让纳税人去填补这个巨大的窟窿实在是难以提出。

为此，政治体系作出了回应，通过了1980年的《存款机构解除管制与货币控制法案》(Depository Institutions Deregulation and Monetary Control Act）和1982年的《高恩－圣杰曼储蓄机构法》(Garn-St. Germain Depository Institutions Act)。两部法律拓宽了储蓄公司的贷款范围以及借款方式，帮助该行业重新获得了稳定。后面的故事就十分令人遗憾了，尤其让人愤懑的是这些储蓄公司拿着纳税人的钱在商业房地产市场上进行了一场血本无归的豪赌，这些都是众所周知的。对于储蓄公司来说这是一次巨大的损失，对纳税人来说这简直是一次不可估量的损失，而政府在这场悲剧中却扮演了帮凶的角色。不用说大家也知道结果，房利美和房地美取代了储蓄公司，并在抵押融资领域扮演着越来越重要的角色。

房利美和房地美

众所周知，房利美和房地美是美国政府赞助企业，它们是两个奇特的怪兽。尽管它们都是由私人持股且全部利润归股东所有，但它们并不完全私有。它们当然也并非公有，因为它们不归政府所有，但是它们在享受政府优待的同时还肩负着公共责任。它们享有很多优惠待遇，包括免缴联邦和地方收入税，董事会中有政府指定的董事，以及拥有美国财政部批准的信用额度。对于那些投资的民众来说，和政府之间的这些千丝万缕的联系意味着这些机构拥有美国政府十足信用的担保。所以房利美和房地美可以以只比国债利率略高一点的利率筹集资金。这些优惠待遇也为“两房”带来了公共责任——支持住房融资。

房利美和房地美做了两件事来完成自己的使命。它们按照自己既定的规模限制和信用标准从银行购入抵押贷款，从而使银行获得资金发放更多抵押贷款。接着，这两个机构将大量贷款打包，并在为抵押贷款提供违约担保之后发行资产担保证券。它们还直接从市场贷款，购买由其他银行承销的资产担保证券。因为这些抵押贷款的信用较好，所以投资的安全性高且回报极其丰厚。但是大部分收益都来自在政府的隐性担保下实现的低成本融资。这样做是有重大政治风险的。

经济适用房计划

在 20 世纪 90 年代初，大量的证据表明越来越多美国人的工资水平停滞不前甚至有所下降，因此政治集团便开始寻找速效的解决办法——当然要比教育改革见效更快才行，教育改革要等上几十年才能看到成果。最显而易见的答案就是为低收入群体提供经济适用房，而房利美和房地美显然是最佳渠道。国会知道可以将房利美和房地美作为实现这一目标的手段，因为它们从政府那里拿走了大量的好处，如果政府停止通过政府预算秘密地为“两房”拨款，那么它们的经理人一定会承受巨大的压力。

1992 年，美国国会通过了《联邦住宅企业财务安全与稳健法》，推行此法的目的之一是改革对这些机构的监管，另一个目的是以一种直接的方式帮助低收入者和少数族群实现他们的买房梦。美国住房和城市发展部在该法案的指引下为房利美和房地美制订了经济适用房目标计划，并跟踪计划的实施。每当国会在某个法案中用了“安全和稳健”这样的字眼，结果往往会和他们的初衷背道而驰，这部法律也不例外。

尽管“两房”不能阻止法律的出台，却能够影响法律的制定，使其为自己的利益服务。它们确保了法律允许其持有的资本数额低于其他受到监管的金融机构，并确保新的监管机构——美国住房和城市发展部下设的一个在金融服务监管领域毫无经验的部门——要依靠国会的拨款才能维持运转。这就意味着，监管方若是想束缚住“两房”的手脚，它们在国会中的“朋友”就会削减监管方的预算。国会积极地参与，由政府撑腰的私人企业对利益穷追不舍，监管者软弱且自主性差，所有这些因素放在一起，便昭示着灾难的来临。

最初，房利美和房地美并不愿意把这些有利可图的业务暴露在风险之下。但是当看到政府出台的政策时，它们屈从了。20 世纪 90 年代，《纽约时报》记者史蒂文 · 霍姆斯曾警告说：“房利美进入了这个新的贷款领域，甚至可以说这是有意而为之，该行为导致其所承受的风险大量增加，若是在经济向好的时期，这可能没什么问题……但是一旦经济出现衰退，这个政府资助机构就会陷入泥潭之中，政府救助也会随之而来，就像 20 世纪 80 年代政府挽救储蓄与贷款行业那样。”随着住房市场的繁荣，“两房”发现对低收入者贷款的高利率十分具有吸引力，良好的市场环境再加上缺乏对低收入者贷款的经验，所有这些都蒙蔽了它们的双眼，让它们看不到其中的附加风险。

在克林顿执政的时期，美国住房和城市发展部逐步提高了对房利美和房地美的低收入者住房贷款业务指标。“两房”欣然接受，它们还巴不得这样呢。它们有时似乎是在怂恿政府去委任给它们更多的权力，这样才能说服股东去冒更大的风险（除此之外，还要说服他们给管理层发放更加高额的津贴）。1995 年，美国住房和城市发展部为房利美和房地美制定的低收入者住房贷款业务指标占总业务的比例为 42%，到 2000 年（克林顿执政的最后一年），这一比例上升至 50%。

一些批评家曾担心房利美和房地美对针对无还款能力者的掠夺性贷款视

而不见。但是，在回顾与“两房”之间的关系时，美国住房和城市发展部在2000年公布的一份报告中承认，“两房”拒绝透露“它们所购买的高价抵押贷款”，所以美国住房和城市发展部决定不再对“两房”施加“不必要的额外压力”。

“居者有其屋”战略

美国国会的努力得到了克林顿政府的支持。1995年，在一份旨在扩大房屋自有率的战略性文件的序言中，克林顿总统写道：“去年，我指示住房和城市发展部部长亨利·G·希斯内罗斯……制定一个长远规划，实现住房自有率在本世纪末达到历史最高水平。提高住房自有率不仅有利于家庭和社区，还能够促进经济发展，壮大中产阶级队伍。重新点燃每一个家庭的购房梦会让美国为迎接新世纪的机遇作好充分的准备。”这番话有何实践性意义？这份战略性文件接着说：“对于潜在购房者来说，无力支付高额的首付款和交易费用是限制购房的主要障碍。而另一些家庭则没有充足的固定收入，无法每月根据标准借款条件所规定的市场利率还款付息。由公私领域充分发挥其创造力和才智而制定的融资战略应当解决购房者的这两大金融障碍。”

简单地说，克林顿政府的意思就是金融领域应该找到创新型解决方案帮助那些无力购房者实现买房梦，政府也会不遗余力地给予支持。尽管该战略有别于在危机中十分显著的忍者贷款和“骗子”贷款（指不要求借款者提交资料，借款者可谎报收入的贷款），但是却给即将出现的危机定下了基调。

克林顿政府还通过其他方式对金融领域施加压力。1977年通过的《社区再投资法案》要求银行在本地市场中经营贷款业务，尤其是针对低收入群体和少数族群。但是该法案并没有明确规定贷款的指标，其执行由监管者负责。克林顿政府向监管机构施压，要求其通过对银行进行调查和罚款威胁来执行《社区再投资法案》。仔细研究银行的抵押贷款业务之后就会发现，在20世纪90年代，随着该法案执行的力度逐步加强，贷款也在逐步增加，尤其是在那些具有政治敏感性的大城市里，因为在那里银行最容易受到监督。

这也使我回想起联邦住房管理局曾为这些抵押贷款提供担保。主要是针对其他金融机构敬而远之的高风险抵押贷款。该部门直接受到政府的管控。2000年，克林顿政府将借款人可申请联邦住房管理局担保的最低首付标准大幅削减至3%，并增加了该部门可担保的抵押贷款的规模上限，同时还将借款人应付的保费金额削减了一半。所有这些举措都为低收入者住房建设和贷款市场的繁荣铺平了道路。

所有权社会

到了乔治·W·布什执政的时期，美国房产市场异常繁荣。布什同样也认识到，如果有相当一部分人无法分享经济增长的成果，后果将会是危险的。正如他所说："如果你有一些资产，这个国家的未来就会与你息息相关。如果越来越多的人拥有资产，那么美国就会更加朝气蓬勃，而且也会有越来越多的人与这个国家的未来息息相关。"在布什2002年对美国住房和城市发展部发表的讲话中，他说：

> 但是我相信，仅仅拥有一些资产只是美国梦的一部分。我相信，只有当居者有其屋的时候，他们才算真正地实现了美国梦……昨天在亚特兰大，当我走进一个房屋拥有者的新家时，我对这一点有了更真切的感

受。这家的男主人对我说，欢迎来到我家。眼中洋溢着自豪感。他没有说，欢迎来到政府的家，也没有说，欢迎来到我邻居的家。他说的是，欢迎来到我家……他为此感到自豪……我希望这种自豪有朝一日会传遍整个美国。

后来，在解释他的政府如何实现这些目标时，他说：“我要十分自豪地告诉大家，房利美已经响应了这个号召，据我所知，在过去的一段时期内，他们向借款人提供了 4 400 亿美元的资金。他们通过影响力为我们前面所说的购房人群筹集了充足的资本。为住房市场融资是房利美的使命，现在他们必须将其付诸实施。房地美也有兴趣帮忙。我本人很感谢房利美和房地美强大的资金支持。”

2004 年，尽管美联储已开始加息并表达了对房市过热的担忧，布什政府还是将房利美和房地美对低收入者的贷款业务提高至总业务的 56%。美国企业研究所高级研究员彼得 · 沃利森（Peter Wallison）和哥伦比亚大学教授查尔斯 · 卡罗米尔斯（Charles Calomiris）认为房利美和房地美在这段时期内加大马力的原因并不是出于无私奉献的精神，而是因为 2004 年曝光的会计丑闻让它们对国会关于低收入者贷款的要求更加唯命是从。

到底有多少贷款从这些机构中流出，它们是什么时候流出的？我们很难得知房利美、房地美和联邦住房管理局的账本上到底有多少次级贷款和 Alt-A 贷款，正如房利美前首席信贷官爱德华 · 平托（Edward Pinto）所说的那样，这是因为在这些机构的账本上，很多贷款实质上都是次级贷款，但并未被归入次级贷款的名下。比如，只有当原始权益人将一项贷款归为次级贷款时，房利美才会跟着这样做。所以，很多对低信用借款人的贷款都没有被归入次级贷款或 Alt-A 贷款。平托发现，当贷款被正确归类后，对于两大抵押贷款巨头和联邦住房管理局来说，仅次级贷款这一项（包括通过购买资产担保证券进行的融资）就从1997年的850亿美元飙升到2003年的4 460亿美元，此后，一直徘徊在每年3 000亿~4 000亿美元之间，直到2007年，平托的研究结束。在这段时期，这些机构占市场的平均份额为54%，而2007年则高达70%。据他计算，到2008年6月，两大抵押贷款巨头、联邦住房管理局及其他政府扶持项目的次级贷款和Alt-A贷款总金额达到2.7万亿美元，约占此类贷款总金额的59%。我们只能说，这是一个主要由政府投资，或由受政府影响的机构投资做大的市场，除此之外，我们真的很难再得出其他结论了。

信贷也疯狂

随着越来越多的资金从政府赞助机构涌入低收入者住房融资领域，私人部门也不甘寂寞地来凑热闹。毕竟，它们都很会算账，知道政府行为背后的政治压力不会转瞬即逝。只要有政府的支持，次级贷款就会继续保持其流动性，低成本住房的价格也会上扬。低风险高回报——还有比这更诱人的吗？不幸的是，在政府资金的支持和教唆下，私人部门将经济适用房指令以及建立居者有其屋的社会的良好初衷演变成了一场金融灾难。

克林顿和布什对经济增长导致大量人口相对贫困的担忧是正确的，而且他们解决问题的方式——扩大房屋自有率——也是一个合理的权宜之计。问题并不在于政府的初衷，而在于初衷和结局总是相去甚远，更在于政府在实现其目标的过程中所动用的组织和个人并不分享政府的目标。从近期的历史中（包括储蓄与贷款危机）得到的教训对政客们来说再清楚不过了：政府若是强迫善变的金融领域以某些特定的方式行事，结果往往会事与愿违且代价高昂。然而，为了满足那些相信政府无所不能的人的需求，政府必须做出行动，通常情况下，连那些最理智的政客都不会拒绝这样做。

而且，怀疑政府的动机很容易，但明确政治意图却很难，尤其是当参与方都不愿承认该意图时——在金融危机这个例子中，政客们把宽松信贷当成权宜之计。我在本书中多次说到，很多主要参与者很可能根据民众的喜好行事，而不是通过深思熟虑来作决定。即使没有一个政客想出这个马基雅维利式的计划，即通过宽松信贷减轻选举人的焦虑——有大量证据表明政客们确实努力地推动了宽松信贷——他们的行为也会被他们所关心的选民所左右。换句话讲，政客们会试图传递不同的信息，直到有一条和选民产生共鸣。那条信息——例如，承诺让选民买得起房子——就成了他们的政纲的一部分。事实上，很可能是选民主导了政治行为（就如同市场主导企业行为一样），而非政治行为主导选民。至于政治行为到底是出于清晰的意图还是受到无意识的引导，对于它所产生的广泛后果来说，这一点已经无关紧要了。

阿蒂夫·米安（Atif Mian）和阿米尔·苏菲（Amir Sufi）是我在芝加哥大学布斯商学院的两位同事，他们进行了一项很有趣的研究，将危机爆发之前的一些结果进行了微观数据分析。他们用邮政编码来表示那些潜在次级借款人（低收入和信用评级较低的借款人）过多的地区，发现在2002~2005年期间，这些地区的信贷增长是优级贷款地区的两倍多。更有趣的是，在那段时期，次级贷款地区的贷款数量和家庭收入增长呈负相关的关系。也就是说，在2002~2005年间，收入增长缓慢的地区反而得到更多的贷款。回想起我在前面所讲的内容，这一发现也就不那么令人惊讶了：这完全是由政府精心安排的，政府的目的就是要把钱借给穷人。

在这些次级贷款地区，随着信贷规模的扩张，房地产价格也在不断上涨。事实上，在2002~2005年期间，收入增长较低的地区房价的涨幅比其他地区更高（因为收入增长较低的地区是贷款的重点地区）。不幸的是，信贷推动了房价继续走高，使得家庭的基本收入无法满足还款的要求，结果造成违约率上升。2006 年以后，次级贷款地区的违约率是优级贷款地区违约率的 3 倍，与其本身的历史违约率相比也高出很多。

难道低收入家庭贷款的增加是受到了需求的驱动？毕竟，我曾提到过，他们的收入一直停滞不前甚至有所下降，很难想象这些经济拮据的家庭会主动去借钱买房子。并不是需求的增加推动了借款行为，实际上是政府出台的一些重要政策推动一些金融机构主动向低收入家庭提供贷款。

此次危机发生之前的所有狂热贷款行为并非都和低收入者住房有关，还有很多贷款发放给了大型公司用于收购。然而，次级贷款和次级资产担保证券是引发这场危机的元凶。尽管那些经纪人、发放不良贷款的银行和虚报收入的借款人都难辞其咎，但是我们也要认识到不管政府的初衷是多么的良好，有证据表明政府的行为极大地推动了这次经济危机的爆发。一些金融机构也难以逃脱由危机带来的恶性影响。随着这些金融机构的抵押贷款投资组合损失日益加重，购买资产担保证券的投资者的担忧也不断加深。2008 年 9 月 7 日，财政部长亨利 · 保尔森发布的消息印证了市场上的猜测，他宣布，政府将接管房利美和房地美并承担两家公司的债务。据保守估计，为救助两大金融机构，纳税人要付出数千亿美元的代价。而且，政府接管“两房”之后，就完全包揽了房地产市场所出现的问题。在我写作这本书的时候，这两个由政府控制的机构正在扩大房地产市场的风险敞口，试图将房价维持在一个不切实际的水平，这意味着纳税人要为此付出更加高昂的代价。

在政府关联机构中，出现问题的并不是只有房利美和房地美。2007~2008 年间，虽然危机不断加深，但联邦住房管理局仍在继续为低收入借款人的贷款提供担保。如今这些贷款的违约率超过 20%。这或许还情有可原（虽然并不怎么明智），政府部门需要在经济艰难时期通过支持贷款发挥一个反周期的作用。但是，美国企业研究所的彼得 · 沃利森指出，令人难以理解的是为什么联邦住房管理局在 2005 年和 2006 年两年间还要为已经失控的次级贷款推波助澜，让房地产泡沫越吹越大，直到最后破灭。在这两年间，抵押贷款的违约率也超过了20%。联邦住房管理局或许也需要纳税人的援助。政府扩大对低收入者贷款的行为给纳税人造成的损失还会持续增加，或许还会达到无法估量的水平。

有趣的美国特征

在1999~2007年间，随着房价的上涨，美国很多家庭办理了房屋抵押贷款。这种贷款的范围很广，因此尽管房价呈两位数增长，但美国现有按揭贷款的贷款与价值比率在这段时期内几乎没有降低。房价的上涨让低收入家庭有能力获得其他形式的非抵押贷款。例如，美联储的消费者财务状况调查结果显示，在1989~2004年间，未偿付抵押贷款的低收入家庭（收入位于后四分之一的家庭）的比例翻了一倍，而拖欠信用卡债务的低收入家庭的比例提高了75%。相比之下，那些高收入家庭（收入位于前四分之一的家庭）拖欠抵押贷款或信用卡债务的比例在这段时期内则略有下降，这表明，家庭负债的迅速蔓延主要集中在低收入群体中。

确实，尽管世界各地都受到低利率的影响而出现了房地产热潮，但美国房地产市场的繁荣主要集中在那些以前难以申请到贷款、次级贷款和Alt-A贷款的借款人中。详细的研究表明，美国此次房地产热潮之所以与众不同，是因为低收入群体房屋价格的涨落幅度要高于高收入群体。

相反，在美国历史上的房地产热中，高收入人群的房屋价格往往比低收入群体住房价格的波动更大。包括爱尔兰、西班牙和英国在内的其他工业国历史上都曾经出现过房产价格泡沫，不同的是，美国的整体房屋价格并不像上述国家那样与基本面紧密相连。房地产泡沫发生在那些对市场崩盘抵御能力最弱的人群中。至少从一些细节上来看，美国的房地产热是与众不同的。

一些激进的经济学家认为这次危机完全是由政府对低收入者住房信贷的干预所导致的。政府干预当然不是唯一起作用的因素，如果把责任完全归咎于政府，这是具有误导性的。但是，如果说政府完全没有责任也同样具有误导性。私营金融部门在 21 世纪初迅速吸收了大量的低收入者住房贷款，它们这样做并不是出于善心，也不是得益于金融领域的创新——毕竟，资产证券化在那时已不是什么新鲜事物了。忽视政客、政府和准政府机构所扮演的角色，就是对房间里的大象视而不见。

我已经提到过，政府对不平等现象的一个重要回应就是推动信贷扩张，让那些收入水平停滞不前的人也能够消费得起。显然，是美国当时的特殊环境让这种政治回应成为可能——政府对住房融资拥有强有力的控制，而且考虑到当时美国政治上的两极分化日益加深，实行直接的收入再分配是很困难的。另外，为实现扩大住房自有率的目标，政客们还试图把人们带回具有象征意味的过去，在过去那些美好的旧时光中，美国的小企业家和农场主都拥有自己的房产，并且和社会的进步息息相关。这些特殊的社会环境并不一定会出现在其他工业化国家。

美国的过去和一些新兴市场现在的经历有很多共同之处，因为两者都把信贷当做安抚民众的工具。美国上一次收入高度不平等的状况出现在 19 世纪末到 20 世纪初。当中小型农场主发现自己已经被产业工人甩在后面时，他们借平民党之口表达了他们缺少融资途径以及希望银行业改革的意愿。由于来自这方面的压力，在 20 世纪初，银行业的管制放松了，银行业的规模也壮大了起来。一位平民党候选人在农场主的支持下赢得了 1916 年的北达科他州州长竞选之后，平民党创立了美国第一家州立银行——北达科他银行。此后，农村银行信贷经历了一段时期的繁荣，然而，在 20 世纪 20 年代，农产品价格逐步下跌，农民的失望情绪加重，大量小型农村银行倒闭。

这和最近的这次危机一样，说明迎合民众需求的信贷扩张有些过头了。

利用政府关联金融机构向那些信用评级不高但却具有重要政治价值的选民提供贷款的传统在新兴市场中也是根深蒂固的。比如，哈佛商学院教授肖恩·科尔（Shawn Cole）发现，印度的州立银行会在大选年期间增加对农民的贷款，增加幅度约为5%~10%，这些农民相对贫困，但却具有重要的政治价值。在选举势均力敌的地区，这种现象尤为突出。这种贷款导致违约率大幅增加，而农产品产量却没有明显提高。由此可以看出，这的确是一种高成本的收入再分配形式。印度联合进步联盟政府在2009年大选之前，将中小型农户所拖欠的债务一笔勾销，评论者认为此举帮助了该政府再度当选。看来在全世界，平民主义和信贷都是一对亲密无间的伙伴。

沉重的反思

在美国，由于人们接受高质量教育的机会不均等，导致社会收入分配不均，从而加大了扩大住房信贷的政治压力。由此产生的断层线严重扭曲了美国金融领域的信贷业务。扩大住房贷款途径，提高住房自有率是解决不平等问题最方便、最受欢迎，也是最快捷的途径。为实现这一目标，政府借助它们在大萧条时期为解决房屋贷款危机而创办的金融机构和组织。具有讽刺意味的是，这些组织如今反而成了此次房地产灾难的助推器。

我并不是要指责政治家们的动机。克林顿政府想让穷人也能买得起房，布什政府想提高住房自有率，这些动机都是值得称颂的。它们在集中精力为贫困者排忧解难的同时，也在为根本性措施的奏效争取时间。但是政府的意图和最终的结果可能会背道而驰，尤其是当私人部门在其中扮演中间人的角色时。对那些耐不住性子的政客来说，越多似乎总是越好。任何政府政策工具都有其局限，在小范围内奏效的做法，一旦大面积推广，尤其是在短时间内大面积推广，就可能演变成一场噩梦。对低收入者住房贷款给予一定的扶持，不仅能使各方受益，而且也不会引起私人部门过于激烈的反应。但是大规模的扶持政策却可能扭曲房价和私人部门的动机。更进一步说，私人部门的目标和政府的目标并不一致，通常政策的制定都没有将这个差异考虑在内。于是就出现了人们不愿意看到的严重后果。

历届政府都接连对房利美和房地美施压，迫使它们支持低收入者贷款。由于“两房”过去的业务主要是针对优级贷款的，它们没有发放和购买次级贷款的直接渠道，也就无法达到政府规定的指标。所以在资金最充足的几年中，它们购买了次级资产担保证券，但并没有根据风险的上升对自身进行调整以适应这种风险。而且，承担这些风险所带来的早期回报颇为丰厚。初期较低的违约率让房利美和房地美的胆子更大，而它们软弱且易受政治影响的监管者几乎没有限制这种冒险行为。同时，银行的经纪人获悉有人愿意购买这些次级资产担保证券，而且什么都不问，出手相当痛快，于是他们就开始迅速地发放贷款，根本不审核借款人的信用，信贷的质量自然会跟着下降。但是在刚开始的一段时期，问题被上涨的房价和较低的违约率掩盖了起来——宽松的信贷自己蒙住了自己的眼睛——直到房价停止上涨，违约便如山洪暴发。

通过本次金融危机这个典型的例子，我们不难发现宽松信贷是一个成本极高的再分配方式。太多本来没有购房欲望的贫困家庭赔掉了本来就少得可怜的积蓄，而且落得无家可归；太多的房子建好之后就永远闲置在那里；太多的金融机构损失惨重，不得不让纳税人花上几年的时间慢慢吸收这些损失。尽管住房自有率的确提高了——从 1994 年的 64.2%提高到 2004 年的 69.2%——太多本来无力偿还贷款的家庭也没有抵制住诱惑，自从 2004 年开始，住房自有率开始下滑（到 2009 年第四季度已降至 67.2%），随着越来越多的家庭被取消抵押品赎回权，这一比率可能还会继续下降。

这场教训具有广泛的借鉴意义。没有什么“解决方式”能像打开贷款的水龙头一样，在开始时给人支持与信念，结束时却只剩下相互指责和埋怨。贫困国家现在依然热切地希望得到外国的援助。现在我们知道，援助只会带给人们依赖性、债务和治理不善，却很少带来增长。一个解决问题的新方式是小额信贷——通过团体贷款的形式将钱借给穷人，在这个系统中，来自团体内其他人的压力会增加个人还款的动力。尽管这种方式在小范围内适用，但是历史告诉我们，任何做法一旦大面积推广，尤其是被当做政府的政策工具时，就可能会出现严重的问题。

看着美国梦日渐衰微，看着美国民众的机遇正在渐行渐远，美国应该做些什么？对问题视而不见只能让事情变得更加糟糕。如果不加以纠正，不平等现象只会变本加厉，甚至会激起民众强烈的反应。在民主社会中，当人们看到经济前景暗淡无光时，他们会寻求政治上的解决途径，如果政治不能对此作出反应，他们就会想其他的办法。在政治上充当替罪羊的第一受害者往往是那些最显而易见、最易被妖魔化，同时最没有自我保护能力的人。非法移民和国外工人并不参加选举，但是他们对经济的发展至关重要——因为非法移民所做的工作是正常情况下别人不愿意去做的，而国外工人为我们生产了廉价的进口商品，提高了美国人，尤其是那些低收入者的生活质量。总会有一个比寻找替罪羊更好的解决途径，我将在接下来的几章中探讨可行的解决方法。

现在，我想转入一个在全世界范围内都日益突出的问题。正当美国在政治压力的作用下开始走上刺激消费的道路时，像德国和日本这样靠出口拉动增长的国家已经占据了全球经济的更大比重。为什么这些国家以及越来越多的新兴市场国家对这种方式产生了依赖，这种依赖又会对美国这样的国家产生何种影响，这便是我下面将要探讨的问题。

第二章 中国的断层线：世界各国的发展历程对中国意味着什么

由于我父亲是位印度外交官，因此我跟随他到过世界上很多地方。我对印度真正的记忆得追溯到20世纪70年代中期，那时父亲回到德里工作，而我才刚10岁出头。那是一个艰难的时代。我们不算贫穷，但是父母要养活4个孩子，而家里唯一的收入就是父亲的薪水。更严重的是，市面上能买到的东西很少，尤其是对于像我这样在欧洲长大、习惯了超市里琳琅满目的商品的孩子，日子更是难熬。每天晚上，我们都会来到超市搜寻面包。当时，政府正在限制非必需消费品的生产，面包也被认为是非必需的。此外，由于政府对面包的官方价格进行管制，仅有的少量面包都被那些有关系的人买走，并在黑市上以高价转手。因此，我们在空荡荡的超市转来转去，想着怎么取悦店主，虽然其价格是官方价格的两倍，还是希望他们中有人能从他们的秘密存货中卖给我们哪怕半块面包。我记得有一次我一个朋友的哥哥在市场上买下了一个店铺，我们都极其兴奋，这使得我们不必再去市场上苦苦寻觅了。

但是，我们在寻找汽车上就没这么幸运了。高额的进口税使进口汽车价格十分高昂，让人难以承受。政府只允许三家国内的企业生产汽车，而且产量有限，因为汽车也被认为是非必需商品。能够容纳我们一大家人的唯一一种印度制造的汽车就是大使牌轿车，这是1954年款的莫里斯牛津老爷车的印度版，几乎与原版没有什么区别。虽然这种车在其他国家都被认为是老古董了，但是印度想要购买这款轿车的人却要排队等待好几年。因此，我的父亲决定买一辆小型摩托车骑着去上班。因为公共交通很不发达，我们全家很少出去游玩。

政府希望限制消费，并鼓励储蓄，而家庭的储蓄的确很多。但也出现了意料之外的后果。由于商品短缺，而价格定得非常低，在公开市场上很少能买到。黑市因此繁荣起来，如果你有现金或有关系，在黑市上一切都能买到。就业机会很少。增加汽车产量就意味着对餐馆和电影院的需求增加，于是，不仅汽车工人的需求增加，侍应生和售票员的需求也增加了。我想这种现象背后可能有我理解不了的宏伟计划，但政府的政策显然没有什么作用，因为印度依然很贫穷。我决定深入了解一下，因此我对经济学产生了兴趣。这本书也是印度政府政策无心催生出来的一个结果。

35年之后，我们现在可以相对轻松地描述成功国家寻求经济增长所遵循的发展道路。这种政策一方面注重政府在早期发展阶段加强干预——这正是我将其称为关系资本主义或者管制资本主义的原因，另一方面注重出口。尽管描述起来容易，但实施起来却并非易事。在关键发展阶段，政府的行为必须背离其自然倾向。我青年时期的印度就搞砸了。也许这就是近年来只有少数几个国家能够迅速摆脱贫困的原因。

政府调控下的外向型增长战略如果能够得到很好的实施，将会是战后国家摆脱贫困的主要途径。在这一战略刚出现的时候，出口国的出口量很小，因此世界其他国家能够增加支出并消化其出口商品。不幸的是，当德国和日本这样的出口国富裕起来之后，它们在长期追求外向型增长过程中所形成的习惯和体制已经使它们无力催生强劲而持续的内需，经济增长也难以均衡。

它们在全球市场上为其剩余商品寻找能够消化这些商品的国家，并吸引世界各地的国家、公司和家庭增加支出。在20世纪90年代，发展中国家担负了巨大的贸易赤字，这对于消化剩余商品来讲是很有必要的。下一章我们将会看到有多少国家因此而遭遇了严重的金融危机，并发誓绝不再担负进一步的赤字并且不再借款。

虽然发展中国家在20世纪90年代扔掉了依靠外债增加支出这个烫手的山芋，美国以及欧洲国家，如希腊、西班牙以及英国却捡起了这个山芋。不过，我想先描述一下政府调控下的外向型增长战略，以及这种战略行得通的原因。

增长的不确定性

很少有人会意识到今天很多国家之所以富裕起来，是因为它们都经历过长期的稳步增长，而不是因为它们增长的速度快。在1820年到1870年之间，澳大利亚和美国都是当时发展最快的新兴市场（我称它们为先发国家），它们的人均收入增长率分别为1.8%和1.3%。相比之下，智利、韩国和台湾地区这些后起之秀在短期内的增速是它们的好几倍，短短几十年内跻身世界富裕经济体之列。日本在1950年并不富裕，其人均收入低于墨西哥。但是在1950年到1973年之间，日本的人均收入涨幅高达8%左右。这些后起之秀为今天的发展中国家树立了梦寐以求的发展标杆，但今天的发展中国家的发展道路不同于这些后起之秀，尤其是在增长速度方面。

那么，这些后起之秀怎么会发展得如此之快呢？在整个人类历史上，日本在1950年到1973年之间的增速是任何国家都无法匹敌的。但是从那以后，韩国、马来西亚、中国已经接近甚至超过了这个发展速度。为了了解这些发展态势，我们必须了解国家为什么贫困，以及它们是如何摆脱贫困的。

增加资本有利于发展？

任何一个从富裕国家来到贫穷国家的人都会发现它们在实物资本上有着明显的差别。在富裕国家，巨大的机场里停放着巨型飞机，大型的工厂中摆放着高科技机器，大型的联合收割机在灌溉良好的田野上轰鸣着，居民家庭中有着各式各样的家用电器。这些都告诉我们富裕国家的实物资本远远多于贫穷国家。实物资本能够提高收入，因为它能够提高每个人的生产效率。一个使用挖土机的工人所挖的泥土比好几个使用铁铲和独轮手推车的工人完成的工作量都要多。

然而，芝加哥大学诺贝尔经济学奖得主罗伯特 · 卢卡斯在1990年的一篇具有开创性的论文中提出了这样一个问题：如果富国与穷国之间的唯一差别在于实物资本的多少，那么为什么富国的富余资金不流向穷国从而使穷国能够购买其所需的实物资本呢？毕竟，只要资本投资有少量的增加，穷国就能从中得到很大的收益。在非洲一些地区，要去数百英里外的某一个非洲城市，乘飞机去伦敦或纽约然后再转机去这个城市，比直接去还要方便。如果城市之间的道路情况良好的话，非洲的商业将会得到很大的促进。但是，增加一条道路对于交通已经很发达的日本来说都没有多么大的作用。卢卡斯计算得出，一美元的实物资本在印度创造出的价值是美国的58倍。他提出，即使考虑到在印度投资可能伴随着较大风险，全球金融市场也不能无视这些收益的巨大差别。

卢卡斯总结说，原因可能是穷国的投资收益低于上述这种简单计算的结果，因为这些国家缺少创造收益必需的其他因素，比如教育或者人力资源的缺乏。也许，一个使用牛和耕犁（已经延续了五千年的耕作方式）的埃及农民，在使用拖拉机之后会大幅提高生产效率。相比之下，一个美国艾奥瓦州的农民在已经使用多种现代化农业机械之后，即使再多一辆拖拉机，效率也提高不了多少。但是，埃及农民的教育程度没有艾奥瓦州的农民高，缺乏关于肥料和杀虫剂的知识，不了解如何使用这些东西实现产量最大化。因此，埃及农民使用一辆拖拉机所增加的产量可能低于艾奥瓦州农民多买一台机器所增加的产量。

然而，即使在考虑到富国和穷国之间人力资本的差异之后，卢卡斯断定，资本的使用效率在穷国还是要高于富国。此外，有证据显示近年来世界各国教育领域的巨额投资并没有对经济增长产生很大的影响。穷国可能缺少其他的要素，阻碍拥有机械和受过教育的人力资本实现生产效率最大化，妨碍这些国家变富。少量的外国援助是无法提供这些要素的。

组织资本

在我看来，发展中国家在早期发展阶段面临的真正问题，就是没有合理的组织结构来对实物资本进行有效利用。你不能简单地购进一台复杂的机器，然后雇用一个聪明人来操作它，事情没有那么简单。要想将这台机器投入使用，这名操作员周围必须有一整套组织体系。你需要一个可靠的供货商来提供原料，需要有买家购买生产出来的商品并将这些商品应用到实际生产中，需要有管理人员决定产品结构，需要一个维修团队来负责机器的维修，需要采购团队与供货商接洽，需要营销团队来与买家打交道，需要安保体系在夜间保护机器设备等。一个小型汽车修理铺和丰田之间的差别，或者一家小药店和梅奥临床医学院之间的差别是巨大的，这种差别决定了它们是否能够有效地使用现代化的大型设备。

当然，这些复杂的组织并不是在真空中运作的。它们需要其他复杂的组织来提供投入以及购买它们的产品。同等重要的是，它们还需要金融、电力、运输以及通信网络等基础设施。同时，它们还需要良好的政府管理体制，来确保生命财产安全并推动商业贸易的进行。

先发国家如何建立组织资本

奥地利伟大的经济学家约瑟夫·熊彼特曾提出，资本主义是在创新过程中发展起来的，新的进入者带来了创新性的方法和技术，摧毁了原有企业的生意。工业化国家中资本主义的很多动态确实反映了这一过程。比如，在过去很多年间，胶片摄影行业由于数码摄像技术的革命而黯然失色。像柯达这样的公司没有预料到这场变革会发展得如此之快，结果现在不得不苦苦挣扎力求重塑自己。

考虑到这一增长过程，制度学派经济学家（只是宽泛的定义）提出，政府在经济发展中的作用就是创造能够促进竞争和创新的体制环境，即确保财产权、完善专利法、降低准入门槛、减税，然后让私营部门发挥作用。但是这种观点有个小问题：没有任何一个大国是遵循这条道路迅速脱贫致富的，部分原因是因为穷国没有必要的私有组织来有效利用这样的环境，而这种环境又不利于快速创造出这样的组织。

比如，殖民地时期的印度具有很多制度学派经济学家所倡导的条件：政府小而公平、国内税率低、关税低、注重铁路等基础设施建设，并采取了自由放任的政策（甚至在处理饥荒问题上也袖手旁观）。然而，在1820年到1950年之间，印度人均收入的增长几乎停滞，年增长率仅有0.1%，因为英国殖民当局在印度几乎没有培育工业，而是鼓励从国外，尤其是从英国进口商品，引进管理经验。1880年，印度是世界上关税最低的国家之一。结果，印度的私营部门几乎没有任何赖以发展组织资本的政府支持和必要保护。

实际上，经济学家可能夸大了体制对于经济增长的影响。历史经验表明，体制性变革通常不是先于经济增长，而是在经济增长过程中产生的。比如，发展中国家的开明政府在工业起步之际不会制定强有力的法律体系来保障知识产权，因为这样的法律会终结对外国知识产权的盗版，而这种盗版对其早期的发展是很有帮助的。它们会在国内企业足够强大，能够创新而且需要保护创新的时候通过知识产权保护法。一般来讲，体制是在有了现实需求的时候应运而生的。这些体制在实际运用中得以完善，并防止那些实施体制的组织滥用权力。在很多方面，发展中国家的真正挑战是创立各种有效而复杂的组织。

富裕的先发国家，如澳大利亚、加拿大和美国等，都是在长期过程中逐步建立起复杂组织的。新的产业最初常常是由很多小公司发展起来的，其中有些公司经营较好，创新能力卓越。它们比竞争对手的利润更高，雇用的工人更多，而且逐步建立了有效、稳定的组织架构。起初，这些企业发展缓慢，因为它们需要花很长时间建立起能够确保自身正常运作的社会关系、组织规范以及组织程序，而且一个处于起步阶段的企业利用外部融资的能力有限。最终，有些企业获得了良好的声誉和大量的财富，其中很多都是像安海斯-布希公司和美国嘉吉公司这样的家族企业，它们的声誉可以代代相传。因为银行将这种声誉和财富视为融资的抵押品，这些企业就能获得贷款并实现更快的发展。然而，一般来讲，它们增长缓慢而稳定，很多公司中途倒闭了，新成立的小公司失败的比率特别高，即使在今天也是如此。

一般来讲，先发国家的政府没有多少能力创造一个有利的发展环境，即使它们有这样的意愿。在大萧条期间政府大举增加支出之前，美国政府在1930年的支出占国内生产总值的比重仅为3.4%。那时，人们认为政府的职责就在于国防和法治两个方面，但是要加强国防也需要财富，而且富有的人通常不会滋生麻烦。因此，政府的确需要大力发展经济，尤其是通过贸易壁垒和关税的使用。

丹尼尔·笛福是商人、记者和政论家，也是《鲁滨逊漂流记》的作者，他在其著作《英国商业方略》中详细描述了早期政府扶植产业发展的状况：都铎王朝的国王如何将英国从一个依赖羊毛出口的国家转变成一个依赖羊毛制成品出口的国家。玫瑰战争后，亨利七世即位。即位之前，他曾在低地国家地区流亡，当地羊毛生产带动的繁荣令他震撼，于是他决定在英国鼓励羊毛生产。

他采取了诸多措施，包括确定适宜生产羊毛的地区、从低地国家引进熟练工人、提高羊毛出口关税，甚至禁止羊毛出口，以及禁止出口布料半成品，同时促进毛呢服装出口。伊丽莎白一世甚至向俄罗斯、蒙古以及波斯帝国派出了贸易专使。直到都铎王朝的统治者们确信本国的生产者有充足的羊毛可以使用，而且在出口多余羊毛上具有国际竞争力，才允许羊毛出口，这充分表明了政府对工业的支持是多么的用心良苦和谨小慎微。这种政府管制下的竞争导致了低地国家羊毛业从业者纷纷破产。

政府还竭力促进银行业和贸易领域的私人垄断（当年，东印度公司获得了对印度贸易的某些垄断权，结果摧毁了次大陆的很多地方），但是，公民们认为这是一种间接的征税，而且随着民主权利的普及，公民们开始反对这些措施。结果国内市场的竞争不受制约，政府几乎不干预。政府干预的程度高低，是先发国家和后发国家之间的一个重大区别。

后发国家的战略

后发国家，尤其是“二战”后独立的国家，起步时期的组织缺陷和先发国家当初的情况相似。印度的政治家们常常回忆到，在1947年独立时，印度连缝纫用的针线都不得不进口。然而，印度政府却急于推动经济增长，因为刚刚获得自由的人们对此充满期待。

此外，后发国家起步时面临着发达国家的竞争，这种竞争是先发国家当初所没有遇到的。从先发国家开始工业化的时候，到后发国家开始工业化期间，运输费大幅降低，但来自富裕国家的潜在竞争更加激烈。

然而，发展的战略还是很清晰的，即沿着富裕国家走过的发展道路，逐步从低端科技转向高新科技和创新的前沿领域，并利用廉价劳动力保持竞争优势，直至技术得到改进，可用的资本储备（包括人力资本）增加。

组织资本发展的基础也不是很好。由于后发国家的政府不相信本国规模小而不发达的私营企业会引领经济实现令人满意的增长，政府面临两个选择：它们可以创立国有企业来进行商业活动，或者干预市场运行，为少数企业提供优惠政策，使其在不受竞争羁绊的情况下实现较快发展。无论哪一种情况，国家的储蓄都通过金融体系流入特权企业。政府一般还会通过高关税和进口限制来保护国内市场免受外来竞争，为国内企业的繁荣创造空间。

制高点

先考虑一下第一种情况，即设立国有企业。在发展中国家，除了军队，政府组织通常是最完善的了。政府很容易运用现有的组织模式（通常是殖民地时期的产物），另外设立负责管理投资和生产的部门。其实，列宁在1922

年的一次著名的演讲中指出了这条道路，他宣布国家必须控制最重要的经济部门，即他所说的“制高点”。不过，这是在为其新经济政策作辩护时提出的，而新经济政策主张给农民和商人更大的自由，有点讽刺意味。

有些经济体依靠国有企业的巨大贡献而变得富裕，比如法国，但这种情况不是很多。且不说经营复杂的企业，政府修建学校、道路和大坝等项目的根本问题就在于，其动机并不是高效利用资源，政府的主要任务是确保上层建筑有效运转，从而为公共安全、市场运行以及履行合同等私人活动提供保障。这意味着政府要保持中立立场，要透明地使用权力，而不能出现权力寻租。社会学家马克斯·韦伯认为，官员的收入应该来自其长期的政绩、职位和为公共利益服务的知识，而不是来自滥用权力。换言之，他认为缺乏金钱激励符合官员工作的性质。

此外，由于很多政府活动的表现不好衡量，政府官员通常没有金钱激励，因此也不必担心他们会将精力放在那些易于衡量的事情（比如，处理的文件数量），而不是有用的事情上（比如，决策的质量）。指导他们行为的准则有很多。如果组织内部补偿机制差异化过于明显，那么成员之间可能会出现摩擦和嫉妒，这将很难处理。所以，即使在执行可以衡量的任务时，比如进行一个任务明确、时间明确的项目时，政府官员也不会获得过多的金钱激励，这不足为奇。结果，政府项目往往耗时太久，负责人也缺乏灵活性。因为这种灵活性意味着政府官员要发挥主动性，而这可能有悖于某项规定。

激励不足导致了组织内部的低效，同时，由于政府是垄断组织，只要纳税人还可以纳税就不必担心资源不足。激励不足，加上缺少竞争，导致政府在进行本该属于私营部门的活动时，效果往往很差。比如，20 世纪 80 年代阿根廷国营的电话系统因效率低下而声名狼藉，安装一部电话居然需要等待长达 6 年的时间！有的公司还专门聘请人负责拿着电话听筒几个小时，直到拨通为止。

历史上确实有一些国有企业带来发展的例子。斯大林时期的苏联发展很快，而当时世界其他国家正在大萧条的泥潭中苦苦挣扎。日本固然为韩国等东亚其他经济体树立了榜样，苏联也以其国有企业的增长速度为尼赫鲁和毛泽东等领导人树立了榜样。不幸的是，效仿苏联的人并没有意识到，苏联官员的动力来自革命热情或爱国热情，另外还有一种恐怖的氛围加强了他们的动力，即如果不能按时完成项目，就会遭到搞破坏的指控，甚至可能会被判死刑。在这种氛围下，官员的精力异常充足。然而，这种激励不会持久，热情变成了愤世嫉俗，恐怖也逐渐蔓延。

此外，即使国有企业的激励措施能够持续，长期来看，在国家经济实现基本的自给自足之后，企业之间的关系也会变得日益复杂。经济增长最终不仅需要更多钢铁，还需要更多的详细信息，比如需要什么级别的钢铁，需要多少，何时需要以及哪里需要等。诺贝尔奖得主弗里德里希·冯·哈耶克认识到，这种信息分散在社会中，存在于全国的钢铁消费者和分销商那里。这些信息可以被计划部门所获取，但是如果把个人的具体感受转化成冰冷的数字，就会失去很多隐含的信息。而且，报上来的数字可能因为人的不同动机而被扭曲，比如，消费者想隐瞒需求量，希望加大产量，进而降低价格，而生产者希望降低生产指标，进而减轻压力。

哈耶克最重要的贡献就是认识到市场价格可以在不受组织缺陷或偏好影响的情况下搜集信息。比如，不同级别钢铁的价格每天都在根据供求关系的变化而调整，有时也会根据有组织的交易来变动。生产者和消费者并不写报告，而是通过他们期望的买卖价格来表达自己的意向，这些价格反映了他们对市场前景的独立见解。最重要的是，他们不是为了满足官方的要求，而纯粹是出于私利的动机。无论这些信息质量如何，无论是否对某些人有害，只要市场还在运作，价格变动就能帮助搜集这些市场参与者的信息。在苏联，经济体制最终崩溃的部分原因是中央部门赖以决策的信息是虚假的，不符合实情，不过这些数据被篡改得如此精巧，就算美国中央情报局的人也不会知道苏联经济的真正缺陷在哪儿。

总之，确实有一些运转良好的国有企业。但运转最好的那些企业往往会远离政府那套规则、程序以及干预，除了所有权归国家之外，一切都遵循私营企业的模式。

特权政策

很多政府不再依靠国有企业来拉动经济增长，而是在依靠市场信号来进行资源配置的同时，着力弥补私营部门的组织缺陷，并努力打造国内的龙头企业。这种牵线搭桥的过程常常被嘲笑为权贵资本主义，换个好听点的说法就是关系资本主义或管制资本主义。在这种经济体制下，政府在鼓励企业提高效率的同时，不仅保护少数企业，使其免受外国竞争，而且给予其大量特权，从而使这些企业能够实现赢利，增加自己的组织资本。

20 世纪 50 年代，台湾地区为了促进其纺织工业发展而作出的种种努力就是很好的例子。1949 年，新中国成立前，一部分纺织业者将机器设备装船运往台湾，形成了台湾最初的纺织产业。不久，在 20 世纪 50 年代初，台湾当局开始提高纱线企业的准入门槛，以防止“过度竞争”。之后，为了扶植现有的企业，台湾当局直接给予它们原棉，为其提供周转资金，并购买这些企业生产的所有纱线。对纺织企业的支持也采取了类似的举措。台湾当局还对进口纱线和布料征收关税，甚至在关税不奏效时禁止进口。随着纺织企业逐渐崛起，当局鼓励企业之间相互兼并，以实现规模经济效应。

一般来讲，政府通过设立准入门槛、提供减税政策等措施帮助私营企业实现更多利润并利用现有资金进行投资，鼓励银行与特权企业加强联系，使企业获得充裕（以及低息）的贷款，同时以补贴价向企业提供原料，并通过征收关税消除外国竞争的威胁。有了政府的补助和保护，少数特权企业便能够快速发展，获得了更多的利润，以及技术、组织能力和稳定性。

政府干预的力度有时候还会更大。尹仲容是一位电气工程师，尤其钟爱经济学著作（包括亚当·斯密的著作），他是20世纪50年代台湾经济的设计师，被誉为台湾工业之父。他在1953年进行的一项研究中，将塑料工业确定为台湾进军的重要领域。据传，他利用自己能够接触银行存款信息的便利，确定了一个名叫王永庆的人作为扶植对象。王永庆有一定的储蓄资金，而且有强烈的创业激情。尹仲容决定由王永庆承担一个塑料的项目。台湾第一个生产聚氯乙烯的工厂在有关当局监督下建成，并在运转良好的情况下于1957年转给了王永庆。王永庆将其打造成了台湾最大的企业台塑集团。

然而，政府特权政策的干预会产生很多问题。如果政府腐败，那么它就可以随心所欲地将优惠分配给竞争力低下的朋友或亲戚，没有什么能阻止政府的这种行为。菲律宾等国家至今仍面临这样的痼疾。即使政府最初的意图是良好的，而且对现有企业进行了仔细的筛选，但政府的保护依然意味着懒散而低效的企业不会被迫倒闭。因此，政府面临的一个重大难题就是如何在让特权企业赢利并提升组织能力的同时，保留市场的约束和激励机制。

有些政府试图直接增强企业的效率意识和质量意识。比如，台湾经济的设计师尹仲容曾下令在台北公开销毁两万只不达标的灯泡，并没收了数吨不达标的谷氨酸一钠（一种食品添加剂，味精的化学成分）。在这些案例中，生产者能够领会政府的意图。但是政府需要的不是某些官员心血来潮式的约束，而是更加系统化的约束机制，这种机制即使在特权企业面前也一视同仁。

发展中国家的特权政策还有另外一个问题，就是普通家庭遭到不公正的待遇，导致家庭消费水平偏低。对于新成立的企业而言，工资水平往往很低，因为在低效率的农业部门有大量富余劳动力在等待着工厂的低薪工作，形成了随时可以替补的预备大军，结果妨碍了工业部门的工资上涨。而且，随着时间的推移，政府有可能会干预工资制定过程，这种干预行为有利于资方而有损于劳方，有助于增加企业的竞争力和赢利能力。此外，特权企业能够以低价购买政府控制的能源和矿产等自然资源。政府为了弥补由此造成的财政收入损失，便加大对家庭的征税力度，而在这样的垄断市场中，企业向家庭出售的商品价格很高。与此同时，银行提供给家庭的储蓄利率是由政府制定的，非常之低，而政府却对企业贷款提供补助，这就进一步剥削了普通家庭，无异于火上浇油。

总之，打造强势企业的需要可能会导致政府以牺牲公民利益为代价给予企业和银行特殊利益。因此，这些经济体中的国内消费就受到了人为的压制。我年轻时的印度与我的韩国朋友记忆中的韩国没什么两样，工资低、工作时间长、消费受到抑制。没错，他们很多人都回忆起夜色下的首尔是何等暗淡，因为当时禁止消费品做霓虹灯广告。宵禁确保了安全，同时也阻止了年轻工人将精力浪费在跟经济生产无关的夜生活上。因此，管制资本主义的第二个问题就是公司由于国内消费不足而丧失了广阔的国内市场。

外向型增长和管制资本主义

约束低效企业并拓展商品市场的一个途径就是鼓励国内的大公司进军国际市场。这样不仅能迫使企业生产出成本更具有竞争力的商品来赢取国际市场的份额，同时大规模的国际市场也为这些企业提供了发挥规模效应的可能。此外，由于出口企业不再受制于狭小的国内市场，便可以加大力度生产在国际市场上最具比较优势的商品。

在发展中国家，新成立的企业常常集中在技术门槛低的劳动密集型产业，比如服装业和纺织业。正如前面所说的那样，一旦国内企业在政府庇护下站稳脚跟，政府便开始鼓励企业进军国际市场。到1961年，台湾地区的纺织品出口对美国构成了巨大的威胁，以至于美国不得不对台湾纺织品实行了配额制。这一现象无疑表明台湾的纺织业已然成熟。

一旦企业掌握了纺织品制造的基础，便开始沿着技术的阶梯爬升，生产更加复杂的商品，比如，到1970年为止，韩国主要出口纺织品，但今天韩国主要出口汽车、芯片和手机等。而中国、越南和柬埔寨依然在竞相出口纺织品。

发展中国家的政府为了鼓励出口，对出口企业提供了更多的补贴。比如，在早期发展阶段，由于外汇稀缺，政府会限制进口。然而，政府会向一些出口业绩显著的企业发放进口许可证，而这些许可证一转手便能获利，因此，企业便有了扩大出口市场份额的强大动力。如果受到外国的进口配额限制，或者原料稀缺，政府也会将这些资源更多地分配给成功的出口企业。因此，效率高的企业就这样直接或间接地受到了鼓励。

外向型增长战略并不意味着政府要减少对内向型产业的支持。事实上，出口企业如果想要获得全球竞争力，在初期需要更多的政府支持。有些国家依靠人为压低本国货币汇率，或通过压制、笼络工会来降低工资水平，以此向企业提供变相的一般性补贴。这种策略更受专制政府的青睐。还有的政府会向企业提供特定的补贴，压低关键原料或能源的价格，或直接对出口商品或进口生产外贸商品所需的设备提供补贴。

政府加强干预、做大国内企业的战略必然伴随着这样一个问题，即推动这些企业经受出口市场的检验。管制资本主义在使国家脱贫的即期目标上确有奇效，但落实起来绝非易事。

错过转型

管制资本主义初期需要给予企业特殊优惠政策，但这种政策在民粹主义的民主国家中难以持续下去。尽管政府在企业成立初期给予了大量的优惠，最后还是要将其推向出口市场。对于台湾地区这样的小经济体来说，由于内部市场狭小，使得出口成了燃眉之急。而对于巴西这样国内市场巨大的国家来说，内销转向出口的进程却一拖再拖。

在转型问题上的一个反面教材就是印度。在首任总理贾瓦哈拉尔·尼赫鲁的治理之下，印度着力加强企业的组织能力。尽管尼赫鲁将钢铁和重型机械等产业收归国有，却从未大力压制私营企业的发展。而是实行了一套臭名昭著的"许可证统治"，表面上是为了谨慎使用国家储蓄，而实际的意图却是引导投资撤出官员们认为不能为未来增长奠定基础的产业（甚至包括汽车这样的耐用品产业），并将投资引向重型机械等能够为经济增长助力的产业。可是，这种政策的结果就是那些现有的企业，尤其是早已站稳脚跟的企业受到了政府保护，无须参与竞争。政府还设法阻止外国竞争，以此来为印度的薄弱产业提供良好的成长环境，直到它们羽翼丰满并具有竞争力。

然而，印度政府向这些企业提供的保护却使企业堂而皇之地成了"彼得潘"（苏格兰剧作家詹姆斯·巴利笔下不肯长大的小孩），即永远壮大不了的公司。汽车工业即为明证。在将近40年的时间里，印度只生产了五种型号的大使牌轿车，而且不同型号之间仅有的区别就是前灯和格栅的形状。印度取得独立之后，其经济实现了快速的增长，但现在却陷入了困境，人均实际增长率仅为1%，这一增长率被嘲讽地称为"印度增长率"。

早在20世纪60年代，印度就应该像韩国和台湾地区那样，转向出口市场，建立更加开放的经济。但由于印度国内市场受到保护，而且与一般的后发国家相比市场很大，因此企业全然不顾国家鼓励出口的政策，而甘于仅仅开发国内市场。而且政府并没有作出巨大的变革努力，因为这些特权企业为执政党选举提供了重要的资金来源。这一阶段的民主国家显示了很多的缺点，韩国的朴正熙和新加坡的李光耀却不必为这样的问题而担忧。结果，在韩国等国家的经济腾飞很久之后，印度依然封闭、贫穷、没有竞争力，而在20世纪60年代印度与这些国家的人均收入水平相当。

德国和日本为什么富？

并不是每个国家都能成功地实施外向型增长战略。而且，这种战略会随着国家的富裕而逐渐显露其局限性。为了理解这些局限性，我们需要仔细地考察一下德国和日本这两个国家的情况。"二战"之后，这两个国家都不算真正的贫穷，它们拥有受教育程度很高的国民、明确的组织发展蓝图，而且一些制度基础也得以幸存，但两国的经济都在战火中遭到了严重的打击，资本储备大幅减少，大型企业或者崩溃或者被占领当局压制，普通家庭受到沉重压迫，无力消费。显然，出口成了它们解决问题的必由之路。

由于很多人依然在农业部门工作，而且劳工组织都很温顺，战后的工资水平最初并没有与生产力增速的迅速提高保持同步（生产力增速用于衡量生产性投入的使用效率，因此，也可用来衡量利润率）。因此，公司能够暂时获得巨大的利润。

在德、日两国，成熟的银行体系承担了国家的部分职能。在德国，企业与全能银行之间的密切合作通过相互持股得到了巩固，催生了国内卡特尔，弱化了国内市场的竞争，从而使企业能够集中精力投入国际市场竞争。与德国相似，日本的企业与银行之间的关系也是经典的管制资本主义模式。日本的企业集团以银行为中心，受到财政省和国际贸易产业部的监管。

然而，一旦农业部门的劳动者被吸收到了工业部门，出口企业的工资水平难免会与生产率的增长保持同步。截至1975年，德国工业部门的小时工资水平已经赶上了美国，而日本则在20世纪90年代赶上美国的水平。因此，出口企业不再由于低工资而在国际市场上享有相对优势。更大的问题在于，一旦德国和日本的初期发展阶段结束，人均资本水平赶上了美国等发达经济体，其经济增长率和资本商品的进口将大幅下降。由于家庭消费在战后受到抑制而内需不足，而且历届政府关注的是宏观经济政策领域的调控和增加生产，因此，这些国家难免出现大量贸易盈余。起初，这些盈余能够帮助这些国家支付外国借款，但最终会加剧本国货币升值的压力。

为了保持竞争力，德国和日本不得不进入价值链的上游和需要创新的领域，制造出更多科技含量较高的技术密集型产品。更为重要的是，它们还不得不稳步提高生产效率。当然，在贸易部门，两国都做到了这一点。但在国内的非贸易部门，问题还是出现了，比如建筑业、零售业和宾馆业这些外国竞争不存在或者被刻意排除的领域。虽然政府为了支持出口企业而对市场进行的干预受到国际市场竞争程度的制约，毕竟，无论政府提供多少帮助，如果一个产品的生产成本过高，那么必然失去国际市场的份额，而国内非贸易领域不存在这样的问题。这些部门的生产增长率之所以低下，就是因为迫使低效企业收缩或倒闭的市场力量受到了抑制。

在这方面，日本的表现比德国更糟。德国是欧盟的一部分，在国内竞争方面受制于欧盟的规则。因为德国在欧盟内部权力很大，因此一旦自己打破规则，很容易使这些规则彻底失效。而日本在亚洲则找不到任何相同的外部规则，因此政府和企业之间的密切联系严重损害了内向型生产部门的效率。

很多到过日本的人都惊奇地发现，日本宾馆的电梯灯光明亮，指示清晰，任何人都能看到，能听清，可是竟然有专职的女士负责为宾客升降电梯。也许这些女士在电梯刚出现时能够发挥作用，因为那时正确使用电梯对很多人来说都是一个挑战，尤其是对老年人来说。然而这一工作一直保存至今，没有经过任何改革，除了向宾客问好，这些女士没有任何有用的工作。这说明这是一个没有竞争的服务领域。

确实，当不断壮大的理发连锁企业开始在全国迅速开设美发沙龙，提供快捷廉价的理发服务，使得现有的理发店纷纷倒闭时，就引起全国理发店协会的注意了。这个协会要求对该连锁企业加强管理，并提出抗议说在理发之前不用香波清洗是很不卫生的，甚至通过一个法令，要求所有的理发店都必须使用昂贵的洗发设备。这立即削弱了新发展起来的企业，并打击了该企业的低价战略。

由于外贸生产部门的工资上涨推高了其他经济部门的工资水平，高工资（相对于生产率而言）以及理发、餐厅消费、宾馆房价等非贸易商品的价格上涨，削弱了国内民众对它们的需求。因此，创造了出口奇迹的国家看起来有点发展畸形，颇似只有一半肢体的人：因为在这些国家中，效率奇高的生产部门和病态的服务部门并存，尽管国内需求委靡却依然注重国外需求。

断层线：日本的案例

日本和德国对外向型增长的依赖在其发展的早期问题并不严重，因为它们相对于世界其他国家来说规模较小。但随着它们成为世界第二大和第三大经济体，它们给其他国家带来了巨大的负担，要求它们创造超额需求。

对遵循外向型发展道路的国家而言，尤其具有警示意义的是：日本虽然曾经努力实行变革，却没有成功。在1985年的《广场协议》中，日本迫于美国的压力同意提高日元对美元的汇率。由于日本的出口面临压力，日本银行大幅削减利率。根据日本银行一位高管所说，“我们打算首先提振股市和房地产市场。如果有这两个不断繁荣的市场作为支撑，出口导向型产业会重新洗牌，实现转型以适应国内市场。这一步骤将会推高经济领域各种资产的价格。这种财富效应会刺激个人消费和住宅投资，之后工厂投资和设备投资也将增长。最后，宽松的货币政策将推动实体经济的增长”。

然而，宽松的货币政策引发的是大规模的股市泡沫和房地产市场泡沫，一时间导致人们普遍认为东京帝国大厦所在地块比美国整个加利福尼亚州还要值钱。当然，这种说法有点夸张。企业投资的确增加了，但并不是投向内需型生产，很多资金都投到了那些劳动力成本低廉的东亚国家，其投资目的依然是为了增加出口。日本的住房建设和个人消费确实增加了，但这却是暂时的繁荣。20 世纪 90 年代初，当日本央行在一片惊恐中开始加息之际，股市和房地产市场的崩盘导致了严重的经济大崩溃，其影响至今犹在。

因此，依靠出口拉动增长的国家非但没有在富裕之后自然而然地实现经济增长均衡化，反而发现依靠自身实现进一步发展的难度极大，因为增加最终消费的正常渠道在着力扩大出口的过程中已经趋于萎缩。由于银行习惯了政府对市场的保护，习惯了根据上级命令来决定放贷对象，因此，当它们获得自主决策权时却不知所措了。由于政府与企业之间关系密切，因此，政府更容易通过国内企业加强消费引导。不过，虽然企业的影响力较大，却未必有效。在日本，增加政府支出通常意味着新建路桥，但大多数时候是没有必要修建的。但是建筑领域的游说能力过于强大，因此，得到了大量的政府刺激资金。尽管日本国内为刺激经济到处都铺满了混凝土，但其经济依旧疲弱。

结果，日本这样的国家不仅不能帮助世界经济走出下挫泥潭，反而需要其他国家伸出援手拉它们一把。这是很深刻的断层线。事实上，在 20 世纪 90 年代，日本经济弊病的一个重要原因就是美国并没有完全克服它在 1990~1991 年间所遭遇的经济衰退，因此对日本商品的需求很小（历史上需求很大），也就无力帮助日本走出衰退。直到21世纪初，日本为摆脱经济泥潭所作的多次努力都失败之后，美国为了应对互联网泡沫破灭而采取的措施才增加了日本的出口量，帮助其走出了困境。

要摆脱对出口的依赖，进而实现经济的均衡发展，这个过程必定不会是一帆风顺的。暂且不说出口部门的作用及其持续带来的巨大收益，单是转移经济发展的侧重点就需要付出很大代价，而且政府用来扭转经济结构失衡的工具也是很有限的。比如，国内部门的工资相对于这些部门的生产率来说还是比较高的。允许工资差别化虽然对于促进服务业的繁荣具有一定的作用，但是将会使当前的服务业从业人员收入大幅下滑。他们反对这种变革的阻力很大。此外，外国资金进入服务部门将有助于提高效率。但多年的政府保护和过度调控却很难克服，而且强大的利益集团，比如日本的理发店，将会反对竞争和外资进入。

与此同时，消费者越来越懂得谨慎消费了，而且零售金融业也不是很发达。日本家庭不同于美国家庭，他们不愿意借钱消费。老年人很难忘记战后的贫穷与不安全感，也很难忘记之后储蓄被视为爱国行为的经济增长阶段。而恰恰是老年人消费能力最强，是他们决定了消费格局。曾有一段时间，日本的年轻消费者被寄予了厚望。但数年萧条的经济形势之后，他们似乎也无奈地退却了，或许巨大的公共债务和资金短缺的养老金计划给他们造成了额外的重担。日本的经济改革需要强大的政治意愿。而由于现状十分舒适，而且相对来说衰退的速度较慢，因此，改革的政治意愿十分缺乏。

中国的断层线将会加深还是弥合？

随着后起之秀不断壮大，世界在未来会变得更加平衡吗？德国和日本的历史经验给未来敲响了警钟。许多后起之秀即将加入中等收入国家的行列。它们是否会继续过分依赖出口？一旦它们富裕了，它们是否会进行经济改革让经济重新回到平衡增长的轨道上来？中国的表现至关重要。如果没有什么重大事件的阻碍，在未来 10~20 年，中国很可能成为世界最大的经济体。虽然中国拥有巨大的国内市场，但它也选择了外向型增长的道路。

与其他选择外向型经济道路的国家相比，中国的家庭消费占国民收入的份额远低于平均水平。因为像其他发展中国家一样，中国的经济数据是不能完全相信的，经济学家经常认为中国非常规的发展应归咎于数据问题。假如这些数据是正确的，那为什么中国的家庭消费如此之低呢？部分原因是因为中国家庭不能再依靠亚洲传统的养老保障，即子女。根据中国的政策，大部分夫妇只能生育一个孩子，六个成年人（四个祖父母和两个父母）将来都要靠这一个孩子来赡养。难怪成年人，尤其是祖父母，都想增加储蓄。更糟的是，他们当中的许多人曾在国企工作，现在已经失去了从摇篮到坟墓的福利待遇。随着经济发展，所需要的医疗等服务费用上涨非常快。中国正在完善养老和社会保障系统，但是这是个长期的过程。

中国的外向型增长战略还面临另一个更传统的问题。作为中国经济总收入的一部分，家庭收入很低。工资低是因为大批的劳动者仍然想从农业转向工业。家庭收入受限的另一个原因是国家以低利率的形式对国有企业进行补贴，这就意味着家庭存款从银行得到的利息也很低。另外，许多福利，比如教育和医疗，都不再由国家免费提供，这就进一步减少了可支配收入。

最后，家庭消费低可能是因为中国人觉得自己比实际上要穷。国有企业并不把红利分给国家，因为每个家庭并不是直接拥有这些企业的股份，他们没有看到国有企业的高利润变成自己财富的一部分。当然，从长远来看，这些国有企业创造的财富会被重新分配，为公民服务。但是现在，普通家庭认为他们并没有从中受益，所以他们的消费水平比他们的实际购买力要低。

国内消费水平低使得经济过度依赖国外的市场需求。此外，即使中国能够找到合适的途径，在危机中促进家庭消费，但这种消费在全部需求中所占的比重十分小，因此对拉动经济增长的作用也不大。因此，每当中国需要在全球经济下挫之际保持经济涨幅时，便会刺激投资。他们通过国有银行体系向国有企业发放大量贷款，使其能够在现有的基础上增加规模。目前为止，中国已经成功地落实了“栽好梧桐树，引来凤凰栖”的策略，发展了基础设施。但是固定资产投资过快也会带来很大的危害，尤其是在基础设施已经完备的情况下。正如麻省理工学院的黄亚生教授所指出的那样，中国官员热衷于形象工程，喜欢建造巨大的机场、豪华的现代化大楼（尤其是官员们自己的办公大楼）以及大型购物中心。这种经济刺激方式是不是能够长久维持下去尚不明朗。过去，中国的领导人已经作出了必要的调整。他们能及时远离出口拉动增长以及固定资产投资的诱惑吗？只有时间才能告诉我们中国将深化断层线还是弥合断层线。

出口增长型国家的难题如何解决？

后发国家最初并不注重创新，也没有创新的动力，因为富裕国家已经开发了必要的技术，而且这种技术可以被授权使用或者借来使用。它们在处理基础教育缺失、劳动力技术水平低以及医疗保健体系不完善等传统发展问题的同时，竭力弥补一个基础性的缺陷：现有组织的缺点。它们认为，加强组织的过程需要政府进行大规模而且比较慎重的干预。新成立的企业必须得到优惠待遇。然而，真正的危险在于，新成立的企业要求长期保护，并会遏制经济增长，这一点在印度20世纪60~70年代的经济停滞中已经暴露了出来。

其中的一个选择就是增加国内竞争，降低准入门槛，取消多重补贴。但政府认为这会浪费资源，可能会危害到刚刚实现赢利的企业。此外，国内市场狭小，再加上对企业的优惠政策会抑制家庭消费，使国内市场受到进一步压制。解决之道在于发挥世界市场的约束力以及吸引力。政府利用向外资开放经济带来的威胁迫使企业实现自立，强迫运行良好的公司展开竞争，扩大出口。政府强行进行这种转变面临着巨大的压力。企业希望政府能够继续保护它们，使它们的经营相对稳定而又能实现赢利。但有些政府，尤其是设法避免私营企业影响的专制政府，会推动本国经济向出口导向型经济转变。而这就是我们今天为之喝彩的增长奇迹。

不幸的是，它们的增长严重依赖出口。在追赶发达国家的那些年中形成的政府政策、国内既得利益团体以及家庭习惯也导致了这种依赖性。世界因此失衡了，而市场却无法轻易修复这种失衡：我在世界货币基金组织任职的多数时间都在就全球贸易失衡的问题发出警告，而不是金融问题。但这两者又相互关联，因为全球出口国有着大量的贸易盈余，它们迫切需要寻找那些政策保护较少而倾向消费、同时又具备借贷消费能力的国家。至少短期内是这样。在20世纪90年代，发展中国家，尤其是拉丁美洲和东亚地区的国家因过度支出而陷入困境。至于这些事情发生的原因和过程，我将在下一章讨论。

FAULT LINES

HOW HIDDEN FRACTURES STILL THREATEN THE WORLD ECONOMY

第三章 外资的诱惑：全球资本是如何运转的？

20世纪80年代及90年代，德国、日本等出口大国正在努力为其过剩的商品寻找市场。发展中国家比较贫穷，人均消费水平及投资水平偏低，但如果能够成功实现融资，其消费水平很可能会大幅提高。事实上，韩国等很多发展中国家虽然十分注重出口型生产，但在经济增长的同时也进行了较高的投资，进口了大量的原材料、资本商品及机械设备。这种做法虽然令它们背负了大量的贸易赤字，但有助于吸收剩余商品。

结果，发展中国家不得不依靠外国融资，来弥补支出（指消费和投资）与自身产出之间的差额，并为其贷款还本付息。20世纪50年代及60年代，这些贷款中的大部分都来自其他国家或者世界银行之类的多边国际机构。然而，到了20世纪70年代及80年代，中东国家富余的石油美元越来越多地流入西方各大银行，这些银行对发展中国家的贷款随之攀升。20世纪90年代，向来与发展中国家保持距离的外国基金，如共同基金和养老基金，都纷纷增持发展中国家政府公债及企业债券，提高对发展中国家的贷款额度。因此，私人性质的贷款在发展中国家的外国融资中所占的比重越来越大。

不幸的是，即便在背负高额贸易赤字的时候，也很少有国家会自觉地以认真的态度来规划本国的贷款与支出。大量的外国融资的确能够刺激人们作出浪费性的支出决定。从20世纪80年代及90年代的经济危机中，很多发展中国家得到了这样一个教训，无论增加的支出是用于消费还是用于投资，依靠大举外债来扩大支出的做法具有很大的风险。

20世纪90年代，破产现象大幅增加，对发展中国家的经济行为产生了不同的影响。巴西和印度由于支出太多而陷入了金融困境，不得不实行经济自由化政策，削减过度的政府支出，以实现更加稳定和快速的经济增长。大量的破产现象导致举债投资的出口大国（如东亚各国）削减投资，以弱化对外国融资的依赖程度。它们开始干预汇率，增加外汇储备，并在此过程中将其大量的储蓄投放到全球经济之中，准备向任何需要扩大支出的国家提供融资。由于东亚各国的进口能力减弱，国际上的剩余产品开始在其他地区寻找市场，结果导致全球经济更加失衡。上一章中所描述的经济断层线因此而更加严重。

储蓄与投资

在经济学家们所设想的理想世界中，一个国家的投资不应该取决于其储蓄水平。毕竟，如果一个国家面临良好的投资机会，它应该能够从国际金融市场上筹措到足够的资金，这应该与其国内储蓄无关。因此，一个国家的投资与其储蓄之间的关联度应该很低。在1980年的一篇开创性文章中，来自哈佛大学的马丁 · 费尔德斯坦与来自大阪大学的查尔斯 · 堀冈证明这个假设是不准确的。他们指出，如果资本能够在国家间自由流动，一个国家的投资与储蓄之间的正相关程度要远远高于人们的预期。

这些发现可以如此解读：一个国家，尤其是像布隆迪和厄瓜多尔这样的贫穷国家，无法得到足够的外国融资来满足其需求，因此它们不得不削足适履。然而，还有另外一种解读，未必与第一种解读相矛盾。一个国家也有可能主动限制本国的外国融资，从而使其投资行为更加符合其储蓄水平。但是，如果这个国家能够克服上一章中所提到的组织缺陷，而且有良好的投资机会，为什么还要限制外国融资呢？

为了弄清楚这个问题，很多年前我与阿尔温德·萨伯拉曼尼安（现供职于彼得森国际经济研究所）、埃斯瓦尔·普拉萨德（现供职于康奈尔大学）共同进行了一项研究。在这项研究中，我们考察了最近几十年以来发展中国家的平均经常项目盈余与其经济增长的联系。经常项目盈余就是一个国家的储蓄与投资之间的差额。盈余表示该国将储蓄投放到了全球金融市场，而赤字则表示该国借助外国融资来进行投资。经常项目盈余常常也意味着贸易盈余，即一个国家的出口总额大于其进口总额。我们在研究发展中国家的时候发现了这样一个正相关关系，即一个国家越是借助其国内储蓄来进行投资，其经济增长越快。反之，利用的外国融资越多，其经济增长越慢。当然，一个国家之所以需要外国融资，可能是因为其储蓄相对不足，或者是因为投资过度，超出了其储蓄水平。但无论依靠什么来投资，我们发现一个国家投资越多，其增长速度越快，这是自然而然的事情，因为通过投资建设了更多的道路，生产了更多的机器，所有这些都能够大大地提高其工人的生产效率。然而，外国融资在其投资额中所占的比重越大，其增长速度越慢。有趣的是，发达国家的情况却并非如此。发展中国家，至少是那些能够持续增长的国家，似乎总是竭力避免大规模的外国融资。

发展中国家创造了一个有利于生产者的环境，但这却阻碍了本国金融体系的发展。这使得它们很难利用外国融资来有效地扩大国内民众对商品和劳务的需求。确实，除了外国直接投资（比如丰田汽车在中国设立分厂），外国融资的发展程度都直接或间接地取决于发展中国家政府扩大内需的决心，而非私营部门的意志。因为外国贷款者注重的是国家及其政府的信誉，而不是所投资项目的具体特点。而且由于外国贷款者比国内贷款者的资历更高，它们在投资项目收益上往往表现得更加宽容。此外，政治上的因素迫使一个国家加速发展，因此它们往往会过度使用这些资金，直到外国融资的渠道枯竭为止。结果就是随之而来的破产风潮导致经济增长大幅回落。

生产导向型经济体中的金融部门

政府指导的生产导向型增长战略往往会遏制一个国家金融部门的发展。因为放贷的对象是由上级命令决定的，而且国内生产者之间的竞争程度有限，所以银行无心去搜集市场信息，无心掌握信用评级技能。强迫财力薄弱的借款者破产或者迫使高风险借款者还款的法律架构几乎不存在。

正如我们之前所看到的那样，政府会努力通过压低储蓄利率的方式帮助生产者。然而，因为银行间竞争有限，银行的工作效率往往非常低，员工傲慢无礼，官僚主义程序过于烦琐。无论是谁，如果想在发展中国家的公有银行兑付支票，必须抱着逆来顺受的态度，眼睁睁地看着自己的支票辗转于一个又一个柜台，被签上一个又一个名字，最后才出现在出纳员的窗口。效率低下，加上银行间竞争不足，导致息差非常大。息差是指银行的贷款利率与银行资金成本（即储蓄利率）之间的差距。在巴西，即便是信用状况良好的公司进行短期贷款，其息差往往也高达10%，而在工业化国家却不足1%。因此，很多本该由压低储蓄利率带来的资本优势，却由于银行部门的效率低下而被抵消了。

普通家庭不仅从其储蓄中得到的利息微乎其微，而且他们如果想贷款，难度非常大。向家庭放贷，即使在美国这样现代化的金融体系中，也是有风险的，在欠发达的金融体系中风险将会加倍。信用记录追踪机制根本不存在。因为大多数人并不是在正规部门就职，而且相当大部分的收入，比如工人给父母汇款，并不是建立在正式的合同关系之上，所以银行用来决定是否放贷的信息少之又少。此外，因为司法制度并不允许轻易地强制执行资产债权，所以银行不能轻易地以房子或洗衣机等作为抵押放贷。

家庭可以从高利贷者那儿借到钱，但是得付出尊严的代价，因为债主担心其拖欠还款，而且利率奇高，宛如天文数字。正规的银行体系为了防止发生拖欠还款的状况，也会设定很高的贷款利率（依然低于民间放贷者的利率），但是一些政客往往会阻止这样的做法，他们宣称将压低公立银行的贷款利率，为公民的权益而“战斗”。而压低贷款利率也使得公立银行的贷款行为无利可图，从而迫使需要贷款的家庭转而求助非正式的、不受国家调控的放贷者。随着金融体系的不断完善，这样的局面将会有所缓解，但是，这的确反映了 20 世纪 90 年代许多发展中国家的情况。

我在前面曾经说过，总体而言，有两个原因使一个发展中国家急需外国融资：低储蓄，或者投资额超过其储蓄额。现在，让我们来考察一下一个国家在什么情况下会储蓄过低。

1994 年墨西哥危机

由于发展中国家的家庭很难获得零售贷款，他们一般不敢超出预算，而是节衣缩食，以备不时之需。因此，与美国金融部门不同的是，发展中国家的金融部门欠发达，这使这些国家政府很难通过宽松信贷政策来迎合民众需求。发展中国家的政府反而履行了本该由银行部门来履行的职责，比如向民众提供贷款、转移支付或补贴，从而使这些家庭能够增加消费。因此，发展中国家储蓄低的原因就是本国政府背负了巨额赤字，并通过借债来提供补贴。通常来讲，这些财政赤字是由于政府给予了政治上享受优惠的那部分人过多的补贴，这是基于政治逻辑，而非出于经济考量。

为了便于理解，我们以肯尼亚为例。这个国家依靠国际援助才得以生存下来，2006 年人均年收入为 463 美元。但是，该国议员每年的基本薪资却高达 81 000 美元，不仅免税，还有额外的补助和津贴等，导致他们的实际收入翻了一番。在一个大旱之年，肯尼亚议员们的公务用车竟然是梅赛德斯–奔驰E级轿车，每月的基本车辆津贴高达 4 719 美元。即便如此，这些议员们还不满意，竟然在议会上厚颜无耻地阻止缓解旱灾的议案通过，同时以选区路况不佳为由要求提高车辆津贴。民众要求议员维修道路的呼吁如石沉大海，但是议员们提高车辆津贴的提案却通过了。在肯尼亚，这不足为奇。这些“公务员”的收入远远高于大多数企业高管，甚至比发达国家公务员的收入还要高。

当政府的贷款超过了可用的国内资源，又不能使用政府间援助贷款时，便转而求助外国的私人放贷者。因为政府具有一定的公信力，而且能够从国际货币基金组织之类的多边国际机构获得贷款，所以放贷者愿意暂时向它们提供资助。然而，某些政府投机心理严重，可能会通过将本国货币升值来冲销债务。为规避这一风险，国际放贷者要求债务国使用外国货币来还本付息，因为这样不受债务国货币升值或贬值的影响，并根据债务国负债水平来缩短还款期限，以便在短时间内将贷款收回。

因此，已经无力从国内贷款的民粹主义政府为了获取足够的资金，便转而求助外国放贷者，而不是选择控制支出。因此，国外贷款的环境并不是很有利。知道了这一点，外国放贷者便要求保护措施，需要贷款的政府为了提供这样的保护措施，只得牺牲国内现有债权人的权益，比如，负债累累的政府以外币形式借的债越多，其通货膨胀率就越高，这样才能弱化国内债权人要求还款的压力。此外，因为外国放贷者提供的都是短期贷款，任何政治上的风吹草动都会导致它们拒绝继续发放贷款。更严重的是，放贷者本国内部环境的改善，比如利率上扬，将导致外国放贷者大量抽回资金。

在 1994 年的墨西哥危机中，这些因素兼而有之。当年，墨西哥总统卡洛斯 · 萨利纳斯 · 德戈塔里的 6 年执政期将满。按照执政党——革命制度党的一贯作风，他大肆扩大支出，以取悦选民。1991 年到 1994 年之间，储蓄额下降的幅度高达其国内生产总值的 3.3%。在新增支出中，政府新增支出占据了很大部分，导致其经常项目赤字在 2004 年高达国内生产总值的 7%。就在对外国融资需求急剧上升的时候，墨西哥国内的政治局势趋于恶化。在墨西哥南部的恰帕斯州，愤怒的农民开始武装反抗政府，同年晚些时候，革命制度党的总统候选人唐纳德 · 卡洛西奥被暗杀。此外，美国联邦储备委员会在 1994 年不断提高本国利率水平（从 3% 提高到 5.5%），导致许多美国投资者纷纷将资金撤回美国。

外国投资者为是否要出资帮助墨西哥缓解经常项目赤字而犹豫不决，于是墨西哥政府将其以比索偿付的短期债务转化为特索债券的形态。特索债券是一种短期债券，与美元挂钩，可以使投资者免受货币贬值的影响。但是，随着政治形势日益动荡，这样的举措也不足以保护投资者的利益。投资者开始纷纷抛售所持有的债券，将比索兑换成美元，逃离墨西哥。墨西哥中央银行的外汇储备随之耗尽，及至下届总统埃内斯托 · 塞迪略就职时，一场全面的危机已经形成，且愈演愈烈。最终，美国财政部和国际货币基金组织为了防止墨西哥政府发生债务违约的情况，给予其一大笔贷款，持有特索债券的投资者得到了偿付，但是墨西哥这个国家却经历了一场痛苦的危机，而那些持有以比索偿付的债券的债权人蒙受了巨大的损失。

1994 年的墨西哥危机是一场发生在新兴市场经济体中的典型危机，其内在的动因是政府支出过多。而 1998 年的亚洲金融危机则与之不同。首先，亚洲金融危机的起因是某些国家虽然拥有规模可观的储蓄，但投资过度；其次，在亚洲金融危机中，很多国家内部的私营部门都负有重要的责任。为了弄清楚当年的事情，我们有必要对生产导向型经济体中的企业投资进行考察。

企业投资与管制资本主义

我在前面提出，在一个生产导向型经济体中，尽管某些借款者享有优惠政策，能从政府那里得到一定的补助，但是从银行获取贷款的代价依然是巨大的。在这些经济体中，企业追加的投资往往来自企业本身的资源，比如，销售额和利润提高所产生的资金。对那些与银行有着良好关系的企业来说，这种做法有利于降低贷款成本。对于那些刚起步的、与银行没有紧密联系的小企业来说，利用自有资金则是唯一的选择。因此，企业只有在实现快速发展之际才会利用自身积累的利润大幅扩大投资。生产导向型战略有利于推动这种增长方式，因为经济体中的剩余资金被直接分配给生产者，提高了他们的赢利能力和投资能力，这样就绕开了家庭或者不能有效放贷的金融体系，规避了复杂的程序。

这种资源配置在很多方面都是很有利的。赢利状况良好的企业可能有较好的投资机会，在现有业务上追加投资的资源就比较多。因此，赢利推动投资，避免国家或银行作出政治性投资决策。当然，这样也有一定的负面作用，即企业会继续追加投资，直到生产能力过剩，利润消失。对于出口导向型的小国家，世界市场往往足够大，因而这种情况不大可能发生。但对于中国这样的大国，生产能力过剩已经成为摆在眼前的危险。

为了缓解这些问题，企业可以采取多元化发展战略。韩国的财阀，即广泛涉足建筑和电子等领域的企业集团，以及印度的家族式企业集团，比如主要从事钢铁和汽车制造的塔塔集团与业务遍及水泥和移动电话等领域的伯拉集团，基本上都承担了与银行类似的角色。它们在企业集团内部设立资本市场。在发达国家，企业集团走多元化道路从而导致优势领域丧失的例子有很多，导致很多历史上辉煌一时的公司如昙花一现，比如国际电话电报公司和利顿工业公司，但是，企业集团的模式在发展中国家却被证明是十分有价值的，因为作为其替代途径的依赖金融体系融资方式的局限性太大。

当然，如果企业想获得真正的快速增长，光靠内部资金是不够的。另外，刚刚进入新兴产业的企业也需要融资。于是快速增长的新企业便转向国内银行寻求贷款。如果国内储蓄不足，它们就不得不依靠外国融资。这正是 20 世纪 90 年代初东亚国家企业所采取的做法。

1998 年东亚危机

我们已经了解了东亚各经济体所走的外向型经济增长道路。这些经济体在经历了一段高速增长之后，便开始增加投资，其资金来源是 20 世纪 90 年代初大规模流入的外资。以韩国、马来西亚、泰国三国为例，投资额占国内生产总值的平均比重从 1988 年的 29% 增长到 1996 年的 42%。

但是这些国家实际上根本无力进行如此高水平的投资。野心勃勃的公司梦想着引进硅片制造设备、建立石油化工公司和钢铁联合企业。1995 年 12 月，泰国成立了一家投资 12 亿美元的半导体工厂，是由全球最大的手机晶片制造商德州仪器和泰国阿尔华特集团共同出资筹建的合资企业。这个半导体工厂的制造设备都是世界一流的，计划生产 16 兆及 64 兆的动态随机存储器，其产品将由德州仪器负责回购。最终的目标是建立面积为4 000英亩的高科技工业园区，名为阿尔法科技城，与台湾新竹科学工业园区进行竞争。这一愿景是宏大的，但也许有点过于宏大而脱离实际了。

在最初发挥了信贷分配及建立强大的国有企业的作用之后，东亚各国政府便从信贷分配的业务中撤了出来，因为企业的发展水平不断提高，科技水平也日益复杂。信贷分配的任务便下放给了国内银行。

国内银行以前曾通过与企业建立长期而亲密的关系克服了不利于贷款的因素，比如强制还款的困难。通过定期拜访和会见客户，银行可以接触到一些不公开的信息，其作用类似于企业之间的交叉持股和公司董事会席位的作用。此外，鉴于外人接触这些信息有一定难度，银行便对借款者有了一定的控制。借款者担心银行会切断它们的资金来源，而它们又无法从其他渠道获得资金，因此会按时还本付息。

这样的关系有很大的代价。银行不能轻易地向现有关系圈之外的人提供贷款。而且它们所支持的企业客户很有可能早就该倒闭了。外人几乎不可能知道这个企业内部的真实情况，企业的做法是不透明的，企业的金字塔式组织结构和交叉持股公司内部或相互之间的现金流状况也是不透明的。很难评估一个企业与银行或政府的关系有多么密切，也无法准确估计其能够或明或暗地得到的贷款金额有多少。此外，万一公司发生破产，在清偿债务的时候其他投资者在求偿方面是否具有相对优先权也不确定，而且缺乏一套明确的、有效执行的破产法规，这些因素都降低了投资者的信心。

由于企业投资的增速超出了国内资源可以承受的水平，它们便不得不转而求助外国资本。但很多外国投资者都是银行，它们对国内企业知之甚少，也不确定将来是否能在法庭上通过强制手段保障自己的合法权益。国内的银行都与企业都着密切的联系，而国外银行与国内银行不同的是，它们不愿意给予企业长期贷款，不愿承担企业可能出现的不规范行为带来的风险。

外国放贷者通常会同意以外币的形式给予短期贷款，通常不是直接贷给公司，而是贷给该公司所在国家的银行，然后再通过该银行转贷给需要贷款的公司。向国内银行放贷实际上把政府也拉了进去。因为，除非政府愿意眼睁睁地看着银行倒闭，否则一个健康的政府必然会出手救助陷于困境的银行，从而也救助了向这个银行发放贷款的外国投资者。其他外国投资者则通过股票市场参与进来，成为资产组合投资者，它们相信自己能够在问题萌芽之际抛售股票并将资金撤出这个国家。

公司从国内关系银行获得的贷款也往往是以外币的形式发放，因为银行想将汇率风险转嫁给企业。企业也愿意承担这份风险，因为以外币形式取得的贷款利率相对较低，而且本国货币与外国货币汇率一直相对稳定。

然而，问题出现了。管制资本主义没有能力处理来自外国的大量资金。当资金不足、政府指导借贷的时候，政府在指示银行给予贷款之前会对需要贷款的大型项目进行认真审查。尽管与政府关系密切的企业享有使用资金的特权，但至少还存在一层监督。另外，企业也不得不谨小慎微，因为一旦拖欠不还，将失信于长期合作的银行，这可能意味着永远无法再获得这家银行的贷款了。但是现在，由于国外放贷者的资金充裕，而且这些国外放贷者认为自己的利益会得到很好的保护，因而很少对投资项目进行审查，各投资方竞相放贷，国内企业也不用担心被国内银行拒之门外了。企业开始变得不谨慎，国内银行掌握着大量必须放贷出去的资金，即使想保持谨慎也无济于事。

因此，东南亚金融危机在很大程度上是由于企业在商业地产市场和制造业过度投资引起的。虽然拥有良好社会关系的精英和投资者在经济形势好的情况下能够获得很多利益，但最终经济崩溃的风险却要由政府和当前及以后几代纳税人来承担。外国融资其实是私营部门将系统性违约的风险转嫁给银行、政府，进而将风险社会化的一种途径。

少数几个政府的行为就是这一问题的最佳证明。比如，马来西亚首相马哈蒂尔·穆罕默德提出“2020宏愿”的跨世纪发展战略，其中包括建设巴贡水坝（亚洲最大的水力发电大坝）、双子塔（世界最高的大楼之一）、超现代化机场以及在吉隆坡附近建造新的国家行政首都，名为布城（国王之城）。马哈蒂尔的宏愿具有法老式的特点。当我最近经过吉隆坡时，巨大的机场虽然缺少飞机的轰鸣和熙攘的乘客，但维护得非常好，看起来依旧十分壮观，不愧为世界一流的技术水平。但一般来讲，政府的过度支出并不是核心问题所在（前面提到的发展中国家遭遇的经济危机，如1994年墨西哥危机的情况与之类似），问题在于私营部门投资过热，而其资金来源主要是外国贷款。这些外国贷款轻而易举就能获得，因此企业使用时有失谨慎，并带来了一定的风险。

导致破产现象发生的典型因素包括利用短期债务进行过度投资，以及外国货币错配的风险。这两大因素同时存在时，危机一触即发，唯一欠缺的只是压倒骆驼的最后那根稻草而已。这根“稻草”来自两个相关的方面。

首先，野心太大的投资项目不再受欢迎。截至1997年年初，阿尔华特因为债台高筑而濒于崩溃，当时它建造的存储器工厂尚未完工。阿尔华特原本是家小型的家族式企业，在经营半导体工厂方面的经验有限，这种经验的欠缺在其投资过程中便显现了出来。工厂的建设进度也一再延期，因为厂址选择在了一块儿湿地上，混凝土桩必须打得非常深才能保持大楼的稳固，这要花费巨大的成本。并且那儿没有清洁的水和能源，这都是制造存储器所必需的条件。因此，阿尔华特不得不另外建造必要的设施，这又增加了成本。甚至在高科技工业园区还没有完工时，很多投资者就开始对园区建设的可行性忧心忡忡，纷纷开始撤资。

其次，从1995年起，日元对美元汇率开始疲软。由于东亚各国的货币与美元挂钩得更加紧密，日元贬值使日本出口的商品比东亚其他国家出口的商品更有竞争力。由于泰国的商品质量无法保证，而且泰国的科学家和工程师数量不多，因此进口者更倾向于重新选择久经考验的日本产品，而不是泰国产品。东南亚各国的出口额开始下滑，企业的赢利能力骤降，投资项目纷纷下马。

外国投资者开始将其资金撤出东南亚各国。投机者看到很多国家的政府竭力维持已经明显被抬高的汇率，于是也开始趁火打劫。而各国的外汇储备在维持汇率的过程中已经耗尽，货币贬值已是不可避免的事了。贬值后首先破产的便是以外币形式借贷的企业，接下来便是向这些企业发放贷款的国内银行。虽然企业无力偿付本国银行的贷款，但是这些国内银行欠外国银行的钱却必须还。就这样，东亚奇迹瞬间变成了大规模的倒闭浪潮。

东南亚各国的银行不得不向本国政府求助。政府呼吁国际货币基金组织给予它们外汇援助，用来偿付外国银行的贷款，并挽救本国银行。不过国际货币基金组织的贷款是有附加条件的，要求申请贷款的政府必须采取这样或那样的措施。有些措施是在获得贷款之前必须采取的，有些则需要在获得贷款之后采取。其中有些条件是相对规范的，毕竟，当没有人愿意提供贷款的时候，放贷者就需要通过订立合同来确保借款人会偿付贷款，但有些条件未免过于苛刻了。

东南亚国家的政府认为，国际货币基金组织在两个方面做得有些过分。首先，它规定的条件表明，它并不明白它此时面对的“客户”不同于以往的客户。总的来说，东南亚政府不是像墨西哥政府那样因为过度支出才陷入困境的。在国内疯狂投资的是私营部门，同时外国放贷者也缺乏自律性，因为它们认为政府会给予一些隐性的担保。燃眉之急是及早恢复金融稳定，也许通过政府的刺激措施才能弥补经济活动减少造成的损失。然后，随着信心的恢复，再逐步收拾乱局。

这就是西方国家政府在2008~2010年间所做的事情，也是国际货币基金组织最终所采取的措施。但是骄傲的东亚国家政府官员最初被当成了不懂如何管理廉洁政府的玩忽职守者。一夜之间，管制资本主义被贴上了权贵资本主义的标签，任人唯亲的例子不胜枚举，如果报道出来足以让西方的财经媒体声名大噪。国际货币基金组织、世界银行和西方政府最初的政策建议集中在惩罚裙带关系上，而没有认识到整个体系是相互关联的，很多无辜的人将会在这个过程中跟着遭殃。同情心消失了，或许是因为管制资本主义对局外人太冷漠了，而这些局外人现在却成了发号施令者。

其次，国际货币基金组织之所以在条件设定方面有些过分，是因为其在设定条件的时候常常被美国等主要成员国所左右，它总是试图按照西方的管理理念来改造亚洲国家。比如，要求印度尼西亚在1998年采取大约140项措施，包括打破丁香垄断、加强植树造林、实行小额信贷计划等。在愤世嫉俗者看来——他们有时候是正确的——这些措施的真实意图是迫使印度尼西亚向西方公司和游说团体开放原先受到国家保护的众多领域。虽然就长期而言，其中的一些措施是有利的，但也应该由本国人民自主采取，而不是在遇到困难时由外国人来指手画脚。在一张不幸流传开来的照片上，国际货币基金组织总裁米歇尔·康德苏与印度尼西亚总统苏哈托正在签署一份国际货币基金组织的协定，前者双臂交叉抱于胸前，高傲地俯视着似乎被吓得唯唯诺诺的苏哈托总统，这不禁让人想起征服者接受战败者无条件投降时的场景。虽然签字现场的气氛可能是友好的，但是这张照片却加深了人们的印象，这就是一种新型的金融殖民。

断层线正在加深

总而言之，在发达国家，尤其是资本市场和金融机构运行良好的国家，国外投资者一般与该国国内投资者享有相似的信息和权利。它们不会要求什么特权，也不会试图以该国国内银行为中介来放贷，获取该国政府的隐性支持，也不会通过直接向政府发放贷款来获得显性的支持。公司和普通家庭能够直接获取贷款，这就迫使外国投资者谨慎决策。不然，一旦出了问题，责任只能由自己来承担，不能求助于借款者所在国家政府。

相比之下，在发展中国家，外国融资往往是无奈之下的最后选择。因为外国投资者担心自己比借款者所在国家银行了解的信息少，也无力强制借款者偿付贷款，它们便要求使用外汇偿付并缩短债务偿付期限，以保障自己的利益。矛盾的是，国内金融体系的落后使得后来的外国投资者们能够要求并享受特权，而这些特权则会侵蚀当前国内投资者的利益，或者由于政府为外国放贷者提供隐性担保，会侵蚀纳税人的财富。此外，这些外国投资者得到了保护，就不会那么谨慎地考察所投资项目的可行性了。结果这又使得借款者——无论是政府还是银行——不再认真考察向外国借款的全部成本，他们往往倾向于过度借贷。

在这里顺便说一句，读者们会注意到，美国次贷市场由于存在着大量的准政府行为，因此背离了发达国家普遍采用的金融准则，并在许多方面折射出发展中国家存在的缺陷。这些相似点正是我们加以比较的对象。我稍后会谈到这些问题。

危机之后的改革

20 世纪 90 年代的危机对各国经济的影响是不同的。那些低储蓄的国家被迫实行了一系列必要的改革。像印度这样的国家，在 1991 年由于政府财政赤字和经常账目赤字巨大而发生了危机；而像巴西这样的拉丁美洲国家，它们的经济由于储蓄过低而十分脆弱。对于这两类国家来讲，金融危机发出了一个信号，即原有的政府管制的内向型经济发展模式已经被打破了。印度和巴西两国都实行了经济自由化政策，减少政府对经济行为的控制，削弱政府产权比重，消除价格管制和利率管制，提高金融体系内部的竞争，开放进口与外来投资，并采用浮动汇率制度。它们同时采取了更加明智的宏观经济政策，削减政府赤字（至少暂时性地），并改善货币管理。

在政府的管制和保护下，这些国家实现了长期的增长，并在此过程中建立了强有力的企业组织，即使在竞争加剧时也能够保持繁荣。竞争程度的提高也会使这些国家最好的企业脱颖而出。在收购欧洲钢铁巨头康力斯集团之前，印度的塔塔钢铁公司是世界上钢铁生产成本最低的公司之一，而私营的巴西航空工业公司在全球中型飞机市场中占据很大份额。

这些实行经济自由化政策较晚的国家有着巨大的国内市场，这使它们不必过于依赖出口部门。巴西和印度都对自己的汇率进行“管理”，但是它们并不通过压低汇率来获得竞争优势。此外，它们也不必在贷款问题上压制私营企业，因为这些企业已经具有了强大的实力。它们实行了储蓄利率自由化政策，减少对普通家庭的征税，并允许金融部门扩大对家庭的信贷业务。因此，巴西和印度两国的个人消费和内向型生产部门都实现了健康发展，其效率足以与出口部门相媲美。虽然巴西出口额的迅速增加得益于其商品量的增加，但是其经济具有多样化和弹性大的特点，即便出现暂时性的商品价格下跌，也可以支撑过去。它们错过了转向出口的有利时机，但它们仍有一线希望，因为它们原本不必转型。现在，它们的经济更加平衡，经济增长对出口的依赖性也降低了。

除了印度尼西亚之外，东南亚各经济体恢复得都很快：货币贬值使它们的商品很有竞争力，它们甚至在用更加廉价的国内商品取代进口商品的同时也扩大了出口。它们还大幅减少投资，就韩国、马来西亚和泰国的平均水平来讲，投资额在国内生产总值中所占的比重从1996年的41%降低到了1998

年的24%。国内储蓄在初期也有所上涨，从占国内生产总值的38%上升至41%。这很重要，因为它们贸易盈余不断攀升的原因不是国内的普通家庭大量减少消费、增加储蓄，而是因为政府和企业削减了投资。同样，这对全球储蓄供应也产生了积极效应。东亚经济体不再是最初的净债务国，而是开始将它们的储蓄输送到全球金融市场。但是，投资货物——比如厂房和设备之类的硬资产——需求量锐减。这些通常都是需要进口的商品，因此，全球市场都能感受到这一趋势的影响。全球过剩的商品也再次开始寻找那些会过度支出的国家。

美国成了外资最引人注目的目标

那些过于注重外向型增长的国家得到了沉痛的教训，它们开始认识到一味地追逐廉价商品和低息贷款是很愚蠢的行为，因为以大举外债为前提的支出最终往往会让人欲哭无泪。说得更明确一点，因为管制资本主义在外国投资者看来很难理解、很难驾驭，所以，它们应对的办法只能是持有股权或短期债权，随时准备将资金撤出债务国。一旦它们真的撤出资金，它们不会考虑债务国的情况，因此依赖这些不稳定的外国融资，无异于经营一家没有存款保险的银行，十分脆弱，经不住任何风吹草动。尽管出口国深知改革金融领域的必要性，但它们却认为这些危机中凸显的问题并不是外向型增长战略的问题。这些经济危机反而使它们更加坚定地认为，实现贸易盈余比单纯的出口导向更好，因为有了贸易盈余，国家便能够积累起大量的外汇储备。实现贸易盈余的途径就是削减投资，这也有助于帮助这些国家摆脱一度困扰它们的繁荣–萧条怪圈。

不过，这些出口国独善其身的努力却增加了其他国家的脆弱性。它们后来纷纷奉行的出口拉动增长的战略，不仅加重了其他国家的负担，压制了其他国家对其商品的需求，也凸显了这个政策所导致的国内问题。这一点在前一章已经讨论过了。

这项战略同时也导致出口国外汇储备大量增加，这些储备在世界范围内寻找放贷目标。为了吸引这些资金，国家必须愿意让自己的支出超出国内生产。而且，还需要有一个健全的金融体系来吸引资金流入，使资本输出国相信自己的资金会很安全，比在发展中国家要安全得多。最引人注目的目标便是美国（其次是西班牙和英国）。

由于美国的不平等现象日益严重，其政治环境越来越有利于负债消费，（我在第一章已论证过），所以，美国便是最终的也是最佳的贷款对象。但是，21 世纪前几年美国采取的一些政策使其成为全球公认的消费大国，这些政策的背后有一个新的现象，即美国的恢复越来越呈现出“失业型复苏”的特点，而美国的社会保障体系却不足以应付这一问题。

FAULT LINES

HOW HIDDEN FRACTURES STILL THREATEN THE WORLD ECONOMY

第四章 危机之下薄弱的社保体系

巴德里 25 年前来到美国读书，并取得了许多学位，其中包括冶金工程博士学位。1997 年他在华盛顿附近的一家美德合资企业找到了工作，这家企业是制造顶级存储芯片的。这是巴德里的第一份工作，任务是协助建立新型芯片生产线，以及降低芯片的次品率。这项工作使他充分运用了他的渊博知识和技术，因为发现残次品需要十分熟悉复杂的程序和机器，每周连续工作 70 个小时是正常的事。

后来，美国投资方将股份卖出，德国公司就把合资公司变成了全资的独立公司。之后公司分成了两部分，一部分专注于逻辑芯片，另一部分专注于资本密集型存储芯片。尽管巴德里数年来专注于存储芯片的制造，使芯片由大变小，这家公司还是不断收缩。在资本密集型产业兴衰循环的历史周期里，公司由两大财力雄厚的投资方控股的合资公司，转变为一家多元化芯片制造商，最终变成了一个业务单一、债台高筑的公司。

终于，不可避免的事情发生了。2008 年年初，在对最新科技领域进行了大规模投资之后，巴德里的雇主发现公司陷入了财务危机。他可以选择关闭在美国或德国的工厂，但考虑到关闭德国工厂将会面临更大的困难，而且保留德国工厂还可以从德国政府那里得到补贴，最后他选择了让美国工厂的工人全部下岗。

一夜之间，巴德里发现他的6位数收入不见了。因为公司宣告破产，也就不用支付遣散费来作为他为公司效力11年的补偿。现在，他只有每周400美元的失业救济金，他不仅要用这些钱来支撑四口之家，还要还银行的抵押贷款。更令人担忧的是健康保险。失业之前，公司每月都为他缴纳50美元的医疗健康保险费，这钱对他和他的家庭来说相当于打水漂了。当他去私营保险公司咨询时，这些公司拒绝了他的投保，因为他血糖高，有患糖尿病的风险。即使没有这些病，私营保险公司每月的家庭保险费也高达1 100美元，占据了他每月的失业救济金的三分之二还要多。巴德里真的非常需要一份工作，至少不必在没有保险的情况下拿自己的健康冒险。他投了成百上千份简历，但是都石沉大海。他的失业保险就要到期了，只有动用为儿子上大学准备的储蓄金。从这点讲，巴德里算是幸运的。不像其他许多同样境遇的美国人，至少他还有些储蓄！

同时，巴德里所在公司的美国资产清算很彻底，一些昂贵的机器设备被其他生产商买走了。这些资产被迅速有效地加以利用。在关闭美国工厂几个月之后，公司无奈地意识到公司的业务已经不赢利了，随后德国工厂也被关闭了。

经济刺激的意愿

从上一章中我们知道，20世纪90年代末和21世纪初，由于发展中国家的进口量下降，传统的出口大国纷纷为其剩余商品寻求新的市场。世界经济在互联网泡沫破灭之后进入了衰退期，而美国在一段时期内实行极度扩张的财政政策和货币政策，为剩余产品创造了过量的需求，使这些商品被吸收，而美国的资金来源却是从贸易盈余国家借来的外汇储备。从某种意义上来说，就像我曾说过的一样，美国毫无选择地成了全球剩余商品的最后需求者，因为像德国和日本这些国家都自顾不暇。但是，美国继续采用扩张政策并非出于世界公民的义务，而是迫于其国内压力。

巴德里的经历提供了一个重要的解释。与其他富裕工业国的工人不同的是，如果经济衰退深入发展而且旷日持久，美国的工人不会自动地得到社会保障。美国人历史上一直反对高福利，因此国家的社会保障体系比较薄弱，其中包括失业救济。"二战"以来，美国经济结构进行了调整，可以快速、灵活地应对困境。银行会拒绝向经济效益不好的公司发放贷款，而且风险投资者也不会资助那些刚刚起步的、业绩不佳的企业。现有的公司倒闭之后，其资产被清算，并被卖给那些能更好地利用这些资产的公司，就像巴德里的公司所经历的一样。这些举措为新企业的出现创造了空间。另外，因为失业救济期限很短，那些失业的工人迫切需要找到一份新工作，即便新工作的薪水低、工作内容变化或者经常出差也在所不惜。

也许正是由于这些因素，"二战"后到1990年之间的重建进度很快。平均来讲，产出水平不到两个季度就恢复到了经济衰退前的水平，就业率也在经济低谷过后的8个月内得以恢复。政府和中央银行的政策只是在经济衰退期提供一点帮助，只能解决一小部分问题。大部分痛苦还是由银行、公司和工人们来承受。

但是，1990~1991年的经济衰退打破了这种战后发展模式。经济产出迅速增长，但是就业岗位的增速并没有这么快。虽然产量在1991年的三个季度里就恢复了，但1991年经济低谷造成的失业却花了23个月才得以缓解。

因此，不难理解，失业者或即将失业者肯定非常焦虑，因为他们积蓄很少、失业保障期限非常有限、没有健康保险，而失业期很可能持续很久。政治家们忽略了公民的这些担忧，产生了很多不利的影响。美国前总统老布什就经历了这个艰难的过程。尽管在他的努力下结束了冷战，并赢得了第一次海湾战争的绝对胜利，但在总统竞选中他还是败给了比尔·克林顿，最主要的原因就是选民对1990~1991年经济危机中的大量失业很不满。由竞选谋士詹姆斯·卡维尔为克林顿制定的指导原则之一就是“傻瓜，经济才是关键”。如今，这一教训已经充分被华盛顿政府所吸取。今天，华盛顿政府的主流想法就是：当前的失业率是决定能否连任的主要问题。

薄弱的社会保障体系和失业型复苏的出现表明，与其他工业国的选民相比，美国的选民对经济下挫的忍耐度更低。自2001年发生经济衰退以来的恢复过程中，美国之所以实施了长期的经济刺激计划，就是因为尽管经济产出在2001年的第一季度就恢复了，但是就业率直到危机结束之后38个月才全面恢复。其实，即便在经济恢复期也会发生失业现象。为了引导企业提供更多的工作机会，政府和美联储，特别是后者，停止了对它们的经济援助，并最终引发了房价泡沫及随之而来的金融危机。

在我写作这本书的时候，美国政府正在努力应对高达两位数的失业率。华盛顿的权力走廊中肯定弥漫着一种恐慌的气氛。而与此同时，虽然欧洲大陆各国的失业率水平与美国相似，但由于它们的社保体系更加完善，应对起来就显得较为从容。因此，美国国会和美联储感到创造就业的压力格外大。虽然根据具体形势来制定政策的弹性具有一定的优点，但是出于政治目的而非经济目的制定出的政策不会是有效的政策。其影响有两大方面：首先，正如我在本章所证明的那样，它将使美国成为世界头号经济刺激方案的实施国家，这会减轻其他国家的负担，使它们不那么愿意改变其经济增长战略。其次，正如我在下一章中将要论证的那样，如果政治动机过于强烈，经济刺激政策就会削弱金融部门的积极性，并有可能再次引发我们刚刚经历过的金融灾难。

薄弱的社保体系

在历史上，美国和欧洲大陆各国之间的一个重大差别就是失业救济金的水平不同。比如，1989~1994年之间开展的一项综合研究表明，美国的失业救济金不仅低于欧洲大陆各国的水平（平均来讲，美国的水平是失业前薪水的50%，而德国为63%，法国为57%），而且美国的救济金持续时间也较短。平均来讲，美国的失业救济持续时间为六个月，而法国是三年，德国则是无限期。在那次研究之后，德国进行了改革，将失业救济金的持续时间缩短为一年半。但法国和德国的工资替代率均有所上调，而美国的水平却几乎纹丝未动。

美国的失业救济机制原本就不足，而且还有其他漏洞。尽管失业保险的覆盖率达到了90%，但只有40%的人在失业时能拿到救济金。因为有些人资格不够，他们或者因为工作年限不足，或者因为自动离职，还有的因为卷入了劳务纠纷，甚至有人是因为在失业期间没有准备好再就业。

由于美国没有全民医疗保险体系，以及廉价的私人医疗保险，美国的失业者更加让人忧心。由于美国的税法只对工人失业之前由雇主支付的医疗保险提供补贴，一旦失业，工人需支付多出好几倍的费用，才能获得与失业前同样的待遇。此外，即使个人能够支付巨额保险费，私营保险公司也可能拒绝其投保，因为投保人可能有轻微的健康问题，正如巴德里一样。考虑到即使是生龙活虎的人可能也有他们没有注意到的潜在健康问题，多数美国人对失业的担忧便不难理解了，失业人员想重新就业的愿望是非常强烈的。并且，美国人会把他们的担忧传达给他们选出的代表。随着失业率上升，政客们面临的压力也就随之增大，他们急需采取应对措施。

失业型复苏

我们已经知道，自战后的萧条期以来，美国的就业率迅速攀升。因此，在以前历次经济衰退时，虽然失业救济金的持续时间很短，但足以在大多数失业者找到新工作之前维持他们的生活。与欧洲大陆国家相比，美国长期失业的情况很罕见，可能是因为失业救济金期限太短，这样就迫使失业者加倍努力地找工作，即便工资较少，也愿意接受。

经济学家们至今仍在争论为何美国1990~1991年的经济衰退和2001年的经济衰退不同。一种理论认为：在以前的萧条期，工厂在需求萎缩时暂时遣散员工，等到需求上升时再重新雇用，而如今却不同。经济正在发生深层的结构变革，资源正由成熟产业流向新兴产业——可以说，从钢铁业转向软件业。结果，被解雇的员工不得不更加努力找工作并为此接受再培训——因此失业率回升了。尽管这一说法貌似可信，但在这些衰退期间，不同产业之间大量工人流动的迹象并不明显。

另一种解释跟衰退期的“清理作用”有关。如果森林中经常发生小火灾，矮树丛就会被除去，以免发生更大更具毁灭性的森林火灾。同样的道理，经济衰退迫使各个公司认真思考其资源利用现状，并强迫它们果断地重新配置资源，而这在非危机时期是不会发生的。这一过程有助于避免持久而深重的经济损失。例如，企业的管理层在扩张时期积聚了各种效率低下的员工和职位。解雇一个不称职的员工不仅对于管理者是痛苦的事情，也会降低其他员工的士气，因此人们自然会倾向于避免这样严酷的举动。而衰退期为管理层提供了一个裁减冗员的借口："我们不得不通过裁员来保证竞争力"。此外，留下的员工的焦虑也仅限于衰退期间。因此，公司利用衰退来"有效地清理门户。"

1990~1991 年和 2001 年两次衰退都发生在将近 10 年的经济增长之后。根据上述观点，企业在扩张期间积累了太多的"矮树丛"，因此需要清理，其影响也更深远。换一种说法，富足的年份越长，饥荒也越长。但是因为战后长期扩张后并没有发生多次经济衰退，我们找不到足够的证据来支持这种解释。

另一种假设与招聘过程的改善有关。在早期的经济复苏时期，公司会张贴招聘广告，人们通过邮件应聘，接受审核，然后等待面试通知，所有这些事情都需要花费时间。在招聘上花费大量时间意味着公司担心如果不尽量提前开始招聘，它们可能没有足够的员工以满足不断增长的需求，进而导致失去销售市场。随着互联网的出现，有空缺职位的企业和符合要求的应聘者能更容易地实现双向选择。互联网使公司能简单快捷地等待和监管订单，并及时招聘员工满足生产需求。当然，如果每个公司都这样做，就会减少招聘的动力，不仅失业率会居高不下，需求萎缩，可用的应聘人员也会增多，因此，企业不急于招聘到最好的员工。

支持"及时"招聘理论的一个证据是，在最近的两次经济复苏中，公司过于依赖临时工，这表明公司不愿创造长期性的工作岗位。在目前这轮复苏中，临时性工作也在增加，全美独立企业联盟的威廉·丹尼斯也认同这一观点，他说："当一个工作出现空缺时，我们的企业便雇用一个临时工，或者延长兼职人员的工作时间，或者找一个自由职业者——然后静观其变。"

无论这些理论正确与否，如果未来的经济复苏都是失业型复苏，那么社保体系薄弱的美国根本无力应对。

社保体系为什么薄弱

为什么美国的失业救济如此不足呢？就爱心和慷慨而言，美国人不一定逊于其他富裕国家的公民。事实上，美国人在做慈善方面比其他很多工业国的人更加积极。根据2000年进行的一项研究，美国人平均在慈善事业上支出691美元，而英国的平均水平是141美元，欧洲整体上是57.9美元。由此看来，美国人并不吝啬。但如果不是因为吝啬，那么原因是什么呢？关于这个问题没有单一的答案，但是了解一下这个政策的起源有助于我们理解为什么美国救济金制度改革举步维艰，也有助于我们理解为什么近期经济刺激政策面临如此巨大的压力。

经济层面的答案

漫画的作用在于它能够把所刻画对象的本质特性表现出来。如果一定要我刻画美国公司（或者广义上的英美公司，包括澳大利亚、加拿大、新西兰、英国以及美国的公司），我会如此描述它们：与供应商、债权人、客户和雇员关系疏远，思想和行动富有创新性而且激进，在奖惩方面公事公办，不讲人情。而欧洲大陆或日本的公司则依赖与供应商、银行、客户和雇员之间的长期良好关系，思想和行为具有渐进性，而且合作伙伴之间更加愿意同甘共苦。促使它们保持互动的是这种长期友好的精神，而不是冷冰冰的法律合同。

这些特点既不是一成不变的，也不具有普遍适用性。全世界的公司都在迅速变化。在日本，过去人们会在同一家公司工作很久，但是现在这种一生只为一家公司效力的观念却不再被奉为圭臬，很多年轻人的工作都不是长期的。当然，在美国也不难找到一家关爱员工、乐于分享的公司，在欧洲也能找到非人性化的企业。但我已经说了，这只是漫画式的描述，总体上正确，细节上略有出入。

刻画这些特点的意义就在于论证它们可能共同催生出不同性质的社保体系。具体来讲，欧美国家的成熟公司面对的是以市场为导向的金融体系，这样的金融体系依赖于透明度和信息披露。季度销售、营业收入以及现金流等硬信息能够轻易地传达给市场上的投资者。而管理层所获得的更加及时的信息，比如当前的销售数据和库存量以及市场传言等，却不能传达给投资者，因为这些信息可能不准确、不具体。此外，诸如管理层的性格、能力以及意志力等软信息只有通过投资分析师的评估才能传达给市场，而分析师自身的观点也会妨碍其他人作出正确的判断。比如，在投资者大会上，尤其是当公司的首席执行官敏锐地选择回答哪些问题，拒绝回答哪些问题时，投资者如何才能判断他是对公司内部的一切情况都了如指掌，还是仅仅在利用别人制作的PPT作陈述呢？

相反，在欧洲大陆和日本的体系里，公司与投资方之间长期保持友好的关系，它们之间的互动也都是基于良好关系的。投资方往往是银行和保险公司之类的机构。公司往往会和一位相交多年的银行家分享大量的软信息和内部消息。这种关系有助于帮助银行在决定是否放贷时作出正确的判断，也有助于影响管理层的行为，而且这种关系会促使银行家在公司面临困境时出手相救，因为他深知当该公司境况好转时不会轻易抛弃自己。

美国冷漠的制度体系迫使公司高层必须拿出硬性的、可衡量的、能传达的结果，因为这是市场评估他们的依据。这个体系中充斥着这种压力，不公布数据的经理会受到警告。在经济下挫时期，压力尤其大，因为营业收入成了判断公司是否赢利的关键指标，也是市场决定是否对其提供资助的依据。而公司这时候也不愿意雇用过多的劳动者，往往会裁减冗员，等到经济复苏时再重新雇用员工。同样，在经济衰退期，市场会无情地将业绩不佳的公司排除在融资范围之外，迫使这些公司进行结构调整或者破产清算，市场强迫巴德里的雇主关闭美国的工厂就是这个道理。

关系系统给予了公司高层更大的回旋余地。因为债权人熟悉他们，评判的依据不会局限于经济下挫时期的数据，能容忍赢利能力暂时的下降。裁减冗员的压力相对较小，尤其是在员工被认为比较重要，在较长时间内难以替代时。反过来，员工们会更加忠诚，会更加积极地发展自己的技能，提升自己对公司的价值，即使这些技能在其他地方是轻易用不到的。最后，政府往往愿意竭力保留现有的工作岗位。

最近发生的事情很好地说明了这种差异。2009年年初，由于金融恐慌以及由此引发的融资困难，全世界的汽车需求量锐减，美国和欧洲的政治家们提供了数十亿美元的资金援助汽车制造商，因为他们认为汽车产业创造的数百万就业岗位非常重要，汽车行业不能崩溃。在美国，通用汽车和克莱斯勒获得政府援助资金的条件是必须大力调整公司结构，关闭效益不好的生产线，并出售无利可图的品牌。第一次调整方案因为过于保守而被政府监察员拒绝，之后，这些公司确实采取了大动作，公司虽然免于倒闭命运，规模却大为缩小。相比之下，在法国，标致汽车和雷诺汽车获得大笔政府资金的条件却是在政府贷款期限之内不得关闭工厂，不得裁员。

这是否意味着英美的公平系统一无是处呢？未必。在英美这种体制下，资源能够更迅速地被重新分配，得到更加高效的利用：汽车产业的规模确实需要大幅缩小了。除了提高效率，这种不近人情的意愿还有助于创新。过去的经验和关系对于推动人们彻底创新的作用不大，因为人们的本能倾向是重复劳动和满足当前的客户需求，过去的关系在这一点上是很不利的。而公平系统采取的方法却有很大的优势。一方面，因为新企业可以找到新的投资者，从而建立更加广泛的联系，新想法可以得到资助进而付诸实践。此外，因为不好的想法无法继续吸收资源，这个体系可以进行风险更大的实验。风险投资者一旦发现某种想法的赢利前景不好，便会立即将其放弃。这对于资本家的成功来说，远比在石块儿中发现钻石的能力更加重要。公平系统种下一千棵树苗，再拔掉数百棵长势不好的，最后仅留下几棵使其茁壮成长。新的机会出现了，而旧的落后的业务被无情地淘汰掉了。这个体制的优点就是绝不偏向任何当前享有特权的公司和工人。

在关系系统中最容易出现的是渐进式变革，因为公司可以有足够的时间来适当地改革旧体制、旧方法，而银行等债权人对于现有的公司也很了解，愿意资助一些适当的创新。但因为很少有新创立的公司能够进入市场，而且这种系统不会及时披露可信的硬信息，新的投资者会感觉很不舒服，在这种情况下进行激进创新的难度就更大。因为这样的体制不要求无情地淘汰无法赢利的想法，其进行激进实验的意愿也是有限的。巴德里的雇主之所以关闭美国的工厂而保留德国的工厂，就是因为两个工厂所处的体制环境不同。而且德国工厂关闭之前的阵痛时间更长说明竭力维持一个无法赢利的业务只会造成更大的资源浪费。

美国的研发往往更具有创新性，这一点通过以下数据就可以体现出来：2008 年，美国和欧盟国内生产总值的规模大体相同，它们所发表的科学和工程学方面的期刊文章比例也大体相似（美国为 28.1%，欧盟为 33.1%）。但在引用率最高的文章（也是最有创新性的文章）中美国占 51.6%，而欧洲只占 29.6%。

美国经济体制的挤出效应和失业救济金的本质密切相关。美国注重在经济困难时期迅速进行企业结构调整，关闭垂死的企业并资助新企业。经济衰退既有毁灭性也有创造性。不仅毁灭了很多原有的工作岗位，也创造了种种新的就业机会。救济金持续时间短，从而激励失业者积极地去寻找适合自己的工作。公司之间的人员流动性很强，因为被解雇的员工数量很大，所以失业也没什么不光彩的。再就业也比较容易，因为经常会出现员工被解雇的情况，同一个工作岗位不会长久地被现任者占据。巴德里当初被解雇后很快找到了新的工作，去了中东一家新成立的企业，薪水没有失业前的薪水多，但他的工作内容更有创造性，负责研究新型材料，并获得了很多新技能。

在关系系统中，失业救济金不仅数量大，而且持续时间长。这种救济机制与工作的长期性和稳定性之间不是很协调，因为工作越稳定，越不需要长期的失业救济金。这种救济机制之所以行得通，就是因为工作专业化更高，人员流动性大为降低。关系系统中分为内部人和外部人。内部人，即受雇于企业和政府的人，生活富裕而有保障。而少数不幸的外部人很难成为内部人，失业之后成为外部人的少数人注定会遇到更多的艰难，因为他们所从事的工作专业化程度太高，很难找到合适的工作，还因为外人不容易在短期内进入这种体制。在这种体制下，失业救济金在促使失业者找工作上作用不大。但是这种体制下长期而大量的失业救济金使得失业者能够容忍长期失业，进而安抚失业者的愤怒情绪。

因此可以说，每一种经济体制都形成了与其内在的经济结构相适应的失业救济机制。这不是说每件事情都是完美的。巴德里的工作显然是非常专业化的，但是他一夜之间就成了失业人员，毫无保障。此外，很难说经济结构和失业救济金哪个更重要。实际上，二者的背后可能还会有第三种因素的驱动，即意识形态或政治。

救济金的政治学

美国人的“小气”不仅体现在失业救济金上，还体现在其他社会福利上。在我写作本书之际，尽管美国在医疗保险上的支出在国内生产总值中所占的比重远高于其他发达国家，但仍然没有实现全民覆盖。其他福利项目上的支出也不多。比如，1998 年，美国养老金和残疾金在国内生产总值中所占的比重为7%，而德国和法国的比重分别为12.8%和13.7%。65岁以上人员的退休金只是原来税前工资的19.3%，而德国和法国分别为37.2%和58.6%。美国的福利水平之所以低，并不是因为美国人储蓄多得足以补偿失去的收入因而不需要社会福利。麦肯锡全球研究所指出，1945~1954年生育高峰期间出生的人群中，有三分之二的人退休时储蓄不足，无法保证舒适的退休生活。

美国社会福利水平较低的背后可能还有一些特殊历史因素的驱动。其中包括自由主义的政治传统，缺少强大的全国性工会组织，部分人群中的贫困集中（与种族有关），国内大规模的人员流动以及经济决策权的分化妨碍统一立法。

一些历史学家指出，美国的文化和政治精神中有些自由主义的根基。按照洛克的解释，自由主义即崇尚个人自由，反对政府干预日常生活。美国历史上没有受到暴君和封建主义的统治，美国国内不存在强大的贵族集团。因此，美国人没有形成强烈的阶级意识，也没有必要利用政府来征服那些压迫人民的精英集团。调查显示美国人依然相信这样的信仰：美国的机会几乎是无限的，每个人只要努力奋斗都可以变得富有，贫穷的人是因为没有作出足够的努力和奋斗。这样的信仰和美国的低福利水平相符合。尽管对于缺乏流动性的、贫困的下层人民以及越来越多的中产阶级人士来说，美国的机遇和流动性是一个无法企及的神话，但是他们的现实遭遇并没有改变美国的国家精神。

另外一套相似的观点将美国福利水平的现状归结为缺乏强有力的工会组织。美国的白人男性在历史上不必为了获取选举权而反抗国内的精英，因此美国也就没有形成全国性的工人运动。这与英国形成鲜明的对比。在英国，工会组织在19世纪争取选举权的斗争中就形成了。选举权是一个涉及面很广的问题，工人们团结起来，并为此克服了工作环境和目标的差异，形成了共同的目标。如果没有争取选举权的斗争，工会就会处于支离破碎的状态。

事实上，在19世纪下半叶，当世界其他地区的工会蔚然成风时，美国由于地域广阔，还有很多地区尚未开发。这意味着工人如果觉得当地的环境过于严酷，他们大可以放弃工作，迁移到尚未开发的地区。这种流动性反过来又限制了工作环境对工人的压迫程度。因此，在这样一个环境差异巨大，工人可以自主选择离开艰苦环境的国家中，要组织一个全国性的工会组织，难度非常大。

关于为什么美国没有形成全国性的工会组织，还有一个相关的论点，即在美国（南部除外）缺乏受压迫的农民阶级，而只有农民阶级才能与工人阶级结为同盟，而且美国也没有经历过每次世界大战之后的极度剥削和权威崩溃，而欧洲各国却经历过。实际上，西欧国家在“一战”之前只有20%的劳动者享受某种形式的保险，只有22%的人享有健康保险，至于失业救济金则根本没听说过。在“一战”的战壕里作战时，很多工人的政治觉悟形成了，他们在战争结束后纷纷组织起来要求在经济困境中得到某些保障。在战后的混乱中逐渐壮大的社会主义党派表达了工人的利益诉求，欧洲很多国家也确实颁布了一些法律来保护工人的利益，而美国的社会主义党派却一直没有获取足够的投票权。

我们也不应该低估人口多样性的重要性。美国人常说“若不是得上帝恩宠，倒霉的就是我了”。这为社会保障提供了强有力的逻辑依据。如果人们觉得自己所缴纳的税金是用来帮助与自己境遇相似的人，而不是帮助自己并不认同的人群，他们会更愿意纳税。他们在选择受益人的问题上更有控制力，所以美国人会在慈善事业上慷慨解囊。政客们为了阻止福利立法，会提出这样一个老生常谈的论调，即纳税人辛辛苦苦挣的钱最后可能被用来资助那些没有责任感、不值得救助的懒人。如果这些被资助者的行为和外表与这些政客的选民不一样，这种蛊惑人心的论调尤其嚣张。

在20世纪的很多时候，这些论调都指向了非裔美国人，但随着时间的推移，美国人开始了解这种言论背后的阴谋。近来，非法移民成了这种论调新的攻击对象，越来越多的人开始担心美国纳税人的钱可能被用来救助这些非法移民。其实，在最近一轮医保改革中，美国人围绕是否允许非法移民享受社会福利（以美国纳税人的钱为基础）展开了激烈的争论。在这场争论中，很少有议员问这样一个问题，即如果美国社会里有一群身患疾病而得不到任何保障的人，美国社会是否还是一个健康和人道的社会。

最后，企业利益和金钱的力量一直是美国社会中非常重要的力量。除非某一项法案影响了所有的企业，迫使这些企业团结起来一致抗议，否则，将这些企业组织起来的难度，绝不亚于在一个幅员辽阔、多样性明显的国家里把所有工人组织起来的难度。不过，这些企业有着两个工人不具有的优点。首先，尽管公司的老板们组织程度低，但他们积累了巨额的财富，比任何工人都有权有势。其次，如果一个州的投资环境不利，他们会转到其他州。有些州，尤其是那些工业化水平较高的州，由于担心失去引进投资的机会以及相关的税收收入，会竭力维持低水平的社会福利，以保障企业在本州的赢利能力。

当然，并非所有的社会福利项目都会降低企业长期的赢利能力。公司老板也并非都像狄更斯笔下描述的那些榨干工人每一滴血的冷血动物，其实，这样刻薄的行为根本实现不了利润最大化。如果工人能够得到足够的失业保险和养老金，他们就会有安全感；如果他们得到医疗保险，便会拥有健康的体魄。这样的话，他们的心情就会更加愉快，就会以更加饱满的热情为其雇主效力。在技术要求较高的岗位上，由于很难监测工人是否全心投入，这种怀柔政策的效果更加明显。然而，在20世纪初，相当大部分的美国雇主资金都不雄厚，无力支付员工福利，他们提供的工作岗位的性质也不需要工人保持愉快的心情和饱满的热情。由于担心这些公司丧失竞争力，担心这些公司转到其他州，公司所在的州往往会避免通过立法的形式强迫公司给予员工福利。

美国的社会保障体系虽然很薄弱，但的的确确是存在的。尽管有上述的种种困难，美国还是在大萧条时期通过了保护工人利益的法律，其核心就是1935年的《社会保障法》。这项法案不仅规定了老年人的社会福利，还规定了失业救济金。为什么《社会保障法》会在大萧条时期通过呢？答案是非常有趣的，因为这些答案揭示了美国社会演变的轨迹。

首先，在大萧条时期，失业工人的痛苦是长期而巨大的。1930年中期，失业率迅速攀升到10%以上，到1933年达到24.9%的最高点。整个20世纪30年代，尽管人们认为可能会出现一次复苏，之后会有另一次下跌，但美国的失业率一直都徘徊在10%以上。1939年，在第二次世界大战爆发前夕，失业率在18%左右。而且，这次失业是全国性的。约翰·斯坦贝克经久不衰的小说《愤怒的葡萄》中，乔德一家是俄克拉何马州一个农场的雇农，当这个农场无法赢利时，他们被迫来到充满希望的加利福尼亚州寻找工作，但却无奈地发现加州也没有什么工作机会。在失业的影响下，全国工人的要求开始趋于一致。

其次，富兰克林·罗斯福总统获得了强大的政治授权，并开展了全国性的立法工作。这种统一的立法消除了各个州的隐忧，使它们不必担心只有自己立法保护工人权益会使本州的工厂搬到其他州去。

再次，立法过程中也有意外。比如，农业工人的利益就没有得到法律保障，可能是因为南方民主党人不愿增加使用黑人劳工的成本，他们的势力很强大，迫使联邦政府不得不作出让步。另外也有可能是因为一些政客关于"黑人可能会享受福利"的言论造成了民众恐慌，从而使立法流于破产。

最后，强大的企业也支持立法，这一点令人感觉有点意外。

最后这个原因很有趣。既然立法会增加企业的成本，它们为什么还赞同呢？如果工人的福利由州政府负责，这对企业，尤其是大企业有两方面的好处：首先，如果企业原本就给工人提供了养老保险之类的福利，那么立法之后可以将这个负担转移给州政府一部分；其次，一毛不拔的小公司不得不承担一些额外的工人福利支出，无论这种成本的提高是否会带来利润的增加。假如一个公司对工人的技术熟练程度没有要求，那么增加工人福利会提高成本而不会带来相应的利润。如此一来，新成立的企业不再享有低工资和低福利的优势，也就弱化了州与州之间对新企业的争夺。罗斯福新政时期颁布的很多新法律都带有反竞争的特点。

我们应该从这些事情中得到什么教训呢？不利的经济冲击却十分有利于汇聚全国的智慧，因为每个人都受到了影响。因此，经济动荡就成了实现变革的良好机遇。另外，我们往往需要在安全与竞争、创新、灵活性、准入以及效率之间实现平衡。安全就意味着保护特权，而为了安抚民众的焦虑情绪，这种对特权的保护必须不加区别地普及到每一个人。这就意味着，资源将会不可避免地被转移到所有受益人手里，无论其使用的效率如何。为了保证一个人的利益，就会牺牲另一个人的效率。一项好的法案会谨慎地实现效率与公平之间的平衡。

自主刺激的弊端

我在前面已经谈了很多导致美国社保体系薄弱的因素。但这一事实却令人费解。毕竟，美国民主制度健全，对国民关注的问题都能作出回应，在经济下挫时期也能颁布法律保障困难人群的利益。不幸的是，在经济衰退时期制定的政策往往是为了应对某种特定的局面而匆匆出台的，考虑不全面，带有机会主义的特点。虽然深刻的经济危机给了我们一个认真反思、实现变革的机会，但是如果我们在每次经济下挫时期都被动地制定相应的新政策来应对衰退，那么最终的结果将会是立法的不适当、不可预测以及过度。

约翰·梅纳德·凯恩斯也许是继卡尔·马克思之后最有影响力的经济学家，他提出经济衰退是由需求不足引起的，政府应该增加支出，促进经济复苏，即使出现预算赤字也在所不惜。他的观点在“二战”之后深入人心，但其失业保险等政策建议早在大萧条时期就得到了有效实践。如果需求下降，政府应自动地将购买力转移给民众，比如通过失业救济金之类的形式。此外，由于公司利润下降，纳税减少，政府的税收收入大幅降低。大多数主流经济学家认为，除非经济面临真正严重的衰退，政府大可不必煞费苦心地增加支出以力挽狂澜，因为经济体制之内存在着“自动稳定器”。他们认为，推动经济复苏的主要任务主要不是依靠财政政策，而是要依靠货币政策。

然而，由于美国的社会保障体系相对薄弱，再加上经济复苏期间就业率依旧难以恢复，从政治角度来考察，经济衰退中每个人的情况都相当严峻。因此，政府就面临着巨大的刺激经济发展的压力。这种刺激方案既包括减税、增加支出等财政政策，也包括宽松的货币政策。有的刺激措施有助于完善社会保障体系，比如，在当前这轮经济衰退中，很多失业人员的失业救济金和健康保险都大大增加。但一揽子刺激方案总是容易过度。因此，关键问题就出现了：如果就业率恢复依然缓慢，一味地刺激经济而不加强社保体系的做法会有什么问题吗？

答案是肯定的！首先，工人自己会感到很大的忧虑，因为他们不知道衰退是否会长期深入地发展下去，是否会促使政府增加支出来刺激经济，而且即便政府刺激经济，他们也不知道自己是否会受益。

其次，财政政策与货币政策都有滞后性。今天筑路的投资也许到数月之后才能落实到位。但选民们要求政客们关心眼前的需求。如果政客建议民众保持忍耐，就会被认为是无能的表现，这对其连任很不利。如果当前的失业率和就业增长率推动了某项政策的出台，那么这项政策的刺激作用可能会持续时间过长。如果今天制定预算修建公路，可能一年之后才动工，而那时经济已开始复苏，可能会导致经济过热，迫使政策调整，而调整的代价很大。

再次，也许是最重要的一方面，自主刺激经济的做法会导致权力滥用。如果政客们在非常时期行使权力，可能会导致滥用权力的冲动。具体来讲，在经济衰退时期，政客们会打着刺激经济复苏的旗号提出各种项目。政府支出的很大一部分都是政客们为了回报强大的利益集团，或者是为了履行自己选举时的承诺。他们几乎没必要解释这些项目的短期效益。奥巴马政府在最初几个月里通过的刺激计划中，超过三分之一都涉及一次性退税。众所周知，这对增加支出的作用微乎其微，更大程度上不过是奥巴马履行竞选承诺的举动而已。

政府支出还有更加不合理的情况。为了安抚某个参议员，联邦政府同意将 65 亿美元用于癌症研究。短期来看，癌症研究不可能创造很多的就业机会。与其仅仅为了兑现增加拨款的承诺而将大批资金盲目用于资助一个研究项目，还不如循序渐进地增加投资。但由于每位议员在是否通过一揽子经济刺激方案的问题上都有投票权，因此必然导致这种问题。

最后，在我写作本书之时，房地产业已经确保会重新给予首次购房者临时减税，理由是如果取消这一措施将会对房价造成重创。这样的减税无异于对少数人的补贴，其中包括首次购房者、房产中介及建筑公司，而对促进经济增长的作用非常有限，因为这些措施只是将未来的销售提前实现了而已，总销售额并未变化。如果说有什么优点的话，那就是这些措施是临时性的，而且能在经济活动萎缩之际促使人们消费，从而为经济注入活力。这一措施之所以得以长久维持，是因为利益为少数人享有（游说强度大的那部分人），而代价由多数人（游说强度不足的那部分人）承担。

机会主义可以说是没有党派之分的。当 2001 年的经济衰退袭来之际，美国财政部采取了积极措施。为了刺激经济并履行竞选承诺，布什政府在收入所得税、资本收益和红利领域进行了减税。布什政府的这一举措不同于奥巴马政府所拥护的凯恩斯派经济刺激方案（即增加政府支出），反映出布什政府保守的、奉行供给学派的根本特点。所谓供给学派指的是通过减税来鼓励企业增加投资和生产。但在“9 · 11”恐怖袭击事件之后，国家安全方面的支出逐渐增加，这一做法对政府的财政造成了很大的影响。更重要的一点是，由于工业领域的投资大增，布什政府的经济刺激措施无论有什么样的长远效应，短期来看是不可能推动投资和就业的。

从更广的角度看，自主决定的财政刺激手段往往基于意识形态和既有的义务或利益，而不是基于具体形势的需要。很显然，如果能够创造长期性工作或者规避自我毁灭的经济下挫，很少有人会质疑支出的必要性。一般来讲，这样的措施意味着有限的、有针对性的支出或减税。然而，在实际操作中，联邦政府只是在经济衰退的掩盖下做了以前一直想做的事。奥巴马的幕僚长拉姆 · 伊曼纽尔在奥巴马政府就职之前曾表示，“永远不要浪费这次严重的危机所带来的机遇”。

在这样的危机时期，能够以立法形式确定下来的政策往往带有党派特点，不可能是中立的。当现任政府有机会通过长期政策时，自然会先通过那些可能在长期而理性的争论中被否决的政策。因此，经济危机时期的紧迫性就会导致一些党派特色明显的政策出台，过去如此，将来也是如此，因为国会中的党派对立日趋严重，这就意味着如果一项法案不是绝对中立的，一旦错过了危机时期的大好机遇，就很难被通过。由于党派性质明显的法案总是容易被未来另一党派的政府推翻，有效保障体系的缺失不仅会导致资源浪费，还会引起政策的波动和不确定性。

在失业型复苏的情况下，有效保障体系的缺失还有另外三个负面作用。首先，尽管政府可能会出台自主刺激方案，工人们却不知道他们是否会受益，何时能受益。这种不确定性导致工人阶级的担忧，导致政治压力逐渐增大。而社保体系的宗旨之一就是避免政治压力。其次，世界其他各国的人很容易理解为什么美国缺乏强有力的社保体系，以及为什么美国人愿意将经济刺激措施延续到就业率彻底回升。当外向型战略导致结构性需求下降，而全球经济低迷使其影响持续更久时（2001 年便是如此），很多国家不仅发现很难有效刺激经济，而且它们还知道在全球性的政策较量中，最先打退堂鼓的肯定是美国。很多国家的经济与美国经济挂钩，它们独立采取的措施远远少于美国。美国拉动经济增长的压力，以及自身经济遭到重创的可能性大为增加。最后，也是最重要的一点，自主刺激过程中所采取的长期性的、基于政治动机的货币政策，可能会对美国经济的长期健康发展造成更大的威胁，因为这种政策严重影响金融部门的行为。现在我回到断层线的问题上。

第五章 谁在制造泡沫

作为美国联邦储备委员会主席，本·伯南克每次改变观点都会引起公众的关注，在这点上，任何一个国家的央行行长都无法与之相提并论。2004年2月，时任美联储理事的本·伯南克在东部经济学会发表的一次演讲中谈到了“大缓和”。所谓“大缓和”，是指自20世纪80年代中期开始，工业化国家的产出波动和通货膨胀就开始稳步下降。因为经济管理的理想目标是经济强劲、稳步增长，没有大起大落或高通货膨胀，这种“大缓和”的趋势表明一些政策措施确实发挥了作用。

本·伯南克认为有以下三种可能的解释：第一，可能是我们比较幸运，这段时期内，战争和石油价格上涨之类的事情少了许多。第二，经济管理方式改变了，比如公司建立了新型管理体系，能更加快捷地获取销售信息，并持续地把这些信息转化为生产和库存管理决策。这些改进可以解释各国为何能够避免前几次经济衰退中出现的大量库存积压和生产锐减。第三，我们对经济的了解不断深化。很多中央银行的官员以前都是经济学家，更了解金融政策是怎样影响经济产出的。

伯南克是一位优秀的经济学家，作风非常严谨。他表示上述三种解释都有道理。但是，他强调说现在的货币政策比以前好多了。20 世纪 60 年代和 70 年代的决策者们制定的政策是基础性的，而且他们对经济关系的认识有时会出错，而今天的央行专家们更了解经济运行的规律。伯南克比普通的决策者更谨慎，但是他的演讲依然充满了炫耀的口吻：我们非常了解现代经济管理的各种手段，这就是为什么我们的经济只遭遇了轻微的衰退。其中的言外之意是（也许是无意的），随着我们的不断进步，我们可以彻底消除经济危机。

2008 年 9 月，时任美联储主席的伯南克已经意识到了货币政策的局限性，呼吁国会帮助。他指出："尽管美联储、财政部和其他部门作出了努力，可是全球金融市场仍然处在极大的压力之下，迫切需要国会采取行动来稳定形势，避免我们的金融市场和经济遭受严重的后果。"简单地概括起来就是说，货币政策没有起作用，只有国会对金融体系进行紧急救助才能稳定经济、避免萧条。那么，美联储到底哪里出问题了呢？

事后来看，美联储似乎犯了两个错误。第一，2001 年经济衰退之后的失业型复苏迫使美联储长期维持非常低的利率。这就导致美国及世界其他国家和地区产生了经济过热现象，然而这时理论和政治结合在一起要求美联储继续保持低利率。第二，美联储积极鼓励金融市场相信它的不对称政策：既不依赖潜在的、不可持续的资产价格上涨，又要做好泡沫破裂时收拾残局的准备。这两个暗示性的许诺带来了相当大的危害，因为它们在刺激就业增长的同时，也刺激了人们承担金融风险的狂热。

很不幸，因为美联储的方案与自身的使命相一致，并且有学术界的主流思想作为支撑，所以他们并没有被迫反思其政策究竟是否合理。再者，当时失业率长期居高不下，出于政治压力，必须继续实施这些政策，这就使政策转变难上加难。

美联储的目标

美联储得到国会授权来促进美国经济的健康运行，这表示它要最大限度地保持充分就业和价格稳定。自1913年（即1907年金融危机之后）成立以来，美联储就被赋予了确保金融系统稳定的使命。

以前，经济学家认为维持经济健康运行的两大要素——保持充分就业（即高增长）和价格稳定（即低通货膨胀）的目标长远来看是不可兼得的，因为高增长必定需要高通货膨胀。威廉·菲利普斯在研究1861~1957年的英国经济之后发现了这一关系，这个平衡被称为菲利普斯曲线。这个平衡中似乎隐含着这样一个观念：你可以一直欺骗所有人，在通货膨胀的背景下，人们认为他们将会从自己生产的商品中得到更多的报酬，因此会更加努力地工作，增加产出，但他们没有意识到其他所有产品同时都变贵了。

在20世纪60年代末70年代初，实际的经济数据显示菲利普斯曲线关于通货膨胀与失业率二者之间关系的论断是错误的，“合理预期学说”开始主导货币经济学理论。它解释了为什么菲利普斯曲线在理论上站不住脚。最主要的论据是人们了解决策者的目标和他们制定的政策，所以他们不会甘心被愚弄而跟政府合作。如果中央银行采取的政策会导致通货膨胀，生产者会理性地预料到所有产品的价格都将上涨，并且当他们看到自己产品的价格上涨时也不会更加努力地提高产出，因为他们清楚，就购买力而言，自己多赚的钱其实是贬值的。一个经济体长期的就业水平并不取决于通货膨胀，而是取决于商业环境、创新动力以及公司在雇用或解雇工人上的自由度等因素。

从长远看，这个观点消除了低通货膨胀和充分就业这两大经济目标之间的矛盾。依据“合理预期”这一新的主流理论，保持低通胀，就消除了难以掌控的高通胀带来的不确定性和认知扭曲，央行专家此时最有可能令经济实现充分就业。但是，有一种观点认为，经济增长和通货膨胀之间还有一个短期的平衡。这种观点认为每个经济体都有一个潜在的增长率，即内在最高安全增速。经济发展稍快一些，工资和通货膨胀就开始加速增长，因为需求超出了生产能力；经济增速放慢，工资和通货膨胀就开始下降。当达到潜在增长率时，经济正好能有效维持充分就业，即所有的失业者都忙于寻找合适的工作或不具备被雇用的条件，任何加快经济增长的努力只会增加竞争和雇用工人的成本，这样通货膨胀就产生了。所以理想的央行政策就是让经济永久地保持潜在增长率。

不幸的是，虽然有合理的猜测，但没有人真正知道潜在增长率是多少。这个增长率随着经济结构的变化而变化。例如，如果经济的主导产业发生变化，增长率就会随之改变。对央行来说，最好的标志就是通货膨胀。通货膨胀率的上升表明经济发展速度正在超出限制，如果通货膨胀率下降，则表明经济增长需要刺激。当然，因为货币政策具有滞后的特点——现在提高利率，几个月以后才能在经济中看到效果。如果央行一直等到通货膨胀结束才取消刺激措施，那它们会等得过久。所以，央行会预测其政策的效应（通常是两三年之后的效应），并采取措施遏制未来的通货膨胀水平，这样就能使增速接近潜在最佳增速。

在经济危机之前，央行和学术界一直将控制通货膨胀作为它们的主要目标。当然，它们还必须顾及金融稳定的目标。依据历史经验，央行实施货币政策只能利用一个工具——短期利率，而且它们在利用这个工具时只能设定一个目标。人们对金融稳定的忧虑使货币政策的制定过程变得更加复杂，也更加轻率。结果，只有通过改变资金需求量之类的稳健措施来实现金融稳定，而执行的权力则下放给了央行下属的监管机构。

利率及其作用

美联储在很大程度上依靠短期利率（联邦基金利率）引导货币政策，它通过干预银行同业拆借市场来设定这个利率。美联储希望可以通过这个短期利率影响长期利率。一个被大多数人认同的经济观点是，市场上的投资者根据各种可能长期持续的短期利率来判断长期利率（比如10年期的国债利率）。所以，如果人们预计短期利率在未来10年内仍然将继续走低，那么长期利率就会很低。相反，如果预计利率只在未来两个月较低，但未来将会上涨到新的水平，那么长期利率就会很高。这一推理被称为预期假说。通过调低短期利率，尤其是市场认为短期利率将长期走低时，美联储可以影响人们对未来短期利率的预期，从而影响长期利率。

长期利率在经济中极其重要。较低的长期利率会增加股票、债券、房产等长期资产的价值。因为股息、利息以及房屋功能的折现率较低。这样就能增加家庭财富，刺激家庭消费。长期的低利率也弱化了储蓄对家庭的吸引力，使其更倾向于消费，这又增加了市场需求。最终，长期利率决定了实际投资的赢利能力，刺激了公司的投资动力，同时强化了公司的贷款能力。

短期利率也对经济活动有直接的作用。很多贷款利率与短期利率联系在一起，例如，如果美联储降低利率，可调利率抵押贷款的利息支付就会下降，家庭就会有更多的资金用于消费。通过低利率政策，美联储也向市场发出了信号，即它将在可预见的未来保持宽松的流通状态。这时，银行和金融集团就愿意提供固定期限的贷款，因为它们有信心再从市场中筹措到资金。

以上我所介绍的是货币政策运行的传统观点。现在让我们了解一下美联储是怎样应对2001年的网络泡沫破灭和经济衰退的，并看看传统观点在哪些方面有纰漏。

网络泡沫的破裂

在2000~2001年纳斯达克指数暴跌之后，经济衰退接踵而至，美联储试图通过不断降低短期利率来消除投资锐减的影响。利率从2001年1月的6.5%降到了2003年6月的1%。利率之低达到了1971年实施浮动汇率之后的空前水平，这向市场发出了强烈的信号。房产市场又热起来，因为更多的人发现他们有能力承担利率较低的抵押贷款。房产需求增加刺激了房地产业，而开发商享受的低息贷款也推动了住房建设的扩张。

随着生产力的提高，产出实现了强劲的增长，但是公众和政府官员最关注的是就业率。对于那些失业者或担心失业的人来说，经济增长本身并不会自动给他们带来食物和钞票，也不能减轻他们的焦虑和恐慌。不幸的是，就像我们看到的那样，就业率并没有增长。工业企业和服务类公司继续裁减员工，建筑业产生的新工作也没有抵消其他领域的失业。2003年6月，失业率达到高峰，而此时产出早已恢复，经济衰退也早已结束。

面对低通胀和高失业的状况，为了维护经济健康运行，美联储应当保持低利率。事实上，失业率偏高和经济衰退让包括本·伯南克在内的美联储官员非常担心可能会产生通货紧缩，即使在2003年中期季度国内生产总值增长率为3%时也不例外。美联储好像受到了日本的影响。由于房地产泡沫破灭，日本经济在20世纪90年代经历了长期的通货紧缩和低增长。但这个担忧是错误的：与日本不同，美国在2001年并没有经历债务危机，只是估价过高的科技股票崩溃了。债务危机可能导致银行倒闭现象增加以及失业和通货紧缩。从历史经验来看，股市崩盘的影响要小得多。尽管有低价进口商品的下行压力（当然，我们无从得知如果没有美联储的宽松政策，情况还是不是这样），但美国的消费者价格指数在这一时期从未低于1%。更重要的是，通货膨胀未来预期一直在1%以上，接近美联储的非官方目标2%。事实上，当时反通货膨胀的压力已经上升，不是因为市场需求过低，而是因为外国竞争者迫使美国制造商提高生产力并限制工资增长。

2003年中期，除了通货膨胀和失业之外，所有的经济指标都强劲回升。美国的市场需求强劲，贸易赤字（用来衡量外国商品满足美国市场需求的指标）迅速扩大。实际上，美国就业率，尤其是制造业的就业率增长非常缓慢的原因可能是美元走弱，而中国和日本等国拒绝将本国货币升值，从而使它们出口的商品在美国市场继续保持竞争力。美联储实际上刺激的是本已快速发展的世界经济，为他国，而不是为美国创造就业机会。世界大宗商品价格开始平稳上涨，这表明世界经济衰退状况正在逐步扭转。如果美联储这个事实上的世界央行一直将注意力放在世界经济的持续增长上，它就应该提高利率，采取紧缩的货币政策。但其使命范围仅仅局限于美国自身。

斯坦福大学的约翰·泰勒指出，即使根据人们所熟知的泰勒规则来衡量，美联储早在2002年年初就应该开始提高利率了。（泰勒规则是指泰勒于1993年根据美联储利率政策的实际经验而确定的一种利率调整规则，该规则将短期利率视为产出缺口与通胀缺口共同作用的结果。）但美联储降低利率的政策一直延续到了2003年6月。2010年伯南克在美国东部经济学会的年会上发表讲话时，为美联储的政策作辩护，指出如果通胀能够被恰当测量，就会发现美联储在这一时期的政策并未偏离泰勒规则。其实，美国的产出增长并未带来失业率的提升。美联储关注的焦点不是泰勒规则所衡量的产出，而是就业。

当美联储最终在2004年6月开始提高利率时，它担心会中断刚刚出现的就业率上升的势头。因此，在调高利率的同时，还煞费苦心地宣布，利率将会继续走低一段时间，最后才会“缓步”上升，也就是说在美联储的每次例会上提高25个基点。这一策略显然有助于使长期利率保持在较低的水平，但这样做的原因并不是由于人们对未来短期利率的预期下降了。这点根据预期假设理论可以看出来。真实的原因是美联储提高短期利率导致政府长期债券的风险溢价下降，进而导致长期利率下降和债券价格上扬。事实上，即使美联储提高利率的进度非常缓慢，偏低的风险溢价也能够确保房产等风险资产或者长期资产的增值。美联储的政策似乎发挥了作用，因为它提高了人们对风险的容忍度。

贷款质量的日趋下降的确引起了美联储的担忧，并采取了一些监管措施。但由于其过于依赖利率促进增长，监管措施并没有奏效。最终，可能是美联储的行动结束了这一乱象。较高的短期利率提高了可调利率抵押贷款的还款额度，并通过利率重置提高了抵押贷款的预期还贷支出。随着住房需求下跌，房地美和房利美减少了对按揭证券的购买，房价停止了上涨。结果，最初较低的诱惑利率结束之后，那些从银行大举贷款的买房者发现资金严重不足，开始拖欠还贷了。大量的房子被银行没收，大量借款人丧失抵押品赎回权，房价开始下跌，繁荣的表象戛然而止。我们此时都知道，美联储干预得太晚了。泡沫已经急剧膨胀，接踵而至的便是令人痛苦的破产倒闭浪潮。

美联储有错吗？

等到一切尘埃落定，我们很容易就发现，美联储即使是在传统政策的制定上都犯了错。比如，它可能高估了通货紧缩的风险。不过，从某些方面来讲，美联储很可能利用发生概率很低的通货紧缩问题来转移公众注意力，从而解释为什么一直压低利率。真正的问题在于失业，这导致提高利率在政治上压力很大因而无法实现。过去，当经济增长与就业恢复并存时，这不是问题。然而，在失业型复苏的背景下，增长和就业就分离了。美联储必须长期保持低利率，只有这样才能实现就业增加。

对于那些认为美联储十分独立的人来讲，很难相信美联储也会承受很大的政治压力。然而，正如美联储官员私下里承认的那样，国会时刻都会给美联储施加压力。国会中有权力的政客们在与美联储官员私下谈话时，会有意无意地威胁美联储官员要仔细审查其政策。如果美联储不顺从他们的意愿，他们就会削弱美联储的独立性。尽管一般来讲他们不干预货币政策的制定，但是不难理解，一旦失业率上升，他们也会面临很大压力。具有讽刺意味的是，美联储对于独立的渴望却成了国会迫使其顺从的工具。

然而，此时，美联储几乎不需要任何理由就能保持低利率。主流观点认为美联储的决策者们只有在通胀失控的情况下才应该担忧。但其实不是这样，商品和服务的价格上涨是静态的，美联储实际上担心的是通货紧缩。因此，美联储大可以毫无顾虑地将注意力放在其第二项使命，即实现充分就业上。然而，就在美联储竭力说服公司利用超低利率贷款进行投资时，金融资产和房产的价格却在飙升。而主流理论却认为资产价格可以忽略。

上涨的资产价格

迅速飙升的资产价格本应该敲响警钟。导致这些资产价格飙升的原因不是一些传统因素，比如投机增加、外国热钱涌入以及信贷扩张等。

短期利率偏低促使投资者承担更大的风险，其原因有很多。有些机构，比如保险公司和养老基金，都已经压缩其长期债务。凭借安全资产投资可能获得的低收益，它们偿付这些债务的希望十分渺茫。为了避免无力偿还债务的局面，它们愿意进军风险更大但利率更高的较长期债券业务，比如抵押债券业务。另外，随着长期利率下调，以及股票、债券和房产价格上扬，家庭感觉更富有，承担风险的能力更强。有些冒险的选择也许不是理性的。正如我的同事理查德·塞勒所指出的那样，当赌徒赢钱时，他们会冒更大的风险，因为他们将其所赢得的钱视为他人的钱，即使失去也不觉得很可惜。无论原因是什么，由于投资者的风险偏好增强，各种资产的风险溢价也就下跌了。

因此，美国大量的资本流出美国，进入其他国家寻求投资收益，尤其是流入发展中国家的高收益债券、股票和政府债券。不过由于这些国家担心在对美国出口的竞争中处于不利地位，它们的央行便采取干预措施，大量买入国内私人实体赚取的美元，压低本国货币汇率，然后将这些美元重新投资，用来购买美国的政府债券和机构债券。因此，尽管美联储一直想把美元推出国外，最后却都流回了美国。在很多工业国，很多私人实体都有循环使用美元的业务。德国银行和日本保险公司利用其客户的美元存款来购买看起来很安全的美国抵押债券。从美国流出寻求高风险资产投资的资金于是又重新回到了美国，寻求看似安全但收益更高的投资，如债券。在某种程度上，美联储的政策将美国变成了一个巨大的避险基金，在全球投资风险资产，但资金来源却是自己在世界范围内借入的债务。

信贷也在扩张。不断上涨的资产价格为家庭和企业提供了用于贷款的抵押品，美联储主席伯南克在普林斯顿大学任教时曾指出过这一点。确实，很多低收入贷款者的融资都是建立在房价不断上涨的基础之上，一旦最初的诱惑利率结束，他们也能够依靠出售资产实现再融资。因此，房价上涨，而不是收入增加，更能够保持借款者的持续偿付能力。

另外，美联储承诺在可预见的未来保证流动性充足，这意味着银行家们愿意给予企业长期的、非流动的，因而也是风险性的贷款。但由于企业不愿进行投资，银行只能寻找有贷款需要的交易项目。其中的一个选择就是私人股本收购企业，因为私人股本只有借助银行借贷才能完成收购。银行会将其发放的贷款整合为抵押贷款债券，然后出售债券来获得更多资金以发放更多的贷款。结果是，杠杆收购规模变得越来越大，用以满足投资者的债务索偿要求。由于各银行竞相放贷，贷款标准迅速降低，这就构成了典型的低门槛贷款。这种贷款使银行失去了在债务人经济状况恶化时用来索偿的各种条件，以及实物付息债券，即债务人无力偿付时通过发行更多债券支付给债权人。正如我之前所说，最近的金融危机并不是因为向穷人放贷引起的。

资产价格脱离基本面

如果市场状况良好，而且资产价格并未脱离基本面，那么资产价格上涨也不足以成为一个问题。在房地产市场中，价格应该是利率水平、当地人口、家庭收入水平和当地调控措施综合作用的结果。

不幸的是，资产价格的上涨会自动强化。例如，房价上涨，现有的业主就有能力向银行抵押贷款，再用这些贷款去购买更好的房子。在这种情况下，新购入的房子价格也跟着上涨。房价不断上涨的历史就会导致天真的新置业者预料房价会继续上涨。的确，在一段时期内，这种预期是符合逻辑的，因为总是有很多资金充裕的业主想将住房升级。

在多数市场中，精明的投资者在价格过于偏离基础价值时，便会采取克制立场。在房地产市场中，投资者很少有机会做空，即依靠出售并非自己所有的房子来谋利。这意味着乐观的购房者发挥着极为重要的作用。因此，房价以及资产价格会过度增长，而一旦价格回归现实，结果是很残酷的。

央行专家们认为，计算资产价格何时过高不是他们的责任。毕竟，他们也不会比市场参与者们知道得更多。很多市场都能够自发运行得非常好，而实施各种刺激或抑制措施制造出的问题比解决的问题还要多。但是历史经验告诉我们，像房地产市场这样依靠银行贷款来驱动的市场是不同的：不仅非常脆弱（较少的房地产市场交易决定了全国的房地产市场价格），而且不允许投资者做空。这些市场的价格可能会严重脱离基本面。房价泡沫破灭引起的不利形势具有很强的破坏性，因为随着价格下跌，借贷就会终结，人们无力还贷，之后便是抵押房产赎回权被大量取消，导致价格进一步下跌。

资产价格上涨不可持续的关键预警信号就是与其相伴的信贷扩张。在1929年股市崩盘之前，这一预警信号就是，尽管股价增长，股票保证金贷款却依然在增加。在最近的经济衰退之前，房价持续高涨，房地产市场贷款和私募股本贷款增加以及交易价格上涨本应该给各央行敲响警钟。历史上，信贷增加的确是银行家确定利率的一个重要因素。但近年来，学者们成功说服了很多人，使他们相信这种做法是过时的。值得赞扬的是，欧洲央行和一些发展中国家的央行，比如印度储备银行，在制定货币政策时都持续关注信贷增长。

信贷快速增长在过去被认为具有重要的意义，部分原因在于它被认为预示了通货膨胀，部分原因在于它反映了信贷质量可能下降。学者们表示，信贷增长和通货膨胀之间的联系十分微弱（在这一点上他们是正确的），并认为信贷问题已一去不复返，因为现代银行的管理和监管都已经得到大幅改善（在这一点上他们显然是错误的）。

央行专家们所提供的第二个论据就是在投资狂热中，当投资者预料到价格会以两位数的速度增长时，小幅提高利率的作用是微乎其微的。这一观点有两个问题：其一，问题的关键是预期。如果央行让投资者们相信，央行会像遏制商品价格上涨那样遏制资产价格上涨，那么他们对价格上涨的预期就会削弱，尤其是在泡沫形成的早期。换句话说，央行利率的微调能大大地影响人们对于价格增长的预期。资产价格以两位数的速度增长的事实并不意味着银行利率也要作出如此大幅度的调整。其二，泡沫形成的基础是所谓的“博傻理论”，意思就是即使一种资产的成交价格已经被大幅推高，但仍然会有人以更高的价格来接盘。此时，如果央行表示将要减少流动性并限制融资和交易，就会告诉投资者有能力接盘的傻子会减少。这样一来，泡沫便很难继续膨胀。

事实上，美联储非但没有阻止泡沫的膨胀，反而通过银行的承诺来助长泡沫膨胀，这一举措也许比美联储其他任何措施的危害性都要大。这种承诺就是所谓的“格林斯潘对策”，即美联储不可能准确判定资产价格会在何时上涨到形成泡沫的地步，因此美联储将忽视资产价格，而是准备好一旦泡沫破灭就出来收拾残局。为了理解他为何作出这个承诺，我们需要回到1996年。

格林斯潘的对策

艾伦·格林斯潘是一位目光敏锐、经验丰富却有点拘泥于意识形态的经济学家。1996年年末，作为美联储主席的他开始担忧股市的高位运行。他曾在美国企业研究所发表了一篇著名而大胆的演讲，在演讲中，他质疑央行是否有必要担忧房地产、股票等资产价格的迅速上涨。这位央行行长以字斟句酌的模糊性言辞，明确地指出股票价格被高估了。他的讲话如下：

> 但是我们如何才能得知非理性繁荣已经极大地推高了资产价格，并演变成日本在过去10年所经历的那种非预期的、长期性的衰退呢？……只要金融资产泡沫的破灭不危及实体经济、生产、就业及价格稳定，我们这些央行专家就不必担忧……但是，对于资产市场和实体经济之间相互作用的复杂性，我们也不应该低估，或者盲目乐观。因此，我们在制定货币政策的时候，必须从总体上评估资产负债表，并有针对性地评估资产价格的变动情况。

在其自传中，格林斯潘承认他并不知道市场是否能理解他的意思。实际情况是市场确实没领悟他的意思，并忽略了他的暗示，因为实际情况是，股票市场次日开盘时出现大幅下挫，但不出一天就恢复了元气。而且忽略格林斯潘的言论是正确的。因为即使格林斯潘在其演讲中暗示了应当采取这样的举措，美联储并没有因为他的忧虑而加息。格林斯潘从来没有解释过他为什么没有采取行动，很可能是因为当市场参与者们看透格林斯潘打算让市场着陆的真实意图之后产生了强烈的反应，结果束缚住了格林斯潘的手脚。

在互联网泡沫期间，当股价持续飙升之际，美联储采取了观望的态度，许多没有赢利，甚至连销售收入都没有的公司纷纷开始以天文数字的高价出售股票，而这背后的基础仅仅是各自网站所吸引的眼球。在俄罗斯于1998年发生债务危机并严重违约以及长期资本管理公司倒闭之后，美联储甚至采取了降息措施，直到1999年才开始小幅加息。

股市终于还是在2000年崩盘了，不过由于美联储在早期采取的重大措施，虽然就业恢复比较缓慢，这次崩盘的负面作用还是比较轻微的。艾伦·格林斯潘曾于2002年在怀俄明州杰克逊霍尔讲话时提出自己的主张，他认为，尽管美联储不能及时发现或者阻止资产价格上涨，却能够“在它发生时缓和其影响，而且促进向下一个扩张阶段的过渡”。格林斯潘早在1996年就有一种敏锐的直觉，即美联储在资产价格过高时不应该采取干预措施，但是一旦泡沫破灭，美联储却能及时收拾残局。这篇演讲似乎在事后说明了为什么格林斯潘有这种直觉却没有采取行动。

格林斯潘的逻辑有一种很奇怪的不对称，底部怎么会比顶部更容易识别呢？而且这种逻辑还很危险。它告诉华尔街和美国的银行，美联储将不会提高利率来遏制资产价格，而且一旦形势恶化，美联储将会介入并推高价格，这就助长了资产价格的上涨。这种为资产价格提供保障的承诺被戏称为“格林斯潘对策”。他告诉投机商和银行家们，如果他们赌博，美联储不会限制他们的收益，但是如果他们赌输了，美联储将会限制后果。他们只需确保他们的赌注下在同一个事物之上就可以了，因为如果他们单独下注，将难以构成系统性的风险。

同样重要的是，美联储愿意在经济严重下挫的时候向市场提供充足的流动性，这给银行家们发出了明确的信号：“不必储备现金或流动性强的资产来防备意外事件，美联储会及时出现帮助你们。”这样，美联储不仅降低了采取预防措施的重要性，还鼓励银行家短期吸储并放出长期贷款，使银行家们相信一旦资金不足，美联储会出手帮忙。举债经营的现象在整个金融体系内大量增加。长期以来，央行一直在解释为什么没有将关注焦点放在资产价格上，其依据是如果格林斯潘在1996年根据自己的直觉行事，那么将会扼杀美国股市的繁荣和美国家庭财富的空前增长。在2009年3月2日，标准普尔500指数以700点收盘，低于1996年格林斯潘发表重要演讲那天的744.38点。当然，到目前为止，这种说法已经颇有市场，但是如果当年格林斯潘讲话之后进行相应的利率调整，那么就有可能避免13年之久的收益损失。当然，政治体系是否允许他这么做就是另外一回事了。

货币政策的目标究竟是什么

尽管在我写作本书之际，由于失业率偏高，所有资产价格都在上涨，美联储依然将利率保持在极低水平，但最近的衰退已经促使人们开始反思货币政策的目标究竟是什么。今天，唯一值得庆幸的是信贷扩张的速度较为缓和，房地产市场泡沫也不可能在我们惊魂甫定之际卷土重来。但是如果说金融部门有什么优点的话，那就是它有创新性，就连招惹麻烦的方式也颇具创新性。

我之前曾说过，学者和央行专家们一致认定，经济增长最大化和保持低通胀率的目标在长期来看是可以并存的。但是，旨在促进直接投资及实际增长的货币政策，与旨在阻止市场参与者进行高风险性单向赌博的货币政策相冲突。前者长期保持可预测的低利率，并会在市场流动性紧张时为市场提供充足的流动性，而后者的政策风向不可预测，也不会保证在流动性不足时采取补救措施。

那种认为货币政策无法阻止资产价格泡沫的论点是怯懦的，也是自私的，它让美联储摆脱了保持金融稳定的关键任务。当然，美联储应当谨慎决策，在出现泡沫迹象时防止泡沫形成，而不应该天真地认为人们对泡沫的担忧是没有依据的。放弃本身应有的职责来获得政治认同会给经济带来巨大的风险。

更具有争议的是，美联储是否应该为恢复经济而将利率保持在最低水平。尽管这样的举措似乎没有什么代价，但是却给储户强加了很大的成本，给债务人，尤其是银行，带来了额外的收益。这就是一种相对隐蔽的利益转移，几乎不会引起评论和抗议，尤其是因为富裕的储户在危机发生时保持了沉默。但这却是实实在在的利益转移，每年的金额高达数千亿美元。此外，它给银行家们提供了一个单向赌博的机会：虽然他们使金融体系陷入困境，却依然能依靠利率获得巨额收益。最后，超低的名义利率（几乎为0）是否会比低利率（2%~3%）给予投资者更大的投资动力，这一点目前尚不清楚。

不过，美联储依然在推高房价，这一做法的危害性更大。其间接手段是保持低利率，直接手段是给予房地产市场大量贷款。尽管美联储这种支持性举措有助于促使房地产市场泡沫逐渐消解，却一再推迟了房地产市场的调整。房产持有人和贷款者并没有贸然行事，而是采取了观望的态度。但只要还有进一步调整的预期，买家就不会进入市场。除非房产存量被彻底消化，建筑商不会有很强的动力恢复建设。因此，美联储不仅是在推迟房地产市场的恢复，也使人们更加相信美联储不会阻止价格上涨，只会防止价格下跌。格林斯潘对策迅速地演变成了伯南克对策。

总之，美联储在2002~2005年的货币政策具有很大的局限性，因此受到了除央行专家和货币经济学家之外所有人的严厉批评。其局限性表现在：首先，这种政策过于关注长期高失业率，因此尽最大努力通过鼓励投资来降低失业率。这意味着美联储将会长期保持低息政策，如果企业对此有所怀疑，美联储就会抛出格林斯潘对策使其安心。批评这种政策的人应该认识到这种政策与美联储的使命是完全一致的，而且更重要的是，如果美联储的加息来得稍早一些，就会付出巨大的政治代价。然而，这种政策更大的作用体现在扩张信贷和推高资产价格上，对于房地产业之外的就业作用却并不明显，因为各企业仍然忙于应付互联网泡沫破灭带来的后果。

其次，学术界的主流观点认为，只要通货膨胀率保持不变，央行专家们就没有什么可担忧的。确实，担忧除通胀之外的问题就意味着玷污了已有理论体系的纯粹性，因为这等于容许多种目标，导致市场混乱。央行专家应将目光放在抑制通货膨胀上，如此一来，就会使银行管理者们产生风险意识。不幸的是，管理者们却糊涂了，这次他们基于意识形态的立场，采取了抑制私营部门的政策，结果弊大于利。

总之，关于货币政策的争论，人们过去一度认为已经有了定论，现在却不得不重新开始。其中最迫切的问题是刺激投资和就业的政策与旨在确保金融稳定的政策之间的平衡。资产价格上涨肯定也会成为政策争论的一个方面。此外，美联储将不得不考虑其制定的政府是只针对美国还是针对更广泛的全球经济。要做的还有很多。

经济学家为什么容易犯错误

了解宏观经济领域经济学家们的败笔是很有意义的一件事。许多评论者都公开奚落经济学家们的模型，讽刺说这些模型过于简化。有人质疑一些模型过于复杂、过于数学化，还有人不仅提出批评，同时还指出人类的行为过于复杂，根本不可能通过一些数学模型把握。

最现实的模型恐怕就是详细描述所有个人和机构以及它们的任意行为。但如果这样，模型将会十分复杂，在实际分析中价值不大。经济模型的意义在于对经济进行有用的简化，使我们能够在变化的政策和环境中分析未来的经济发展趋势。因此，这种模型究竟是有用的简化还是过于简化只能在实际运用中加以检测。

过去很多宏观经济模型都假设有一个具有代表性的代理人来作出所有的决策。这种模型非常简单，便于使用，的确能够帮助人们进行正确的政策预期，但是它对工业经济背后的各种要素的分析过于主观，比如金融债权、交易、激励结构、公司、银行、市场、监管等。只要这些机制运行良好，这种模型就是有用的简化。在伯南克提到的“大缓和”中，这些因素都处于正常状态，因此这种模型为人们进行抽象推理提供了基础。

但是，一旦这些要素出现反常，这种模型就显得过于简化了。事实上，这类模型本身可能加速了这些要素的崩溃：由于美联储过于关注利率对产出的影响，而非承担金融风险的成本（很少有模型会将金融部门纳入其研究范围，更别提银行了），金融风险行为才会失控。

众所周知，罗伯特 · 卢卡斯曾批判过凯恩斯的模型，指出这些模型将会失灵，因为它们没考虑到当政策试图运用历史关系时经济会作何反应。在未来数年中，宏观经济模型必须更多地考虑到这些经济要素，现在经济学界已经对这一问题进行了广泛研究。

危险就在于货币主义经济学家将会试图抹杀货币政策、风险以及资产价格泡沫之间的联系。伯南克于 2010 年在美国经济协会的一次演讲中近乎明确地提到了这一点，他指出，引起危机的并不是美联储的货币政策失误，他认为其政策完全适当，符合美联储在通货膨胀问题上的观点。危机的原因是监管不足。他总结说："尽管当短期利率达到历史最低水平时，价格的涨幅最大，但货币政策并不能独立解释房价的上涨。此外，国际经验并没有表明货币政策与房价上涨之间有什么明显关系。"

当然，没有人会声称要美联储为房地产市场崩溃负全责。政府制定的有利于低收入人群和私营部门的政策也在房价崩溃中起了很大的作用。但如果说美联储一点责任都没有也有失公允。确实，《圣路易斯联邦储备银行商业评论》在2008年发表了一份详细研究，指出"货币政策对房地产市场投资和房价具有显著的影响，2002~2004年为了避免通货紧缩而采取的宽松货币政策极大地推动了2004~2005年的房地产市场繁荣"。

此外，在任何一个时期之内，不同国家的货币政策与房价涨幅之间都不可能具有严格对应的关系：价格涨幅可能受制于本国特有的一系列因素，包括当前的房价水平。更普遍的意义在于，货币主义经济学家必须关注货币政策还有没有其他发挥影响的渠道（正如他们目前所做的那样）。

美国最大的失误之处

20世纪90年代经济危机之后，发展中国家的需求降低，而且在互联网泡沫破灭之后，工业国家的公司不再进行过度投资，结果迫使出口大国再次寻找那些消费超出本国生产能力的国家，即那些能够吸收它们剩余产品的国家。美国开始鼓励家庭消费，以此来抚慰那些未能享受到经济增长成果的人。美国自身的失业型复苏和薄弱的社保体系使其更有理由借助财政政策和货币政策的双重刺激来应对经济下挫。巨额的财政刺激方案耗尽了政府预算仅有的一点盈余，使政府背负了巨大的财政赤字。除此之外，美联储还在货币政策上越走越远，向市场保证会维持宽松货币政策，而且会在金融市场出现问题时提供足够的流动性。这些保证达到了扩张信贷的预期目标，但不幸的是，即使在美联储开始紧缩信贷以后，贷款范围仍不断扩大，贷款质量不断降低。然而，在长期内，美国为其他国家提供了急需的需求。

薄弱的社保体系导致美国的政治体系对就业增长极度敏感。如果经济衰退持续时间很短暂，那么美国失业救济金的短期性和失业者的高价医疗保障还不会过于痛苦，因为这些不利因素会促使失业者在美国企业创造就业机会的同时，以更高的热情去寻找新的工作。但是如果经济萧条持续时间较长，这种体系就必须改变，因为原来那种“衰退期短，救济金少”的社会契约逐渐瓦解了。

其中一个原因是纯粹出于道德的考虑。在任何一个现代经济中，失业者都不该被迫作出让哪个孩子享受医疗保险，而将其他孩子排除在外的痛苦选择。这种情况不仅是残忍的，而且也不会持续太久，因为那些在经济上彻底失败的人会努力借助政治手段重新获得他们所失去的东西。民主体制最终会作出反应，但结果无法预测，这又增加了工人的不确定性。因此，我们完全有理由以不损害经济的灵活方式强化美国的社保体系。

美国社保体系薄弱的另一个问题就是美国对经济下挫往往会反应过度，而其他国家却应对不力。因为每个国家都知道美国在政治上很脆弱，不得不采取扩张性的政策来应对经济下挫，从而导致美国市场对商品和劳务的需求流向其他国家，所以，在经济下挫时期，这些国家进行经济结构调整或者政策调整的动力相对较弱。

但是，美国在经济衰退期被迫采取的特殊政策的最大问题在于会直接危害经济的长期健康运行，也会通过金融部门产生间接的损害。有人可能会提出，美国在经济下挫时期采取的财政政策和货币政策使其能够根据具体形势确定自己的反应，但是在危机时期实施的财政政策肯定不会公正、不会周密。是的，正如美国国会在目前的危机中所做的那样，国会能够轻而易举地增加失业救济金，但是政客们通常想做更多的事情。政客们利用民众的焦虑推出他们偏爱的项目，给予特殊利益集团优惠措施，以及由其意识形态和政治关系网决定的项目。

正如我们所看到的那样，美联储尽管表面独立，实则任务艰巨。在一个统一而创新的经济体中，很难保证就业快速增加，因为企业利用经济衰退期来努力提高生产力或者通过将工作转移到其他地区或国家来强化全球供应链。此外，招聘过程中采用的新技术使公司不急于填补空缺岗位。美联储在就业机会稀少时实行的长期宽松货币政策，会导致人们更加愿意承担风险，并推高资产价格泡沫，而这从长远来看再次弱化了经济结构。如果美国不能容忍长期的失业，而这种失业又确实存在，那么我们可能会面临泡沫不断的风险，因为美联储会被迫勉强做自己力不能及的事，在毫无希望的情况下努力去增加就业。

现在，我们该谈谈金融部门的弱点了，借此来看看为什么断层线会导致银行承担目前这样的风险。我关注的问题有两个：首先，为什么抵押贷款如此疯狂？其次，为什么银行会承担这么多的违约和流动性风险？

第六章 当货币成为一切的价值衡量

18世纪，当法国君主制政权受到资金制约时，很多具有创造性的筹集资金的方法随之产生。其中之一是出售年金债券，即对享有年金的个人在其死亡前发放固定数量的政府债券。在养老金出现之前，这种年金提供了保障生活的收入，所以它曾经非常受欢迎。而政府也非常喜欢这种能够预先获得收入的债券。

法国政府主要将这种政府年金推销给50岁出头的富人，这些富人拥有购买年金的能力，而且当时的平均预期寿命较低，他们领取年金的时间通常不会很长。另一方面，年金价值颇高，对富人而言也是很好的投资产品。此外，对于年金的购买者而言，年金收益的支付对象可以是他自身以外的其他人。也许，这个疏漏并不是由于设计者的粗心大意，因为正是这一点增加了年金的需求，比如，对于一个想为女儿的未来提供保障的富商而言，年金的上述特点使得其非常具有吸引力。他在选择年金受益人时可以选择年轻健康的女孩（和现在一样，女人的预期寿命比男人长），这些女孩有着从家族史可以推断出的长寿遗传基因，并且在当时儿童高死亡率和天花的致命威胁下存活了下来。在这些条件都满足的情况下，这位富商可以从法国政府那里为她们购买年金。这些仔细挑选出的健康的女孩比其他的年金受益人有着更长的预期寿命，因此，她们一生中所能得到的年金收益远比购买年金的成本高。

当时日内瓦的一些银行家就是这样做的。他们在日内瓦挑选满足条件的女孩，并且从法国政府那里为她们每人购买一份年金。而后，为了规避女孩们意外死亡的风险，银行家把这些年金以30人为一组集中起来，向日内瓦的平民出售她们意外死亡后的索赔权。这种早期证券化的形式让这些银行家创造出了虚拟的货币机器，使他们能够从法国政府手中低价购买保险，而后再在市场上以更高的价格出售给投资者。这种投资在当时很流行——因为这些银行家有着良好的信誉，并且这些年金的赔付方是政府。

然而，投资者并没有意识到政府违约的风险。法国大革命在1789年爆发，专制政权被推翻后，新建立的革命政府很快就不能如期履行年金的支付义务。最终，革命政府使用新发行的流通货币指券来偿付年金，但实际上指券贬值严重，一文不值。而日内瓦的银行家们对当地投资者的债务却是以较为坚挺的瑞士货币计算，在这种情况下，虚拟化的索赔偿付无以为继，银行家们只能违约。同样的道理，那些借债购买“包赚不赔”的保险收益的投资者也只能对其债主违约。

这场历史上的小危机给了我们四个重要而经典的启示：第一，银行家是最善于捕捉赚钱机会的人。我们并不能武断地说银行家过于贪婪。尽管亚当·斯密写道，“我们能有晚餐吃并不是因为屠夫、酿酒师、面包师的善心，而是因为他们自己的利益”。他认为“自利原则”是资本主义的核心。但是，全然不顾自身行为对社会影响的商人毕竟是少数。毋宁说，无论怎样掩饰，银行家们对利润的渴望，部分来自竞争激烈的银行业的本质，部分来自银行从业人员业绩的衡量标准——一个银行从业人员的好坏几乎只根据能赚多少钱这一项来衡量，至于其行为对真实生活的影响则不作考虑。在美国和英国这些国家所建立的独立金融系统中，银行业与真实生活之间的分离是最为明显的。

第二，银行家们总是在投资新手或者没有很强赢利动机的投资者身上寻找最大的机会。非常明显，对金融领域不太熟悉的个人投资者是潜在的目标客户，但这些人也会认识到自身的无知，因此他们往往只跟自己熟悉的中间人做生意。并且，一般而言，他们所持有的资产量太小，不足以引起银行家们的兴趣。更具吸引力的目标客户群体则是受过一定训练的管理大型基金的基金经理，比如养老保险基金或者外国国有基金，这些基金经理并不知道这些银行家对某些情况可能也不知情，因此，银行家们会对这一点加以利用。但是，最具吸引力的目标也许是政府。无论政府资金的代理人有多么精明，政府本身具有的非流通、非经济的特点，使得政府很容易成为狡猾的银行家们的猎物。而且，相对于资金有限的个体投资者，政府拥有大量的持续资金流，赚取这部分资金能够使银行家们长时间地维持奢华的生活方式。

第三，银行家的行为至少在一段时间内会有一种自我强化的趋势。具体来说，在上述年金的案例中，当来自第一份保险的利润变得清晰可见时，不仅越来越多的银行家会被吸引到这种投资中，而且以第一份保险为基础的有价证券的价格也随之被推高，这将会向银行家们传递更强的投资信号。同样，当最初的房屋贷款变得有利可图时，更多的银行会拓展这项贷款业务，从而推动房屋价格的上涨，这反过来又使最初的房屋贷款显得更具价值。这种行为会使投资趋势放大，并且使价格的增长远远地超出投资实体的价值。市场中的先行者会认为自己是天才，但其实他们只是快速冲向悬崖的羊群中的领头羊而已。原本只是一些银行家和相关投资者的冒险引发的小规模损失，由于上述羊群效应，转变为严重的群体性损失。

第四，投资者数量的增加在另一方面也带来了安全性。由于银行倒闭对普通公民的间接伤害，负责任的政府不可能让所有的银行倒闭。因此，即便是在法国大革命时期，革命政府也仍然持续偿还前专制政府所欠下的债务，直到其财力不能支撑为止。这并不能必然得出这样的结论，即银行家们一开始就预计到他们会失败但最终会获得政府救助。尽管政府介入的可能性确实存在，但银行家们明白失败从来不是一件让人感到愉快的事情。而且，获得政府救助这个想法也许从来没有真正出现在银行家们的考虑之中。更确切地说，政府介入的预期所带来的问题在于，市场力量无法阻止银行家们在看似有利可图的机会面前被激发出来的竞争性狂热——我把这种情况称为市场参与者对主要市场参与者行为的无意识指引。在这种情况下，贷款人并不要求与银行家所冒风险相对应的补偿，因为他们知道失败带来的损失会由政府承担。由此，在行动上，这些贷款人推动了风险行为和羊群效应。市场正常的基础性作用（有时市场自身也可能陷入狂热）被重复的政府介入削弱了。

在本章和下一章中，我将对比现代案例与上述历史事件的相似之处。面对政府想要推进低收入人群房屋贷款的意图和其他国家对于高利率债券的需求，美国发达的金融系统作出了反应。金融部门据此开发次级债相关金融衍生品，其依据是房屋抵押贷款机构和外国投资者几近官僚的估值方式。房屋抵押贷款机构发现它们可以随意贩卖各种金融垃圾，特别是当金融产品的信用质量退化被巨额的投资所掩盖时，市场规则被破坏了。当崩盘的时刻最终到来时，政府和美联储不能对整个金融系统的危机以及房屋所有者所遭受的损失袖手旁观，只能对市场进行介入以刺激住宅价格和次级债券价格，而这一举措恰恰导致市场之前的行为所带来的恶果没有得到相应的惩罚。

在本章中，我讨论了断层线所涉及的各个角色，他们原本是不道德的金融部门赚取利润的目标人群，但这些人的行为联合起来造成了抵押贷款质量的退化。接下来，我将解释为什么银行会在其资产负债表上持有巨额的以高风险资产为基础的有价证券。

金钱能够衡量一切：银行家该不该受到指责

大多数人并不仅仅是为了金钱而工作。一些人希望能够改变世界，另一些人则想要留下一些能够流传后世的艺术作品。一些人千方百计想要出名，另一些人则满足于默默地做善事。然而，对许多人而言，从一项工作中所能得到的最大收获是其看得见的成效。对于一个教师而言，看到一个学生终于理解了某个问题时的喜悦；对于一个农民而言，看到大片大片的金色麦田随着微风摇摆——对于所有这些人，他们最初的动力都是他们的工作能够使这个世界变得更好。

麻省理工学院和芝加哥大学的研究人员曾做过一个简单的实验。实验证实了金钱以外的意义也是重要的工作动力。这个实验的对象是哈佛大学的学生，他们被要求将指定的“乐高生化战士模型积木”拼起来（麻省理工学院的研究人员可能认为这对哈佛大学的学生是一个很大的挑战）。这些学生每多拼一个模型所得到的报酬是递减的，因此，最终他们会停止搭建模型，因为他们所得的报酬已经不足以激励他们努力多拼一个模型。在这个实验的第一种情况设定中，每一个完成的模型会被放在完成该模型的学生的面前，而该学生会得到另一盒相同的积木来组装下一个模型；而在另一种情况设定中，一个学生在完成作品后也会得到另一盒积木来组装新的模型，但不同的是，研究者会当场拆毁刚刚完成的模型，并把积木放进原来的盒子里，当学生完成下一个模型时再把之前的那盒积木给学生，让他们重新组装。

尽管货币报酬是相同的，但是实验对象的工作成果是得以保存（至少是在其参与实验的过程中）还是立即被拆毁，这一简单的差别对实验参与者继续工作的意愿产生了巨大的影响。在完成的积木模型被保留并放在参与者面前的情况下，每个参与者平均能完成10.6个生化战士模型；而当完成的模型在他们眼前被摧毁时，他们能完成的模型仅为7.2个。由此我们认为，当实验被设计为赋予工作更多的意义时，实验参与者会在工资趋于降低的情况下继续搭建模型。能够亲眼看到自己工作的成效，即便是在像模型搭建这样微小的工作里，对于持续工作的动力而言也是很重要的。

然而，在一些工作中，成效是很难看到的。比如在装配流水线上，一个工人仅仅是巨大的生产机器中微不足道的一环。难怪现代管理艺术努力让每个工人感受到自身以及作为团队成员的重要性，比如，以“持续改善”为核心理念的日本“KAIZEN系统”让所有工人都参与到提高生产力的过程中来，不管他们所作的改变有多么微小。

在充满竞争的、公平的金融系统中，许多工作也存在着类似问题。主要原因有二：第一，债券经纪人所销售的债券是由电子系统完成交易的，但她却看不见交易背后提供电力的发电站，她也无法看到自己劳动的物质成果，像流水线上的工人一样，她也仅仅是巨型生产机器上微不足道的一环。第二，金融领域从业人员业绩最直接的衡量就是金钱，即她为所在机构创造的利润或收益。在这里，货币是该从业人员工作和自身价值的衡量物。这既是金融系统的优点，也是金融系统的缺点。

例如，某个交易员卖空一家他认为经营不善的公司的股票（即借入并以现价卖出他实际上并不持有的股票，在该股票价格下跌的预期下，他稍后将以较低的价格买入该股票平仓，并获得可观的利润）。几乎没有人比卖空者受到更多的辱骂，他们就像秃鹫一样，他人的损失是其获利的盛宴。然而客观而言，他们却为社会贡献着十分有价值的功效，即从经营不善的公司手中夺取资源。一个股票价格大幅下跌的公司很难筹集到资金，因此更容易被迫倒闭。卖空该公司股票的交易员不会看到因此失去工作的工人以及他们的家庭遭受的困境，交易员看到的是其正确判断带来的巨额利润。然而正是他对其交易后果的无视使他成为一个推动变革的极具效率的冷血工具。

如果在目标公司管理层及其政治靠山的抗议下，交易员没能造成该公司破产，该公司的经营状态良好，而卖空者判断错误，那么，其他交易员就会抓住这次机遇，大量购入，推高股票价格，最终导致卖空者亏损。成功的卖空操作通常发生在卖空者的判断被市场的大部分参与者所认同，而且该公司的经营状况非常糟糕的情况下，这时，该公司的股票价格才会大幅下跌。经营不善是公司陷入麻烦的根源，交易员仅仅是反映其经营状况的一面镜子。而且，该交易员与目标公司之间的联系越少，就越能提供一个可靠的镜子。然而这也埋下了另一个隐患。因为交易员与其行为的后果之间并无直接联系，所以交易员社会价值的最佳衡量标准只能是他的赢利能力：利润的获得证明了他对目标公司判断的正确性，也同时证明了他的行为对社会的贡献。

尽管市场并不总是正确的，但在大部分时间里，市场仍然是准确的。虽然能源巨人安然公司的表面经营状况对其卖空者造成了猛烈的打击，但是像华尔街尼克斯联合基金公司的詹姆斯·查诺斯（James Chanos）这样的卖空者却深知其会计账目里面隐藏着巨大的问题。从本质上而言，安然公司当时设立了资产负债表外实体，并以极高的利润向这些实体“卖出”其失败的项目，因此在资产负债表上创造了赢利和增长的表象——而实际情况却恰恰相反。正是卖空者迫使安然公司的股价骤然下跌并最终导致了其破产，尽管该公司背后拥有传统银行家的支持，他们为其提供与该公司“创造性”的会计方法相匹配的更具“创造性”的贷款。正如查诺斯后来为捍卫卖空者作为专业怀疑主义者的角色的文章里所写的：“我们与华尔街各种公司进行关于安然公司估值的讨论。使我们震惊的是竟然有那么多人认为根本没有什么办法对安然进行分析，但是却应该‘相信’安然公司并进行投资。其中有一个分析师是这样说的，尽管安然公司的利润是一个‘黑箱’，但是，只要是安然公司披露的，谁会有异议呢？”

查诺斯对安然公司的分析以及他在安然估值问题上敢于挑战“羊群”的勇气，为他赚取了上百万美元，更为他赢得了名誉。这正是公平金融系统的力量所在，即金钱是一切的衡量物，当然，这也是这一系统的弱点所在。就像一句拉丁古谚语所言，“金钱无谓香臭”。金钱的匿名特性、可替代性以及来源的不可追溯性，都使它无法作为引导雇员行为为社会服务的机制。交易员的获利来自比其他人更为敏锐的投资直觉，还是来自他提前于其代理的客户进行交易（在大户下单前进行交易就能在大单造成股价改变时赚取利润）？房屋按揭经纪人赚取的佣金是通过为一对想要改善住房条件的白领夫妇提供多种合理的贷款方案服务，还是通过煽动一对老夫妻为他们根本不能承担的住宅进行抵押再融资？在上述的两个例子里，显然都是前一种情况更为理想，但是对于交易员或经纪人而言，后一种情况赚钱却更容易，而且错误的选择也能够赚钱，几乎没有即时的不良后果或触动任何预警机制，因此它是最诱人的交易选择。

总而言之，银行家其实并不是现在公众眼中贪婪的恶棍。多年以来，我在课堂上一直说未来的银行家们应该具备像学生一样热切、友善并随时准备分享的特点，当然银行家们可能更聪明一点（要知道，金融领域的薪资水平在很长一段时间里大大高于别的行业，而且吸引了最具资质的人才）。我毫不怀疑他们仍然是正派的、关怀他人的人。但是他们所从事的行业几乎没有给他们的道德提供任何支撑点，因此，他们最基础的衡量标准变成了赚钱的多少。在政府对银行的援助行动之后，银行家们为了奖金做牛做马的形象不仅让人无可容忍而且可悲——可悲之处在于他们一直在大声要求恢复对他们自身价值和地位的衡量方式。

一般而言，竞争性市场机制能够对追逐利润的行为加以规范，即利润的创造也能够为社会带来价值。这是自由市场资本主义得以运行的最基本的原因，也是银行家们在为自身带来大量财富的同时也能够为社会带来好处的原因。然而，我们之前提到的断层线却扭曲了这一轨道。以物质激励为核心的金融系统由此迅速脱轨。通过把责任全都归罪于金融系统，我们很难认识到断层线在其中扮演的角色。对银行家不道德行为的严厉指责在历史上已经形成了一套完整的修辞学和政治学，但是这并不能解释其之所以造成如此重大危害的根本原因。让我们来看一看这些因素在风险极大的次级抵押贷款形成过程中是如何起作用的。

贷款经纪人出了什么错

在最近这次危机的积累过程中，有大量令人震惊的抵押贷款的例子。伴随着政府对次贷市场支持力度的加大，以300万美元的风险资本创立于1995年的新世纪金融公司发放了大量的次级贷款。因为次级贷款曾经是一项蕴含着极大潜在机会的创新，所以当时有大量的风险资本被吸引进去。新世纪金融公司在1997年上市。1998年，俄罗斯的贷款违约引发投资者逃离风险行业，一些次级贷款机构倒闭，但是新世纪金融公司在这次危机中存活下来，并且在此后发展迅速。

像新世纪金融公司这样的公司主要是通过小型的、独立的抵押贷款经纪人来寻找顾客。抵押贷款经纪人找到顾客，向他们建议可选择的贷款，然后在贷款过程中赚取佣金。伴随着新世纪金融公司和其对手间竞争愈演愈烈，经纪商们会更倾向于与能够快速完成贷款的公司达成交易。正如某一个经纪人所言，他喜欢与新世纪金融公司合作，因为和这个公司做生意“非常容易”。新世纪金融公司基本上不要求对作为贷款基础的各项评估进行审查。因为新世纪金融公司将其业务外包给经纪商，从而省去了雇用更多员工以及租用办公空间的麻烦，进而能够进行快速扩张。经纪商们每天从自己的家里出发，开着自己的车去工作，他们一般都愿意在晚上或者周末去拜访客户。新世纪金融公司的快速扩张使得它一度成为美国第二大次级抵押贷款公司，在2006年其抵押贷款总额高达600亿美元。

将贷款推销给信用有问题的人，并不需要一个天才才能办到。而且新世纪金融公司在2007年之前也从来没有因为放贷质量问题对经纪人进行过惩罚，当它在2007年年初意识到问题的严重性时为时已晚。《华尔街日报》曾报道过一个这类贷款的典型例子。露丝 · 希拉里在加利福尼亚的三居室每个月需要偿付952美元的贷款。而在2006年，一个地产经纪商劝说已经70岁高龄的她通过新世纪金融公司一项专为“老年人”设计的贷款项目进行抵押再融资。露丝当时认为这项贷款可以使她在接下来很多年中不用再每个月进行偿还。但事实上，这项总额为33.6万美元的可调利率贷款开始时每月所需要的偿付额高达2 200美元，比露丝月收入的两倍还要多。2006年年底，希拉里女士再也不能按时偿还贷款，因此新世纪金融公司通知她将收走她的房子。正如她的律师所言：“递交给新世纪金融公司的贷款申请中，收入一栏是空着的。这样的一份申请在第一个经手的人那里就不应该被批准。”而俄亥俄州的助理首席检察官罗伯特 · M · 哈特也说，新世纪金融公司的放贷标准实在太低，“他们甚至会向一条狗发放贷款”。

尽管新世纪金融公司的贷款标准低得耸人听闻，但是它在一段时间内获得过辉煌的成功；尽管媒体上对于类似案例有突出的报道，但是新世纪金融公司的增长并非主要基于其脆弱的退休借款人，而是基于不断上升的房价和资产的证券化。随着房价的上涨，新世纪金融公司的经纪人发放的贷款能够在贷款开始阶段以较低的“诱惑利率”来吸引借款人；而在房价不断上升的预期之下，当借款人进入可调利率贷款的高利率还贷阶段时，他们可以进行再融资以享受新贷款的低利率。确实，这种设计就是一架虚拟的印钞机，因为再融资的成本将会被一而再、再而三地归入新的更大的抵押贷款中——直到房价停止上涨。到那时，所有被调至高利率的抵押贷款将会变成实实在在的负债——即必须偿还的债务，这种强制的高额偿付就像膨胀的气球，使得萧条中的房主不堪重负。

新世纪金融公司的经营者一定知道房价的上涨不会没有尽头。那么，他们为什么直到其倒闭的那一天之前一直持续地发放风险极大的房屋贷款呢？一种回答说该公司不是自己持有这些抵押贷款，而是将它们卖给了投资银行，而投资银行又将其打包，再把该证券化产品（被评估机构大大高估了）出售给房利美和房地美、养老基金、保险公司，以及全世界的银行。

难道真的没有人关注过信用质量吗？投资银行（以及它们的信用评级机构）关注，但非常马虎。要推销抵押贷款证券化产品，它们必须首先说服自己这些金融衍生产品的潜在信用质量是没有问题的。过去，当银行发放一笔抵押贷款时，它会对潜在借款人进行电话访谈或面谈。贷款专员在谈话中会要求借款人出示可靠证据来证明其工作单位和收入水平，并且评估他是否愿意并有能力偿还贷款。上述这些评估并非仅仅以客观事实为基础，关于该借款人的举止是否得体、衣着是否整洁、是否值得信任、工作是否稳定等问题的评估结果也会纳入考虑范围。文化上的细微差别，比如该申请人握手时坚定与否或者回答问题时是否看着对方的眼睛等，也会对贷款申请成功与否起到一定作用——不幸的是，种族同样也是一个影响因素。但是，这些判断中的大多数因素确实增加了信用评估的价值。因此，如果贷款人员引诱客户申请了一项他不能承担的房屋贷款，那么这位贷款人员也应该知道在事后客户会让他的良心受到谴责。

但是，随着投资银行将大量抵押贷款打包后再进行整合，评估电话在信用评估中的重要性越来越低。毕竟，没有任何客观机械的方法可以判断一个人维持一份稳定工作的能力。而且，评估电话中不依赖于客观事实的部分很可能给了抵押贷款借款人以歧视的名义进行法律诉讼的可能。对于投资银行和评估机构来说，它们关心的是对借款者信用的数字化打分以及相对于房产价值的贷款总额。这些客观信息很容易操作而且也能够从表面上概括信用质量。相应的，经纪商在放贷时也只关注这些客观指标，不考虑其他因素。而当市场不断走高时，他们甚至不再去验证申请人工作和收入信息的准确性了——一个兼职的园丁可以被声称为一个拿着6位数年薪的树木整形专家。

在历史上，由贷款人员进行电话评估对于整体全面的信用评价有着极其重要的作用。当这一评估手段被摒弃后，尽管各项客观数据指标一直都不错，但抵押贷款的质量却恶化了。实际上，评估电话所判断的因素对于信贷质量是很重要的。因为不管信用打分是多少，在面试中借款者的举止、言谈、着装确实与他工作的稳定性相关。而在赚取佣金的激励下，经纪商和新世纪金融公司有着极大的动力扩张贷款——在这个时候，它们知道应该关注的数字是什么。因此，经纪商丝毫不会受到良心的谴责，它们会尽力帮助想获得贷款的客户改善其信用打分，聘请好说话的评估师将抵押住宅价值高估以保证贷款对房价的比率处于较低水平。由于它们几乎愿意为达成贷款交易做任何事情，新世纪金融公司的贷款部门以“成交大学”而著称。

然而，新世纪金融公司的低信贷标准最终让其自食恶果，越来越多的借款者甚至不能偿付最初的那几笔额度进而违约。这些违约会产生一系列问题：购买这些抵押贷款并用于打包的银行可以将这些早期出现的违约抵押贷款退给新世纪金融公司。越来越多的抵押贷款被退回并进入新世纪金融公司的账簿，而贷款人又开始降低甚至收回其授信额度，新世纪金融公司最终宣布破产。人们不得不佩服新世纪金融公司创始人布拉德·莫里斯的厚颜无耻——他在2007年4月2日宣布公司破产的新闻稿中说道：“新世纪金融公司帮助几百万美国人体验了拥有房屋的好处，如果没有新世纪金融公司，他们很可能没有机会获得贷款来实现这一愿望。”而实际上，对于这些上百万的房主们而言，他们的房产就像是挂在脖子上的巨石，将他们拖入债务的深渊。

究竟由谁来承担责任

金融部门对于发生的一切负有不可推卸的责任，但是经纪商的行为真的是不道德的吗？十分清楚的是，在每月应偿付的额度问题上误导退休人员是不对的，而且是非法的。然而，尽管这样的案例在报纸的头条新闻中屡见不鲜，但是这种掠夺式贷款的典型性却并不明显。经纪商以及像新世纪金融公司这样的公司所提供的正是许多房主梦寐以求的东西：以更低的利率进行再融资，而不考虑自己未来的偿付能力。难道经纪商应该告诫这些饱受债务困扰的房主们，说他们应该减少消费、还清信用卡债务、搬进一个更小的、更便宜的房子吗？也许其中一些经纪商为了培育一些信任他们的老客户曾经这样做过，然而，当他们知道他们成交的这些抵押贷款将会被打包出售时，他们想与客户建立长期关系的动力就被完全破坏了，剩下唯一重要的就是佣金——衡量他们工作好坏的唯一指标。所谓的公平交易市场没能培育信贷双方的同理心以及对长期关系的关注。

所谓公平交易市场这一运转良好的竞争性市场所要背负的，还有另一项指责。如果对新世纪金融公司加以规范，使其被迫以相对公道的价格来出售其抵押贷款的话，那么这些抵押贷款的风险就不会膨胀到这次危机中所暴露出来的程度，而且也就不会诱导那么多的借款者为他们根本无法负担的房屋举债。竞争性市场应该提供规范新世纪金融公司的机制，然而，不幸的是，市场在当时以大大高于这些抵押价值的价格购买其证券化产品，没有能够执行其传统的原则。

原因之一是市场当时处于非理性繁荣状态，并坚信房价永远不会下跌。然而，关于大部分泡沫日益积聚于低收入家庭房屋贷款领域的情况越来越严重，表明这并不是一种普遍性的非理性状态，而且其他因素也在其中起作用。

另一种更合理的解释是政府大力推进为低收入家庭提供住房计划使得大量的资金加速进入这一领域。经纪商、贷款人、打包商、评级机构只是没有足够的人手和能力来有效地应付巨大的工作量。尽管他们也会担心工作马虎对其声誉的潜在损害，但是由这些业务带来的巨额佣金收入显然缓和了这种忧虑。比如，很多新世纪金融公司的高级经理都是金融行业的老手，他们深知像这样几近于印钞的机遇期不会很长。尽管新世纪金融公司的流动资产在2005~2007年间不断下降，尽管该公司被迫消化其账簿上不良贷款所带来的损失，其每股红利还是上升了。

这些还不是完整的探讨，只是解释这一谜题的第一步而已。上述解释只是说明了为什么投资银行（以及评级机构）在新世纪金融公司的抵押贷款违约中扮演了推手的角色，而没有说明为什么他们能够以极高的溢价将上述资产打包证券化卖出。也许是最终的买家被评级愚弄了，也许是对于这些交易的强劲需求，导致了他们对于上述金融产品潜在价值或者质量的忽视。

毋庸置疑，一些官僚化的养老基金和外国银行并不在意它们所购买的产品究竟是什么，只要该产品承诺较高的收益并且拥有AAA评级。然而，它们却忘了问问自己，凭什么能够在不承担风险的情况下获取收益。事后来看，他们当然知道不应该盲目信任而应该更多地进行核实，尽管他们仍然相信公平市场中像评级公司这样的机构。同时，需要为这次次贷危机承担责任的还有以房地美、房利美为代表的公司和像联邦住房管理局这样的政府机构。前者为完成政府配额，不得不购买大量的次级贷款证券化产品，而后者则造成了房地产市场不可持续的需求。正如美国企业研究所的彼得 · 沃利森所指出的："2008年年末，联邦住房管理局持有450万美元次级及次优贷款；房地美、房利美被接管时账面上也有上千万美元；在社区再投资法的要求下，其他银行到目前仍持有270万美元。”这些政府指令下的贷款几乎占金融系统中所有抵押贷款垃圾产品的2/3，而这些贷款比优质贷款的违约率高9~15倍。

与上述指令一样有问题的是上升的速度。考虑到金融机构和政府组织被迫在较短的时间内快速购买大量抵押贷款证券化产品，除了关注信用打分这样的硬性指标以外，它们不可能进行太多的质量控制。而我们在前面已经证明了信用打分存在的问题。如果政客们不是那么急于推进让穷人拥有住宅的计划，贷款的发放也许会更加谨慎，信用评级机构的调查会更彻底，购买者也会对于所购买的产品更加小心。

那么责任究竟由谁承担了呢？不是新世纪金融公司的创立者，他们在公司状况逐步恶化的过程中将股份出售了；不是经纪商们，它们在危机爆发之前轻轻松松地赚取了大量佣金；不是信用评级公司，它们只是没有注意，或者说是选择性地忽略了潜在的贷款质量恶化问题；不是某些房产所有者，他们将本不应该属于他们的房产当做虚拟提款机进行了超前消费。最终，责任被那些退休的老人们承担了，他们被骗借入了昂贵的抵押贷款，在本该安享晚年的时候，他们却不得不面对从自己的房子中被逐出的窘况。最终，责任被养老基金和保险公司承担了，它们要面对巨额损失。最终，责任由纳税人承担了，他们所缴纳的美元被用于拯救由联邦住房管理局支持的房利美和房地美。

这场危机并没结束

金融部门的表现——特别是在一个金融从业人员与终端消费者进行的多

为一次性交易而非建立长期关系的公平金融系统中——往往只能用金融从业者创造的利润来衡量。大多数人在金融以外的部门就业，对他们个人的衡量往往包括是否创造了对社会有用的产品这一问题。但这种情况在金融部门中较少发生，因为对于金融从业者而言，赚钱才是唯一的王道。在极具竞争性的环境中，价格极小的扭曲都能够造成金融部门极大的震荡。

许多人将危机归咎于贪婪。然而，贪婪，或者用更为平淡的词来说，自利是任何公平交易的动力源泉。这是一个常量，并不能解释经济的繁荣和萧条。私人部门按照一贯的方式运作：寻找最能赚钱的机会。轻信的外国资金和部分由政府指令推动的国内资金给私人部门提供了将次级贷款引向灾难性后果的推动力。这并不是说私人部门没有什么可指责之处，而是说持有大量资金但对价格和风险并不敏感的投资者和具有高度进取心的私人金融部门的结合存在着大量的风险。

国外投资者在其中扮演的角色尤为有趣。伴随着其他国家对美国出口的扩张和美国投资者在国内低利率的压力下转向海外寻找获利机会，外国中央银行面临着巨额的美元流入。在这种情况下，为了缓解本国货币的升值压力，中央银行在收益率较低的条件下购买美元资产。为谨慎起见，它们不得不将手中持有的美元进行债券投资，而由于房利美和房地美债券所暗含的特殊保护，它们对其进行了大量的投资。因此，在美联储的低利率政策下转移到发展中国家的资金反过来刺激了以次级贷款为基础的金融衍生品的交易扩张。由于这些金融产品发放机构所享有的政府背书，外国中央银行对于这些产品的风险并不担心。具有讽刺意味的是，在本次危机中发展中国家中央银行对美国所做的，正是在它们自己的经济危机中外国投资者曾经对它们做的。

同样有问题的是像德国地区性银行这样的私人投资者。它们相信了以次贷为基础的金融衍生品评级，并与房利美和房地美一起推高了这些证券产品的价格，使其具备了远超过自身价值的吸引力。第三章中的新兴市场危机描述了公平交易市场中的资金涌入以长期关系为基础的市场系统时会发生的问题。在某种程度上，在现在这场危机中我们所看到的问题正好相反，是在公平交易市场系统中涌入了来自国外和国内准政府性质的对价格和风险不很敏感的资金。

这场危机的故事并未就此结束。不知什么原因，私人金融部门将其优势转变成了自我破坏的工具，因为商业和投资银行将抵押资产一起打包证券化并出售，最终却成了这些证券化产品的主要持有者。和所有其他因素比较，正是这一现象使得美国房地产泡沫的破裂没有演化为灾难性的全球金融危机。要理解为什么这些事情会发生，我们必须越过风险收益层面，深入探究现代银行家的动机。这就是下一章要探讨的问题。

第七章 赌徒心理：银行在拿命运开玩笑

在贷款泡沫繁荣期间，大概有60%以房屋抵押为基础的金融衍生品被评级为AAA，而同期只有1%的企业债券被评为AAA级。这无论如何也是有悖于常理的，尤其是考虑到这些金融衍生品的基础是次级房贷。这难道不是评级机构进行了欺骗吗？

理论上来说这并不一定是欺骗行为。在一定的条件下，很大部分以低质量贷款为基础的证券化产品可以得到较高的评级。下面，我月一个例子和一些简单的概率分析来说明这一点。假设将两个面值均为1美元、违约概率均为10%的抵押贷款打包，设计该产品的投资银行发行了两项基于该打包的证券产品：一个次级证券，面值为1美元，承担1美元以下的主要损失；一个优先证券，承担1美元以上的损失。

只有在两个抵押贷款都违约的情况下，优先证券才承担损失。如果抵押贷款违约的发生是相互独立的（这是指二者的违约没有关联性），那么优先证券承担违约损失的概率仅为1%。这就是将多样化和债务分组结合起来的魔力，即创造出具有不同优先级的证券产品。将足够数量的来自不同地区、不同发起者的次级抵押贷款放在一起，再把基于这些抵押贷款的证券分组，如果这些抵押贷款违约的关联性不强，那么确实有可能将大量的次级贷款评级为AAA级。

通常情况下，住宅抵押贷款违约之间的关联性是较低的。这是因为人们只有在个人经济状况恶化时才会违约，比如生病或者失业（有特殊理由的，而非一般性裁员）。但在经济不景气的情况下，由于经济的不良表现导致的大量失业以及住宅价格在全国范围内的下跌所造成的再融资困难，没有人知道此时违约之间的关联性。如果此时违约间的关联度仍然较低，那么之前的评级就是恰当的。如果此时违约间的关联度变高了，那么所有的赌注就都丧失了——比如，关联度变为1，那么优先证券与次级证券的基础抵押贷款违约率就变成相同的10%。

AAA级部分的住房抵押贷款证券非常具有吸引力。相较于具有同样评级的企业证券产品而言，它们的回报率往往更高。但是高回报率是由于它们具有的高风险。违约相关性比评级机构或投资者所预期的要高得多。首先，贷款放出时的质量较低，许多借款者在房产价格上升后通过再融资来还贷，这样，房价下跌和再融资枯竭基本上就注定了许多人的违约。其次，太多的打包产品并没有根据地区进行足够的多样化：太多的抵押贷款来自加利福尼亚某个分支机构的同一个可疑的激进的经纪商。

如此多的银行暴露于同样的多样化贷款池，这一事实使得可能的违约关联性上升。因为在市场出现问题的时候，全美范围内的银行会同时减少抵押贷款和再融资。这种集体性的反应又导致了该问题在全美范围内的蔓延。当然，在经济景气的时候，该问题的严重性并不明显，因为在房价不断创下新高和再融资宽松的情况下，没有人违约。然而就像捕蝇草一样，AAA评级的住房抵押贷款证券用其评级掩盖了高风险，其高收益又吸引了大量对金融知之甚少的投资者以及更多应该了解其风险性的专业投资机构。

这些专业投资机构中包括美国国际集团（AIG）。它的金融产品部现在声名狼藉，因为它通过信用违约互换出售前文提到的AAA评级的次级债金融产品的保险。它向互换产品的购买者承诺，如果所保险的证券违约，美国国际集团金融产品部会补偿他们。美国国际集团金融产品部实际上是在赌博——他们所预计的违约率远比市场的预期低。在私下的场合，美国国际集团金融产品部的工作人员说这些互换合约就像是为永远不会发生的灾难进行的保险：不费吹灰之力就能够赚钱！正如媒体广泛报道的，美国国际集团在此期间实现了数十亿美元的利润，而美国国际集团金融产品部的主管约瑟夫·卡萨诺则获得了2亿美元的奖金。

然而，在2007年和2008年，随着经济陷入衰退，美国国际集团金融产品部发行的以房产抵押为基础的衍生债券价值出现暴跌，房贷违约相关性比预计的要高，而且违约发生的可能性越来越大。尽管很少有债券真正违约，美国国际集团金融产品部在互换产品上的负债稳步上升，直到不得不兑现。到了2007年，美国国际集团金融产品部因为资产组合削价而损失数十亿美元，卡萨诺却依然充满信心，他说："并非轻率，但现在仍然很难看到有任何理由会导致我们在互换交易中损失1美元的情况发生。"最终，这些损失大到不能忽视，卡萨诺离开了。但是他并不是被解雇的：他带着优厚的合同"退休"了——连续九个月每个月100万美元的收入以及进一步获得奖金的权利。美国国际集团的客户开始要求附属担保品以保证美国国际集团会偿还其互换产品负债。2008年9月，美国国际集团成为美国历史上最大的金融输血对象，它从美国政府那里得到了超过1 500亿美元的援助资金。

尾部风险：增加了风险爆发的可能性[①]

极具风险性的抵押贷款衍生金融产品的创造本身并不令人意外，但是让人惊奇的是那些看似谙于此道的金融机构，其中包括创造这类证券的机构，竟然持有这种产品的很大部分。这些典型的AAA评级的证券产品有着很高的违约风险。金融机构还承担了另一些违约风险，比如来自抵押贷款债券的风险，这些贷款被用于并购和收购。更糟糕的是，这些投资中有许多的融资来源是短期债务，这就注定了当抵押贷款金融衍生品出现问题时，金融机构将会面临巨大的债务偿还风险。

那么，为什么金融机构同时承担了被给予高评级的住房抵押贷款债券的违约风险和以短期贷款支撑长期资产的流动性风险？正如我在本章中阐述过的，这些风险积聚的特殊方式使得其特别易于被大型银行持有——事实是，也许看起来非常错误，但是对于银行来说将上述两种风险结合起来其实是有些道理的。

这些风险的本质有些特殊。显然，银行认为违约的风险很低——不仅仅是那些住房抵押贷款证券，也包括这些银行持有的（或者美国国际集团担保的）高评级的优先级证券。因此，只有抵押贷款大量违约，其衍生证券的违约才会发生。同样，融资枯竭的概率也被认为是很小的。这些风险被称为尾部风险，因为它们在概率分布的尾部——这意味着可能性很低。

这些风险的第二个特征是：要使这些违约发生，必须有系统性的不利于这些抵押贷款的事件发生。要使优先级证券违约，就需要全国范围内的抵押贷款违约，这意味着许多家庭陷入贫困。同样，对于那些投资多样化的大型银行来说，融资不会枯竭，除非出现系统性的恐慌。第三个特征从社会的角

① 尾部风险，指不太可能发生但一旦发生则代价相当高的风险。——编者注

度来看是最重要的一个，当这些风险兑现的时候，其损失将会是巨大的，因此就算其发生的概率很低也不应该被忽视。

不幸的是，这些系统性尾部风险的特征使得金融机构和市场都将其忽略了。具有讽刺意味的是，这同时增加了这些风险爆发的可能性。当银行将所有的违约可能都归于一个极其不可能发生的事件时（因此，它们也有了原谅自己的借口，谁能够预见一个极其罕见的事件？），它们有意地忽略了它们的行为会增加上述不可能发生的事件发生的可能性——这样的事件几十年一遇，而花旗银行在过去的30年间从未陷入过这样的麻烦，因此也遗忘了这个周期。

我在这里描述的是现代金融系统中的激励机制如何导致金融从业者选择承担这种风险。接下来我将讨论为什么公司治理系统没有能够阻止这样的风险偏好，为什么其他市场，特别是银行债务市场并没有被波及。

为什么银行家选择尾部风险

要理解金融部门中的动机结构，我们必须了解风险和收益之间的内在关系。现代金融的核心宗旨是投资者天生就是倾向于风险规避的，高风险通常意味着高收益，因此，风险更大的资产一般而言价格较低（为未来预期的每一美元的分红或股利所付出的价格），这样会带来更高的收益，股票的收益一般而言比债券更高。对于银行或者基金经理而言也就有了为其客户带来更高平均收益的简单途径：它们只需要冒更大的风险去购买股票就行了。这意味着基金经理的表现并不能仅仅由收益来判断，还必须考虑他们所冒的风险。

金融经济学家的工作就是构建精妙的计量模型来确定一定的风险所对应的“适当”或者说是市场决定的收益水平。金融部门经理的收益水平只要超过这一模型测算的基准值，他们的表现就好于市场的平均水平。投资门外汉眼中的基准是与基金经理的类似投资组合收益相比较，比如，基金经理投资美国大型公司所创造的收益与由美国主要大公司股票构成的标准普尔500指数收益相比较。这样的基准是合乎逻辑的，因为投资者只要购买低成本的指数基金就可以很容易地获得标准普尔500指数的平均收益。基金经理如果只能获得这样的收益，那么他就不应该赚取佣金。如果他能够持续地创造超出与风险相适应的基准值的超额收益，那么投资者就会让他赚取丰厚的佣金。在行业内，这样的超额收益被称为“阿尔法收益”。

为什么金融部门的经理们要赚取这个“阿尔法收益”呢？如果他/她想要持续不断地吸引大量的新资金流从而赚取大量金钱，他/她至少应该看起来具有超出市场平均水平的能力。最直接的方法是对收益作假。最近，一些基金经理，比如伯纳德·麦道夫，简单地伪造收益数字，另一些则持有复杂的极少在市场上交易的证券组合，利用一些与现实相距甚远的金融模型造成其极高的价格。但大部分金融部门经理所创造的收益是很容易被跟踪和观察的，因此，造假一般而言并不是一个可行的选择。那么，那些既不是卓越的投资者也不是伟大的金融家的普通经理们，如果没有新证券产品或者计划可出售的话应该怎么办？

对于很多人来说，这个问题的答案是承担尾部风险。下面举个例子来更好地说明这个问题。假定一个金融部门的经理决定承保地震保险而不告诉其投资者，那么当他开始承保并开始收取保费时，其所在公司的收益将会增加。并且，由于地震很少发生，在很长时间内不会有索赔出现。如果该经理不为地震发生后所需的赔偿提前留出资金（尽管地震很少发生，但的确会发生），那么他就会被看做新的巴菲特：他所收取的所有保费都会被看成纯收益，而且没有任何看得到的风险。这些钱可以作为奖金或分红。

当然，地震发生的那天，他将不得不赔付保险金。由于事先并没有预留相应资金，他很可能不得不违约，而他造假的行为也会被揭露。但在此之前，他将享受投资者们的奉承，也许能够从巨额奖金中储蓄足够的钱，在巴哈马拥有一幢面朝大海的别墅，舒服地退休。如果运气够好，地震是在一场更大的灾难之中发生，那么他可以把地震带来的糟糕表现归因于万年一遇的灾难，而且可以很快找到其他的工作。在羊群中失败很少让个人承担不利的后果。

更普遍的情况是，当融资条件宽松时，银行家和基金经理之间会存在激烈的竞争，创造阿尔法收益的需求无情地迫使他们转向尾部风险。由于尾部风险发生的概率极低而且能够隐藏很长的时间：一个经理甚至可能并不清楚自己正处于尾部风险之中。但是为避免光景不好时的灾难性损失，人们往往愿意支付大笔金钱，这种尾部风险的收益是很高的。因此，如果某经理能够拿着投资者的钱承担额外的风险，进而创造出投资者自己所不能创造的收益（至少是在一段时间内），那么他会被看做投资天才并得到丰厚的酬金。他很可能自己也相信自己就是一个天才。换句话说，正是现代金融市场对罕见的阿尔法收益提供的巨额回报催生了蒙骗投资者的强烈动机。

因为这种动机遍布于金融机构之中，高级管理层没有任何理由限制这种创造阿尔法收益的实践。实际上，公司结构中每一层级的相互制衡都被破坏了。尾部风险特别有害的一点是，当市场大范围地暴露于其中时，它将会产生承担更多尾部风险的动机。一个看似不理性的震荡可能是金融机构太过理性计算的产物。

为什么风险管理者发挥不了作用

一家经营良好的金融公司会承受预计的有限风险，风险能够为公司带来收益，即使这一收益没有实现，其损失也不至于给公司带来灾难性的后果。

但美国国际集团、贝尔斯登、花旗集团、雷曼兄弟这样的公司却铤而走险，选择承担极大的风险，尽管风险发生的可能性很小。推动这一冒险行为最明显的因素是薪酬体系——对于赚取利润的金融从业人员，往往有丰厚的奖金等待着他们，然而对于其造成的损失却很少进行严厉的追究。这种有利可图的单边赌博有着不同的行话名称，比如，阿卡普尔科把戏、不行就跑，以及芝加哥的奥黑尔选择（即在奥黑尔国际机场买一张机票，如果赌博失败，用这张机票离开；如果成功了，撕掉机票回办公室）。这样的策略在行业中显然十分普遍，甚至有了专门的名称。这说明并不是所有的交易员对于所面临的风险都处于无知无觉的状态。

瑞士银行巨人瑞银集团的问题就是其投资银行部门为了获取利润从AA评级的银行借入低成本的资金，然后投资于高回报率高评级的资产担保证券。由于其投资的产品评级很高，所以银行资本的规范要求被搁置一边，上述策略大行其道。在危机发生之前，该项投资虽然单位收益率并不高，但是由于其投资总额高达500亿美元，总利润额相当可观，因此瑞银投资部也得到了丰厚的奖金。不用说，这种在车轮滚滚的蒸汽机车前捡钱的做法在一段时间内获得了成功，直到次贷危机使瑞银所有的利润化为乌有。

银行中一些更聪明的交易者则越来越理解并担心创造和持有资产担保证券所带来的风险。比如在雷曼兄弟，固定收益部债券交易员开始卖空这些基于住房抵押贷款的证券，尽管当时房地产和抵押贷款市场情况尚好。显然，任何专门创造和持有某一类资产的部门都不愿意宣告该项资产增长前景的终结。该部门的规模、实力、声誉将会与其投资的资产命运紧紧地联系在一起，其部门主管就成了该项投资的主要推动者。对于雷曼兄弟的抵押贷款部门而言，宣告抵押贷款上升势头的终结无异于宣判自己的死刑。但是，如果了解到某项投资的深度参与者可能在评估该投资相应风险时并不可靠，一家公司的风险管理经理们应该介入并阻止进一步的投资。可惜的是，很多公司并没有这样做，理解这背后的原因非常重要。

风险经理应该根据相应的风险调低证券的单位收益，从而削弱那些顽固而危险的冒险动机。这次危机中的风险——违约或者说信用风险和流动性风险——对训练有素的风险经理来说并不难辨认，只要他能够看到该部门的账目。然而，风险经理对风险的忧虑和让高级经理层也产生这样的担忧是两回事。

在很多激进并陷入麻烦的公司里，风险管理首先是作为规章制度而非管理控制的工具。比如在花旗集团，风险经理有时会向负责收益的运营部门管理人员报告，这不是让狐狸照看鸡群吗？最能反映出公司对于孰轻孰重观点的事实是，风险管理职位的薪酬大大低于运营部门职位，这必然导致风险管理部门吸引不了那么多有天赋的人，而该部门也得不到尊重。不足为奇，研究表明那些风险管理经理受控于运营部门、薪酬也比其他部门经理低的公司在这次危机中表现很糟糕。当一位首席执行官裁决明星交易员和风险管理经理之间的不同意见时，如果前者在过去的10个季度持续创造每季度5 000万美元的利润，而后者则反对前者所冒的越来越大的风险，他自然会倾向于明星交易员。风险经理们常常被视为不理解新范式的老朽，而冒险者则用业绩记录证明这一点。

我记得2007年春季与众多大型银行的风险管理经理和学术界人士共同参加的一次会议。在这次会议上，我们这些学界人士非常惊奇地发现这些经理们并不十分担心来自房地产市场的巨大风险，我们的问题基本上都没得到满意的回答。一位敏锐老练的风险管理经理在休息时把我拉到一边说道："你必须明白，任何对你所说的问题表示关切的人都已经被炒掉，不在这个房间里了。"高级经理层将所有严格设定最高风险的人全部解雇了。如果这是真实情况的话，那么鼓励赌上公司命运承担尾部风险的责任要归结到高级管理层。

风险成了耳旁风：高层的冒险行为

管理层究竟在想什么？一个明显的答案是：像其他交易员一样，他们也在进行一个单向押注。然而，一项有趣的研究表明，遭受最严重打击的银行的首席执行官们并不缺乏管理好其所在银行的动力。雷曼兄弟的理查德·富尔德在2006财年年终拥有市值大约10亿美元的雷曼股票，而贝尔斯登的詹姆斯·凯恩拥有的股票市值为9.53亿美元。当上述银行由于挤兑而破产时，其首席执行官的损失是巨大的。然而，该项研究表明那些首席执行官拥有大部分股份的银行恰恰是在危机中表现最糟糕的。如果他们的赌注没有下对（不管其成功后会拥有多少财富），其损失是十分可观的。因此，他们并不像其他的交易员，其赌注不是单向的。

一个解释是首席执行官们高高在上。富尔德的真实写照就是在雷曼兄弟总部31层的办公室里待着，完全不知道办公室外的大楼里正在发生着什么。而《纽约时报》上卡尔文·特里林的一篇讽刺文章中则说，华尔街的问题在于它经历了一个跨时代的人员素质的革命性转变。在特里林上大学的时候，只有那些在学校里成绩最差的学生才会去华尔街工作，这份工作无趣而且收入也一般。然而，当这些笨蛋被提升到银行的高层时，华尔街变成了一个激动人心且充满挑战的地方，其报酬超越了人们最大胆的想象。华尔街开始吸引最聪明的学生，他们认为可以使担保债务凭证的价格以平方甚至立方的速度增长（特别是考虑到担保债务凭证各种令人惊奇的形式），同时还能应付相应增加的风险。正如特里林所写的，“当一个聪明人开始从事资产证券化业务，而其证券化的资产却并不存在时，谁在他们所工作的公司里做负责人呢？我们这代人当中在班级里表现最差的那些人！他们对于信用违约互换连最基本的概念都没有。他们仅仅知道这项产品会让他们赚很多钱，所以必然会喜欢。”

相对于在高薪酬低管制时期招募进来的班级里最聪明的雇员，在过去稳定和较严格管制时期被招募到金融领域的老板水平要低一些——这种说法并不是没有道理的。一项有关美国金融行业的研究表明，相对于其他部门，金融行业雇员的收入在20世纪80年代伴随着对该行业管制的放松开始爬升。而且，金融行业的工作变得越来越复杂，要求更强的数学能力。尽管本科毕业的金融从业人员和工程专业人员的工资相差无几，但两个专业的研究生工资之间的差别很大（金融研究生工资的增长幅度远远大于工程研究生）。工商管理硕士和博士们开始在金融公司从事分析员和经理工作。因此，不仅仅由于金融行业需要更高教育水平的人，而且由于该行业能够提供高薪酬，越来越多聪明人被吸引到该领域——和我的观察一致，在我的MBA班上许多聪明的学生都被吸引到了金融行业。显然，管制的放松和随之而来的更为激烈的竞争和创新提高了在金融行业任职的技能要求，该行业的报酬也相应增加了。

某些首席执行官相对于其手下而言既不聪明又不懂专业，尽管上述结论看似很有趣，但是公司层级本质上是一个艰难上升的阶梯，很多能力不足的人会被淘汰出局，特别是在金融行业无情而严峻的竞争环境下。在21世纪的头几年，高级经理层的大部分人都是在20世纪80年代加入该领域并且在市场的起起落落里存活下来的，他们通常能力很强并极具智慧。因此，纯粹用高级经理层的能力不足不能解释这场危机。

一个更好的解释是首席执行官们之间的竞争使他们不顾长期风险，而仅着眼于短期内能够创造更多利润或者在包销和借贷榜上位居前列。在20世纪90年代初，我写过一篇描述银行问题背后的类似上述动机的文章，我相信现在上述现象应该更为普遍了。美林的总裁斯坦利·奥尼尔为了与高盛等对手竞争，激进地推进看似高收益的资产担保证券业务。他密切地注意高盛的季度数据，而且经常询问公司职员其他对手的表现。美林在该领域经验的缺乏造成了巨额损失以及与美国银行联姻的失败。

首席执行官们的压力不只来自股东或者自我膨胀，也来自激进的下属。在距离市场开始转向前仅一个月的2007年7月，花旗集团首席执行官查尔斯·普林斯所作的评论已经成为现今这场危机中首席执行官角色的最好注脚。一个记者问他为什么他的银行仍继续以宽松的条件为收购案发放贷款，他答道："这是一个关于流动性的问题，如果音乐停止的话，事情将会变得更为复杂。但是只要音乐还在继续，你就不得不继续跳舞。现在我们仍然在跳舞。"

这个言论被普遍看做银行家们对于风险的漫不经心和对短期利润的疯狂追求。几个月后，我在一次会议上和普林斯参与了同一个讨论小组，我问他那句话的本意究竟是什么。他解释道，尽管他知道风险存在，正如他那句话的第一部分所提到的，但他就是不能停止放贷，因为借贷是保障投行业务的关键。如果停止放贷，他会使很多核心员工流向那些仍然在"跳舞"的对手。因此，继续放贷主要并不是为了赚取短期利润，维持花旗集团在投行业的地位及其未来发展的能力才是主要动机。当然，继续发放质量低下的贷款，其雇员伤害的不仅仅是所在部门的未来，更是整个集团在市场上的位置。事后来看，如果少跳几支舞，普林斯和花旗集团的状况还会好一些。

一些首席执行官勇敢地面对来自敢冒风险的雇员的压力。摩根大通的首席执行官杰米·戴蒙从2006年开始在阻止该银行深入涉足高评级资产担保证券领域以及对已涉足的部分进行收缩方面，起到了十分关键的作用。正如他经常对其员工强调的："我们必须有一个要塞式资产负债表！……没有人能够假设商业周期不会发生。每5年左右，你必须为不好的事情做准备。"此外，他还提高了风险经理们的工资，这样该职位能够吸引到高水平的交易员。同时他还尽量让风险经理们拥有影响力。尽管比起他手下的很多高级管理人员，他自己对金融衍生品有更深的理解，但他有一项原则：如果他不懂某项生意是如何赚钱的，那么他就不会参与。不懂的风险不要去冒，这是一般而言最好的风险管理方式。但是，如果首席执行官信心不足或者资历不够，公司大多只能跟随着羊群，在雇员野心的驱使下，一起奔向悬崖。

但是，在对首席执行官的先见之明作出评价之前，让我们再看一项近期的研究，该研究考察了危机前多个金融机构高级管理层的薪酬以及薪酬与其后来表现之间的关系。结果是在1998~2000年间，一些公司倾向于对高级管理层采取激进的奖励政策，根据诸如银行规模这样的明显因素作了调整（大银行薪酬更高是因为它们一般而言能吸引也需要更有能力的人）。激进薪酬计划执行者包括大家都会联想到的贝尔斯登、雷曼兄弟、花旗集团、美国国际集团，而保守薪酬计划执行者则包括摩根大通这样的公司。该项研究表明那些在危机前薪酬计划最为激进的公司在2001~2008年间股票回报率最低，股票收益波动最大，暴露于次级贷款的程度最高，通过计算，它们一般也拥有最高的杠杆率。正如我之前的讨论中所表明的，激进的薪酬政策与激进的风险原则以及其后在危机中糟糕的表现似乎是相关的。

十分有趣的是，研究人员在不同的时期重复进行了上述分析，探讨1992~1994年间的薪酬政策与1995~2000年间的业绩表现。在这个时期，采取激进政策的基本上是同样的公司，但是它们其后的表现却比采取保守政策的公司好很多。它们的股票收益更高，尽管就风险衡量而言，比如股票收益波动也要更大一些。因此，研究者得出结论认为，某公司的最终市场表现并不取决于特定首席执行官的敏锐或无能，应该说，某些银行有着特定的喜欢高风险并且重视短期利润的文化，这样的文化吸引着相似风格的交易员、投资者（激进的银行的股份由更短期的机构投资者所持有）甚至首席执行官。当这些银行在繁荣时期表现优异时，其首席执行官被夸大为英雄，但是当他们在这场信用危机中表现极差时，这些首席执行官们（常常是前任）又变成了恶棍。然而事实是他们可能既非英雄也非恶棍，他们只不过累积了太多的风险，包括尾部风险，但是这次这些风险没有转化为利润。

过去的经验可能导致首席执行官们高估他们应对尾部风险的能力。《纽约》杂志上关于雷曼兄弟的一段话将这一点揭露无遗：

> 2006年年底，雷曼兄弟的一些员工开始认为房地产市场长期的上涨趋势就快接近尾声了。麦克·格尔本德负责的是商业和住宅地产部门，在这个时候开始决意转向看空。根据某位了解格尔本德思想的人说，格尔本德在其2006年的年终考核中告诉理查德·富尔德："世界在变化，我们应该重新考虑现有的商业模式。"
>
> 但是，对于雷曼兄弟而言，房地产是其命脉，格尔本德所言不是富尔德想要听到的。富尔德也看到了周期性衰退的迹象，但他的态度是："我们经历过这样的困难时期，结果我们总是能熬过来而且变得更强大。"他告诉格尔本德："你太保守了。"
>
> 富尔德坚持说："我们被上涨的潮汐举着呢。"
>
> 所以，在富尔德看来，当时有问题的是格尔本德而非市场本身。他说，"你不想承担风险"——这在投行交易圈的行话里是极大的侮辱。

很快，格尔本德被解雇了，雷曼兄弟的高风险继续不断堆积。在其破产前的一段时间，它请格尔本德回来挽救危局，然而为时已晚，雷曼兄弟在2008年的大动荡中没能逃脱破产的命运。当然激进的银行风险策略在过去曾为其赢得了较高的收益，所以那些享受着极高薪酬的首席执行官坐享大笔财富。但他们似乎并没有认清，是风险而非能力给他们带来了过去的收益。然而这一次，当他们摇动手中的色子时，出现的状况却十分糟糕。

"也许首席执行官所做过的最重要的事情就是穿着合适的西装准时出现"，这种认为首席执行官没有任何影响力的说法太过绝对——斯坦利·奥尼尔将保守的美林变为激进的风险偏好者。一定程度上更有说服力的是，杰米·戴蒙与花旗集团分道扬镳，经由美国第一银行加入了保守的摩根大通。他在摩根大通将高风险业务急剧紧缩，也许是因为他的警告正好被接纳了。我们并不清楚他在花旗集团是否也拥有相同的影响力。《纽约时报》的专栏作家安德鲁·罗斯·索尔金报道了美国国际集团首席执行官鲍勃·维拉姆斯塔德与其财务总监罗伯特·钱德的一次谈话，当时美国国际集团出现了资金短缺："正是在这个时候，维拉姆斯塔德接受了摩根大通可能不会再继续提供资金的现实。在此之前美国国际集团的财务总监罗伯特·钱德已经警告过他可能会发生这种情况，但是他没有完全相信。'摩根大通总是很强硬，'他提醒钱德，'花旗集团则会做任何你要求它们做的事情。'但是谨慎的钱德只是颇具讽刺意味地回答道：'坦率地说，我们可以采用摩根大通对我们采用过的态度。'"

总而言之，一些激进银行采用的尾部风险模式在很长时间内为其赢得了丰厚的利润。这些银行的管理层似乎没有意识到他们的优异表现有多少是由于运气，或者说他们自身的集体行为如何使得他们本该恐惧的事件突然发生了。

股东：眼睛死死盯在收益上

一个问题很快产生：如果激进的银行确实清晰可辨，那么为什么危机前市场不对它们进行惩罚呢？在危机的前一年，即2006年，在危机中表现最差的1/4的银行的股票收益比表现最好的1/4的银行高得多。市场似乎是鼓励风险偏好行为的，在危机前其股价一路飙升。

那些相信市场基本无效的人很快用这一结果作为证据，以证明股票市场经常出错，而市场有效地将所有的公开信息转化为价格的理论——即"有效市场假设”——是无可救药的误导。但是，有效市场理论并没有说市场总是毫无缺陷的。市场也许信息不充分——毕竟，就算是监管者事后也被银行的表内表外抵押担保证券数量所震惊。更有甚者，就算考虑到所有的可能性事件的发生概率，只有其中的一个可能性实际上会发生。事后看来，某项影响巨大的事件发生时，市场会被认为出现了判断失误，而后会带来一系列的连锁失误。但是，这并不是说任何人可以持续地做得更好。用经济学家的行话说，市场被认为是具有理性预期的，但这并不意味着它具备完美的预见性。

更为一般的是，当在危机中期进行回顾时，对高风险进行批评是有危险的，特别是在现在如此严重的危机中。从这个角度来说，任何事前的风险都似乎不负责任，处置不当。保守主义似乎是具有预见性和敏锐性的——确实，保守主义与现在的市场很合拍，危机之后它成了基本策略，而此时其实是可以容许更高的风险的。然而，判断危机前行为的正确方法应该是评估一项风险是否有利可图。

而且，由于有限债务责任原则保护股东免于承担尾部风险带来的极限损失（股东在股价跌至0时可以放弃股份，而具有无限债务责任的合伙人却必须用自己的资产来偿还债务），股东们有可能倾向于认为尾部风险带来的收益预期是值得的——他们获得收益而贷款者和纳税人承担尾部风险爆发后的巨大损失。换句话说，如果尾部风险没有爆发，那么吉米·凯恩（贝尔斯登）、迪克·富尔德（雷曼）、查尔斯·普林斯（花旗集团）现在可能仍被视为金融界的伟大人物。这不是说他们所冒的风险对社会来说是件好事，而是他们拥有让股东愿意下注的产品。

作为股东代表的公司董事会，其行动可能告诉我们股东利益在何处。不是所有的董事会都具有相同的能力，即使是拥有像罗伯特·鲁宾（高盛的前首席执行官和首席财务官）这样的中间分子的花旗集团董事会也可能根据股东们的倾向性选择作出判断。有证据表明正是这个董事会推动了花旗集团不断进行高风险投资，最终导致了失败。尽管我们无法判断董事会是独立的还是被管理层所操纵，但显然它并没有限制银行的风险水平。

最后，资产市场也并没能完全意识到风险的严重性。从2005年第二季度到2007年第二季度，标准普尔500两年间股票期权的价格波动——对股价波动提前两年进行预期——高于短期一月间波动30%~40%。这个数据表明，尽管高位运行的市场并没有显示对股东不利的事件发生的可能性很高，但它预计到市场的下行最终无可避免。当然，如果市场能够确认银行处于尾部风险之中，这种结果正是我们所想要的。

因此，当讨论涉及的角色从公司到交易员到风险管理经理到首席执行官到董事会到股东不断地变化时，我们没有在任何一个环节发现对尾部风险不断积累的担忧，特别是在那些激进的银行里。这幕大剧的主要演员——交易员、经理层、股东——都把注意力放在尾部风险的好处上。当世道好的时候，他们能够从巨额利润中分一杯羹，而当极端风险爆发时，他们受到有限责任的保护从而避免承担巨额损失。那么，这些损失由谁来承担呢？

典型的答案应该是银行的债务人。对商业银行来说，其中一些是联邦存款保险公司担保的储蓄者，他们在任何情况下都不承担损失，而另一些则利用发放短期贷款和对其贷款进行证券化来保护自身。如果资产担保证券违约不断积累，短期放贷者会认为他们能够在市场崩溃前将资金收回。然而，不是所有人都能够毫发无伤地成功逃脱。那么，他们怎么不担心呢？

同样，为什么长期没有安全保障的债务持有者并没有表现出极端担忧呢？特别是考虑到股票市场上可预期的未来大幅波动？银行债务持有者一般而言是厌恶波动的，因为他们在市场上行期不能享受其收益而在市场下行时却要承担所有的损失。作为衡量银行违约风险的指标的银行贷款利差，直到危机前仍保持看似良性的状态。

有政府做后台还有什么好担心的

债务持有人对风险的无知是很难辩驳的，特别是当资本期权市场释放出危险信号时。对于他们持续暴露于风险之中的明显解释是债务持有人并不认为他们会承担损失，因为政府最后会收拾残局。这种信心的来源可能有两个——这些理由实际上是有事实根据的。第一，没有安全保障的债券持有人不担忧是因为对政府介入的预期，他们相信在房产和信用市场政府不会让事情变得无法收拾。第二，在赌博中承担最高风险的机构是那些被认为对整个金融系统影响巨大因而政府无法让其破产的金融巨头。如果政府为上述金融机构注资救市的话，银行债务持有人不用承担任何违约风险。使银行债务随着其风险水平的提高而上升的原因，有对政府介入的信心，更重要的却是，由于债务持有者完全放心，因此管理层采取越来越大胆的杠杆策略以提升债券收益。

考虑一下尾部风险的本质。与违约单独发生的普通贷款或个别的抵押贷款不同，高评级的、多元化的住房抵押贷款证券的违约只有在全国范围内违约大面积发生时才会发生。而如果这样的事情最终发生的话，政府将不得不介入房地产及房地产金融市场：当几百万房产所有者都违约时，政府不可能坐视不管。同样，当这样巨型的系统风险发生时，不仅仅是大型银行感觉到融资困难，而且从大到小的各种公司都会面临更为严格的融资限制。美联储不太可能对这样的流动性丧失局面坐视不管，因为其主席格林斯潘曾经作出过信誓旦旦的承诺。所以，尾部风险系统性的本质确保了如果风险爆发，银行会集体遭遇困境，而那时候政府的支持会到来。这降低了该风险的成本。

现在这种预期的政府支持已经到来。具体而言，为了支持房地产市场，联邦政府引入了税收工具鼓励房产持有，其中包括对首次置业者的税收优惠。从 2008 年起，房利美、房地美、联邦住房管理局向低收入者发放了数十亿美元的贷款，以维持房产价格。据彭博网估计，2009 年美联储和财政部共购买了 1.3 万亿美元的抵押担保证券，是该类型证券总量的 76%（包括再融资的部分），是市场总量净增长的 3 倍。上述统计数字表明，这些交易将抵押贷款利率降低了 75 个基点。问题资产救助计划在 2010 年 1 月对国会进行的特别检察长报告中说："政府不仅仅救助了抵押房贷市场。从许多方面来说，抵押房贷市场绑架纳税人承担由私人投资者造成的风险。"《金融时报》报道说，特别检察长尼尔 · 巴洛夫斯基提到，"在房地产市场上被毁坏的一切和各种私人游戏参与者所扮演的角色现在已经被我们部分认清了……而实际上造成泡沫和导致危机的那些因素都被政府方面的角色复制了"。

在房地产市场以外，美联储也展开了所有可能缓和危机的努力，特别是在雷曼兄弟破产后。美联储将利率降至最低点，创造出为私人部门提供贷款的创新计划。与此同时，财政部通过问题资产救助计划为金融企业注资并改善其资本结构。联邦存款保险公司也通过在 2008 年为所有银行提供暂时性保险以及提高存款保险配额的方式进行援助。在 2001 年美联储就曾大幅降息对当时的危机出手相救，之后格林斯潘有一句名言说美联储会"在危机发生时减少损失，并希望能够帮助完成从低谷向下一轮繁荣的转变"。所以，记得上述事实的银行有理由相信它们会再次被施以援手。那些面临流动性风险但最终存活下来的银行后来再次赢利，从而得到了补偿——但其中一些没有能够坚持到赢利的那一天就倒下了。

也许，让银行债券持有人安心的另一个重要因素是他们知道借款的这些大型银行被当局认定对整个金融甚至经济系统拥有太大的影响，因而不能让其破产。羊群效应更是使这一判断变得毫无疑问：如果许多大型银行都面临同样的尾部风险，那么它们会在同一时间变得脆弱，这样，政府冒险让其中之一出局引发系统性恐慌的可能性就会成比例减小。对于 2008 年 9 月联邦存款保险公司带头援救华盛顿互惠银行的方案，布什任内援助计划的领军人物、财政部长亨利·保尔森写道：

> 不幸的是，尽管根据联邦存款保险公司设计的程序，华盛顿互惠银行的问题得到了顺利的处理，但该援助方案并非完美。摩根大通的交易没有花纳税人的钱，没有储蓄者遭受损失，但是其为华盛顿互惠银行高级债券持有人提供的交易是每一美元证券55美分，这基本上与当时的证券交易价格相当。回顾这一点时，我认为在恐慌的中心，这是一个错误。华盛顿互惠银行是美国第六大银行，它对整个系统很重要。而对优先和次优债务的打压和对高级债券持有人的剥夺使得其他金融机构债务持有人更为不安，增加了市场对于政府行为的不确定性预期。

因此，尽管在华盛顿互惠银行救助方案出台之前，市场完全预期到债券持有人不会得到全额支付，尽管联邦存款保险公司完全有合法的权威界定债券持有人的损失，财政部长仍然对这一行动表达了自责和懊悔。要知道，对一个大量进行多样化资产配置的大型银行来说，唯一可能遭遇困境的时候是在全国范围内的经济下行和恐慌时期，财政部长的逻辑应该是保护银行债券持有者免遭任何损失，并避免银行家仅仅依据市场规律采取行动。

总而言之，如果银行经理层能够完全了解他们所冒的风险，他们的决策可以按以下步骤逐步展开。在涉足尾部风险的早期，比如住房抵押贷款证券违约风险和借入短期债务为长期资产融资的流动性风险，他们可以小心谨慎甚至是偷偷地进行。毕竟，如果没有人知道所面对的风险，这些交易所带来的利润看起来会健康得多。因此，花旗集团的表外渠道容纳了大量的以短期债务为融资手段的资产证券化产品，躲过了除最细致的分析师以外的大多数人的视线。

当足够多的银行模仿创新者并且涉足类似的风险时，市场参与者都认为危机发生时政府会介入，大规模涉足尾部风险的动机就会极大增强。当概率极低的风险最终爆发的时候，大部分的损失最终会由政府和纳税人承担。知道这一点后，市场会偏重于这类风险能带来的潜在利润。确实，以短期债务为融资手段的资产，在流动性收缩的时候就会有偿债问题，因此它会有很强的动力将对“流动性永远不会枯竭”的赌注加倍——通过两个手段：购买依赖于流动性的资产，如果流动性枯竭，资产就会贬值，或者利用更高的杠杆率。背后的原因很简单，有限债务责任的保护使得股东即使判断失误，流动性枯竭对他们造成的损失也不会很大；而如果他们赌赢了，获利却是巨额的。难怪在危机之前，住房抵押贷款证券交易和短期杠杆的使用都在稳步增加。

对政府介入的预期使得在危机前的上行期采取保守策略更为艰难。比如，维持一个具有充足流动性的资产负债表的好处之一在于，当市场上的流动性枯竭时，银行能够从那些激进的对手手中以最低的价格买入资产。但是，如果美联储在这种时候介入发放无息贷款的话，资产打折出售的价格就会大大高于政府没有介入时。很多问题银行在危机中成功地保住了它们手中那些原本不得不出售的资产。它们由于没能维持流动性而遭受的惩罚大大降低了，进而也使那些采取保守策略的银行抄底可能赢得的潜在收益降低了。

最终，这一行为大大增加了尾部风险爆发的可能性。当银行在资产负债表中大量利用杠杆，而几乎没有人持有流动性储备时，市场上极小的与预期相反的震荡就能使整个系统陷入全面的恐慌。同样，当住房抵押贷款证券交易持续增长，而对违约风险却完全没有关注时，抵押贷款随之扩张，借贷质量也相应扭曲，这反过来又使得房价下跌时造成大范围违约的情况更可能发生。

在所有的这些情况中，我们不可无视监管者的行动。推动银行涉足住房抵押贷款证券交易的原因之一就是其相对于直接借贷更低的资本要求。然而，市场却认为这些证券具有比监管者所认为的更高的风险（事实上也确实如此)，从而给出了更高的价格。银行进而获得了这些证券带来的高收益，同时维持了少量的资本。这样资产收益看起来就十分健康了。从某种意义上而言，监管者不经意间将银行引入了这些证券的交易中。这样的实践在一定程度上是监管不可避免的后果。如果银行有动机涉足某项风险交易，它们总会寻找机会利用监管漏洞创造最大的收益。但是对某些交易行为的资本要求过低，这种监管失误在这次危机中恶化了，因为银行在利用该监管漏洞时集体暴露在了同样的风险中。系统性风险暴露的动态后果此时出现了：如果所有人都大规模地暴露于同样的风险中，当风险兑现时，政府除了介入挽救银行业和整个市场以外别无选择——在这种情况下，银行通过暴露于该风险而获取最大的利润。

如果银行家闯了红灯……

尾部风险的问题在现代金融系统中特别尖锐。因为在现代金融系统中，银行面临创造风险绩效的巨大压力。很少有人能够在这种情况下做出出色的表现，但是正是由于这个原因，对于那些能够做到的人，奖金是十分丰厚的。因此，对于那些二流市场参与者而言，涉足尾部风险并在一段时间内假扮超级明星的压力是很大的。

从理论上来说，市场应该鼓励恰当的风险管理，惩罚过度的风险行为。但是，尾部风险很难控制，原因有二：第一，它们在风险暴露前很难辨认，即使是那些涉足了尾部风险的人；第二,一旦风险累积到足够大，政府部门介入以减缓危机的动机就会很强。一旦介入，政府会扭曲市场规律，从而在事实上促使市场支持风险行为。由于市场预期到政府在房地产市场和流动性方面的介入以及美联储和联邦存款保险公司的借贷支持，银行家们实际上也许是被引导涉足尾部风险的。

这一观点并不是要为银行家们开脱。一些人知道这些风险意味着什么，但是仍然忽视它，更多的人原本应该意识到但却没有认清风险。而特别值得警惕的是，暴露于这一风险对于股东而言也许具有很大的利益。对于花旗银行董事会能力的判断依据不应只是在危机中其股价跌至 1 美元以下的事实，还应该考虑到在危机前的 2007 年春季其股价曾高达 50 美元。股票市场不是一个无名的陌生事物：它就是我们自己，我们集体认可了最终被证明对社会极其有害的投资行为。那些坚持保守策略的银行首席执行官们做了对社会有益的事情，但是如果就股东利益而言，他们的行为可能并不对。可以确定的是，危机前市场的观点就是这样。

换种说法，如果我们认为银行家们闯了红灯，解决方式很简单：我们应该给他们开罚单，或者让他们坐牢。但是如果我们精心设计的交通指挥系统引导他们向着错误的方向前行呢？我们也许可以说他们应该以道德为指南针，一些人也确实这样做了。但是，正如我在前一章所描述的，金融产业的整个价值体系用金钱作为衡量一切的标准。如果信号灯坏了，解决方法会困难得多，至少从社会集体利益的角度来看是这样。

进一步说，将危机部分归因于银行家和市场对于政府介入的信心，并非建议政府坐视经济崩溃。而且，我想要强调的是，内生于现代金融系统的对于出色业绩的追求和文明政府不愿意坐视金融领域的崩溃造成普通公民陷入困境，二者结合起来造成了潜在尾部风险的产生和周期性的代价高昂的后果。甚至，正如我所写到的，数额庞大的纳税人财富被注入房地产市场，各大银行正在创造下一次金融危机中政府和美联储将要面对的灾难性后果。在任何改革中，我们聚焦的中心应该是消除这样的预期，这是我将要转入的话题。

第八章 金融改革：如何才能让金融灾难不再发生

我们已经对危机发生的主要原因作了全面的探讨。正如我写到的，全世界的金融部门通过政府的保证、资本的注入和中央银行的借贷从危机的边缘被救了回来。持续的低利率政策以储蓄者的利益为代价救助银行，如果银行能够无息借入资金并大规模地放贷，不赚钱是不可能的。世界范围内的政府支出维持了上述银行行为，然而不确定的是，已经大量负债的普通家庭能否在政府刺激计划结束后接过消费的接力棒，特别是在美国。预计最可能的情况是一段时期内在工业化国家将会出现增长下滑，同时有大量的政府债务。幸运的是，我们总算避免了20世纪30年代那样的大萧条。尽管这次危机造成的损失惨重，但是它完全可能朝着更坏的方向发展。

我先前指出的断层线和脆弱性不会随着时间的流逝自然消失。其中一些还在加深，需要我们直接面对。但是即便政治家们感觉到了改革的需要，公众对于任何改变的不信任感却在上升。极端的建议盛行于博客圈——尽管存在着这样大的动荡，公众对于转变引起的不确定性的容忍度还是很低。

公众对整个系统失去了信心，因为这个系统的游戏规则似乎仅对少数人有利。在周末赶出来的援助计划建议说好听点是缺乏周全考虑，说难听点则是被贿赂的产物。《滚石》杂志的马特 · 泰比将高盛叫做“吸血乌贼”——高盛在政府的各个部门里都有关系，尽管它宣称自己并不支持援助计划，但最终却成为援助计划最主要的受益者。泰比给高盛的这一绰号似乎代表了当时公众的情绪。听不进批评的银行家们在被政府救助的过程中为自己发放大笔奖金，更让人愤怒的是，在得知公众的反应后，他们还表现出了吃惊和受伤的姿态。

但是，私人部门并不是唯一应该被指责的对象。有充分的证据表明政府介入和监管的失败在这次危机中与私人部门一样起到了负面作用，事实上，正是上述两个因素结合起来引发了最严重的后果。政治家企图将导致危机的特定趋势找出并加以修正——而主要的责任人是私人部门。公众普遍对引致更不稳定的金融市场和更自由的金融机构的自由化表现出了反感。反全球化的力量——全球化即通过贸易、跨国公司、资本流动，以及移民将世界各国更紧密地连接起来——也重新组织起来，本能地从国外为自身问题寻找根源。社会主义者则对这场危机幸灾乐祸，因为他们认为这正是资本主义崩溃的先兆。

金融、市场、全球化、自由企业资本主义会度过这次危机，但是这个大事件却用艰难的抉择考问我们，不是关于资本主义本身，而是关于我们所需要的自由企业资本主义的实现形式。如果我们不修复断层，我们会有下一场危机，尽管危机的细节会与现在不一样。下一场危机会在原本已经很脆弱的公共和家庭财政基础上加重税负，也会挑战系统背后的政治共识，甚至会达到某个拐点。到那时改革会困难得多。我们最好不要抱有侥幸心理，应该将这次危机当做改革的警钟。

艰难的抉择摆在我们面前，因为任何选择都会同时带来好处和坏处。认为系统从根本上有问题的极端立场很流行，这种观点与公众情绪不谋而合，在现在的情况下也很容易被接受，而它最大的优点是与现有制度的距离。

要为已经失败的现有系统的基础结构进行辩护，我可能会被看做保守主义者、不知悔改的辩护者，或银行利益的捍卫者。尽管系统性的失败意味着深刻改革的必要性，但这并不意味着一个完全不同的系统就会更好。我相信我们必须努力改革，但是仍然有许多值得保留的东西。因此，我认为没有必要进行彻底的“休克式”改革，可以对之前所指出的那些严重问题加以修正。下面从金融部门开始分析，这里是大量连锁违约的发源地。

作为开始，我们必须作出一个判断：金融部门究竟是能够促进经济增长和社会福利，还是一个无关紧要的只在周期性危机爆发时才让人感觉到其存在的部门。如果是后者，改革很简单：禁止金融部门很多现有的做法，创造几个稳定的垄断者，对留存的业务严格管制，在接下来的几十年就不用再管这个部门了。严肃的经济学家和政策制定者已经在“让金融变得无聊”的口号下，号召进行这样的改革。但如果金融部门是经济增长的中心，改革就会更具挑战性。因为这样的话，我们就不得不为了减少金融部门可能造成的损害而对其创新能量加以限制。这一挑战我会在本章加以讨论。

为了让这个辩题更为充分地展开，我将摆出两方在同一特定问题上的不同观点，即信贷的扩张。我认为继续扩大民众所拥有的选择是民主而有效的，想要朝相反方向努力的监管改革从长期来看是无法持久的，特别是在民主体制中。因此，真正的问题是怎样在限制金融部门不稳定性的同时又从金融发展中获益。我在这里强调改革需要遵循的一些基本原则，在此基础上讨论更具体的问题，即如何减少在这次危机中普遍存在的涉足尾部风险的动机。最后，我会以关于如何让系统对不可预测的危险更有弹性的思考做结束。

如何规避风险：当人人都可以贷款的时候

从很多角度来说，金融部门是现代经济的大脑中枢。当运行良好时，它能够有效地分配资源和风险，从而刺激经济增长，使我们的生活更加轻松、安全、充实。它给更多的人机会，它为我们所有人服务。当然，当运行出现问题时，就像现在发生的情况，它在造成巨大伤害的同时只让极少数人获益。

一个涉及每个家庭的担忧是：信贷可获得性的危险是否到了这样的程度，即我们应该完全不让一些人获得贷款或者对他们的借贷行为进行严格的限制。而完全相反的看法则存在于对另一个相关问题的讨论中：通过信用卡、住房贷款、工资日贷款等方式使人们更容易地进行借贷，这是好事还是坏事。一种观点认为，信用民主化是一项吸引人的发展。它使每个家庭都能够根据未来的收入进行贷款，并将他们的消费和支出在不同的时期进行平衡，同时也让小企业家具备事业起步的能力，许多小型风险投资都是从信用卡透支开始的。

这种观点的支持者所依据的根本假设在于大多数家庭是理性而负责任的，他们只会借贷自己所需要的数量，并且完全清楚其行为的后果。任何企图限制他们选择的行为都是家长专制主义和没有根据的。这种观点的持有者用“信用”来描述“借贷”。在《韦氏英语词典》中，信用被定义为“对购买能力的信心和支付的愿望”。“信用”这个词也与传统的美国式乐观相一致：如果最好的还在后面，那么为什么不从未来借贷让今天过得更好一些呢？

相反的观点则认为：借贷是不道德的，它是对诱惑的投降。那些负债累累的人没有自我控制能力，也没有自我负责的意识。其中一些责任应该归于金融家（被认为是借贷鲨鱼），他们是宽松信贷的提供者；一些责任应该由市场和广告发布者承担，它们向公众灌输了对原本不需要的商品的强烈需求。然而，根据上述观点，信贷扩张的全部后果是过度消费和过度负债，以及一个短暂的最终会导致贫穷和懊悔的虚假繁荣。持有该观点的人往往用“负债”来描述“义务”。在美国长久以来也有一个反映该观点的传统，正如本杰明·富兰克林的《穷理查德年鉴》中所概括的：“想象一下当你负债时你会做什么，你给了他人左右你自由的权利。如果你不能按时还债，你会在债权人面前感到自惭形秽。当你跟他说话时，你会感到害怕，你会制造可怜兮兮的狡猾借口，而且逐渐丧失你的诚实并陷入卑劣的毫无羞耻的谎言之中。正如可怜的理查德所言，第二大恶行是撒谎，而第一大恶行则是借债。”

信用作为通向机会的钥匙和通向你应得的消费的手段，或者是作为罪恶的债务和你抵押的永远不会拥有的未来——这两个相反的观点贯穿于美国的历史，前者往往流行于繁荣时期，相伴随的是贫富差距的扩大，后者则在经济萧条时期成为主流，此时清醒和令人压抑的悲观主义占据主导。它们代表着我先前提到的重构这个问题的方法：我们是要享受金融的创造能量，还是认为金融过于危险，大多数人不应该接近因此应该加以限制？社会对于金融改革的态度取决于是否相信在拥有相应方法的条件下，个人和公司能够作出理性的财务决定。

关于这一问题的辩论在学术界尚无定论。行为经济学的研究告诉我们，在财务决定中，一些人会持续犯错，但同时它也告诉我们大多数人的行为是理性的。正如我在本书中一直坚持的，理性决策者一般而言并不是问题所在。应该说，有问题的是决策所带来的结果是否充分地反映了社会的成本和收益。我们应该让作决定的人将其决定的所有后果都考虑进去，而不是武断地限制他们作决定的权利。

更普遍的是，就算我们得出结论说有一些人在繁荣时期存在着过度借贷的问题，但斩断他们通向市场的途径或者限制他们的财务选择（典型的方法是通过立法来限制他们对产品、价格和机构的涉足）是家长制的、不民主的、没有希望的方法，这会让那些被保护者没有机会去学习和改进自身。当然，我们需要确保他们有机会认识到为什么某些选择是不好的，并认识到人们通常会犯的错误从而改进他们的行为。我们也必须保护他们不受恶劣的捕食者的掠夺。但是限制选择权不是正确的答案。

自由社会确实会在危机后恢复更为家长制的作风，对选择作出更多的限制。将危机的原因归责于选择自由的扩大是很自然的事：如果选择自由被严格限制（并且，现在我们十分清楚哪些应该被监管），那么我们就不会作出那些糟糕的选择。但是，文明民主社会的整体趋势是不断为所有人扩大选择的权利而不是限制选择，更不用说仅仅对特定的人群进行限制。从一个可行的立场来看，限制选择的监管可能在危机后的一段时间内流行，但是当危机的记忆消退之后，这种方式将不可避免地被削弱。实施那种将会很快过时并被淘汰的监管伴随着内在的成本：它在公众中创造了撤销相关规定的动力，而这种动力可能会过度。因此，更好的选择是进行恰当的监管，不要在任何一个方向上犯错误。

总而言之，如果我们不同意金融是一个无用的工具，或者仅仅为少数具备知识的人提供金融服务的观点，那么，改革的目的就应该是让尽可能多的人们享受金融能带来的好处，同时将不稳定的风险降到最低。

金融改革应该遵循的原则

改革所应该遵循的指导性原则是什么呢？让我先一一描述关键的原则，然后再举出具体的例子。

我们应该限制竞争吗？

一个惠泽普通民众的健康的金融系统需要竞争和创新。寡头垄断意味着对于寡头而言利润的获得是非常容易的，因此它们会非常不愿意冒险。而与之相反的是，将机会扩展到新的需要更多服务的客户和未来的创新者，要求金融系统承担合理的风险，而这必然需要竞争。在自由市场经济的危机时期，这不是一个受欢迎的观点，因为此时的自然趋势是谴责市场以及使市场自由的因素——竞争。

大萧条时期的主要担忧之一是价格过低，而错误地判断了过度竞争。“罗斯福新政”是通过形成卡特尔推高价格。为了顺利通过必要的立法，竞争往往被描述为“经济的同类相食”、“致命的价格战”。“粗野的个人主义”正式成了“工业强盗”。这意味着创造卡特尔和压制竞争的监管成了“公平竞争法典”，而各种形式的官方批准的勾结共谋被刻画成“合作行为”。当然，寡头企业对于经济的监管和卡特尔化是十分配合的，因为对于它们而言这会使很多事情变得简单。

现在危机中的主要担忧聚焦于风险的低估，并且再一次错误地指责银行间竞争。正确的方法应该是减少各种由实际和潜在的政府介入和羊群效应造成的风险估价的扭曲。我们不应该对所谓“粗野的个人主义”过分担忧，真正应该担忧的是无差异的集体思考，因为这是系统性问题的首要来源。

一个竞争性的系统更易于产生金融创新，而这也是机会扩展和风险扩散的必要前提。现代金融创新似乎与信用违约互换、担保债务凭证、衍生证券这些除了华尔街之外没有人认为应该被创造出来的产品成了同义词。但是，创新也为我们带来了货币市场账户、信用卡、利率互换、指数基金、交易型开放式指数基金，这些都被证明是极为有用的工具。所以，金融创新带来的好处与坏处是相伴而生的。一些人建议完全禁止提供任何未经审查的金融产品，就像食品和药物管理局对新药品进行审查一样。这一建议可能有点过分了，因为许多产品只是对以前的产品进行微小的改进，并不是十分危险的，在实际使用之前没有办法真正被理解。渐进的试验应该被允许，但是大面积的扩散应该等到监管者真正了解某项创新并知道该如何面对随之产生的系统性风险之后才能进行。

更一般的是，在一个不断变化的全球经济中，停滞往往是不稳定的最大来源，因为停滞意味着该系统没有适应变化。相反，竞争和创新帮助系统调整，而且如果得到正确的引导，竞争和创新是多样性、弹性以及随之而来的动态稳定的关键。批评者会很快指出，竞争和创新在经济上行发展到危机的过程中会导致更大的不稳定，毕竟，像双层担保债务凭证这样的证券是非常难以定价的，因为一旦抵押贷款开始出现违约，它们就会变得毫无市场。然而，并非竞争本身，而是扭曲的银行家逐利动机和风险价格导致了这些有害工具的产生。

政府不应该成为危机的救命稻草

正如我们在第七章所讨论的，承担过度风险的某些动机也许是由银行内部和外部管理的故障导致的。这些机制需要修正，我将会在下面讨论一些可能的选择。但是一个系统性故障的首要原因总是对风险的低估。而低估风险的原因，其一是非理性繁荣：起初适中的风险低估互相推动，直到它们累积为巨大的问题。然而，这样的泡沫一般不是凭空出现的。导致目前危机的风险低估，部分来自对政府或者中央银行对市场介入的预期。并且，自从危机爆发以来，财政部和美联储强有力地介入了市场，从而证实了市场之前的预期。对于认为政府或者其代理人会支撑房地产市场或流动性市场的预期，我们需要找到一个办法加以消除。

终结政府对金融机构的补贴和特权

和政府介入特定市场一样具有破坏性的，是政府对特定金融机构的支持。自由企业资本主义的本质在于让失败和成功拥有同样的自由。市场往往青睐那些政府会在其失败时进行援助的机构，对它们往往过于轻信，而且给它们的产品太多的资源。更过分的是，这样的保护扭曲了竞争形态。我们必须以这样的系统为目标：在这个系统中，没有私人机构直接或间接地受到政府的保护，每个私人机构都知道如果犯了严重的错误，其后果将全部由自己承担。

制定适应经济周期的监管规则

当我们从恐慌中恢复过来时，正直的政治家觉得有必要做些什么。被公众指责不作为的监管者急于实施限制，而脆弱的资产负债表和对危机的记忆使得银行家们避开任何可能的风险，因而对监管者所要实施的限制更容易接受。但是，我们的改革似乎是以以下幻觉为基础的：被监管的金融机构和市场是静止和被动的，监管环境不会随着经济周期变化而变化。具有讽刺意味的是，监管在经济周期的底部最严格，而此时市场中并没有太多需要监管的参与者。相反，在经济周期的顶部，市场自治的误解是最流行的，而此时却是经济系统最危险的时刻。我们需要认识到这样的差别，并制定出适应经济周期变化的监管规则，因为与周期不适应的规则不会长久。为了创造出能够贯穿经济周期始终的稳定性——即不被周期影响，新监管规则应该是全面的、非随意决断的、依情况而定的、具有成本和效益的。

适用于高杠杆金融机构的监管体系不太可能在繁荣时期鼓励金融机构行为从严格监管下的模式向放松监管下的模式转变。这样的转变成为不稳定的来源之一，因为其破坏性后果会反过来通过无法预见的渠道，在繁荣中打击被严格监管的机构。比如，花旗集团曾经将资产担保证券摊薄作为表外交易工具，但这些证券在商业票据市场枯竭时又转回到其资产负债表上，这造成了花旗集团巨大的问题。我们必须认识到由于金融部门的各个领域互相都紧密联系，因此，要创造出一个绝对安全的区域是极其困难的，忽视所谓的安全区域外的行为是轻率鲁莽的。

非随意决断的、透明的监管更有可能被遵守，即便在极度乐观的时期。在这种情况下，媒体和大众中的利益相关者能够更容易地监督市场参与者，从而部分地为监管者分忧。而被监管者也清楚监管规则会怎样实施。这种规则的一个例子是《1991 年联邦存款保险公司改进法》，该法案要求监管者对法定资本降低到一定水平以下的银行采取一系列收紧银根的措施。该法案的缺点在于公众和媒体很难实时监控银行的法定资本，因此就很难监督监管者是否按法律要求去做了。不过，该法案为新的法规提供了方向。

尽管存在这种可能性，但只有在十分必要时才应该实施监管：监管应该在有害的大事件发生时启动，而不应该是一个常态的存在。这样依据情况触发的监管有两个影响。其一，因为它们只有在特定时间才会介入，因此比常规监管少了很多麻烦，银行也不需要雇用那么多的聪明人去发明规避监管的办法。其二，监管的要求——比如对资本水平的要求——可以在必要时提高，从而达到预期的效果。

最后，对于被监管者而言，这样的监管遵守起来并不是特别困难，或者说，对于监管者而言也比较不容易被规避或者被忽视。而且，这样的监管在关于过去问题的记忆消退后，也会有更持续的影响力。

把尾部风险打压下去

让我们将上述原则应用于以下具体问题：我们怎样防止几乎给金融部门带来毁灭性打击的系统性尾部风险的发生呢？我将精力集中于讨论两个相关

的尾部风险的例子——优先资产担保证券的违约风险和以短期债务为存在潜在流动性风险的资产进行融资所带来的流动性风险。我将探讨减少上述风险的详细建议，因为第一眼看上去有道理的方法在仔细审视后常常产生更多的问题。

正如我在第七章中论述过的，如果能够在业绩评估中较好地将风险隐藏起来，金融系统的每一个层级都存在着涉足尾部风险的强烈动机。那些放弃尾部风险的人愿意放弃相应的收益，那些涉足尾部风险并低估该风险破坏力的人则将该风险带来的收益看成纯利润，是对他们智慧的回报，而没有看到这些所谓的利润其实只不过是对其高风险的补偿而已。贩卖风险所带来的收益与这些风险可能带来的预期损失是成比例的（预期地震发生的可能性越大，则相应的保险价格就会越高），收益越多，金融公司的销售人员就愿意冒越大的风险（因为当他们的公司最终要面对这些风险所带来的损失时，这些人并不一定还在公司里）。太多的金融机构急切地涉足一些代价极高的风险领域，因此它们会以过低的价格对这些风险产品进行竞争。这样做的后果就是创造出太多的风险。

因为风险水平过高，如果每一个人都预期政府或美联储会对尾部风险冲击下的市场或金融机构施以援手，那么，事情会变得更糟。在这种情况下，由于对政府援助的预期，即使清醒地看到风险，涉足尾部风险的人仍然会认为是值得的。很少有金融机构愿意错过这一风险盛宴的狂欢。因此，如果有足够多的机构这样行动并推动公众对政府介入的预期，那么开始时隐藏风险和愚弄市场的企图就会变成被市场鼓励的一个公开的有利可图的交易。

如果认识到尾部风险，或者说知道该风险是被证券市场所鼓励的，那么面对这种风险的方法就是改变金融公司中各层级应对风险的动机、债务结构、监管结构。一个很明显的减少涉足尾部风险动机的方法就是在这种高风险系统化之前消除所有与业绩表现挂钩的报酬，以向政府官员支付薪酬的方式向银行家们支付薪酬。当然，金融公司可以根据银行家的表现给予他们其他的奖励，比如升职——这种奖励是很难被消除的。但这样做即便能够防止对监管的规避，也可能有另一个明显的劣势，银行家们会丧失努力工作或者承担适度风险的动力。在今天的竞争激烈、快速发展的经济中，官僚化的银行家不会是一个改善的力量。我们要求银行家的是称职的风险管理，而不是完全的风险规避。因此，我们必须在找到减少涉足尾部风险动机方法的同时，根据银行家的业绩给予奖励，从而使他们能够继续创造出创新产品来满足消费者的需求，并为虽然具有风险但同时也具备成功潜力的创业者提供资金。

这意味着应该尽可能让冒险者承担风险发生后的惩罚，社会不需要觉得有必要宽恕他们，因为那些无知者以及与利益相关的公众人物也会跟着遭殃。当然，过高的惩罚也会压制一般性的风险行为，某些惩罚需要恰当地评估。也可能没有人，包括市场自身，能够预见某些风险。面对这样的可能性，私人部门必须建立起自己的缓冲机制来应对这些冲击，同时让系统产生应对风险的弹性。下面，我将更具体地进行讨论。

改变由薪酬带来的风险动机

涉足尾部风险最明显的形式来自交易员或者公司部门，就像美国国际集团金融产品部一样，该部门职员从额外赢利中获利，而且在市场上行阶段享受了巨额奖金，而在下行阶段他们又无须承担损失。金融部门要想将高级经理层或者风险经理没有意识到的小概率尾部风险内化，有一个方法是将每个年份部门奖金的很大部分以有附加条件的契约形式加以保留。留到以后的年份，根据部门的持续表现逐步以补偿性收入的方式兑现——这个建议早在银行家的奖金问题成为政治化的皮球被踢来踢去之前我就提出过了。简单而言，如果交易员今年获得了大笔奖金，那么这笔奖金中只有一部分会在当年兑现，其他部分会被银行保留并在一定条件下逐年发放，即如果该交易员后来没有将本年所赚的钱全部赔掉的话。这将让交易员保持长远的眼光，让他明白，在他获得奖金之前，任何尾部风险如果发生都有可能让他的奖金化为乌有，这样也可以刺激他规避面临的风险。

当然，这样的薪酬结构只有在交易员清楚地知道他涉足了尾部风险的情况下才有效，如果他无意中被诱入这种风险，那么这样的薪酬结构就无效了。

让高级经理承担投资风险

上述控制尾部风险的办法假定公司的高级经理层希望降低这种风险，但我在前面已经讨论过，一些首席执行官可能没有降低尾部风险的动机，原因可能在于他们与其他公司经理层竞争的愿望，以及由政府介入预期带来的对下行风险的认识不足。一些银行界老手很喜欢回忆投资银行业盛行合伙制的时光，那时候合伙人对他们所有的资产负全责。现代银行的规模和在世界范围内的扩展使得恢复合伙制十分困难，因为合伙人的相互监督蕴含着过度的风险行为。另外，强制银行缩小规模也不一定能够提高安全性。我们也看到仅仅给予经理层公平的奖金是不够的，因为尾部风险在爆发之前能够给他们带来巨大的收益，而爆发后的损失对他们个人而言很有限。

有效的做法也许是将一定的风险负担放到高级经理层身上，而没有必要让所有人都卷入风险之中。比如，斯夸姆湖金融监管工作组（在这次危机后由达特茅斯学院的肯尼斯·法兰奇教授组织的一个提供改革方案的独立研究机构）的建议就提到，不仅可以保留部分高级经理的奖金，以备在未来出现损失时扣除——就像我上一节提到过的带有附加条款的契约一样，而且还可以在公司将来不得不接受紧急援助时，将这些保留的奖金扣除。因此，保留这部分奖金的效果就像有特定作用的普通股票一样，将会让高级经理层十分谨慎地对待紧急援助。

金融公司的董事会本应该是管理不善的另一个监督者。但是即便涉足尾部风险并不符合股东的利益，银行董事会可能也并不是阻止该风险的有效力量来源。董事会成员在真正独立时，一般而言得不到足够的信息，而当他们不独立时，他们对管理层就无法施加影响。比如，雷曼的董事会成员都是一些非常值得尊重的独立董事。但是，当它在 2008 年申请破产时，其董事会的 10 个成员中有 9 个都退休了，其中 4 人年龄在 75 岁以上。一个是戏剧出品人，另一个是前海军上将，只有剩下的两个人有金融从业经验。尽管高龄并不意味着能力不足，但是它与现代金融的肉搏形态是不符合的。这样的董事会对于雷曼的风险监管作用显然是有限的，更何况其下属的风险委员会每年仅开两次会。

董事会可以通过引入金融服务领域的专家和华尔街以外的专业人士来增强监督能力。进一步说，如果公司内部的风险管理经理被要求对董事会进行常规性汇报，那么董事会的信息掌握情况就会更好。董事会下属的风险委员会也应该设置一个常规性的会议，这个会议高级经理层不能参加，而由全公司的各部门经理共同讨论公司范围内的风险问题，这样，公司的各个部门都能够从交易前沿的从业者那里对正在涉足的各项业务有一个了解。当然，如果有能力的董事会与高级经理层一样被同样的利益所驱动，那么我们将不得不寻找别的办法来制约风险。

那么，银行监管者是否能够作为董事会之后的第二道防线，对高级经理层涉足的风险进行监控呢？一些评论员，包括著名的艾伦·格林斯潘，对于这些监管者扮演此角色的可能性持怀疑态度。尽管具有更高的工作稳定性，监管人员的薪酬却比私人部门的管理人员低得多。除了那些真正对公共服务这项事业具有热情的人以外，监管人员一般要么不那么聪明，要么是极端风险规避者，这两者对于私人部门的风险规范都没有什么帮助。然而，监管者拥有两种力量，能够帮助他们对私人部门的风险进行有效监控：首先，他们有不同于私人部门的动机，更注意小概率事件所带来的风险；其次，他们能够从整个金融产业的各个公司搜集数据，从而看清风险积聚领域。因为尾部风险最致命的地方在于整个系统暴露其中，所以信息充分的监管者能够监控整个金融部门的风险暴露程度，并警告那些超过行业平均风险水平的公司停止类似交易。关键在于，监管者要找到平衡——既不要过于频繁地以自己的判断代替公司的判断，也不要太过自由放任，忽视系统风险的积聚。

要想让这样的系统良好地运行，我们需要更好的信息披露。现在，极少有金融机构能够每日更新它们的风险暴露程度：如果利率上升 25 个基点，如果意大利政府债券信用评级降低，如果俄亥俄州的一家银行被监管者查处，接下来市场会发生什么？信息更新滞后的后果之一就是让监管者也处于不知情的状态。当美国国际集团已经深陷次贷泥潭无法脱身时，正在处理雷曼破产问题的监管者似乎才刚刚得知美国国际集团有问题——这部分是因为美国国际集团通过购买小额储蓄和贷款，以及确保自身交易行为在监管界定范围之内，从而让自己处于较弱的监管之下。在现代，对于监管者而言，无知就是没有觉察。许多获取和分析信息的过程是可以自动进行的。通过提供标准化程序和模型对风险暴露程度进行计算，监管者能够持续获得这些信息。标准化对于非流通证券、资产、职业是非常有用的，因为现在每个金融机构对价值和风险的计算都有一套自己的办法，所以它们的报告之间没有可比性。

当然，监管者很少能够在过度管制和自由放任之间找到恰当的平衡。政治压力往往让他们在市场繁荣期过度放松管制，在市场衰退期又过于保守，这恰恰与其应有行为相反。如果将他们搜集的信息公开，就能够为公众提供监督监管行为的途径。比如，一旦关于总体风险水平和个别金融公司风险水平的信息被整合在一起，在一定的时滞之后，市场就能以一种有益的方式分享这些信息。当风险水平超标时，监管者就必须对其作为或不作为作出解释。

监管部门通常不愿意公开市场风险水平的过多细节，因为它们害怕引发公众恐慌，而这正是它们想要尽力避免的。然而显而易见的是，当公众对银行运行状况产生担忧时，公开银行的风险水平是一个错误的时机。开始公开这一信息的正确时机应该是在某个市场处于常态、不会发生恐慌的时间点。从这一时间点往后，如果信息对公众的公开常规化，那么公众就能够对金融机构产生稳定而健康的压力。

对公众信息公开能够在尾部风险早期就对其加以控制，因为只有在公众不了解公司风险水平的情况下，早期尾部风险才能为金融部门带来巨额利润。债券持有人一般而言不会喜欢这样的情况：上个季度过亿美元的利润是基于价值上万亿美元的小概率风险的。

让债券持有者明白，风险投资是要付出代价的

对公众的信息公开可以通过金融债权人对相应公司的过度风险行为进行监督和审查实现。当然，股票持有人能够从尾部风险交易中大量获益，他们实际上可能喜欢尾部风险，只要金融公司的资本率相对于公司规模而言较低，他们没有什么可损失的。因此，更高的资本率是停止过度投机的必要前提。下面，我建议一些融资的方法。同样，正如我前面指出的，很多债券持有人——不只是已投保的储蓄者，还包括那些长期的无担保债券持有人——认为他们最终会得到政府的援助，因此在金融公司进行更高风险水平的投资时，他们所要求的利率并没有相应上升。如果让债券持有人承担下行风险的话，他们则可以对风险行为实施有效约束，因为对未来损失的预期会

反映在他们对金融机构更高的利率要求上。

当某金融公司进行更具风险性的投资时，如果其大部分债券利率也相应大幅上扬，它们的利润就会随之减少，经理层和董事会就有可能停止这样的风险行为。至少，这样的利率增长将会向公众和监管者发出强烈的信号，让他们知道该公司正在进行大量的风险投资。金融监管改革的原则应该是确保金融机构的大部分债券持有人知道，他们会为所持有债券的金融公司的风险行为付出痛苦的代价。

但是，当某一风险变得极具系统性，市场普遍认为政府会在风险爆发时介入支持时，股票持有者和债券持有者就都不会太担心了。在这种情况下，经理层与股票持有者或债券持有人一起将风险投资行为看成了利益最大化的行为。如果某金融机构对整个系统的影响太大以至于政府不能让其破产，那么该金融机构不当操作所造成的损失就不会仅仅让其投资者承担。这种情况实际上鼓励了尾部风险行为的发生，因为该公司在市场景气好的时候赚了很多钱——每个人都从像美国国际集团这样会得到政府支持的公司购买尾部风险保险——如果尾部风险不幸发生，那么美国国际集团会跑去向政府要求援助。让我们一个一个地考虑上述情形。

政府对市场的介入

由于政府直接地通过联邦住房管理局和吉利美，或者间接地通过房利美和房地美介入抵押贷款交易，住房贷款市场，特别是次级房贷市场一定会在风险爆发时得到政府援助。同样，美联储和财政部最终援助了那些涉足流动性风险的大银行。

很清楚，在这些情况下减少尾部风险行为的办法是尽可能地减少政府介入。除了中产阶级已经习惯政府的间接住房补贴这一事实以外，没有任何内在原因让政府必须介入住房贷款市场。政府对房利美和房地美的监管，通过打破垄断和创造一些私人机构，让市场有机会真正创造出没有间接政府保障的私人部门住房贷款。同时，联邦住房管理局和吉利美应该稳步缩小规模。尽管一些人认为私人部门的浮躁——目前次级房屋贷款枯竭是这种浮躁的证据之一——是政府介入市场的原因之一，但是这次危机中住宅价格冲高到无法持续的地步以致私人信贷枯竭，其背后的部分原因也正是政府的介入。

同样，除了政治压力以外，没有其他因素让美联储通过零利率的手段让市场上流动性泛滥，进而让我们经历一个又一个的泡沫。具有讽刺意味的是，美联储充分吸收了大萧条的教训——让银行破产不是个好主意，它反过来被银行所挟持。我在第九章将要讨论的一项改革就是创造一个更强大的社会安全网。这样一来美联储的压力会减少一些，因为在以往，当经济困难时，只要就业没有增长，美联储就会一直采取刺激性的经济政策。

此外，货币政策的实施应该把对私人部门风险行为的影响考虑进来。金融稳定与就业和通货膨胀控制同样重要，应该成为美联储职责中一个更为明确的部分。美联储应该问问自己，即便经济仍处于困难之中，名义利率是否还是有可能太低了呢？19世纪的《经济学人》编辑沃尔特·巴杰特喜欢作这样的阐述：“英国可以忍受很多事情，但它不能忍受2%的利率水平。”同样，没有人能够忍受接近于零的利率。当美联储将短期利率降到极低水平，特别是在通货紧缩前景尚未明朗而只是一种可能性时，储蓄者会转而去投资风险更高的资产，这就会使风险资产的价格上升而风险收益下降。一个极低的短期名义利率推动了风险投机行为并且导致价格泡沫膨胀。但是，不清楚的是，在促进公司资本投资和就业增长方面，极低的利率与一个稍高一些但仍属于低水平的短期名义利率相比，前者是否更有帮助。

而且，如果美联储处于不得不大幅降低利率的状态，它应该准备好，当这种紧急状态结束后，将利率提高至高于市场决定的水平。这样的利率政策对那些维持资产负债表良好流动性的银行有利，而且会阻止那些导致流动资金链过于紧绷的市场行为。它也会让美联储停止以储蓄者利益为代价救助负债者的介入行为。

不管哪套建议都不会很容易地被采纳——从住宅市场上退出或者实行更为公平的货币政策。包括房地产开发商和信贷机构在内的利益集团希望看到住宅市场上持续的政府介入。难道我们应该等着下一次更大的危机来让政府退出吗？同样，货币经济学家和中央银行家们（这二者往往是一回事）会认为利率应该只与实际市场行为挂钩，而所有想将利率与除此以外的任何其他因素相联系的想法都是疯狂的——本 · 伯南克在 2010 年 1 月 3 日举行的美国经济学会年会上的演讲里已经充分地表明这一观点。但是，正如我们已经看到的，金融部门能够对实际市场行为产生报复性的恶果。我们已经犯了错误，我们没有注意风险行为，这样的错误，我们不能再犯。

“大而不能倒”应该扫进垃圾堆了

市场没有对大举涉足尾部风险的金融机构进行惩罚的原因之一在于它们对整体系统太过重要，以至于政府不能眼睁睁地看着它们破产。通过在危机后对几乎每一个大型银行进行援助，其中包括那些最具争议的已经从美国国际集团购买了保险的大银行，政府的行为再次印证了上述观点。但是，政府不能被金融机构或者金融市场看成是一个会轻易上当的机构。因此，改革议程上最重要的项目之一是确保任何私人金融机构都不享有特殊的政府保护。

市场上某些特定经济实体具有系统性影响，因此不可能让其破产，这一认知的广泛存在不仅会扭曲动机，而且相对于那些不被保护的经济实体，它们就拥有了竞争优势：它们能够承受潜在损失巨大的尾部风险，因为它们知道在风险尚未爆发时它们能够享受该风险带来的收益，而在风险爆发之后它们可以把损失转嫁到政府头上。同样有问题的是，市场投资者知道他们投资的那些机构受到政府保护，因此也就没有动力去限制过度的风险投机行为。因为尾部风险能够带来巨额的潜在利润，而风险带来的损失则有限（对于股份持有者而言），所以投资者会鼓励该风险行为：危机爆发前，风险偏好最强的银行在市场上的股价最高。因为债务持有者并不要求更高风险应该对应的更高收益，所以银行能够运用杠杆将赌注翻倍。最终，因为这些银行融资的成本更低，它们的规模变得更大，业务也更具综合性。它们也有动机去进行这样的扩张，因为这样它们会变得更具系统性。

当经济步入下行通道时，上述实体经济的问题就被认为具有太强的系统性，因而不能让这些机构破产。这样的结果是，尽管某些公司结构已经被不断证明无效，但资源还是被困在其中。随着这些金融机构对价值的破坏，来自纳税人的更多资源也被吸入其中。出于对政府介入的自信，这些机构会与政府玩“胆小鬼游戏”，拒绝采取措施，比如提高资本率，对风险进行更为谨慎的规避。

政府援助的政治后果也许会很严重。因为这样一来，政府就很难否认裙带资本主义的存在。除了已经阐明的挽救经济的目的，在以下两种动机之间没有清晰可辨的区分：是由于特定金融机构具有系统性影响，因此政府不得不出手援助，还是政府官员想要挽救朋友或他们曾经和未来的老板。假使阴谋论者有一个户外集会日，将与金融系统有任何关系的人都看成是腐败的，这将对私人企业系统的公众信心造成毁灭性的打击：这意味着有两套游戏规则，一套是给具有系统重要性的机构的，另一套是给其他人的。而这些阴谋论者的观点在一定意义上是有道理的：政府机构在判断某机构是否具有系统性影响时有着极大的腐败可能性。

我在前文中避免了这一说法：“金融机构太大以至于不能让它破产”。这是因为有些经济实体规模很大但结构透明简单，因而能够很容易处理破产事宜，比如经营家族共有基金的金融机构。相反，一些规模较小的企业反而能够导致系统压力的大规模上升——这样的金融企业包括背书市政债券的垄断债券承保人和贝尔斯登。规模以外的很多因素可能使得一个金融机构拥有系统重要性，包括市场的集中性、其他具有系统重要性机构的风险暴露水平、损失发生后债权人承担的部分在多大程度上会加诸资产本身，以及该金融机构与金融系统之间关联的复杂程度（这使得政府当局无法确定该机构破产后会引发的系统性后果，也不愿意冒险去承担这一可能的后果）。

应对这些问题有三种主要途径。首先，避免金融机构变得具有系统重要性。如果它们确实很重要，迫使它们创造其他的私人部门缓冲机制以减少对政府援助的需要。如果尽管有这些私人部门缓冲机制，金融机构的情况仍然恶化到一定程度，那么就让它们的破产程序变得更容易。我会逐一对上述途径进行讨论。

任何一家金融机构都是可以倒的

关于如何避免金融机构的系统性影响，存在各种各样的建议。最普遍的观点是防止它们在一定的规模以上继续扩张，这与前任美联储主席保罗·沃尔克的想法一致。尽管乍看起来很吸引人，该建议还是有缺点的。

尽管大型机构最有可能具有系统性影响，但是规模既非必要条件也非充分条件。虽然贝尔斯登被认为关联众多因而需要援助，但是根据很多种计算方法，贝尔斯登的规模都不算大。从另一方面来说，共同基金先锋集团管理着超过 1 万亿美元的资产，但是它却不具有系统性影响。所以规模的各个方面不是同等重要的。

更进一步，即便我们能够清楚地指明规模中造成麻烦的因素，通过对资产、资本、利润等作为标准的部分进行缩减，银行也可以避免任何规模上的限制。粗糙的规模限制可能使银行停止很多金融活动以规避监管，在最糟糕的年份里再恢复这些交易活动（同时也会体现在资产负债表上）。有很多隐蔽资产规模的合法手段。银行可以将资产放在资产负债表以外，并为表外资产作担保，正如最近的这场危机中所盛行的做法。作为替代的方法，如果将资产作为衡量标准，我们需要推动银行尽可能地缩减规模，但这不是获取安全性的良药。如果将利润作为衡量标准，那么我们应该让雄厚的银行把利润放在别处，同时允许弱小的银行进行扩张。

而且，规模大有很多优势。大型银行在多样化投资和吸引管理人才（包括风险管理经理）方面更具优势。尽管2万亿美元规模的银行由于经营不善给整个系统带来了大麻烦，但是如果100个规模为200亿美元的银行同时涉足相同的风险，给系统带来的问题会更大。重要的不是规模本身，而是系统内部风险的集中和关联程度，以及相对于资本的风险暴露水平。过去，由于某些经济实体规模太大，监管者对整个系统进行了援助——20世纪80年代对美国储蓄和信贷产业的宽容就是一个例子。

除去对金融机构的规模限制，监管者应该运用更为精巧的机制，比如禁止大型银行兼并或者鼓励有问题的大型银行进行拆分。像联邦贸易委员会这样的机构已经拥有了上述权力。尽管对于监管者滥用职权的担忧从未消失，但相对于对立法者和法院进行监督的难度，对上述权力的监督要容易得多。

已投保银行建议通过某种现代版的1933年《格拉斯-斯蒂格尔法案》来限制交易行为，经过进一步的考虑，这种方案也不具有吸引力。显然，一些大型银行的行为带来了更大的风险和不透明性。在可能的范围内，这些行为应该从合法的经济实体里分离从而避免将来损失发生时造成影响。比如，银行不应该在其经纪部门（这些部门发行证券、提供贷款、为客户进行理财，典型的是对冲基金）使用抵押的客户资产进行进一步的交易。客户资产与银行自身融资的混合降低了透明度、增加了风险，也是许多投资银行在本轮危机里发生挤兑的原因——客户试图在银行倒闭前取出他们的资产以免银行倒闭给他们造成损失。当然，这样的分离会提高银行借入资金的成本，但是整体来看还是利大于弊。

自营交易是另一项被谴责的行为，即银行利用包括政府担保储蓄在内的资产负债表建立投机交易仓位。批评者想要禁止这项交易的原因在我看来是错的，但是，限制这项交易确实是应该的，只不过我认为原因有所不同。批评者认为自营交易有风险。但很难将这看成此次危机的原因：银行并不是因为交易仓位带来的巨额损失而陷入麻烦的。银行的问题来自其持有的资产担保证券，而不是因为对它们的交易。地区性银行成批破产的原因是对商业住宅的贷款，却从没有人说过要禁止这一业务。只是因为一些交易看起来比另一些更具风险性，所以认为让银行远离这些交易就安全了，这样的想法是错误的。如果银行想要涉足风险交易，它们只需要在任何允许它们涉足的交易里选择风险更高的即可。比如，只要它们能够借入资金，它们就能够自由地向负债很高的企业继续提供不安全的、长期的“低门槛”贷款。关注点不应该是禁止某一特定的行为，而应该是限制它们的风险动机以及它们跟随其他银行进行风险投机的羊群效应。

尽管如此，还有一个原因需要我们寻找限制自营交易的方式。与各个公司有业务往来的银行往往能够获得大量的相关信息。这些信息从原则上来说应该被用于帮助这些客户，而不是被用于不利于它们的交易。就交易而言，银行拥有其他人不可比拟的信息优势：尽管为了防止将敏感客户或市场信息泄露给市场交易者，银行内部设有防火墙，但银行自己仍然能够使用这些内部信息。应该通过限制自营交易减少这种优势。我这里说“限制”是因为一些合法的行为，包括对冲和庄家行为，与自营交易很难区分。不考虑交易目的，而武断地对银行自身账户交易进行全面禁止是一种可能性，但是这种方法与其他任何不加选择的武断限制一样有着同样的缺陷。也许可以参考资本限制的方法，开始时采取武断全面的限制，随着时间推移，逐步根据实践经验放松管制。

防止金融机构变得具有系统重要性的最好方法也许并非对规模和交易行为的武断限制，而是通过监管者对机构间相互暴露和系统风险集中度信息进行搜集和监督。通过指令和控制，监管者可以确保系统不会过度暴露于单一风险来源或特定机构。监管者自身也需要被监管，因此，正如我之前建议的，在一定的时间之后，关于暴露程度的信息应该定期公布。比起规模或交易行为限制，这样的手段波动性和惩罚性较低，更容易执行，很可能也更有效率。

缓冲机制：让风险有一个缓冲区

无论政府如何避免金融机构变得具有系统重要性，某些金融机构还是会具备这样的影响力。一些机构也许会拥有特别的能力来主导特定产品市场和客户，另一些也许仅仅是比那些大机构更有效率。然而不管是什么样的原因，一旦某些机构被认为具备了系统重要性，它就会自动地在融资和销售方面获得优势。要抵消这样的优势，监管者可以要求这些机构拥有更多的权益资本。权益资本的成本很高，因此这种间接的征税（因为权益资本对于金融机构来说是比债务更为昂贵的一种融资方式）能够抵消它们的融资优势，而且通过创立额外的缓冲机制，使得这些机构成为纳税人负担的可能性更小。

正是因为权益资本比较昂贵，如果强加给银行的成本太高，它们会尝试逃避，所以监管者应该制定出资本缓冲机制的合适规模。监管者对额外永久性权益资本的要求可以低一点，而更多地强调或有资本——或有资本能够在机构或者系统出现问题时介入。或有资本的一种形式是，具有系统重要性的银行可以发行某种特殊债券，这种债券能够在银行资本率降低到特定值以下时自动变为股权。另一种形式是，杠杆化的具有系统重要性的金融机构应该被要求购买完全的抵押保险（从没有杠杆化的金融机构、外国投资者和政府手中），这些保险能够在出现问题时注入资本。

可转换的或有债务和资本保险都同样暴露于经济下行风险，而且，如果市场进行了适当的定价，二者都能够成为所谓的“矿井金丝雀”，起到很好的预警作用：它们能够反映出市场对于特定机构风险水平的判断。当然，如果特定风险被给予适当的定价，每个人都应该知道不管政府当局对别的机构如何，它都不会对这种风险带来的债权人损失进行补偿。政府当局之所以对于金融机构债权人进行补偿，原因之一是它们不知道这些债权是否被其他金融机构所持有，如果是，那么让这些债权人承受损失有可能加速危机的扩散。因此，更重要的是监管者要阻止任何杠杆化的金融机构进行或有资本转换或者进行资本保险（或者，持有其他杠杆化金融机构发行的未保险的长期债务）。作为替代，互助基金、养老基金、主权基金应该成为投资者的选择。

通过要求具有系统重要性的机构拥有更强大的缓冲机制，监管者能够降低它们利用自己这一特殊地位的可能性。如果某一机构通过资本缓冲基本实现自身破产保护，那么政府介入的预期就不会给它带来太大的额外优势。

让金融机构更容易清盘

在危机中，不管监管如何完善，不管缓冲机制如何充分，一些具有系统重要性的公司还是会面临资本不足和濒临倒闭的境地。如果它们的一些特定行为对整个经济体的健康具有根本性的作用，我们需要找出办法来“清盘”——让投资者承担适当损失的同时保持核心经济活动继续运转。这一清盘机制的关键目标之一是让债权人承担部分损失，这样他们就不会充满信心地指望政府在必要时介入，也不会在股权所有者进行尾部风险投资的时候放弃额外风险溢价的要求而保持沉默。

对非银行金融机构或者拥有多家银行的公司，监管者目前并不具备实施上述清盘机制所需要的“清盘权”，而通过一般性的破产法律程序耗时又过长。因此，对于监管者而言，最根本的是要获得权威，从而有效地发挥破产法庭的功能。破产程序缓慢的原因之一在于法庭首先需要界定企业的所有资产和负债，然后才能决定什么被保留而谁应该承担损失。在简单的银行结构中，所有这些信息都是很清楚的。但是具有系统重要性的机构一般而言其结构非常复杂。这种复杂性的一部分是随着时间通过并购和拓展海外分支逐渐积累的，一部分来自避税行为和对监管的规避行为，还有一些则来自不规范的管理。雷曼在破产时拥有的分支机构高达600余家。

清算这样的一家巨型金融机构在今天简直就是一场噩梦，更别提还要快速地完成了，因此援助看起来是唯一可行的选择。然而，还有一种出路是将这项任务交给金融机构自己。每一个具有系统重要性的金融机构都应该与监管者定期会面讨论其“生前预嘱”，即一项在危机发生时能够使其被快速清盘的计划——理想状态下是一个星期内。这样的计划在细致度和及时性上大大提高了金融机构记录自身风险暴露水平的要求，要满足这样的要求很可能需要更好地利用相关技术。为了防止流于形式，“生前预嘱”计划的许多细节应该以容易理解的形式对公众和市场公布。

由于要预计到所有的意外情况几乎是一件不可能的事，“生前预嘱”计划可能只被有限运用在指导特定机构的实际清算过程中。然而，它却大大有利于简化银行结构。进行“生前预嘱”计划的需要，不仅仅给了金融机构与监管者合作降低组织复杂性和简化解决机制的动力，而且促使管理层在繁荣时期考虑到小概率事件，从而帮助银行避免突发事件带来的昂贵代价。更为重要的是，这能够让市场知道政府当局会允许具有系统性风险的金融机构破产。当这场危机逐渐过去，这个信息的传达是最为重要的。

应对无法预知的意外事件

前面我们已经讨论了如何减少尾部风险行为，以及让具有系统重要性的机构破产的相关问题，现在让我转向无法预知的意外事件的可能性。到现在为止，我已经探讨了减少由委托代理行为造成的危机的方法。但是，我们也必须对不可预见的大事件和环境变化所造成的危机的可能性进行讨论，我们必须清楚地认识到即便有着世界上最好的激励机制，错误、非理性的信心加上坏运气还是会让危机再次降临到我们身上。我们必须为经济系统找到比不作为更具弹性的办法，即不管问题的来源是什么，始终维持经济活力。几乎可以肯定的是，下一次危机的触发点不会再是次级抵押贷款证券了。换句话说，我们不仅仅需要执行防火规范以避免火灾发生，我们还需要装配洒水车。

掌控资源的获得

显然，资源对于处理任何危机来说都是十分重要的。在现在的危机中，工业经济体之所以没有步入曾经发生在新兴市场身上的典型宿命，原因之一就是它们的政府能够对银行债务进行担保，进而压制了恐慌的发生，而且其政府的承诺是可信的。然而，这场危机已经扩散到了大部分工业国家的金融领域，其中许多政府丧失了其顶级的信用评级。要为以后的突发事件再次做好准备，它们必须通过偿还债务恢复政府的财政健康。这要求它们增加税收、减少支出，同时又不能对经济增长造成太大的负面影响。在下一章，我会就美国在这方面的经济政策进行更详细的探讨。

尽管拥有应对危机的资源十分重要，但是使这些资源随时待命并不总是一件好事。现在引起争论的提议就是让政府和中央银行能够容易地获得资源进行救助，从而避免像2008年美国国会通过《问题资产救助计划》之前的几周所发生的市场恐慌再次发生。这样的行动可能是一个错误，因为它为救助提供了合法性。如果国会批准了救助计划，提供了救助资源的可获得性，那么财政部长还会让任何一个大型金融机构破产吗？我们不应该让救助危机的资源获得程序变得更容易。正如沃尔特·白哲特所感受到的一样，系统性金融机构和市场对于问题发生后的状况应该是不确定的。让国会对是否救助进行辩论，显然增加了这种不确定性和一定程度上的监督作用，而且国会表现出了在必要时采取行动的能力——尽管在国会发言人正式宣布救助计划之前，财政部长几乎要下跪恳求国会通过救助法案。为了给其他人树立先例，在拯救一切的骑士到来之前，让一个或两个大型金融机构经历这样沉重的压力，甚至让它们破产，并不是一个坏主意。

不能把鸡蛋放在一只篮子里

如果一个系统过于依赖单一机构、市场、监管者或者规则，它就会变得脆弱。我们需要真正意义上的多重选择和多样化——任何金融服务都应该有多项途径可供选择，而且对其中的某项途径不应该有过多的依赖。比如，随着次级贷款市场的升温，太多的投资者开始依赖于评级进行决策。这些评级由不同的评级机构提供，投资者可以对不同的抵押贷款证券进行多样化投资，这些都不重要，危险的是评级过程本身。当评级系统开始遭受质疑时，整个市场崩溃了。要提供真正意义上的多重选择和多样化，我们不仅需要证券化过程中各个环节的多种参与者，也需要证券化以外的进行抵押融资的多样化途径。

获得多样化的一种途径是在不同的金融机构间采取统一的规范。比如，欧洲的银行发行担保债券，其实质是基于抵押贷款池的债券。它与抵押贷款证券是类似的，除了一点，即在抵押贷款池不能偿付债券时，担保债券的投资者可以要求银行偿还。美国的银行没有采纳将抵押贷款的大部分放在表外，而在问题发生时将其转移到表内的做法，它们选择了将抵押贷款证券化。事后来看，担保债券的做法可能让抵押贷款的持有更加透明，也激励银行更加小心行事。但是资本要求更鼓励表外工具。不同金融机构之间更统一的轻度监管实际上为制度多样化留出了更大的空间，并使监管行为更有效、自由裁量更少。

但是，我们应该认识到，当更多的机构被统一到同样的监管保护下时，我们同时又为另一个错误打开了大门：如果监管者犯了错，那么这一错误会影响到更多的机构。比如，如果全世界的监管者对优先抵押贷款债券都只要求很少的资金储备，那么全世界的银行都会大量进行这种交易，并同时遭受巨额损失。相反，许多大型对冲基金却没有涉及上述证券交易，部分原因是它们的活动不在资本管制的范围之内。由于被监管者会跟随监管者犯错误，因此监管错误的伤害性很大：监管者监管的范围越宽，其所犯的错误造成的后果就越严重。

因此，这是一把双刃剑。当我们把监管之网撒得更大时，我们能够确保没有金融机构受到特殊待遇或者被歧视，而且最适合特定交易的金融机构总是能够获得该交易的市场份额。但同时，我们也使监管错误的影响变得更大。缓解这一问题的途径之一是避免监管者在规则制定中过多地进行裁决，比如，特定交易所需要的资本储备。轻度的、有效的监管在错误发生时造成严重后果的可能性更小。

逐步淘汰存款保险制度

最终，为了确保多样性，我们不应该让任何特定的机构拥有特权。银行享有的特权的主要来源是存款保险：如果某一金融机构的融资来源碰巧是某一种特定的活期债务形式——存款，存款是完全由政府存款保险机构所担保的，其所需要的保费只是名义上。没有其他的机构享有这种短期债务的保险。

我前面提出过是否可以限制为银行提供保险的问题。也许更好的问题是，银行是否应该享有存款保险。在现今全世界的政府都在为所有的银行存款进行背书的情况下，提出这样一个问题显得有点奇怪。但是这正是我提出这个问题的原因。存款保险原本并不是通过防止银行挤兑来压制市场恐慌的手段，正如我们现在所看到的，政府才是这项任务的承担者。但是，政府却只是保护了个别的银行不受市场规则约束。换句话说，既然政府在各个角落都进行着间接的担保，难道我们不应该在尽可能的情况下取消那些看得到的直接担保吗？

过去，存款保险存在的原因之一是为普通家庭提供一种安全的存款方式。今天这种逻辑已经不适用了——对短期国库券进行投资的货币市场基金能够提供这种安全。一只多样化的货币市场基金投资于高评级的商业票据，并且按照市价进行估值，这几乎已经与存款保险同样安全，并且不会像其他没有按市价估值的基金一样在危机中遭受损失。

另一个重要的原因是存款保险能够确保支付系统的相对安全，这个系统不会被不规范、不安全、未保险的资产影响，进而崩溃。但是随着科技的进步，比如实时支付结算系统的产生，可以保护支付系统不受任何支付者违约的影响，尽管这样做的理论依据并不充分。

存款保险确实有助于帮助小型的、没有进行多样化投资的银行。这些银行对于地方信贷而言是很重要的，比如对于小型的蛋糕店或者玩具店，小型银行具有一定的经济和社会价值。一种可能性是对中小型银行保留存款保险，而它们需要支付一定的存款收益，对于大型银行则要逐渐减少直到完全消失。

显然，如果银行被认为“太大而不能倒”，取消存款保险是没有实际意义的，因为这些银行无论如何最终都会得到政府援助。英国存款保险系统是局部性的，但是却没能防止英国北岩银行的挤兑风波，也没能阻止政府最后的介入。取消存款保险的关键在于让储蓄者在事实上造成银行“太大”之前，对这个问题进行思考。与英国的储蓄者不同（所有银行存款都是被部分保险的，因此在大型银行的存款会安全得多），在我的建议中，大型银行的储蓄者拥有以下选择：选择小型银行，得到全额的保险；选择大型银行，基本得不到保障。这样的措施能够对一些有严重管理问题的大型银行设置限制，同时也能够平衡参与游戏的各方。

逐步取消存款保险并不意味着取消监管。因为当金融部门真正出现严重问题时，政府最终还是会介入的，因此政府必须对金融机构进行监管。但是，可以基于大型机构的资本结构（资本规模和短期债务）和资产性质（持有的非流动性证券和非流动性贷款），对它们进行更为统一的监管，而不应该像以前那样基于是否拥有银行业从业执照。

取消存款保险并不容易。今天，很少有储蓄者能够想起存款曾经无法保险。然而，不被保险的银行曾经存在过几百年。随着确保家庭投资和支付方式安全的替代方法（比如货币市场存款账户）的产生，再加上危机过后银行已经受到充分保护了，也许我们应该淘汰这种过时的特权了。

恺撒的妻子

在作出结论以前，还有最后一个问题需要讨论。我已经集中探讨了一些措施来确保政府不会轻易对特定市场或私人机构展开救助。我假定政府就像恺撒的妻子一样，是值得信任的。而根据在博客圈进行的一项快速调查（要承认这不是一项无偏差的样本），公众普遍担忧政府并非如此可信，而且其中一些担忧是很有道理的。当某个美国财政部雇员从历史上最大救助基金的管理职位直接跳槽到世界上最大的债券基金公司时，当另一个财政部雇员从金融救援的组织工作直接跳槽到最需要救助的银行之一的经营职位时，公众对政府的信任自然会打折。不管个人的出发点是否值得尊重（我绝对相信其值得尊重），或者不管新雇员多么小心地避免利益冲突，这种交易总归是说不清楚的。

不仅私人金融部门对于这样做的政治后果置若罔闻，其政府部门中的关系网显然也没有能够理解这一困境。在常态下，政府和私人部门之间的"旋转门"使世界范围内的政府部门总能够吸引到大量的人才，即便其支付的薪水总体来说偏低。而且，一般来说，在这种"旋转门"之间转换的利益冲突很小。但是在经济下行期，利益冲突就可能很大了：政府的金库是完全打开的，一支签字笔和一把钥匙就能够决定数十亿美元公众资金的流向。因此管理这一"旋转门"的规则必须被重新审视。

还有一个更宽泛的问题，即政府行为是否过度被华尔街影响了。我相信当华尔街金融机构的关系网占领政府或者美联储的重要职位时，他们会做他们认为对美国最好的事情。但是当他们根据由华尔街训练出来的思维方式和他们所咨询的华尔街同行们的意见进行思考时，他们会想些什么呢？相比于裙带资本主义，认知的俘虏是对这种现象更好的一种描述。这种纽带需要打破，途径之一是通过雇用华盛顿和纽约之外的人才，甚至雇用金融领域以外的人才，来填充财政部的关键职位——比如职业监督员、具有金融从业经验的公司行政人员，甚至学术界人士。多样化是改善信任问题的关键。

这样的救助以后再也不会发生了

我们怎么能够在保留金融民主化的好处的同时确保金融系统警惕过高的风险呢？在这一章里我的建议并不极端，不像进步论者建议的那样抛弃私人部门，也不像右翼意识形态者建议的那样抛弃政府和监管部门。问题出在私人部门和政府的连接处，即断层出现的地方，但是，既然我们不能抛弃任何一边，现实的改革就必须在两者的结合处展开。我们正处于这样一个位置，我们寻求前进方向，得到的回应却是："我们不能从这里出发"。

金融部门已经最大限度地利用了政府为推动住房贷款和就业而为它们提供的间接担保，最终却结结实实地摔了个大跟头。政府已经尽最大的努力对市场进行救助，实际上，做得已经有些过头了。现在政府的责任是让金融部门相信，这样的救助以后不会再发生。

但是现在政府还没有从房地产金融领域撤出，实际上，目前政府卷入得更深了。即便政府是出于政治原因对特定市场和金融部门进行支持，它也必须让金融部门相信，没有任何一个经济实体是由于具有系统性而不能破产的。因此，金融部门改革的关键问题是，我们如何让私人部门再次对风险进行正确的估价，而不再理所当然地认定政府最终会介入进行救助。本章中讨论过的一些建议提供了一条可能的路径。

重要的是，必须使信息透明从而使公众可以监督政府或监管者与金融部门之间的关系。我所提倡的大部分措施可能不满足一些人希望的剧烈的变革。但是正如贾斯丁·路易斯·布莱德斯在1922年的一封信中所言："不要相信你能从对社会进行根本性变革中找到对付不良境况或不道德行为的全能药方（就像国家社会主义者所说的），也不要对立法有太大的信心。为改革所设立的特定机构将会完全为敌人所控制，并成为镇压的工具。”他所提议的替代措施正是我们今天所说的“透明”，在他的信里他使用了“公开”一词：“公开是一个值得推荐的治疗社会和工业化疾病的良方。阳光是抵御细菌的最好办法，电灯是最有效的警察。”

现在，我将转入美国经济所需要的改革步伐，重点讨论如何提高良好教育的可获得性和如何巩固安全网。

FAULT LINES

HOW HIDDEN FRACTURES STILL THREATEN THE WORLD ECONOMY

第九章 任何人都应该公平地获得机会

在第一章中，我指出在美国由于工资增长相对停滞所造成的压力跟许多发展中国家的情况一样，它导致美国政客们将扩大信用作为权宜之计。次级贷款只是这一问题的表象，真正的原因是许多人面临经济机会的缩减。

从纯粹经济意义上来说，并非所有形式的收入不平等都是有害的。更高的工资使更有才能和更勤奋的人获得更多回报，区分出经济中需要更高技能的工作，也向年轻人传达出某种信号，让他们知道投资于自身人力资本的好处。忽视不同劳动者边际贡献的工资水平的强制平均化，会使人们丧失工作动机并且导致资源的错误分配。

但是，如果人们认为通往高工资的唯一路径是出生、影响力、运气，甚至是欺骗，那么工资水平的差距可能不会是刺激人们努力工作的动力。当努力不再能得到相应收益时，为什么要努力呢？的确，正如政治经济学家阿尔贝托·阿莱西纳和乔治·马里奥斯·阿格雷托论述的，在民主社会里，对于工资或财富水平的认知能够产生一个自我复制的模式。如果一个社会相信高工资是培训和努力的结果，那么它对高收入者的征税就会少一些，进而确保人们有获得技能和付出努力的强烈动机。如果一个社会相信高收入来自关系、机会，或者欺骗，那么它就会对收入征收重税，而且很少有人会努力工作，而那些有关系的、幸运的以及欺骗他人的人会越来越多。

美国的全体选民好像很乐于接受对富人征收重税的观点，造成这种结果的原因之一是他们对于富人是谁的认知发生了改变。不久之前，美国社会典型的富人是当地白手起家的企业家，比如汽车零售商和电影院所有者，他们跟当地其他人一样曾经上过同样的高中。而今天的富人是那种让人有距离感的、薪资过高的首席执行官、贪婪的银行家，或者是进行大量内部交易的对冲基金经理。对他们的成见和认知很重要：富人不再是我们中的一员，而是“他们”。

不管从现实上还是认知上，美国都需要防止社会进一步的两极分化。执行这一任务的具体方法很重要。如果大多数人经历的工资不平等扩大是像我在第一章中所论述的那样源于高人力资本的工人相对稀缺的话，那么对这一不平等的社会反应就是提高劳动力的人力资本水平。仅仅靠征收重税来将工资平均化，对于解决问题没有什么作用，并且会降低人们努力工作或获取技能的动力。因此我认为减少不必要的收入不平等的最好方法是降低人力资本培训资源的不平等性。

机会的公平能够减少冲突的发生。比如，如果富有的家长可以让他们的孩子上更好的高中，最终上更好的大学，而贫穷的家长却不能，结果就会导致穷人对富人的容忍度越来越低。除了贫富之间不断增长的冲突之外，机会不平等还可能导致对扩大机会的经济改革的抗拒。比如，没有机会上大学的贫穷城市工人对于有助于小企业创业的改革可能没有兴趣，因为他无论如何也没有机会获得这样的贷款。

我们在政治上的取向取决于我们的立场：如果我们处于完全不同的位置，那么我们就很难聚在一起作为一个社会作出互利的决定。而且在发达国家和发展中国家之间，比机会平等程度之间的差别更重要的，是各自社会中的政治共识，以及由此带来的采取行动以短期痛苦确保更好的未来的能力。社会的不平等会导致事实上的不平等，并会破坏社会共识。尽管这一章聚焦于美国，但这里探讨的问题对很多国家都有参考意义，包括像中国和印度这样的发展中国家。

问题在于，任何提高机会可获得性的政治经济成本——比如为贫困家庭的孩子提供更高质量的学前教育——都只是铺垫性的，其好处要在未来才能显现。很难让公众以及政治家对这样的行动产生兴趣，特别是在目前公共财政拮据的状况下。但是，如果在这方面无所作为，不平等会自动复制。以后再来处理这一问题的成本会越来越高，而且许多公民也会由于缺乏必要条件而不能创造高效的生活。换句话说，目前的状况继续下去会使成本不断增加。

在寻找解决办法的过程中，我们应该拒绝两种看似具有吸引力但是非常危险的观念。其一是政府支出能够解决任何问题。事实是只有在很少情况下资金缺乏才是关键性因素，正如发展中国家中发生的一样。如果没有腐败发生的话，政府的大笔资金会挤出私人部门的投资。但是，这并不意味着所有的社会问题都能通过自发的私人行为来解决，这是另一个危险的观念。政府的努力（有时是资金方面的）在协助个人和社区方面能够起到关键的杠杆作用。我们一次又一次地看到，成功需要市场关键参与者聚集起来，更广泛地界定问题所在（因此也能找到更多的解决办法），重新激发所有参与者共同协作的动力。

提升人力资源质量

正如我在第一章中所描述的，人力资本指的是一系列素质和能力的集合，包括健康、知识、智力、态度、社交能力、同理心等铸就一个具有生产力的社会成员的要素。学校教育、家庭、社区都是其中的影响因素，要让一个孩子从教育过程中得到最大的收益，需要付出很大的努力去培养他们的价值观和学习态度。而一旦个人完成了正式教育阶段，雇主在推动雇员的继续教育和鼓励他们在工作中继续积累人力资本方面会起到十分重要的作用。工作过程中的个人发展将随着我们工作年限的增长而变得越来越重要，现在，一个典型的知识型员工在完成正式教育阶段之后，可能差不多会工作 50 年。在接下来的篇幅里，我会对改进人力资本质量的一些重要途径进行描述。

早期的劣势

一个人成功的基础很早就奠定了。对于遗传基因，我们无法改变，但是怀孕期间和儿童早期的营养对于孩子成人后的智力和健康有着很大的影响。儿童早期的营养不良被认为与晚年的衰退性疾病有关，比如冠心病和糖尿病。孕妇的不良习惯，比如抽烟和喝酒，会对子女的健康造成长期性的损害。不幸的是，这些问题更容易发生在贫穷和缺乏教育的家庭，这实际上使得贫穷成了恶性循环。要打破这种循环，就应该将更多的资源用于贫穷家庭孩子的早期培养，可以采取营养补贴、医疗服务以及对父母进行教育等形式。

早期教育也很重要。根据一般的标准，在 8 岁以前，儿童的智力发育已经基本完成。因此，对于儿童来说是否能够接受高质量的小学教育和学前教育是极其关键的。研究表明，儿童早期学习项目会减少将来从高中退学的可能性，提高进入大学的概率，进而增加他们的收入。同时，也减少了儿童将来成为流氓、罪犯、瘾君子，或者少女妈妈的可能。

“提前开始”计划是美国的一项全国性儿童发展计划，主要通过为儿童提供教育、健康、营养、社交机会等服务加强儿童发展以做好学前准备。尽管该项目的效果还不清楚，但是从本地实验和常规评估的角度来看，由政府资助的为贫困儿童提供幼儿园和学前教育的项目应该会产生效果。墨西哥在这方面有很好的成功经验。通过设置一定的标准并为符合要求的贫困家长提供福利补贴，墨西哥成功地鼓励这些家长在孩子的营养、健康、教育等方面投入更多的精力。纽约市长布隆伯格也利用捐赠基金采取类似的现金转移手段来实施类似的计划，但现在得出其是否有效的结论还为时过早。不过，类似计划在世界范围内取得的成功将促使更多这样的试验得以实施。

家庭对儿童的成长也很重要。早在1966年，影响广泛的《科尔曼报告》得出结论认为，家庭背景对学生在校表现的影响比学校环境，包括学校对每个学生的平均支出等更为重要。而在家庭对儿童的影响因素中，重要的不只是家庭收入，还有父母之间的关系，这二者影响到家庭对资源的获得及其能为孩子提供的环境。如果父母是十几岁的青少年，或者成长于单亲家庭，这样的孩子成功的概率会小一些。同样，这些问题更容易发生在贫穷家庭中。尽管政府在巩固家庭关系中起到的作用有限（政府绝对不应该像现在一样对已婚夫妇征收重税），在社区范围内更多地认识到少女妈妈、单亲家庭、父母离异对孩子的伤害，这可以成为一种促进改变的力量。

正如芝加哥大学诺贝尔奖获得者詹姆斯·赫克曼所言，通常情况下，孩子之间的差别在早期就已经决定了：大多数在18岁时表现出的能力差别在5岁时已经存在了。而且，儿童早期的可塑性是最强的，年龄越大，要改变能力和行为就越困难，代价也越大。因此，对儿童成长的早期介入对于孩子的未来成就具有十分重要的意义。

非认知能力的培养

介入并不仅仅意味着提高儿童的学习能力。学业的成功与职业生涯的成功一样，与毅力、决心、自律等非认知能力有非常重要的关系。而且，认知能力相对成形较早，非认知能力的塑造则是一个长期的过程。

好的学校能够灌输给学生好的价值观，这将对学生以后的生活起到好的作用。以往的研究表明，教会学校的学生通常比贫民区公立学校的学生更容易获得成功，这也许是因为教会学校能够让学生更自律、更积极。而公立学校中学生表现较好的则是所谓的“家长式”学校，这些学校纪律非常严格，学生不允许旷课，必须穿着规范，并且对违规的学生加以惩罚。但是，没有任何系统性证据可以证明这类学校的成功，以及令其成功的关键性因素，或者说什么样的环境更有利于成功。不管如何，学习环境和非认知技能的学习都能够通过知识和行为的教育得到改善。

学校内外发生的事情同样重要。不良的家庭和社区环境不利于孩子获得那些能够帮助他们成功的价值。课余教育和课外辅导让学生有机会与成功而有爱心的成人相处，能够弥补部分不良家庭和社区带来的伤害。同样，社区领导和家长责任的分担也能起到这样的修补作用。在2004年民主党全国代表大会上，当时还是参议员的奥巴马说：“到任何一所贫民区公立学校和附近的社区走一走，就能够知道单凭政府本身无法完成教育孩子的重任。父母必须教育他们的子女，如果我们不能提升孩子对获得成功的期待，也无法关上电视机，那么这些孩子就不会获得成功。”政府对教育的支持要充分发挥作用需要家长和社区的这种责任感。

在芝加哥进行的一项纵向研究表明，失败的学校可以通过集体努力加以改变：好的领导者能够创造好的环境，鼓励教员互相合作，同时努力发展自身的技能，学校和其他社会服务组织则共同合作来改善学生的整体学习环境。不是仅仅将改变局限于学校内，家长和社区也能够参与进来，成为这项综合工程的一部分。

给孩子更公平的教育

研究表明，在小学阶段，公立学校中社会经济阶层较低的学生和社会经济背景较好的学生在数学和阅读考试中取得的成绩是差不多的，尽管前者在幼儿时期所受教育的不足会带来一些劣势。但是，随着时间的推移，不同社会阶层学生间的成绩差异也变得越来越大。最主要的因素是低收入家庭孩子的成绩水平在暑期会停滞或下降，而高收入家庭孩子的成绩在暑期则是不断提高的。每个家庭的学习环境是不同的，高收入家庭的孩子在成长过程中有教育游戏、书籍、私人辅导、暑期课程等，让他们在学校之外也能够继续学习。一些经济学家因此建议延长学年：日本的学年长达 240 天，而在美国则只有 180 天。还有人建议为贫困家庭提供教育券来帮助他们的孩子参加暑期课程。这两种方法都值得试验。

教学质量影响重大

显然，教学质量也会影响儿童的教育经历。积极的、能启发学生的、知识渊博的教师对学生具有非常重要的影响。同样，班级的规模也很重要。

要想得到好的教师需要从提高教师薪酬开始。在妇女和少数族裔的其他工作机会受到限制时，很多具有天分的人被吸引到教师这一职业中来，因为这一职业能够获得尊重并且向他们敞开了大门。随着机会的大门向社会弱势群体敞开，教师职业的吸引力就相应下降了。薪酬是吸引人才的重要因素。但是，薪酬的增加应该与教师在课堂内外的表现挂钩，而教师的表现一部分应该根据学生的学业成绩来衡量。额外的薪资增长应该面向那些难度大的必修科目的教师，比如数学和科学，以及那些在艰苦的教学环境里工作的教师，比如贫民区学校的教师。教师工会曾经反对薪资差异，特别是仅仅基于学生表现的薪资差异。但是他们慢慢地开始接受改变。

和薪资同样重要的，是能够充分发挥教师经验的职业发展规划。只有部分教师喜欢，或者说适合担任学校的行政职务。其他的人则能够担任其他的重要角色，比如初级教师的导师、开设教学法课程的特级教师，或者是某个学科的专家教师。这些职业规划必须设计清晰并有适当的薪酬。

某个学科的专家教师自然很重要，但是我并不认为教师需要获得一个关于教学方法的学位。可以肯定的是，我自身对教学方法的学习（必须承认的是，我的学生仅限于大学生）是直接来自课堂经验和其他同事的指导。要求教师拥有教育学学位可能会大幅缩小教师职业候选人的范围，也可能让很多学科专家没有机会成为教师。学校应该做的不是要求特定学位，而是设立更正规的辅导系统，让明星教师为初级教师提供建议并与他们分享经验。而且，学校系统应该找到办法来利用那些积极而有天分但不把教师视为长期职业的人。比如“为美国教书”项目中想要尝试教书职业的年轻大学毕业生，以及那些想以不同的角色重返社区生活的老年人，都应该受到欢迎。

人数少的班级有利于学生的学习，因为他们能够得到更多的关注。这在孩子的早期教育中尤为重要，因为这段时间是帮助儿童发展注意力和纪律性的时期。我们需要更多的资源来减小班级规模和添置像电脑这样的教学辅助设施。因此，必须基于认真的成本收益分析来权衡资源的分配方向。

科技能够让更多的学生获得最好的教师资源。科技能够帮助教师们分享经验、制订课程计划，以及设计课后作业和问题。我是Heymath公司的主管，这家公司总部在印度，但业务遍及三个洲。Heymath公司为教师们提供设计数学课程和课后作业所需要的工具、模板，以及评估系统。它创造了一个交流社区，让全世界的数学教师能够分享最好的实践经验。Heymath还可以在教师允许的范围内为学生提供辅导和帮助。技术能够以相对较少的投资帮助改进教学质量。

学校还需要一套问责系统。问责系统的关键是一套全国范围内通行的衡量学生表现的标准，再加上常规的基于该标准进行的测试。因为学校录取的学生水平是参差不齐的，学生的成绩衡量也必须考虑到学生被录取时的质量，所以成绩的进步程度和绝对数值都需要衡量。我们还需要找出办法来公布对学校的评估，这一评估必须能够在学校之间进行比较，而且易于被家长理解。不好的学校需要给予启动资金进行改善，但不应该给它们多次机会。2002 年的《不让任何孩子落后法案》是朝着这一方向迈出的重要一步，但是还需要进一步加强。

最后，家长的选择也能够帮助学校树立竞争原则。教育券项目如果能够得到恰当的实施，学生就能够用脚投票，从而避免较差的学校阻碍有天分的贫困学生的发展。特许学校制度也能够起到一定作用。这些准公立学校比公立学校受到的监管约束更少，拥有更大的自由，同时也承担更大的责任。它们得到的经费拨款与其吸引到的学生数量成正比。证据表明这样的学校能够得到大幅的改进，特别是相对于那些几乎没有破产风险的公立学校来说。

表现最差的公立学校显然需要更长的时间来进行改变，因为这些学校和周边社区存在着更深层的问题，有必要建立有组织的资本投入和社区介入（这和发展中国家的情况一样）。如果每个人都认为某一学校会关门，那么集体救援行动就不可能发生。因此，在一个特定的时期内必须为学校提供资源、鼓励改变，并且无须担心关闭的风险。但是，在这一时期内，必须对教学质量的改进提出要求，否则安逸的非竞争性生活将导致集体努力很难被激发出来。与发展中经济体一样，初期的培育和保护与随后的竞争结合起来才能较好地发挥作用。

奥巴马政府为教育改革铺就了一条道路，其中涉及比《不让任何孩子落后法案》更细致的评估学校的方法。该教育改革计划旨在推动全美范围内的测试标准，根据学生表现对教师进行评估，并且为进行改革的州和地区提供额外的资金。这些都是重要而有用的想法，如果得到很好的执行，将会对改进教育质量起到很大的作用。但是，我们不应该低估对统一标准、公布成绩以及淘汰较差学校和教师的抵触，尽管他们只是少数，但他们也会极力抗争，以回到没有竞争的安逸生活。

大学入学及大学阶段的教育

来自收入最低的1/5家庭的年轻人中，仅有34%最终进入了大学，而来自收入最高的1/5家庭的年轻人则有79%进入了大学。而且，那些进入了大学的学生中，来自收入最低的1/5家庭的学生只有11%能够毕业，而家庭收入属于最高的1/5的学生则有53%的毕业率。退学的比例在贫穷人口中也极高。

在儿童早期培养起来的认知和非认知技能对于上述差别的形成具有很重要的影响，我在前面也讨论了对此进行弥补的可能性。另外还可以加上一条：为这些弱势的年轻人提供帮助，让他们能够更容易地申请学校、支付学费、完成学业并取得成功。

社会经济背景较好的学生拥有大量资源，能够帮助他们完成大学申请过程，包括学校的咨询教师和家庭中曾上过大学的亲戚。而来自弱势家庭的学生则没有这些资源。尽管有很多辅助项目，但是其效果值得怀疑。最近，有一些新项目帮助来自弱势家庭的学生与拥有大学申请经验的大学生建立联系，这一做法值得进一步研究和推广。

助学金也能够有所帮助。研究表明，1 000美元的补助能够使大学出勤率提高约4%，能够提升毕业率，并能够让学生选择用四年制本科教育替代社区大学。大量的助学金计划已经实施了。其效果好坏的关键在于能否将助学金发放给那些只有依靠这笔资金才能上大学的年轻人，同时也要将申请助学金的程序设计得简单一些——目前这样的助学金项目有很多，但都没有得到广泛宣传，而且每个项目都有独立的申请程序，这些都增加了没有条件上网和打印的贫困家庭学生的困难。最后，这些助学金的持续发放也要根据学生的在校表现来决定。

工作学徒制和培训

人力资本还可以通过在职培训获得。学徒制对于培养工作习惯和行为进而帮助贫困青年拥有一份稳定的工作是很重要的，特别是在私人部门。在美国，人们在职业生涯中往往会更换多次工作，因此必须有外力来推动公司提供这种学徒制。因为公司很可能无法长时间地使用其培训好的员工，而学徒制又需要大量的资源，所以有必要为公司提供补偿以推动公司提供学徒制。

让差距变小

有很多关于如何帮助弱势人群增加人力资本的建议已经提出。但是，在理论上不错的建议在实践中常常行不通。我们应该尝试那些有证据和试验表明成功概率很大的建议，并且在理想状态下，这样的项目应该定期评估，以帮助辨别效果不佳的项目，同时帮助项目加以改进。

随着弱势群体的人力资本质量得到改进，薪酬差距也应该逐渐消失。尽管还存在很多的不确定性，比如是否应该对项目进行介入，其个项目是否会成功，这样的成功需要花费多少时间。那些在社会资源再分配上落后的人会产生政治压力，这种压力可能是直接的，也可能是间接地来自宽松信贷的扩展。相反的压力则会来自那些承担了更高税负的人群以及那些不相信收入再分配的人群。在一段时间内，较大的政治分歧还会继续存在。但是，随着弱势人群看到这些项目提供的社会阶梯能够帮助他们的孩子拥有一个更好的未来，机会再分配的前景将会减少潜在的冲突和与之相关的代价。

保险和安全网

正如我在第四章和第五章中讨论过的，在美国由于缺少能够在长期萧条中为失业人员提供支持的安全网，使得公众焦虑感增加，而且产生了不成比例的货币和财政上的反应。增强工人对经济逆境的抗风险能力是改进措施的目标之一。这一问题与不平等问题具有相关性。低收入导致人们的安全度低，或者说没有足够的储蓄帮助他们度过失业期。

在寻找改进方法的过程中，我们应该认识到美国企业和雇佣关系的本质，即强调灵活性和流动性，这与欧洲大陆的长期安全网不同。在接下来的部分，我会考察既能提升美国工作者在经济萧条期的抗风险能力，同时又能保持其系统固有的灵活性的一些改变措施。

区别对待失业保险

美国现有的失业保障是一种利用暂时性延长失业救济的办法来应对长期大量失业的政治策略。关于失业救济是否会继续延长以及获得失业救济的标准，仍然具有极大的不确定性。而且，政治家在紧急立法这一借口的掩盖下，利用公众对于救助行动的需求，不经考虑地推动通过了许多他们自己感兴趣的项目。

如果美国的复苏确实从本质上有所改变，工作机会变得越来越少的话，那么失业救济是否应该延长就是一个值得讨论的问题。更长时间的失业救济不仅仅需要更高的成本，而且会让一些失业人群不那么急于找工作。一个反应不那么灵敏的劳动力市场可能会改变美国的雇佣关系，同时也能让企业抓住一些新机会。为了给劳动者提供更多的保障，美国可能会在一定程度上放弃一部分公司灵活性，但是这一政策存在长期分歧，所以我们需要认真研究复苏是否真的发生以及为什么会发生，只有这样，这一政策才会成效显著。

但是，改革有两项净效益是很明显的。第一，规定明确但又对不同情况区别对待的失业保险的延长对美国是有好处的。换句话说，不是基于当下政治形势采取特事特办的失业救济延长，而是将延长失业救济的决定与一个公式相结合。这一公式可以是工作职位减少的数据（一些州已经提供了）、创造的新职位和减少的职位的比例，以及萧条持续的时间这几个因素的简单函数。更复杂一些的公式则可以考虑加入以下因素：第一，工作机会的减少是在哪些领域（是那些产出具有周期性的产业，还是说这些工作机会的减少预示着长期的影响）；第二，新创造工作的性质（是全职的、长期的工作还是兼职的、暂时性的工作）。简化问题的好处在于，劳动者能更容易地针对失业救济的延长作出预测和计划，而这正是减轻焦虑感的关键。

第二个需要改变的是医疗保健领域。很多围绕失业产生的焦虑感来自伴随着失业产生的自身及家庭的医疗保险的丧失。正如我所写过的，美国国会刚刚通过了一项接近于全民保险的法案，之所以说接近全民保险是因为即便法案的条款全部被执行，非法移民也仍然不包括在内。在实现有效全民保险的长期而艰难的征途上，这项法案的通过只是第一步而已。该项法案的许多条款在一年内就要陆续开始实施了，但是许多州立法都试图跳出该法案条款之外，保守党当权后有可能废止该法案，同时主要的法律障碍能否克服也存在一些疑问。即便该法案的立法障碍能够顺利克服，也需要在减少医疗保险成本的同时确保把每个人都纳入其中。但是，该法案所反映的政治考量强调了医疗保险覆盖范围扩大的明显而直接的好处，却很少有关于成本和控制的细节。这项法案中有很多好的想法（当然也有一些坏的），但是只有时间能够告诉我们哪些想法能够得到发展的动力。关于全民医疗保险及其成本的辩论离最终的结论还很远，这一辩论还将在接下来的很多年伴随着我们，因此更仔细地研究关键因素是有必要的。

全民医疗保险

美国完全没有兴趣对私人医疗保险进行激进的彻底改革。全民医疗保险的关键在于逆向选择问题。如果一个保险计划不成比例地吸引了过多的已经存在健康问题的人群，而吸引的年轻人和健康人群却很少的话，这一保险计划就是不可持续的、不经济的，因为前者具有很高的保险风险，而后者是补贴前者的必要来源。

如果大量年轻和健康人群选择不加入保险的话——年轻人对于自身的健康有着很强的自信——那么，由于不能拒绝有健康问题的人群加入，同时又要保持适当的收益，全民保险系统成功的关键就在于确保年轻和健康人群加入并缴费。激励措施可以是胡萝卜和大棒的组合——胡萝卜可以是对没有补偿需求的人给予部分退款，大棒可以是对没有参加保险的人进行罚款。罚款和退款都应该足够高，从而让那些健康的个人加入保险，而不是宁可缴纳罚款，只在需要时加入保险。同时，参与者中高健康风险人群的保险计划应该从那些低健康风险人群的保险计划得到补偿。

全民医疗保险还需要对穷人进行补贴。我在第四章中讨论过无条件再分配，对穷人进行补贴显然会造成与那些讨厌上述再分配的美国人的矛盾。很多美国人相信那些倒霉的、收入低的美国公民应该为自己及家人支付健康保险，这并不正确。而且，许多没有保险的病人最后也会得到治疗，但是由于之前没有任何预防性治疗，不仅恶化了健康问题，而且增加了治疗成本。另外，全民健康保险还有更大的好处。在世界上其他地方的政策制定者都被告知需要采取扩张性宏观政策时，全民健康保险在萧条期带来的焦虑感的减少以及扩张性宏观政策的减少，都能够使美国更好地根据实际情况运用其财政和货币政策。

扩大医疗保险覆盖范围最主要的问题在于，一旦逆向选择问题得以解决，美国医疗保险似乎就不再需要成本收益分析了。2006 年，美国用于医疗保健的支出占 GDP 的 15%，而德国和法国的比例为 11%，英国和日本则只有 8%。以人均水平来说，美国在医疗保健上花费 6 347 美元，而日本则只有 2 474 美元。这一差别还在扩大，1970 年美国人均在医疗保健上的花费比上述其他国家多 40%，而 2004 年这一差别扩大到 90%。但是人民的健康水平并没有得到相应的提升，1970~2004 年间，上述其他国家 65 岁人群的预期寿命增加都高于美国，只有加拿大除外，加拿大和美国一样，只增长了 3.7 岁。

有三个因素在推动成本上升的过程中起到了重要作用。第一，美国的投入价格更高，比如，美国髋关节置换手术的价格是加拿大的两倍，造成这一差别的部分原因在于美国医生的报酬水平。第二，医生和医院索取报酬的依据是其提供的服务而不是疗效，而其服务最终由保险埋单，这样的系统容易导致对健康保险的过度使用。第三，该系统倾向于使用创新产品，即使产品有效性的证据还不充分。比如，核粒子加速器成本超过 1 亿美元，对罕见的脑部和颈部肿瘤很有效，但是它也被用于治疗普通的前列腺癌，虽然不会带来额外的好处。一项好的法案应该鼓励更多的竞争，应该为结果而不是投入埋单（同时为每个用户设定一个每次就诊的减免费用标准，从而鼓励患者对医生进行合理判断），应该把注意力集中在已被证明有效的治疗上，而不是只关注更便宜的替代性治疗手段。

另外还有三个因素对美国医疗保险的高成本具有影响，但不是主要影响。第一个因素是行政成本。这一点很难准确估量，但据估计2006年美国人均行政成本约为465美元，而日本仅为52美元。之前提到美日人均医疗保健花费的差别有10倍之巨，显然行政成本的差别并不是唯一的因素。然而，改进成本效率的方法是很重要的。信息技术革命可以应用到医疗保险中去，比如通过将病人的电子病历标准化方便病历档案的转移。

第二个因素是运作效率。美国的医院可以互相学习，也可以向其他国家的医院学习，比如印度就通过将制造业中完善的大型生产技术应用到医疗之中降低了成本。印度的医院发现，当医生专攻某一类手术时失误率会降低，同时手术时间也会缩短。减少不必要的选择和最有效地利用像医生时间这样的宝贵资源也有所帮助，即便印度的优秀外科医生和美国医生赚得一样多，手术的总成本在印度却比美国低得多。美国的规章制度使得美国的医院成为“全能”医院而不是专门医院，这也使得成本上升。医院之间竞争的加强也能降低成本，鼓励跨国竞争的简单做法是将墨西哥和泰国等国家的授权医院进行的手术也纳入美国的医疗保险以及报销范围。

第三个因素则是医疗事故索赔的威胁，这使得内科医生在向病人推荐治疗方案时首先考虑保护自己避免法律诉讼，即使这些治疗对于病人的健康毫无必要。用于支付医疗保险受益人的支出在一些医疗事故赔偿较高的州比其他国家高5%，这一区别是很明显的，但仅仅这一条还不足以解释美国高昂的医疗费用。不过这些都是导致高昂医疗费用的因素，而且关于医疗事故索赔的改革也应该是有效法案的一部分。

需要进行的复杂改变很容易被最小化。医生们需要向病人推荐必要的治疗，包括预防性的，但是不应该为了附加费用而进行过度治疗。统一的医生工资标准、参加健康维护计划的病人的平均费用，或者对特定疾病的治疗方式，这些都是吸引人的解决方案，但都不是万灵药。比如，没有其他的激励，统一工资将会扼杀努力的动力。同样，如果对医生、医院、医疗程序的效果进行信息公开，那么病人就能够对去哪里就医以及希望得到何种治疗作出更好的判断。最终，大部分人的决定还是会基于权威，也就是医生的建议。伴随着教育的发展，许多试验正在进行，以探讨如何正确地融合激励、透明、竞争，以及组织变化，让医生、医院、保险公司、病人以及政府共同创造一个有效的医疗卫生系统。我们需要找出有效的解决办法，并加以推广，而且在运作过程中还需要持续对其进行评估，并意识到多种不同方法的结合使用会使整个系统的抗风险性更强。这些都需要快速地完成。有效的改变是困难的，但可负担的全民医疗保险的好处远远不只是美国民众的身体和精神健康，它还会延伸到美国经济的健康。

社会救济与劳动者的流动性

增强个体劳动者在经济萧条期的抗风险能力，其中一个重要因素就是储蓄和养老金的可流动性。依赖雇主提供长期储蓄的劳动者——比如他们享有确定给付养老金计划，或者在公司持有大量股份——在其雇主有麻烦时会遭受双重打击，他们会同时丧失工作和养老金。理论上来说，养老金计划必须保持足额支付，但是陷入困境的雇主往往不会足额支付。尽管政府可以通过“养老金福利担保公司”部分埋单，但更好的长期解决办法是让劳动者的储蓄独立于公司财务的健康状况，具体方法则是确保他们投资于多样化投资养老计划（在这样的计划中，多样化互助基金的雇主投资形成了养老金积累）。一般情况下，使收入水平一般的劳动者的长期福利（包括身体保健）独立于公司的经营状况，不仅可以减轻劳动者的焦虑感，也可以减轻政府在因保护劳动者而介入并拯救公司的过程中所面临的压力。

对劳动者流动性的限制也是导致焦虑感的原因之一。各种职业所要求的资格证明越来越高，比如医生和律师在美国不同的州需要不同的执照。对于美国乃至世界而言，不能被各种一旦迁移到新地方就需要重新建立的职业标准割裂开来，这一点很重要。法律上的考虑和职业资格要求（以及考试程序）在不同地区可能有所不同，由于对精通领域有所要求，有时证书的作用就在于阻止竞争从而给现有证书持有者更多的收益。比如，很难相信医疗实践在不同的州之间会有很大区别。这一程序需要仔细地审视，以缩小标准之间的差距，或者推动跨地区证书，并简化考试和证书的授予程序。有钱的职业组织没有任何动力放弃它们的既得利益，因此要靠公众压力迫使它们重新审视资格要求。

在当前的萧条时期，另一个限制流动的因素是住房所有权。证据表明难以售出的住宅以及那些市场价值低于所欠贷款的住宅让劳动者不堪重负，并妨碍他们到别处找工作。现在有很多金融创新允许家庭购买房价下跌保险，而且在当前的危机之中，对这类工具的需求也会上升。这也是政府对住房所有权的关注需要重新考虑的原因。

尽管现代经济需要一些工人专业化，比如在第四章中提到的巴德里，但这可能会导致一个产业变得过度专业化。耶鲁大学的罗伯特·希勒所探讨的“生活”保险——一项针对劳动者所从事的专业化领域的工作机会和收入下降提供的保险。从某种意义上说，长期失业保险就是社会提供的一种“生活”保险。这种保险的缺点在于它降低了劳动者不断提升自身人力资本的动力，但一个不具备生产力的、依靠保险生活的下层阶级好过一个贫穷的下层阶级。然而最好的还是让保险仅仅作为帮助失业人群度过培训再就业的过渡阶段的一种手段。

另一种替代性手段是让劳动者通过提高自身人力资本的灵活性来保持流动性。公司没有直接动力来鼓励劳动者学习该公司无法利用的技能。然而，潜在的更高的流动性却能让劳动者更安全。为了吸引优秀的劳动者，企业应该提供发展人力资本的机会。一些公司已经这样做了，但是更多的公司却没有。也许问题在于年轻的高质量的劳动者并不担心未来，而企业不想通过提供职业发展机会吸引不太安全的劳动者。也许劳动者自身一旦踏入了公司门槛，也会延迟发展能够提高其流动性的技能——返回学校并不容易——直到对他们而言已经难以发展。

不管是什么原因，随着工作生涯的延长和技术的快速发展，越来越多的劳动者，特别是知识型产业的劳动者会发现自己拥有过时的和过度专业化的人力资本。在学术界，一般每七年就会有一年休假用于知识更新。（芝加哥大学的教员除外，那里的人认为没有别的地方能够比在芝加哥大学学习到更多东西，因此没有必要休假。）随着越来越多的劳动者成为知识型工作者，也许雇员休假应该变得更为普遍一些。因为政府能够从劳动者人力资本更新中获得好处，所以可以考虑为已经工作了一定年限并决定休假进修或者再培训的劳动者提供税收优惠。这样的措施能够给公司施加压力，让它们允许这样的休假。

大学也应该采取行动。在美国，平均寿命自 1900 年以来已经延长了 30 年，几乎相当于整个工作生涯的长度。尽管现在越来越多的人取得了高级学位，但大多数人仍然在其生命的较早时期就停止了正式教育，正如 100 年以前一样。教育仍然针对第一份工作，尽管技术革新、竞争、更高的工作流动性意味着对大多数人而言，第一份工作或者第一个职业并不会是最后一个。

在一个 25 岁结束正式教育的系统中，所提供的知识大多数是与第一份职业生涯头几年相关的，而与之后半个世纪相关的知识却几乎没有。那么，减少对早期专业化的强调而更多地在日后提供正式教育，是不是更合理呢？这样的话，个人就能够更好地应对环境和偏好的改变。

商学院在这方面已经走在了前面，它们为那些感觉自身技能需要升级的高级管理人员提供开放式进修课程。但是仍然需要对美国高等教育的整体结构进行重新思考，因为这一系统设计之初的社会背景是学生毕业后一般而言会终生受雇于同一家企业并从事同一个职业。我们需要更多的模块式学位和在一生中的任何阶段都能够进入的高等教育系统（至少是各种教育项目），使学生在需要的时候选择自己想要的。

远程教育运用互联网技术帮助个体在从事全职工作的同时也能及时更新知识，并帮助减少高等教育的成本。一些学校已经提供了只需要几周集中上课的MBA学位，其大部分交流和讲授都是通过网络讨论组、电子邮件和网络授课完成。这种项目会不断扩张。因此，帮助普通公民应对其生命中不确定性的一个重要工具将会是高等教育的一项革命。

储蓄

最后，劳动者如果有足够的储蓄，在面对不幸遭遇时抗风险能力将会更强。对大多数美国劳动者来说，其财富增长的幻觉都来自不断增长的房价。在这一次的危机之前已经存在着财富幻觉——你所住的房子价值的增长并不意味着你真正拥有了额外的可支配财富，因为你必须有住所——这种幻觉最终随着房价的崩溃和留给借债者的巨额债务而破灭。

美国人需要更多的储蓄，政府不应该鼓励人们进行更多的消费。随着普通家庭从这次危机中挣扎出来，储蓄率会增加。很多鼓励储蓄的方案被提出，这值得进一步去探讨。比如，我在芝加哥大学的同事理查德·塞勒建议普通家庭采取创新的方法进行更多的储蓄。在他与施洛莫·贝纳兹一起倡导的“明天储蓄更多”计划中，劳动者和他们的老板以及金融服务提供者共同签约，承诺他们会将未来工资增长的一部分存入储蓄计划之中。该建议的关键在于，当劳动者承诺这样做时，额外增加的储蓄并没有让预算缩水，而且不需要牺牲现有消费。因此，劳动者被“引诱”进行更多的储蓄，劳动者会长时间地自愿遵守这一计划——不然的话，他们可以在任何时间毁约。

也许对大多数美国人而言，未来安全的最重要来源是社会保障。不幸的是，美国的社会保障系统是一个现收现付的系统，在这个系统里现在的付款者为现在的收款者埋单，由于人口老龄化的影响，在长期内这种系统是不可持续的。现在的劳动者不得不延长工作年限，而未来的退休金领取人则不得不领取得更少。我们必须进行切实的改革，社会保障改革不存在没有痛苦的方式（比如通过对公司资产进行投资）。这一系统需要改革，主要方式是通过延长退休年龄和放慢福利增长的速度，越快完成改革，成本就越能被公平地分散到各代人之间。

政府能力

最后，政府在这次危机中遭受巨大损失后必须重塑财政健康。在萧条时期，政府支出的能力是银行和公众抗风险能力的来源。美国政府最大的资金缺口也许就是医疗保险和医疗补助。这使得把健康保险成本控制排在政府议事日程前列又多了一条理由。

通过公平和有效率的方式削减不必要的支出和增加税收来降低赤字，也是必要的措施。美国需要两党派共同努力来找寻所有的可能方案——包括增值税（一种全国的销售税）和碳税，这些方案都已经出台了。贫困人口可以通过更高的收入税减免来抵消这些加诸于消费之上的税收。但是，只向富人征税来修补政府财政健康的理念与这一事实相抵触：这一税收理念将会严重扼杀富人的工作积极性（因为他们不是为了谋生而工作），而且他们也很可能通过往税收低的地区搬迁和制订税收计划来避税。不管采取何种方案，我们所有人都必须勒紧裤腰带。

在逆境中重塑自我

美国人的过度消费是由政策推动的，而这些政策是用于应对公众不断增长的不公平和不安全感，同时这些政策还助长了金融部门的过度扩张。修正美国经济的措施将会很艰难，而且需要更多的政府介入。考虑到政府行为错误的可能性，美国在实施政府介入时应该谨慎而且带着批判精神。但是不作为将会让事情更糟糕。

对于年轻人，拓宽途径让他们的人力资本得到提升是出路所在。对于年龄大一些的劳动者，我们必须帮助他们更新技能，保持竞争力。对那些无法改变的人，我们则需要在提供必要支持的同时找出办法让他们始终作为有生产力、有价值的成员参与到社会之中。这些都不是容易完成的任务。美国社会不得不在同情和理解之间找到平衡，以避免创造出一个依赖性强、令人讨厌的寄生性下层阶级。

一些今天需要的改变可能看似与美国的自我形象不符，美国一贯的形象是不受政府干预、能够获得成功的企业家形象。然而，这一自我形象的核心在于任何一个人只要足够努力就会成功，美国人相信明天会更好。然而教育和医疗保险的不平等以及不安全感的增加，特别是长时期的萧条，打击了美国的这一自我形象。

一个不安的美国会给整个世界带来忧虑，因为这最终意味着一个自我中心的、暴躁易怒的世界。世界需要美国进行改革。美国总是能够在逆境中重塑自我，因此没有理由认为美国不能够再次这样做。正是美国的历史让我们看到美国未来的希望。那么整个世界又会怎样呢？下一章我将进行讨论。

第十章 说服中国：怎样才算最正确的做法

1714年，生活在英国的荷兰人伯纳德·曼德维尔发表了《蜜蜂的寓言：私人的恶德，公众的利益》。这部散文诗体著作是对残酷现实、奢侈以及富裕的统治阶层的控诉。比如，他对虚构的蜂巢里律师的刻画，生动地反映了他所处时代英国的状况，对于今天的许多国家也具有借鉴意义：

律师，这个行业的诀窍之根本

乃是均分办案所得，聚敛资金，

……

他们总是故意拖延出席听证，

却掰着手指计算聘请的费用，

为了给一项邪恶的理由辩护，

他们便去检索浏览法律全书，

如同窃贼商店和客栈之所为，
寻找着最能乘虚而入的机会。

但是，在对律师进行批判之后，曼德维尔笔锋一转，指出了一个很重要的经济意义：富裕有权阶层奢侈的生活以及他们不断改变的时尚品位实际上为许多人提供了工作。因此，

奢侈驱使着百万穷汉劳作，
可憎的傲慢又养活着另外一百万穷汉。
嫉妒和虚荣，是产业的奖励者，
其产物正是粮食、家具和衣服的变化无常。
这种奇怪而荒唐可笑的恶德，
竟然成为回转商业的车轮。

当蜂巢中反对的声音变得足够强大，当腐败和过度消费被终结时，蜜蜂社会的经济也随之崩溃了。曼德维尔由此简明地指出，一个充满酷爱节约的储蓄者的经济体不能实现长期的繁荣，因为如果没有人花钱，就没有人赚钱。我们提倡节俭而压制借贷，但是在一个有活力的经济体中，二者缺一不可。

近些年，世界经济又开始变得像曼德维尔所描写的蜂巢。美国的消费（以及一小部分其他富裕的工业国家，比如西班牙和英国）已经比它生产或赚取得更多，因此它以借债来弥补之间的差额。而像中国和越南这样的发展中国家所做的则恰恰相反。

能源的利用也是实际商品消费的参考指标。2003 年美国人均使用 7.8 吨石油，这一数字是法国、德国、日本人均消费数量的两倍，是中国的 7 倍，是印度的 15 倍。当然，美国的人均收入也位于世界前列，但是其消费与其

他富裕国家相比，还是不成比例地高出很多。而且因为其储蓄也很低，美国2006年的消费是通过借入其他国家70%的储蓄来实现的。

这种消费模式的产生，一方面是因为美国政策鼓励借贷消费，不管是在平常时期还是作为走出衰退的一种办法，另一方面也是因为国际金融市场愿意满足美国的需要。像智利、中国、德国、日本、马来西亚、沙特阿拉伯以及韩国这样的国家通过一种依赖出口的增长模式来供给美国，同时又通过购买美国国债为美国提供了购买其出口物资的资金，这跟曼德维尔时代手持挥金如土的贵族借条的商人是一样的。对于很多这类国家而言，为外国需求提供供给比起创造本国需求来是一条更为稳定的增长道路。

这一互利但不可持续的平衡已经被金融危机以及随后的经济萧条打破了。就像许多发展中国家一样，美国也开始认识到通过信用扩张支持的消费是不具备生产性的。深陷债务中的美国家庭被市场价值低于抵押贷款的住宅所拖累，现在已经开始更多地进行储蓄。为了确保消费不会崩溃，美国政府已经开始扩大支出，但是政府能够在多大程度上有效地支出是有限制的。今天共同的预测认为美国将不得不面对较为长期的缓慢增长。预测总是很困难的，但是如果这些预测是正确的，那么持续的高失业率将会给已经被工资增长停滞影响的中产阶级带来更严重的不确定性。从上涨的房价和财富的幻觉中醒来，他们将不得不面对这一现实。西班牙和英国的家庭也处于类似的处境，而像希腊这样更小的国家则处在危机的边缘。

审慎的宏观经济管理经验表明，赤字严重的国家应该压缩支出而增加储蓄。如果世界经济增长没有大幅减缓，那么具有贸易盈余的国家将不得不通过更多的支出来抵消这一转变的影响。理想中的情形是，这些国家中的富国——德国和日本——应该提高银行和零售等国内导向的产业部门的生产力，促进其增长，从而带来更多的收入和消费，而这些国家中虽然较贫穷但发展很快的国家——比如中国和越南——应该逐渐减少其经济对出口的依赖，并推动国内消费。

还有人希望发展中国家再次出现大量贸易赤字，从而将工业国家拖出增长下滑的泥潭，甚至希望多边借贷机构进行改革，加大对借贷的支持。这种希望是不现实而危险的，因为发展中国家的历史经验告诉我们，很难安全地通过借入外债来扩大国内需求。问题在于国内需求通常在政府具备政治目的或者金融部门的动机发生扭曲的时候迅速扩张。在这样的情况下，基础资源配置被扭曲了。可预期的多边机构的金融支持只会在危机不可避免地到来之前增加不必要的铺张浪费。不负责任的外国贷款人得到更多的补贴，而美国纳税人最终需要承担的财政窟窿却越来越大。当然，多边机构还是可以为那些负责任的国家提供贷款的，否则那些拥有贸易盈余的国家就只能大量堆积外汇储备。但是在可预见的未来，对于工业国家贸易赤字持续减少这一现象，其反应不应该是对应的发展中国家赤字和债务的扩大，而应该是在世界范围内工业国家和发展中国家贸易盈余差距的缩小。

在实践中，这样的转变无论是对贸易赤字国还是贸易盈余国，短期内在政治上都是十分痛苦的。就在我写作本书的过程中，美联储正在人为地将利率控制在极低的水平（特别是在房地产市场上），希望普通家庭能够重新启动消费——毕竟，家庭消费是近年来经济增长的根本动力。中国积极地维持人民币对美元的汇率稳定，以此来保护其出口行业。这些缺乏远见的做法将会破坏长期形成的固有模式，进而使摆脱当前的失衡状态难上加难。

当然，正如尼克松总统的经济顾问委员会主席赫伯特·斯坦恩曾经说过的，“如果一种模式不可持续，那么它将会停止”。外国投资者越来越担忧美国政府为赤字融资而不得不发行的巨额债券。大部分美国纳税人认为他们在繁荣时期几乎没有得到任何好处，关于谁应该承担额外税收负担的斗争可能会令人不快。不像典型的新兴市场国家，美国在危机中并没有出现资本流入的“突然停止”，因为它仍然能够很容易地从世界其他地方吸引到资本。

但是，如果外国投资者害怕美国政府不能达成有序解决政府财政困难所需要的政治共识，他们会担忧美国政府可能会采用其一贯的通过高通胀来降低其公债实际价值的做法。如果出现恐慌，他们将卖出美国政府债券，进而导致美元大幅贬值。美国将不得不大幅提高利率以维护外国投资者的利益，从而比预期更为严重地减缓美国的经济增长。这样的转变能够降低美国的贸易赤字和消费，但是这种方式也会使其经历的痛苦最大化。

即使现状比我们预期的延续得更久，维持现有不平衡模式也会导致长期后果。第一，世界范围内的环境可持续问题。毋庸置疑的是，随着发展中国家变得富裕，它们的家庭会增加消费。在现有技术水平下，对世界而言，像美国普通家庭那样消费和浪费是不可行的。正如印度前财政部长亚施旺特·辛哈所言，那时"世界"将不复存在，我们将无家可归。技术必然会随着时间的推移而进步，从而使得消费对环境的破坏逐渐减小。但是，如果代价被平均分配到全世界的话，消费增长从富裕的赤字国向发展中国家转移也是合理的。

改变策略同样符合出口国的长期利益。尽管出口导向策略成功地促进了快速增长并确保了稳定，日本的经验却让我们不得不思考以下问题：究竟应该坚持出口导向策略直到国家变得富裕为止——同时冒着在富裕之后停止发展的危险——还是在变得富裕之前就转向更为平衡的发展路径？对于很多出口国而言，比如中国和马来西亚，增强能力的初始阶段早已结束。现在的挑战是拓展其增长的动力，逐步取消对出口的直接和间接补贴，同时还要把竞争原则拓展到国内生产部门。像中国这样的大国，除了强迫自己摆脱对全球需求的依赖以外，没有别的替代性办法，因为如果中国不增加进口，那么其他国家吸收中国出口的能力也将是有限的。当然，在经济上丧失购买中国产品能力之前到来的，可能是国际社会对中国出口的政治容忍度的极限。

因此，改变将有助于全球的稳定性和可持续性，并对每个国家的长期发展有利。但是改变确实会打破舒适的现状以及既得利益。比如，美国房地产业的政治说客完全不希望看到政府减少对房产市场的支持，尽管美国的住宅存量已经比它能够支付的要多得多。同样，中国出口产业的政治说客也不希望看到人民币大幅升值。因此，我们被夹在金融和环境上不可持续的全球需求模式与政治上难以改变的国内政策之间，左右为难。

这些问题都不是新问题。哈佛大学的政治学家杰弗里·弗里登曾著书描写过 20 世纪 20 年代的情形，当时世界宏观经济不平衡集中表现在拥有持续经常账户赤字的大国和为这种赤字提供融资的新兴国家之间。当时崛起的新兴国家代表为美国，而赤字大国则为德国。那时候德国从国外大量举债来支持国内的消费繁荣，以此来缓解困扰魏玛共和国的潜在社会矛盾。这不是小事，如果没有美国借债让德国保持其经济活力，魏玛共和国的社会和政治不稳定可能造成威胁整个欧洲的严重问题。

美德之间金融关系的政治基础十分脆弱，因为这两个国家都没有为这种资本流动的潜在含义作好准备。美国不愿意为德国商品提供一个开放的市场，而德国商品出口正是德国偿还债务的手段。同时，美国并没有采取任何政府措施来缓解德国经济上的困境，而德国则不愿意也不能够作出偿还债务所必需的牺牲。

当大萧条来临时，每个国家都关注自己而忽视对其他国家的影响。1930 年 6 月，为了保护国内就业，美国国会通过《斯姆特-霍利关税法》提高了进口关税，这一政策使得那些债务国更难偿还债务。这些国家要么违约，要么推翻了试图采取紧缩政策的当权政府。希特勒正是利用经济危机登上了权力的舞台，他在 1933 年 1 月上台后所做的第一件事就是宣布德国不会偿还其外国债权人所持有的债务。他所传达的仇恨和复仇欲望恰恰迎合了认为自己被全球化经济剥夺了的德国民众。

美国没有像魏玛共和国一样的政治忧患，但是更大的问题在于，如果没有进行变革所需要的国际经济合作，各国采取投机的民族主义会严重损害国际经济和政治环境。民族主义，与对政府平衡劳资双方矛盾能力的盲目信仰一起，在历史上曾经出现过，它被称为法西斯。要竭尽一切可能避免这一历史的重演。

现有的国际机构，比如国际货币基金组织和世界银行，如果还按照其过去的模式运作，那么它们在培育全球合作机制方面将会被证明是无效的。它们的运行方式必须进行彻底的改革，应当直接代表民众的利益而不是领导人的利益，更多地关注软实力而非硬权力。我在后文将会讨论这一方法如何与中国所需要的改革相结合。毋庸置疑的是，多边机构的软实力也能够被用于推动之前讨论过的美国所需要的种种改革。

二十国集团和国际货币基金组织

2009 年 9 月，世界上最大经济体的领导人们齐聚匹兹堡，成立了二十国集团作为全球经济合作的基础论坛。与其前身七国集团相似，这一自称为世界经济保驾护航的组织排除了很多国家——为了实现对话，避免过多的摩擦，这种做法可以说是必需的，同时却也是非民主的。谁在其中谁在其外这一决定也是武断的：阿根廷是成员国之一，而GDP总量五倍于阿根廷的西班牙却只是通过欧盟作为间接的成员国。尽管如此，二十国集团的领导人能够感到安慰的是他们共同应对危机采取了“协调的”财政和货币刺激政策，并对政策结果使用了一个极不常见的简洁的（在官方声明中）描述：“它起作用了”。他们继续说道：“今天我们发起一个强劲、可持续和平衡的增长框架。为落实这一框架，我们承诺制定一个流程，以此制定目标、实施政策并共同评估进展。我们要求国际货币基金组织帮助分析各国或地区的政策框架是否协调一致……我们将共同努力，确保财政、货币、贸易和结构调整政策有助于推动更加持续和平衡的增长。”

所以，成功携手应对了危机的二十国集团现在面临更大的挑战，即确保各国的增长与全球增长的再平衡相协调。这正是我所说的必须完成的事。尽管在这场危机中二十国集团已经取得了一些成就，但是我们对通过国际货币基金组织运作的二十国集团的有效性是否有信心呢？

不幸的是，我们并没有这样的信心。在面对危机的时刻，政治家们很容易实施刺激计划，中央银行也很容易采取宽松的货币政策。因为每一个国家都想尽可能地刺激经济发展，因此不需要进行协调：二十国集团的领导人在号召协调的刺激政策时，实际上是在推一扇已经打开的门。当各国在政治上需要进行痛苦的改革时，真正的困难才出现了。这些改革短期来看更有利于其他国家而不是自己。而政治永远是本地的，全球经济可没有选区。

我之所以这样说，是因为我们以前曾作出过全球政治协调的尝试，具体来说是在协调全球大额贸易不平衡这一问题上。这一努力失败了，理解失败的原因具有重要意义。

2006 年，美国经常账户赤字一次又一次地创出新高，中国经常账户盈余急速上升，国际货币基金组织对这一现象非常担忧。当时的国际货币基金组织总裁罗德里戈 · 德拉托决定采取一种新的方式。我当时在国际货币基金组织任首席经济学家，我们召集了对贸易不平衡负有最大责任的五大经济体——美国、欧元区、中国、日本、沙特阿拉伯——一起讨论如何合作共同减轻不平衡。为了准备这一系列会议，我领导了一个国际货币基金组织小组，在 2006 年夏天赶赴世界各地与这些国家商谈，试图帮助这些国家达成共识。就像一句老话说的，大多数国际会议上不会有任何实质性的进展，所有重要的问题在会前都已经讨论完毕了。

在沙特阿拉伯首都利雅得，阴凉处的气温都高达 122 华氏度（相当于

50 摄氏度），而在东京却又出奇的凉爽。但参与谈判的人反应却很一致。各国同意贸易不平衡是不稳定的潜在源头，要降低贸易不平衡需要在市场发生恐慌或者政治家采取保护主义政策之前进行经济改革。但是各国却都认为自己不是造成不平衡的原因，其他国家更容易实现这一任务。

美国坚持说世界上其他国家都愿意把钱投入美国，这不是他们的错：不平衡是中国人的错，中国人购买美元来阻止人民币升值，这样巨大的资本流入压力导致了美国的消费。中国人则坚持认为如果他们让人民币迅速升值，中国对美国的出口会下降，但是柬埔寨或越南会替代中国的份额，美国的贸易赤字不会改变。在他们的眼里，美国消费者没有自制力。而且，中国人的巨额贸易盈余是由于美国限制了其高科技设备对中国的出口。诸如此类。每个人都指责别人。事实是每个人都对问题负有部分责任，但是没有人愿意承担解决问题所需的代价。

2006 年年底，我离开国际货币基金组织回到芝加哥大学，对于一无所获的事实感到沮丧。当 2007 年磋商最终结束时，国际货币基金组织宣布他们获得了成功：大家自由而坦率地交换了意见，但这实际上只不过是意见完全不同的官方说法。每个国家都同意做一些它们已经在做的事情，这对于解决问题基本上于事无补。磋商没有能够产生具体的行动。几个月后，危机开始了。

国际货币基金组织的失败并不是因为我们的论证不具有说服力。各国相互指责也不是因为它们不清楚自己的责任，而是因为没有人能够真正承诺采取解决问题所必需的行动。比如，没有哪一任美国总统能够承诺大规模减少财政赤字，这个决定只有国会能够作出。同样，没有哪一位中国领导人能够单方面同意允许人民币升值，这是需要国务院经过仔细研究才能作出的决定。而且，我们需要的改变也远远不只削减预算赤字或让人民币升值。我们需要的是经济上更深层次的根本性改变。而且，当事情发展到需要根本改变时，世界的整体利益对于美国或者中国而言并不算什么。

尽管心存希望，但由于上述种种原因，我对于二十国集团雄心勃勃的宣言持怀疑态度。同样，我也不认为国际货币基金组织在未来能够比在2007年年底结束的多边磋商取得更多的成果。只有在各国不得不变革，或者变革符合本国利益时，变革才会发生，但是这个过程对于世界经济而言可能成本太高，发生太慢。

如果毫无作为不是一个选项，那么我们如何才能让全球合作得以实现呢？我想，这个问题的答案必须从像国际货币基金组织这样的多边组织本身及其与主权国家的互动方式的彻底改革中寻找。

多边组织及其影响

多边组织迄今为止以两种方式发挥作用。一种方式是世贸组织所采取的准法定模式，世贸组织在参与国之间制定贸易规则，其行动基础是一套限制贸易壁垒的协议。这些协议由成员国政府经过长期谈判后共同签署和修订。世贸组织有一套分歧解决机制来迫使参与国遵守协议，而且因为规则相对清晰，各国的遵守情况就能在一个类似法律的机制内进行评判。对违反协议者的惩罚通常是对其进行贸易制裁，这很容易实现。世贸组织成员国在一定程度上放弃部分主权，比如设定进口关税或补贴特定产业的自由，来换取其他国家和它们一样作出同样的牺牲。这些妥协促进了互利的贸易。当产业界人士向政治领域施加压力来争取保护时，政治家们可以简单地袖手旁观而把责任推给世贸组织。

第二种方式是国际货币基金组织采取的国际宏观经济治理和协调模式，其任务的本质导致了其有效性要低得多，它本质上是一种规劝模式，这种模式只对向该组织贷款的国家有用。这里的问题是游戏规则不清晰。一国的行为模式何时会对全球造成伤害呢？当美联储将利率降低到接近于零，对由此释放出的全球性风险投机浪潮，其他国家是否有权抗议呢？美联储难道不能说其政策仅仅关注美国经济情况吗？当中国对汇率市场进行干预，阻止人民币对美元升值时，是否利用了不公平手段来获取竞争优势？一些人说中国巨额的外汇储备是其不公平政策的证据，但是，与发达国家不同，中国限制其公民和企业持有外国资产，因此其所持有的外国资产不可避免地显示为中央银行的巨额外汇储备。而且即使有证据说明中国有意低估人民币，中国难道不能声称自己是一个贫困国家从而利用汇率低估来弥补其他方面的劣势吗？

因此，国际货币基金组织不像世贸组织，它不能构建一套详细而有普遍共识的规则，而这样的规则是有其优点的。尽管建立规则的过程需要大量的谈判和讨价还价，但参与各方也能够从整体框架中看到长远的更高层面的利益。因此，在世贸组织一般可以采取互相让步的方式制定规则，通过复杂的贸易回合谈判来解决分歧。国际货币基金组织要想解决贸易不平衡问题，则必须根据各国不同的情况努力确保覆盖多国的政治改革的共识得以实现，但问题在于无论是国际层面还是国内层面，赢家和输家都一目了然。而且每个协议都是自成一体的，国际货币基金组织不可能进行跨协议承诺来安抚那些觉得自己在特定领域内受损的国家。

当然，国家之间可以省却所谓的规则或者协议，而将裁决争议和界定违反政策导致国际性破坏的处理权交给像国际货币基金组织这样的机构，对违约的国家实施惩罚。但是由于宏观经济政策覆盖范围非常广泛，它要求国家主权向国际机构作出非常大的让渡，这不太可能实现。历史上，大国总是不愿意看到独立、强劲的多边机构产生。当多边机构非常强大时，它往往不能保持独立性；而当多边机构保持独立性时，它们往往不够强大。而像中国和印度这样的发展中国家新兴力量也不愿意改变这一现状，因为它们都不希望自己的政策受到限制和批评。

即便有一个像国际货币基金组织那样既独立又强大的机构，它仍然有其局限性：其思维模式是由一种特定的经验所驱动的。像国际货币基金组织这样的机构会招收在工业国受教育的学生，特别是美国，这几乎是无法避免的。学校所教授的大部分宏观经济学原理都是从工业国的经验总结出来的。工业国家的市场是有组织的，而且一般而言运行良好。所以，对于国际货币基金组织的工作人员而言，在市场运作中很自然会倾向于某种特定的干预，比如货币政策，同时又对其他形式的干预持批评态度，比如对汇率市场的干预。当然，发展中国家很少有运行良好的市场，因而更大规模的政府干预是必要的，而这在国际货币基金组织对其政策进行评估时往往是一个缺点。

而且，经济增长是以谜一样的方式进行的。如果所有的国家都模仿20世纪五六十年代盛行的经济模式，那么就不会有日本或者东亚的增长奇迹。如果国家允许宏观经济政策被国际组织监管，给予国际组织使用惩罚措施的权力，这可能会导致政策多样性的缺乏——这样会对世界增长造成不利影响。

最后，即便国际货币基金组织能够提出一套在理论上可接受的推荐方案，也不是所有国家都愿意执行。世贸组织规则不仅仅有制裁手段作为后盾，还能够通过政府规范贸易秩序来执行：商务部可以降低关税或者消除补贴。国际货币基金组织的推荐则没有任何执行力的支持，大部分工业国家和大的新兴经济市场国家不需要国际货币基金组织的贷款，而这是它进行劝诫的主要手段。而且，其推荐的改革一般与统治阶层的想法相左，因此财政部长或者国家元首不可能承诺执行。

总而言之，国际货币基金组织在宏观经济政策协调中的角色与世贸组织在贸易便利化中的角色是完全不同的。第一，因为没有关于允许什么不允许什么的清晰规则，而且任何试图统一规则的措施都很可能让很多国家觉得不可接受。第二，改革必须根据情况达成共识，而且政府一般不会有国内政治支持来自信地承诺履行国际协议所需要的改革。第三，政府没有能力承诺意味着需要每个国家进行基础性改革的国际协议很难达成，尽管改革对每个国家的长期利益都有好处。

虽然国际货币基金组织并不总是对的，但是其药方常常是对症的，因为该组织没有政治性。但是，国际货币基金组织不会拥有像世贸组织那样的制裁力量，因为其面对的是宏观经济政策这样虚无的、难以衡量的对象。同样，在国际社会"点名羞辱"的方法对违反协议者不会那么有效。财政部长的首要考虑是国内的选民，他们一般不关心国际货币基金组织的工作。

还有另一个选择。既然国际货币基金组没有权力通过命令将自己的意愿强加给特定国家，国际货币基金组织应该想办法施加让民众满意的影响。这同样也能帮助政府累积改革所需的支持。换句话说，与其尝试世贸组织的方式和使用硬实力，不如仿效乐施会的办法，使用软实力。

获得全球影响力

推动消除气候变化，这是一个典型的以牺牲短期利益换取长期利益的例子。如果不是因为选民中的草根运动，政治家们会避开这样的议题。促使政府这样做的压力上升不仅是因为气候变化的大量证据十分具有威胁性，而且因为各种本地和国际性的机构都组织群众推动代表采取行动。同样，像博诺这样的摇滚明星领导的群众运动迫使富国的政府免除穷国债务，并在2005年格伦伊格尔斯峰会上许诺向穷国提供更多的援助。

当然，各国政府还没有对减排达成一致的承诺，而且撤回了援助承诺，但是这些草根运动让政治领导人相信国际协议存在国内支持的基础，从而获得了影响力。随着互联网和政治性网站的力量不断壮大，随着真正民主的扩张，公众自下而上的影响可能（领导人会听取公众意见）会与自上而下的影响越来越趋于一致（领导人说服公众接受其观点）。那些想要影响政治家的人不能仅凭美好的愿望，而要通过政治家的主人，即民众。

像国际货币基金组织和世界银行这样的多边机构要扩张其能量所需要做的还很多——它们要为了世界的发展对整个世界发出声音。除了劝说各国财长和元首，它们应该直接走向公众，向各国政党、非政府组织以及有影响力的名人解释它们的观点。它们需要更善于利用互联网社区来影响普通民众并寻找进入学校和大学的方法，因为学生是最容易接受全球公民这一观念的群体。

比起政府，公众看待权力的眼光更为长远，而且一般而言更理想主义，更关心全球的利益。同时他们也更易于接受劝告，特别是在较为安定的状态下。当然，相比于要求一国为全球的利益作出牺牲，那些从长期来看对一国好处大于成本的改革更易于被人接受，但是即便是前者也不应该被排除。毕竟，最纯粹形式的援助必然要求单方面的牺牲，而富裕国家积极的公众已经在推动这种援助了。了解到其他国家的公民正在投入协作——即以全球和多边为目的的解决办法——对于劝说的成功是很重要的。而且，如果关心自己国家多边责任的国内公民足够壮大，政治领导人就不能再认为违反国际义务不必在政治上承担成本，“点名羞辱”的方式也许能更有效。

这种运动不是现有的多边机构能够带领实施的。以国际货币基金组织为例，它认为其首要的受众是各国财长和央行行长。为了不冒犯任何成员国，国际货币基金组织的工作人员已经发展出了一套写作报告的方法，以确保所有要点都能够被那些熟知其写作方式因而理解其言外之意的人领会（特别是国际货币基金组织工作人员和成员国的官员），而其他人则会被其浮夸的文风弄得睡着。国际货币基金组织在与各国官员和财长的沟通方面已经有多年经验，但是却很少直接与非政府组织或媒体对话。世界银行在这方面稍好一些，但也只是稍好一些而已。

而且，我们无法确定主权成员国政府是否会愿意让国际组织在其国内传达一些它们不能控制的信息，即使这些信息是限制在经济方面的。不仅仅是那些压制言论自由的非民主国家，民主国家在公开场合虽然鼓吹需要透明和诚实的评估，但私底下却常常扭曲国际组织的意图。

2005年春天，在华盛顿举行发布国际货币基金组织和世界银行半年期《世界经济展望》的记者招待会的同时，英国大选正在进行。在回答《金融时报》记者的问题时，我提到英国需要在增加财政收入或者缩减支出方面作出更大的努力，以实现财政平衡，这暗示着英国可能不得不增税。我的评论是基于国际货币基金组织工作人员的分析报告，但是当时英国的财政大臣戈登·布朗却对我的评论非常气愤，因为这和他对公众所作的公开演讲内容相抵触。尽管英国财政部施加了极大的压力，国际货币基金组织还是坚持自己的分析结果。布朗当时也是国际货币基金组织临时委员会主席，他在第二天也安排了一个记者招待会。当时，国际货币基金组织总裁罗德里戈·德拉托也参加了布朗的记者招待会，他相当尴尬地坐在一旁，而布朗则开始指责国际货币基金组织对英国作出了错误的判断（被记者会上不可避免的问题触发）。罗德里戈·德拉托礼貌地没有作出回应，但是他的行为间接表明了他对国际货币基金组织工作人员的支持。从那以后的数据表明，国际货币基金组织的分析是正确的。

一方面，一个客观的评论员对政府政策的评论可能造成的公众影响让政府担忧，这本身表明这种方式还可以被加以利用。另一方面，这样的行为需要多边机构改变它们看待自身的方式——是像世贸组织一样追逐它们永远不可能得到的硬权力，还是尊重各国主权并通过软实力和劝告的方式为全球的共同利益而工作。

全球经济治理改革

如果多边机构要改变其劝说的策略，它们需要根本性的改革。这样的改革将会包括组织本身的改变及其在各国采取的工作方式的改变。它们的治理结构需要改革，从而获得不被任何国家过度影响的独立性，这样的改变正在进行之中。它们应该刻意地通过招收在美国以外培训的人员来扩大其知识框架。随着发展中国家研究能力的提高，它们培训出更高水平的研究生，这一想法会逐步实现。多边机构应该把参与成员国公共辩论作为它们鼓励实施对全球有利的国内政策的重要工具之一。另外，这些多边机构用于约束其成员国的规则应该能够促使成员国积极参与、帮助实施，并加以保护。这确实需要对国际货币基金组织成员国签署的协议条款进行重大的修订，也许甚至需要一个新的历史性协议，就像在布雷顿森林体系下创立国际货币基金组织和世界银行一样。

最后一点非常重要。没有哪个拥有权力的大国（特别是但不仅仅是那些非民主的国家）愿意给多边机构一个畅所欲言的平台。各国必须了解到，采取更好的政策将有利于重要的集体利益，而且如果它们想要一个能够影响他国政策的平台，它们也必须允许他国通过这一平台来影响自己。这应该被理解为多边机构会将自己的角色限制在经济和社会层面，其观点是通过机构内一个公平而慎重的过程，基于令人信服的经济研究和数据分析产生的。它的观点应该受到国际协议的保护，就像各国大使馆及其活动受到保护一样。当然，为了说服各国公民相信多边机构是为他们的利益说话的，其过程必须是透明和公平的。换句话说，与世贸组织的经济政策国际协议的方式不同，我们需要一个国际协议来解决多边机构如何通过影响各国国内政策以实现全球利益的问题。

我已经在贸易不平衡的背景下讨论了多边机构改革问题。但是改革还需要许多其他方面的配合，而目前这种配合却没有形成。比如，当粮食价格上涨时，许多国家就会限制粮食出口。尽管在短期内这样的措施确保了它们本国公民能够获得低价的粮食，但是这却让它们本国的农民无法享受更高的价格，进而打击他们种粮的积极性。同时这种政策也让别的国家感到不安全，并开始种植粮食，尽管这样做总体上来看是不经济的，比如现在阿拉伯沙漠地区出现的大片农作物显然不适合当地水资源缺乏的现实环境。这种做法的结果是政府保护其国内民众短期利益的短视行为导致长期内全球粮食的不安全以及生产的效益低下。因此，我们需要一个全球性的协议来确保国际粮食市场不被政府行为所干预，但是现在没有政府愿意冒险去承受放弃保证本国居民获得食物的能力这一指责。多边机构需要为国际协议创造必要的觉悟和动力。

我从不幻想这样的改变会轻而易举。作为全球性事务工作者，我的本职是推动建立更为清晰的规则。即便是在欧盟这样拥有建立规则的权力和限制成员国政策的能力的组织内部，尽管其组成国相对类似，但各国也不愿意接受来自外部的对其政策制定的强行约束。随着时间的推移，来自布鲁塞尔欧盟总部的裁决逐渐被欧盟成员国民众视为被迫接受的负担，因为成员国的领导者总是将不愉快的事件归罪于欧盟，而将所有的功劳归于自己。因此，毫不意外，当欧盟成员国民众被问到是否想要一个更为强大的欧盟时，他们会大声回答“不”。

我们必须记住，即便是凯恩斯也曾担忧过全球不平衡，并建议采取措施惩罚那些拥有持续贸易盈余的国家。这样的想法不易于被今天的独立国家所接受。一个多样化的世界不会接受任何强制性的全球政策合作来填补国家之间的断层。我并不是建议停止当前为实现改革而举行的多边会议，但是这些会议到目前为止说得多做得少。也许二十国集团能够实现奇迹。但是，由于这一问题太过重要，不能仅仅让官员和政客来解决，所以，我建议另一条道路，即由更小的、非二十国集团成员国来确保大国政策的相互协调。像国际货币基金组织这样的多边机构应该为各国提供一套行动方针，能够实现各国以及集体的利益，同时避免不作为的政治和经济风险。多边机构不得不一个国家一个国家地做工作来说服它们最终的收获是值得用短期的牺牲来换取的。如果有了国内政治的支持，各国领导人就更容易接受国际协议。换句话说，全球性政治协商必须纳入各国的政治辩论中去，这样才能使全球领导人重新回到谈判桌前。全球性多边机构必须以全球民主的原则进行工作，而不是回避这一原则。

中国和世界

在接下来的10年，世界上除了美国以外最重要的经济体很可能是中国。很多中国以外的政策制定者都担心中国采取的盯住美元的汇率政策。从2005年7月开始，中国人民银行开始允许人民币对美元稳步升值，但是随着2008年10月金融危机的到来，中国停止了其升值的步伐，并重新回到盯住美元的汇率政策。随之而来的是华盛顿对中国不公平贸易的指责。在美国失业率达到10%的同时，中国国内生产总值却实现了10%的增长，二者之间的对比是如此的明显，以至于美国国会认为无论采取何种形式的贸易壁垒或者重申人民币升值问题都不能平息这一差别带来的刺痛感。

那么，中国到底是否不公平地介入了汇率市场呢？如果是，那对象又是谁？从某种意义上来说，答案是明显的。中国出口商已经享受了低融资成本、低价土地和能源等补贴。而被低估的人民币让它们生产的产品价格更低，中国出口商因此能在与工业国家企业的竞争中胜出。这种情况似乎是很不公平的。但是这一观点在其他很多方面意味着国家间的平均主义：每个国家的基础设施、法制质量、监管结构、教育水平，以及其他方面都应当一致，因此，当一国采取政策获得优势时，它似乎违反了规则。

但是看待竞争也有其他的角度。大多数局外人在看待中国时，想到的是奢华时髦的北京和上海，而不是那些落后的中西部省份。在发达国家中，基础设施要好得多，法律系统执法能力要强得多，监管结构更具预测防范能力，在教育方面，即便是位于不发达地区的学校也具备所需的基本教育条件。

进行对比也许是有效的。在一项国际体育赛事中，一个参赛者被发现服用了兴奋剂。他由于违规而不能出赛。但是进一步的调查发现，比赛开始后，有一部分参赛者使用的是根据空气力学制造的最新装备，这些装备是赛事规则制定者们所允许的，而这些赛事规则制定者又大部分来自使用这些装备的参赛者的国家。另一方面，那个服用兴奋剂的参赛者使用的却是普通的便宜的装备。这里，到底谁在不公平竞争？根据游戏规则，自然是兴奋剂服用者违反了竞争规则，但是规则本身却造成了特定的优势和劣势。

“不公平”这个词应该谨慎地使用，在使用时必须考虑评估的框架。这个词对发展中国家的领导人是不起作用的。比如，哈佛大学的达尼 · 罗德瑞克曾表示币值低估也许是发展中国家平衡其制度劣势的弥补性手段。显然，一旦弥补了发展中国家的劣势，币值低估就是不公平的。对于更穷的国家而言，它们不但不具备中国现在所具备的一些优势，而且还要与中国在出口方面进行竞争，这也是不公平的。不管怎么说，判断是否公平是非常难的。

反对持续的币值低估的一个更有力的理由是基于中国自身的利益。币值低估是补贴一国出口部门的方式之一，这种补贴实际是以进口者和汇率干预国纳税人的利益为代价的。反对中国进行干预的论点认为这样的补贴并不能真正帮助得到补贴的人，同时让那些为补贴埋单的人越来越不堪重负。

中国的很多产业发展已经超越了“朝阳产业保护”阶段。而且因为中国企业间的激烈竞争，它们所获得的任何补贴都在竞争中以低价的形式转让给了工业国家的购买者。因为其他亚洲经济体为了与中国竞争也在干预其汇率市场并对出口进行补贴，亚洲国家贫穷的普通家庭实际上在通过纳税支持出口商的利益，最终补贴了工业国家富裕家庭的消费。这种情况既没有效率也不公平。

而且，通过币值低估建立起竞争优势的企业会导致生产部门效率低下，造成二者均需依赖币值低估才能维持竞争优势。这些企业最终会与支持币值低估的政治说客结合起来。像许多没有效率的扭曲一样，币值低估在中国拥有大量既得利益者的支持，他们会极力维持现状。持续的币值低估将会继续增加中国对贸易的依赖，并进一步缩小其政策调控空间。

但是最重要的是维持币值低估的努力造成了经济极大的扭曲，压制了消费，在一个拥有大量劳动力资源的国家进行资本密集型的生产投资，金融部门没有得到发展。

币值低估的代价

如果中国的中央银行，即中国人民银行从中国出口商手中购买美元以防止人民币升值，那么它必须以印钞为代价。如果人民银行过多干预，流通中的大量人民币将会推动通货膨胀。要避免通胀，人民银行需要在购买美元的同时发行债券，以此抵消超发人民币的影响。换句话说，出口商实际上是以美元兑换人民银行发行的人民币债券——这一过程现在被称为“冲销干预”(“消毒干预”)。人民银行使用出口商的美元购买能够赚取息差的美国资产，从而在赚取美元资产息差的同时偿付人民币债券的利息。

如果美元资产的利率很低，而人民币资产利率很高的话，那么人民银行实际上就是持有低收益的资产而发行高收益的债券——这意味着会有损失发生。如果这一负的收益差乘以中国价值 2 万亿美元的外汇储备（当然不全是美元），将会导致中国财政预算的巨大缺口。而且，人民币的高利率将会吸引更多的外资流入。为了在采取冲销政策的同时避免巨额损失，人民银行的利率维持在比美元利率更低的水平，采取的手段则是维持家庭储蓄低利率以及发行低利率债券。

这种政策的直接影响之一就是中国成为美国货币政策的镜子。如果美国利率非常低，那么中国就不得不保持低利率。这样做导致了中国信贷、股票，以及房地产市场泡沫的风险，就像美国所发生的一样。由于没有通过利率政策来对冲这种风险的自由，中国政府当局必须使用强制性的政策工具。比如，如果信贷强劲的话，中国银行监管机构就会紧缩信贷供给。一般而言，私人企业将会遭受这种信贷短缺的冲击。中国产业将经历从信贷盛宴到信贷饥荒的转变，而这将打乱企业的长期规划。

低利率还有其他的副作用：它减少了家庭收入，甚至会导致家庭为了保证退休生活而增加储蓄。这将进一步压制消费，进而让中国更依赖外国的需求。更严重的是，企业最大限度地通过借贷投资于资本密集型项目（同时在信贷供给停止时，持有这些资金）。这样一来，一个劳动力富余的国家却大量投资于资本密集型产业，创造出的就业机会远远满足不了其需求。

最后但并非最不重要的一点是，尽管银行以极低的真实利率向企业发放贷款，但由于储蓄利率更低，因此银行仍然有巨大的息差收益。这一资本缓冲以普通家庭的支出为代价，允许中国的银行犯下巨大的信贷错误却不会破产。这同时也允许银行排除其他来源的金融竞争，比如企业债券市场。银行需要做的只是将息差缩小一点点，从而促使企业借入贷款而不是发行债券，进而使企业债券市场缺乏流动性和吸引力。

此外，还存在着其他相关的扭曲。危险之一在于，一个没有效率的、银行主导的金融系统会导致与银行关系好的企业能够获得贷款，而与银行没有关系的企业则得不到贷款。在中国，占主导地位的国有银行的放贷对象通常是国有企业——贷款人员不会因为贷款给国有企业而被控腐败，私营企业融资却极其困难。国有企业能够在国内获得成本低廉的融资，外资企业能够从国外获得成本低廉的融资，在二者的夹缝中，中国私营企业艰难地求生存。难怪在中国不像印度一样，有很多较大规模的私营企业存在。中国如果想更好地进行资本和资源配置，银行必须成为经济的大脑，而现在中国的金融部门正在成为国家政策的低效率工具。这对于中国的长期发展没有好处。

被强有力的出口部门说客所推动的人民币币值低估很可能危害到中国的发展。出口导向路径很可能导致中国经济的衰退，就像它对日本造成的影响一样。正如我们所看到的，这是一条危险的道路。

说服中国

每当我在中国提到人民币是否应该升值这一话题时，接待我的东道主就会提醒我日本于1987年在美国压力下进行急速升值所造成的错误。根据中国人的说法，日本从那个时期开始的灾难是由于它放慢了其最为成功的出口部门的增长，却没有换得任何其他的利益。中国会选择更为缓慢和谨慎的过程，正如邓小平所说的，要"摸着石头过河"。

他们没有看到的是，日本从出口导向增长模式转向更为平衡的增长模式的转型开始得太晚了，所以现在在面对这一问题的同时还要面对一个加速老龄化的人口结构。中国可以在其人口结构还相对年轻的时候开始向更为平衡的增长模式转型（尽管老龄化将是独生子女政策不可避免的结果）。

中国所需要的改革对于普通家庭而言是具有吸引力的，因此如果多边机构向中国民众解释应该做什么以及这样做的原因，它们有可能找到感兴趣的听众。更坚挺的人民币可以使中国的中产阶层以更低的价格进口外国商品和度假，市场决定的更高利率也能给他们带来更高的收入。政府加大社会保障投入，扩大养老金和社会保障系统的覆盖面，将给中产阶层带来消费的信心。

当金融机构不得不为自己的借款支付更高的利息时，利润率会随之降低，因此它们将没有多大的空间为国有企业提供具有吸引力的贷款。国有企业中的一部分将会通过债券市场和资本市场直接融资，这将会推动企业提高透明度，改进公司治理，增加红利分配。企业债券市场能够成为银行的一个替代方案，在所谓“关系”系统之外创造出一条融资渠道。如果银行丧失了最好的客户，它们就不得不跳出“舒适区域”。它们也许会开始向中小私营企业发放贷款，从而为这些企业带来成长的空间。它们也许会扩大零售贷款，从而降低家庭的储蓄需求。中国将变成一个更少生产者导向、资本密集的经济体，变成一个私营企业导向、更少依赖外国需求的经济体。

这样的转型并不容易，但现在时机已经成熟。因为粮食价格已经上涨，人民币升值所造成的外国农产品进口增加将不会给在中国人口中占大多数的农民带来太大的伤害。国有企业流动性资金充足，因此它们能够承受由资本、能源、土地补贴减少而造成的利润损失。最近，中国国有企业已经进行了大量投资，因此投资的减慢也不完全是坏事。但是，改革不能继续采取现在的稳步试验的渐进主义，而要大胆进入多项不可预知的领域，比如汇率、利率以及一些受管制的价格的自由化。监管者必须极其谨慎，确保银行系统不会在这一转型过程中崩盘：这是日本转型失败留给我们的重要教训。

在这个时点，有两个理由支持中国对多边机构和协议更为开放。第一，它非常依赖出口，而发达国家不断增长的贸易保护主义情绪会对其出口造成威胁。中国可以通过多边机构的说服在一定程度上避开发达国家的贸易保护主义行为，因此中国有动力支持多边机构的发展。第二，中国所持有的超过2万亿美元的外汇储备完全暴露于所持有债券国家的不良宏观经济政策影响之中。因此，中国能够从规范国家政策的强有力的国际经济协议中获得的利益比其他任何国家都要大。这意味着为了让中国认识到改变的价值，工业国家必须证明自己是能够被说服的。

总而言之，现在对多边机构而言可能是个很好的时机，它们可以获得授权推动与中国有思想的中产阶层的直接沟通——通过文章、会议，以及互联网，用容易理解的措辞向中国知识分子解释其研究、分析以及建议。如果多边机构的角色能够被恰当地界定，中国的领导层也可能接受这一授权，因为在其他地方已经做过类似的变革，而如果不进行这一变革将导致全球经济步入保护主义。二十国集团应该给予像国际货币基金组织这样的多边机构灵活处置的余地，在成员国国家内部展开更大范围的讨论，从而实现之前提到的全球性调整的宏大目标。如果要获得更广泛的接受，国际货币基金组织应该在推动政策改革方面将美国和其他国家一样平等对待。在跳出“舒适区域”的过程中，多边机构没有任何损失，相反，如果它们不能够处理这样的问题，这才是我们这个时代全球宏观经济最重要的问题。

现在就要行动起来

导致全球贸易不平衡并创造出现今类似曼德维尔笔下的“蜜蜂社会”的断层是很深的。而且，因为这些不平衡是由根深蒂固的国家策略造成的，改革将会十分痛苦。这不仅仅是调高利率、增加税收的问题，也不仅仅是调整汇率的问题。痛苦在于国际机构把调整看得过于简单，而后却一再为所期待的改变没有到来而感到惊讶。它还会给政治领导人造成一个危险的印象，即改变对于别人来说更为容易，因此惩罚性的贸易制裁能够发挥作用。我们不应该有这样的幻想，改变对于所有国家而言都很困难，尽管长期看来它们都将从一个更为稳定的世界经济以及更为持续的国内增长策略中获益。

降低持续的贸易盈余或赤字的行动需要国内的政治动力，因此，那些国际会议没有带来实际的改变，对这一点我们不应该感到惊奇。省去陈词滥调，每个人都应该知道毫无效果。我已经说明像国际货币基金组织和世界银行这样的多边机构应该从推动对气候变化问题采取行动和对穷国进行援助的运动中得到启示。它们不应该再局限于领导人这个层面，而应该使用所有可能的现代科技手段扩张到更广泛的群众之中，以获得各国国内的政治支持。它们应该直接与有影响力和关系网络的人进行对话，向他们解释为什么改变是必要的，向他们说明尽管调整需要代价但是最终将会获益。多边机构应该帮助弥补国家之间的断层，帮助它们理解应该采取的行动。

这不是一个私人或非营利部门能够承担的任务。可爱的考拉、热带雨林、赤贫的儿童激发出人们的爱心、思考与捐助。全球贸易不平衡、汇率以及粮食短缺这样的问题不太可能引发同样的公众同情，因此也不能由非政府组织来推动，而必须由资金充裕的多边机构来采取措施。与非政府组织不同，多边机构不用选择令人兴奋的、感性的话题来吸引资金，它们可以专注于影响全球未来的更为理性的领域。

最后，不管是使用大棒强力推行全球性原则，还是鼓励普通民众自下而上进行推动，多边机构所要引领的变革不会容易。同样，要给予多边机构影响国内政策的自由，这对于所有国家而言都非常困难。中国的国内讨论日益开放，互联网的普及使公众意见的影响力日益增强。要求中国承担更多国际公民责任的压力，在国内和国外两个方面都在增长。

总而言之，多边机构应该在界定何为国际经济公民方面发挥更大作用，应该与全球有思想的普通民众进行直接沟通，不再使用模糊、不易阅读的论文，而是采用现代科技手段。我的建议并不妨碍那些没有成果的国际会议的继续举行，为什么不试一试呢？

我们生活在一个物质充裕的年代。作为一名学者，如果我把过去三十几年中经历的所有变化都反思一遍，那会是一件令人头痛的事情。我第一次有机会感受计算机是在大学二年级，我当时正在读电气工程学。之所以称之为“感受”，是因为我们根本没有见到或触摸到计算机本身。计算机被放在一个神秘的装有空调的房间内，只有经过特许的人才能进去。我们普通人要先在穿孔卡上写下程序，然后交给计算机业务柜台。只有在计算机没有紧急任务时，穿孔卡才被输入计算机中。几天后当我们满怀期待却得到非常奇怪的结果时，才懊恼地意识到，当初提交的有些卡片上逗号标错了位置。一个如今只需几分钟就能调试好的简单程序，那时要耗费我们几周的时间。

个人计算机的出现给学术工作带来了巨大的改变。早先的文字处理机使我们脱离了打字机和修正液，但文字处理机很难使用，尤其是在用它形成数学方程式时。攻读博士学位时，我用了几个晚上的时间设法做出了在电脑中看似正确的方程式，但随后的分析却发现这些方程式是错误的。那时候的电脑游戏虽远不及现在复杂，但也随处可见。曾经有位同学因为迷上了俄罗斯方块游戏而延期一年才取得博士学位。我之所以没有上瘾，只是因为我一点都不擅长玩电脑游戏。

在我刚开始从事学术研究的时候，跨地区的联合研究还极为困难。越洋电话费用高昂，文件也只能通过人工投递的平信来发送，这无疑使得完成整个项目所需的时间大大增加。查找相关文献需要在图书馆中耗费很多时间，而且通常我们只能找到已经公开发行的资料，而不是全部的相关文献。由于论文出版前要经过很长的准备时间，即使最新的期刊上发表的论文也往往是几年前写成的。你们可以想象一下，就在我即将步入学术就业市场的几周前，突然在《金融杂志》上发现了一篇文章，这篇文章包含了我毕业论文的核心思想，当时我是多么沮丧。（幸运的是，我们的论点有很多不同之处，这能有力地证明我本人作了很多研究，但这样的经历仍让人感到失落。）

如今所有的事情都改变了。现实是，我写作这本书所用的笔记本电脑的处理能力是我刚开始从事学术工作时接触的那种足有一个房间那么大的大型计算机的几千万倍，而成本却只有那种大型计算机的千分之一。对我的孩子们而言，我的整个学生生活是在网络时代之前度过的。他们无法想象竟然有像我这样古老的人！科技戏剧性地改变了他们的生活，也改变了我的生活。过去30多年中所经历的巨变使我充满希望，我想如今很多看似棘手的问题在将来是能够得到解决的。

这种棘手的问题有很多。赤贫仍然是很多发展中国家所面临的灾难。尤其是因为大自然似乎往往喜欢捉弄穷人。近期在海地发生的地震夺去了数十万人的生命。世界其他一些地方也发生了同样的强震，但没有这么大的伤亡，可能是因为这些地方的建筑是防震的。贫困的根源以及大自然对于本就脆弱的人群缺乏同情的原因可能是一样的：世界上许多地区都无力为人民建设基本的基础设施，无法为人民提供安全的建筑和体面的生活。

工业国家也有其自身的问题。当危机过后政府债务开始攀升的时候，许多国家的人口也正在快速老龄化，而且政府之前承诺的老年安全和医疗保健计划也可能成为泡影。因为政府也在勒紧裤腰带艰难地维持现状，并为将来作准备。如果再发生什么问题的话，将来的形势可能更严峻。

问题似乎还不只这些，我们正在因过去犯下的错误而受到惩罚。气候变化的迹象及其可能对环境和经济造成的恶劣影响似乎确有其事。尽管我们有可能反应过度，但那些最富裕的国家需要找出减少不必要的能源和原料消耗的方法，发展中国家也需要思索可持续性发展的更多途径。

如果我们仍然对人类的智慧有信心，并且能够为其留出发挥空间，这些问题都能得到解决或在将来得到解决。中国和印度的经济改革已经使世界上超过三分之一的人群的创造力得到了释放，在那里有成百上千万训练有素的工程师正在发挥他们的智慧应对挑战。目前，中国企业在电动汽车电池研发方面处于领先地位，而印度企业正在生产价格可以接受的电动汽车。同时，工业国家在核能、太阳能和风能利用方面也在不断取得进步，不远的将来我们就能以较低的成本实现零排放的目标。如果中国和印度能在几十年中逆转几个世纪的衰退，那么海地也可以克服其历史上更大的灾难。

国与国之间的合作在其他方面也很有价值，例如，发展中国家的健康管理业务可以给发达国家带来启发，即采用何种方式使民众能够负担得起公共卫生服务。通过“医疗旅游”，富裕国家的病人可以在发展中国家以低得多的成本享受到医疗服务；而通过“退休移民”，老年人可以移民到那些有益于健康同时生活成本较低的国家，这既能为发展中国家带来更多收入，也使老年人的退休生活成本降低。相反，从发展中国家移民到工业国家的年轻劳动力会成为工业国家的纳税人，从而有助于工业国家供养其老龄化人口，同时也能平衡全球收入水平。移民们给家乡亲属的汇款能使他们过上更好的生活：印度、墨西哥及菲律宾的很多地区都因移民汇款而得到了改观。如果管理得当，人口的双向流动能够成为解决世界上最棘手问题的一种方式。

活跃的金融市场能为全世界的改革者提供风险资本，同时也为老年人提供储蓄工具，并为移民提供货币汇兑条件。但金融业现在已声名狼藉，各地都能听到限制金融业的呼声。更危险的是，工业国家尤其是美国，可能会对曾经使它们变得强大的金融系统失去信心。而人们对市场和竞争不充分的认识正导致其对政府愈加信任。尽管政府可以做（而且是必须做）一些事情，但不是重要的变革和创新。

有些国家的政府无法满足人们已经提高的期望，于是它们试图通过具有进攻性的民族主义和贸易保护主义手段来维护其既得利益，这对它们而言是轻而易举的事。工业国家没有接受发展中国家成长的现实，也没有保持自身国内市场的开放性，而是故步自封，这将有损于大家的利益。根据皮尤研究中心民意调查显示，49%的美国人认为他们的国家应该在国际上做好自己的事情，这比 1964 年首次对该问题进行调查时得到的结果高出 30%。同样，发展中国家也没有随着其经济增长承担起更大的责任，相反，其行为更加强烈地表达了它们的观点，即它们的政策不会对整个世界产生什么影响。我们很有可能把希望变成冲突，再变成绝望，就像此前世界上已经发生过的许多次一样。

经济停滞是产生冲突的温床。要阻止历史重演，我们必须理解近代危机发生的原因，并且在理解的基础上提出对策。金融市场和民主政府是相互矛盾的。金融市场的作用是将资源配置给最擅长利用这些资源的群体，并将风险分散给那些最能够承受风险的群体。而民主政府的作用是为金融市场的运转创造一个合法、规范并受到监管的体系。然而，民主政府还拥有其他的角色，包括通过税收、补贴及安全网络来限制市场经济中存在的不公平。当民主政府不合理地使用其他手段时，当其试图利用现代金融市场来实现政治目标时，当其变成市场参与者而不是管理者时，就会出现我们已经经历过的种种灾难。

有人辩称，是放任主义的意识形态将我们引向困难的处境：管理者醉心于能够自我调节的理想市场模型，而当市场自我毁灭时他们站在场外袖手旁观。管理者们仅仅做对了一部分。尽管克服过度乐观主义（有时是悲观主义）采取应对措施是管理者的本分，但美国的管理受到了认为市场将会自我调节这种错误观念的驱使，这种观念一次又一次地使左派思潮落入右派思潮的圈套。美国政府受政治欲望的驱动，而老练的金融部门设法寻求美国政府乐于提供的优势地位，大部分损失都是在这时候造成的。

美国的革新主义者在责备银行家，而保守主义者在责备政府和美联储。令人担忧的现实是尽管二者都应该受到责备，但没有哪一方能够充分认识到彼此间存在的断层影响着它们的行动。改变参与者，或尝试直接改变他们的动机，都只能起到有限的作用，我们需要缩小他们之间更深层次的断层。如果我们不能重建政府及金融部门的正确角色，并且修复国与国之间的不平衡，那么以前发生的灾难也许还会再次发生。

金融部门需要知道，其行为所造成的所有后果都将由其自身而不是纳税人承担，当然其中一定包括由其造成的损失。美国政府必须为其人民重新创造有关的权利和机会，这些历来都被视为美国经济水平的标志，同时，政府还需要帮助那些落后的群体。这样可以减轻政府面临的压力，从而干预金融市场或对经济进行过度刺激。

其他国家也必须实施改革，改革应有助于恢复世界经济平衡，并能减轻这些国家对全球增长的依赖程度。在这个过程中，正如世界面临的其他挑战一样，我们需要国际合作。世界大国，不论是形成已久的还是新兴的大国，都必须认识到它们的政策合起来并不是一个连贯的整体。大国已建成了强大的全球机构，而这些机构可能强行限制大国的某些政策，这是它们不情愿看到的。为消除它们的不情愿，我们需要将政策论战扩展到全世界，说服各个国家的民间团体去推动其政府制定能够促进全球形势好转的政策。

我在参加一个在莫斯科举行的会谈后乘坐汉莎航空公司的班机返回美国，在飞机上完成了本书最后的文字。此时已是黄昏，飞机朝着落日的方向前进，柔和的夕阳在飞机巨大的引擎上闪耀着光芒。会议举办的地点让我想到我们已经走了多远。其实，30 多年前莫斯科离西方的学者也很近。昨天我抵达莫斯科机场后发现，从机场到市区的道路非常拥堵，好像莫斯科人把所有的小汽车都开到了公路上。这就是进步，尽管这种进步已经明显地带来了新的问题。

这样的场景使我们想到，世界各国在过去 30 多年中都有了巨大进步，因为各国在获得经济自由的同时也很好地利用了全球市场和资金的力量。但不幸的是，我们也纵容了国家之间政治及经济不平衡的发展。在很多富裕国家，不安全和绝望的感觉已经取代了希望。我们不应该让已经做错的事情妨碍还可以做对的事，也不应该推翻已经取得的进步。要想维护并重建对市场体制的信任，我们必须进行根本性的改变。政府必须更有作为，帮助公民提高自身能力，过上富裕的生活。同时，政府在某些方面必须往后退一步，容许市场有效运行。这次危机正是由于政府和市场的角色混乱而导致的。我们需要再次找到正确的平衡点，我相信我们能够做到。

Pastas, morteros, adhesivos y hormigones

Pastas, morteros, adhesivos y hormigones

José María Palomino Granados

Paraninfo

Paraninfo

Pastas, morteros, adhesivos y hormigones

Gerente Editorial
María José López Raso

Equipo Técnico Editorial
Paola Paz Otero
Sofía Durán Tamayo

Editora de Adquisiciones
Carmen Lara Carmona

Producción
Nacho Cabal Ramos

Diseño de cubierta
Ediciones Nobel

Preimpresión
Alejandra García Blázquez

1.ª edición, 2025

C/ Sierra de Guadarrama 35. Naves 2, 3, 4 y 5
Polígono Industrial San Fernando II
28830 San Fernando de Henares, Madrid
Teléfono: (+34) 914 463 350
clientes@paraninfo.es / www.paraninfo.es

ISBN: 978-84-283-6732-5
Depósito legal: M-1376-2025
(30.544)

Impreso en España / *Printed in Spain*
Liberdigital
(Casarrubuelos, Madrid)

La editorial recomienda que el alumnado realice las actividades sobre el cuaderno y no sobre el libro.

A Pablo, que aunque me encuentre lejos me sientas cerca.
A mis padres, por vuestro apoyo incondicional.
A Mai, por tu complicidad.

Índice

Introducción normativa

La Ley Orgánica 3/2022, de 31 de marzo, de ordenación e integración de la Formación Profesional, contiene una disposición derogatoria única que afecta a la regulación de los certificados de profesionalidad, ahora denominados **Certificados Profesionales.** La referida normativa deroga la Ley Orgánica 5/2002, de 19 de junio, de las Cualificaciones y de la Formación Profesional, y abre un escenario de cambios que se irá implementando progresivamente.

La Ley Orgánica 3/2022, de 31 de marzo, de ordenación e integración de la Formación Profesional implica que toda la formación es acumulable. La oferta formativa se estructura de forma escalonada, siendo los Certificados Profesionales un nivel intermedio (Grado C) de una escala que va desde el Grado A hasta el E.

En los artículos 35 a 38 de la Ley 3/2022 se describe en qué consisten estos Certificados Profesionales: su oferta, formación asociada, estructura, duración, acceso, titulación y validez. Posteriormente, esta normativa se completa con lo dispuesto en el Real Decreto 659/2023, de 18 de julio, que desarrolla la ordenación del sistema de Formación Profesional. Concretamente en los artículos 67 a 81 es donde se hace referencia a la oferta formativa de Grado C, correspondiente a los Certificados Profesionales.

Están agrupados en 26 familias profesionales con características comunes del sector. En la actualidad hay más de medio millar de Certificados Profesionales incluidos en el Repertorio Nacional. Esta cifra no deja de crecer. Además, cada certificado está específicamente regulado por un real decreto.

Un Certificado Profesional corresponde al Grado C de la oferta del Sistema de Formación Profesional. Es un documento oficial, con validez en todo el territorio nacional y debe constar en el Catálogo Nacional de Ofertas de Formación Profesional, que certifica la capacitación para el desarrollo de una actividad profesional.

Debe detallar los módulos profesionales superados y los estándares de competencia profesional asociados a él e incluidos en el **Catálogo Nacional de Estándares de Competencias Profesionales**, así como su correspondencia con el Marco Español de Cualificaciones.

Despliegan su validez en un doble ámbito, laboral y académico:

- En el contexto laboral tienen validez profesional porque acreditan las competencias en una determinada profesión. Para poder trabajar en algunas profesiones, se exigen determinadas cualificaciones, y los certificados sirven para acreditarlas.
- Asimismo, tienen validez académica, puesto que permiten continuar un itinerario formativo siempre que se cumplan los requisitos de acceso para cursar la titulación deseada. De tal modo que, los Certificados Profesionales que sean parte de un Grado D permitirán la matrícula modular para completar los módulos establecidos en el currículo y obtener el correspondiente título de técnico básico, técnico o técnico superior con validez en todo el territorio nacional.

Para obtener un Certificado Profesional (Grado C) es preciso cumplir con los requisitos de acceso para realizar la formación.

Estructura de los Certificados Profesionales

I. Identificación: denominación, familia y área profesional a la que pertenecen; nivel de cualificación profesional (1, 2 o 3); cualificación profesional de referencia; entorno profesional y módulos formativos que esté previsto cursar junto con la duración de cada uno de ellos.

II. Perfil profesional: incluye las competencias profesionales requeridas en el mercado laboral. En todas ellas se concretan las realizaciones profesionales y los criterios de realización.

III. Formación: describe los módulos formativos que esté previsto cursar para adquirir las competencias requeridas. En cada uno de ellos se indican las capacidades que se pretenden alcanzar y la duración del módulo de prácticas no laborales —PNL—, para el que cabe solicitar exención si se cumplen determinados requisitos.

IV. Prescripciones de las personas formadoras.

V. Requisitos mínimos de espacios, instalaciones y equipamiento.

Los Certificados Profesionales se identifican con una denominación concreta y un código alfanumérico propio, y sirven para acreditar una determinada cualificación profesional. Cada certificado está asociado a una relación de unidades de competencia que, a su vez, se vinculan con una serie de módulos formativos específicos. Algunos módulos están integrados por unidades formativas y tanto unos como otras son, en ocasiones, transversales, lo que significa que se trata de contenidos incluidos en más de un Certificado Profesional.

Los Certificados Profesionales se articulan en tres niveles de competencia profesional (1, 2 y 3) conforme a lo dispuesto en el que será el Catálogo Nacional de Estándares de Competencias Profesionales, anteriormente Catálogo Nacional de Cualificaciones Profesionales (CNCP), según los criterios establecidos de conocimientos, iniciativa, autonomía y complejidad de las tareas, en cada una de las ofertas de Formación Profesional.

La oferta formativa dirigida a la obtención de los Certificados Profesionales tiene carácter modular para favorecer la acreditación parcial acumulable de la formación recibida y posibilitar así el avance en el itinerario de Formación Profesional para cualquiera que sea la situación laboral de cada persona en cada momento.

En definitiva, el Grado C constituye la oferta, parcial y acumulable, del sistema de Formación Profesional, de varios módulos profesionales del catálogo modular de Formación Profesional por razón de su significado en el mercado laboral y conducente a la obtención de un Certificado Profesional.

Las ofertas de Grado C de Formación Profesional tendrán por objeto módulos profesionales incluidos previamente en el catálogo modular de formación profesional y asociados al Catálogo Nacional de Estándares de Competencias Profesionales.

Finalidad de los Certificados Profesionales

- Contribuir a la ordenación de un Sistema de Formación Profesional al servicio de un régimen de formación y acompañamiento profesionales que sea capaz de responder con flexibilidad a los intereses, expectativas y aspiraciones de cualificación profesional de las personas a lo largo de su vida.
- Combinar escuela y empresa situando a la persona en el centro del sistema.
- Facilitar el aprendizaje permanente de toda la ciudadanía mediante una formación abierta, flexible y accesible, estructurada de forma modular, a través de la oferta formativa asociada al certificado.
- Acreditar las cualificaciones profesionales o las unidades de competencia recogidas en estas, independientemente de su vía de adquisición, bien sea a través de la vía formativa, o mediante la experiencia laboral o vías no formales de formación.
- Favorecer, tanto a nivel nacional como europeo, la transparencia del mercado de trabajo.
- Contribuir a la calidad de la oferta de Formación Profesional.

Este libro

El presente libro desarrolla el Módulo Formativo: **Pastas, morteros, adhesivos y hormigones. Código:** MF0869_1. **Duración:** 30 horas.

Está asociada a la Unidad de Competencia UC0869_1 Elaborar pastas, morteros, adhesivos y hormigones, perteneciente a las Cualificaciones Profesionales de referencia:

- Operaciones auxiliares de revestimientos continuos en construcción (EOC272_1), incluida en el Certificado Profesional Operaciones auxiliares de revestimientos continuos en construcción EOCB0109, regulado por el Real Decreto 644/2011, de 9 de mayo, modificado por el Real Decreto 615/2013, de 2 de agosto.
- Cubiertas inclinadas (EOC580_2), incluida en el Certificado Profesional Cubiertas inclinadas EOCB0111, regulado por el Real Decreto 615/2013, de 2 de agosto.
- Operaciones auxiliares de albañilería de fábricas y cubiertas (EOC271_1), incluida en el Certificado Profesional Operaciones auxiliares de albañilería de fábricas y cubiertas EOCB0208, regulado por el Real Decreto 644/11, de 9 de mayo, modificado por el Real Decreto 615/2013, de 2 de agosto.
- Operaciones auxiliares de acabados rígidos y urbanización (EOC409_1), incluida en el Certificado Profesional Operaciones auxiliares de acabados rígidos y urbanización EOCB0209, regulado por el Real Decreto 644/11, de 9 de mayo, modificado por el Real Decreto 615/2013, de 2 de agosto.
- Revestimientos con pastas y morteros en construcción (EOC589_2), incluida en el Certificado Profesional Revestimientos con pastas y morteros en construcción EOCB0210, regulado por el Real Decreto 615/2013, de 2 de agosto.
- Pavimentos y albañilería de urbanización (EOC586_2), incluida en el Certificado Profesional Pavimentos y albañilería de urbanización EOCB0211, regulado por el Real Decreto 615/2013, de 2 de agosto.
- Revestimientos con piezas rígidas por adherencia en construcción (EOC590_2), incluida en el Certificado Profesional Revestimientos con piezas rígidas por adherencia en construcción EOCB0310, regulado por el Real Decreto 615/2013, de 2 de agosto.
- Impermeabilización mediante membranas formadas con láminas (EOC582_2), incluida en el Certificado Profesional Impermeabilización mediante membranas formadas con láminas EOCJ0111, regulado por el Real Decreto 615/2013, de 2 de agosto.
- Colocación de piedra natural (IEX427_2), incluida en el Certificado Profesional Colocación de piedra natural IEXD0409, regulado por el Real Decreto 713/2011, de 20 de mayo, modificado el Real Decreto 986/2013, de 13 de diciembre.

- Fábricas de albañilería (EOC052_2), incluida en el Certificado Profesional Fábricas de albañilería EOCB0108, regulado por el Real Decreto 1212/2009, de 17 de julio, modificado por el Real Decreto 615/2013, de 2 de agosto.
- Operaciones de hormigón (EOC051_1), incluida en el Certificado Profesional Operaciones de hormigón EOCH0108, regulado por el Real Decreto 1966/2008, de 28 de noviembre, modificado por el Real Decreto 615/2013, de 2 de agosto.

La estructura organizativa de los contenidos corresponde fielmente a la establecida por la normativa vigente y más concretamente a los contenidos del Módulo Formativo: **Pastas, morteros, adhesivos y hormigones.**

Contenido

1. Morteros, hormigones y pastas en albañilería y revestimientos.

- Morteros y pastas elaborados en el tajo.
- Morteros y pastas predosificados.
- Hormigones: elaboración, componentes, clases, aplicaciones.
- Componentes:
  - — Aglomerantes.
  - — Aditivos.
  - — Arenas y agua.
- Dosificación, consistencia, plasticidad y resistencia. Aplicaciones.
- Normativa y ensayos.
- Marcado CE de los materiales de construcción.
- Marcas o sellos de calidad existentes en materiales de construcción.

2. Adhesivos y materiales de rejuntado.

- Adhesivos cementosos.
- Adhesivos de resinas en dispersión.
- Adhesivos y materiales de rejuntado de resinas de reacción.
- Componentes: aglomerantes, aditivos, arenas, agua y emulsiones.
- Dosificación, consistencia y plasticidad.
- Aplicaciones.

- Normativa y ensayos.
- Marcado CE de los materiales de construcción.
- Marcas y sellos de calidad existentes en materiales de construcción.

3. **Elaboración de morteros, pastas, hormigones, adhesivos y materiales de rejuntado.**

- Procesos y condiciones de elaboración de pastas y morteros:
  - — Identificación y control de componentes.
  - — Dosificación en peso y volumen, correcciones de dosificación.
  - — Amasado con medios manuales y mecánicos.
  - — Aporte de agua.
  - — Llenado de contenedores de transporte.
  - — Condiciones ambientales para la elaboración de morteros y pastas.
- Procesos y condiciones de elaboración de hormigones:
  - — Identificación y control de componentes.
  - — Dosificación en peso y volumen, correcciones de dosificación.
  - — Amasado con medios manuales y mecánicos.
  - — Aporte de agua.
  - — Llenado de contenedores de transporte.
  - — Condiciones ambientales para la elaboración de hormigones.
- Procesos y condiciones de elaboración de adhesivos y materiales de rejuntado:
  - — Identificación y control de componentes.
  - — Correcciones de dosificación.
  - — Amasado con medios manuales y mecánicos.
  - — Llenado de contenedores de transporte.
  - — Condiciones ambientales para la elaboración de adhesivos y materiales de rejuntado.
- Equipos:
  - — Tipos y funciones (selección, comprobación y manejo).
- Equipos de protección:
  - — Individuales.
  - — Colectivos.
- Riesgos laborales y ambientales; medidas de prevención.
- Materiales, técnicas y equipos innovadores de reciente implantación.

Nota del Editor

En Ediciones Paraninfo estamos comprometidos con la calidad de la formación e intentamos que nuestros materiales respondan fielmente y con rigor a las necesidades de todos cuantos confían en nuestro sello editorial.

Tratamos de dar respuesta a los currículos de las unidades formativas y de los módulos que integran los distintos Certificados Profesionales, equilibrando la parte teórica con la práctica para que los procesos de aprendizaje se conviertan en experiencias gratificantes, tanto para docentes como para las personas inmersas en los procesos formativos.

Nuestros objetivos son contribuir de forma decisiva a afianzar aprendizajes, ayudar a adquirir destrezas que tengan significado para el empleo y conseguir potenciar el desarrollo personal.

Para lograrlo contamos con excelentes autores, expertos en las materias que abordan, en la mayoría de los casos docentes de dichas especialidades con dilatada experiencia tanto profesional como académica, porque buscamos perfiles familiarizados con los contextos laborales concretos a los que se refieren nuestros manuales.

Confiamos en poder serte de ayuda y esperamos tus impresiones acerca de nuestro trabajo. Sean positivas o negativas, serán muy bien recibidas y, sin duda, nos ayudarán a seguir mejorando y trabajando con ilusión para continuar siendo un referente en formación para el empleo.

Agradecemos tu confianza en nuestros manuales. Todo nuestro equipo queda a tu total disposición. Puedes contactar con nosotros en esta dirección de correo electrónico:

info@paraninfo.es

1. Morteros, hormigones y pastas en albañilería y revestimientos

Contenidos

INTRODUCCIÓN

El estudio de los morteros y pastas en albañilería y revestimientos es fundamental para comprender los procesos constructivos y la selección de materiales adecuados. Este capítulo abarca desde la elaboración tradicional de morteros en obra hasta los productos industrializados y predosificados.

Se van a explorar en el desarrollo del tema aspectos tales como la composición de los materiales, analizando en detalle los aglomerantes (cemento, cal, yeso), los aditivos que modifican sus propiedades, los agregados (arenas) y el agua. Se analizará cómo la dosificación de estos componentes influye en la consistencia, plasticidad y resistencia de las mezclas, y cómo estas características determinan su aplicación en diferentes tipos de trabajos.

Nos adentraremos en el mundo del hormigón, un material compuesto de gran versatilidad, y estudiaremos sus diferentes tipos, desde el hormigón armado hasta el hormigón ligero. También analizaremos las normas y ensayos que garantizan la calidad de estos materiales, así como el marcado CE y otros sellos de calidad que pueden encontrarse en el mercado.

Por último, se va a dedicar especial atención a los morteros y pastas predosificados, que ofrecen una gran comodidad y precisión en la obra. Donde se van a comparar sus ventajas y desventajas con respecto a los morteros elaborados en el tajo.

En resumen, este capítulo nos proporcionará una visión completa de los morteros y pastas, desde su fabricación hasta su aplicación en la construcción, permitiéndonos seleccionar los materiales adecuados para cada tipo de trabajo y garantizar la calidad y durabilidad de las obras.

En este recorrido, abordaremos los siguientes aspectos:

- **Elaboración de morteros y pastas:** tanto en obra como industrializada.
- **Composición de los morteros:** aglomerantes, aditivos, agregados y agua.
- **Propiedades de los morteros:** dosificación, consistencia, plasticidad y resistencia.
- **Hormigones:** tipos, componentes y aplicaciones.
- **Normativa y ensayos:** para garantizar la calidad de los materiales.
- **Marcado CE y sellos de calidad:** en materiales de construcción.

A través de este estudio, comprenderemos la importancia de los morteros y pastas en la construcción y adquiriremos las herramientas necesarias para seleccionar y utilizar correctamente estos materiales en diferentes proyectos.

1.1. MORTEROS Y PASTAS ELABORADOS EN EL TAJO

En la mayoría de los procesos de albañilería, la elaboración *in situ* de pastas y morteros en el propio tajo constituye un proceso esencial para el correcto funcionamiento de las obras de edificación. Este apartado analiza en profundidad todas las cuestiones relativas a este proceso, para dar a conocer en detalle la importancia, los procedimientos y los métodos más usados habitualmente, así como los factores fundamentales que se han de tener en cuenta relacionados con la ejecución de morteros y pastas en el tajo.

Se puede considerar que la elaboración de morteros y pastas en el propio lugar de trabajo es un aspecto fundamental del proceso constructivo, permitiendo a los profesionales de la construcción la adaptación a cualquier situación que pueda presentarse. La adaptabilidad y flexibilidad son características y cualidades referentes de los profesionales de la albañilería, los cuales podrán desenvolverse con facilidad ante cualquier situación que pueda acontecer en los muy diversos proyectos de edificación y construcción.

Los métodos tradicionales no están reñidos con los nuevos procesos innovadores de hoy en día, el conocimiento de los primeros garantiza la correcta ejecución y calidad de los segundos. Se busca la consecución de un equilibrio entre la experiencia de lo tradicional y la adaptación a nuevas herramientas y procesos para, en su conjunto, obtener un equilibrio que mejore la productividad y calidad de cada etapa constructiva.

Figura 1.1. Los enfoscados sobre paramentos pueden realizarse tanto con conglomerados tradicionales como con los nuevos procesos innovadores.

Las obras de construcción son entornos complejos, cambiantes y peligrosos. Este capítulo va a proporcionar a los futuros profesionales de la construcción, las habilidades y capacidades necesarias para la superación correcta de los desafíos y problemas a la hora de la realización de morteros y pastas en el propio tajo. De esta forma, se pretende garantizar no solo que estos procesos sean eficaces, sino que, además, sean en todo momento seguros tanto para los profesionales que los realizan como para el resto de los profesionales, personas y materiales que se ven afectados por el proceso constructivo.

1.1.1. Introducción

En el entorno profesional de la albañilería, se emplea el término «tajo» para referirse al lugar donde se llevan a cabo las operaciones y acciones propias del oficio, tales como colocación de ladrillos o bloques de hormigón, realización de cortes o aberturas en materiales de construcción, elaboración de revestimientos u otros trabajos similares. El trabajo en el tajo implica el uso de herramientas especializadas de albañilería, como mazas, cinceles, paletas, máquinas de corte y eléctricas, etc. En este sentido, el «tajo» es el lugar donde se lleva a cabo el proceso constructivo.

Figura 1.2. El «tajo» es el lugar donde se realiza cada trabajo de construcción.

La elaboración de morteros y pastas directamente en el propio lugar de trabajo se constituye como una práctica fundamental en la capacitación de los profesionales de albañilería, ya que resulta vital en la ejecución de todos los procesos constructivos. Este método, además de la aplicación de las técnicas correspondientes a cada caso concreto, proporciona destrezas artesanales a los profesionales de la construcción, para adaptarse a cada situación concreta debido a las condiciones cambiantes de la obra y así poder ofrecer una respuesta ágil y específica a cada caso concreto. Esta flexibilidad impulsa la efectividad, la productividad y la optimización general del proceso constructivo, lo cual resulta de vital importancia en el mundo laboral actual.

Figura 1.3. Poder realizar pastas y morteros en el propio lugar de trabajo resulta de vital importancia en el proceso constructivo.

La seguridad en el proceso de manipulación y elaboración de morteros y pastas no es una recomendación, sino una prioridad innegociable. Estos procesos y elaboraciones conllevan la manipulación de materiales pesados y maquinaria especializada, lo que hace vital la observancia de la seguridad y salud en todo momento de la ejecución. El uso de los debidos equipos de protección individual y colectivos se hace imperativo, además, de seguir las normativas establecidas al efecto y, por último, de la capacitación de todos los profesionales intervinientes en el proceso.

¿Sabías que…

los romanos ya usaban morteros?

Aunque el cemento Portland es relativamente moderno, los romanos desarrollaron morteros a base de cal que les permitieron construir estructuras impresionantes como el Coliseo.

1.1.2. Equipos y herramientas para la elaboración

La ejecución de morteros y pastas en el propio lugar de trabajo requiere de una correcta elección de los equipos, las herramientas o las máquinas para garantizar la homogeneidad y calidad de los materiales producidos. Esta elección dependerá de diversos factores tales como la cantidad de mortero a producir, los medios disponibles en el tajo o el destino final del producto fabricado.

➤ Hormigonera

Una de las máquinas más utilizadas en este tipo de procesos son las mezcladoras de morteros, comúnmente conocidas como hormigoneras. Existen muy diversos y variados tipos de hormigoneras, para facilitar la adaptación a las condiciones existentes y variadas de cada obra. Se hace indispensable el conocimiento de su uso y de las medidas de seguridad de estos equipos por parte de los profesionales de albañilería, ya que desempeñan un papel crucial en el proceso constructivo de cualquier edificación.

Figura 1.4. Mediante un movimiento rotatorio continuo, la hormigonera garantiza una mezcla homogénea de los componentes del hormigón y mortero.

Los principales componentes de la hormigonera son los siguientes:

- **Motor:** puede ser eléctrico o de combustión, en función de las necesidades de cada obra. Es la parte que proporciona la energía necesaria para su funcionamiento y genera el movimiento del tambor.
- **Tambor:** es el recipiente destinado a contener los materiales que se disponen a mezclar para la generación de mortero u hormigón. Fabricado en acero y con un diseño específico para facilitar el proceso.
- **Palas o aspas:** ubicadas en el interior del tambor, giran para facilitar el proceso de mezclado de los materiales.
- **Volante:** junto con el pedal que lo desbloquea, sirve para accionar el basculamiento del tambor en el proceso de vaciado una vez mezclado el mortero.
- **Soporte o bastidor:** estructura de gran resistencia donde se alojan los distintos elementos que componen la hormigonera. Además, en ella se ubican las ruedas que facilitan el transporte y el botón de parada/marcha que pone en funcionamiento el motor.

➤ Herramientas manuales

Las herramientas manuales son imprescindibles para el proceso de generación de pastas o morteros y hormigones. La correcta elección de cada una de ellas garantizará la homogeneidad, calidad y consistencia adecuadas, así como de una eficiencia correcta de los distintos materiales de construcción empleados en la elaboración. Entre las principales herramientas manuales se distinguen:

- Palas, utilizadas en la manipulación y transporte de los distintos materiales de construcción como cemento, arena y grava.
- Raederas, servirán de apoyo a la pala para el arrastre de materiales servidos a granel.
- Cubos, los cuales facilitan la dosificación correcta de los componentes.
- Carretillas o pasteras, una vez elaborado el mortero se usan para el vertido de este en su interior desde el tambor de la hormigonera.

Figura 1.5. Desde mover arena hasta cavar zanjas, las palas son herramientas versátiles y fundamentales en cualquier obra.

Figura 1.6. Fabricadas en acero, las raederas son herramientas resistentes y duraderas.

Figura 1.7. Desde la cimentación hasta el acabado, los cubos son aliados indispensables en cada etapa de la construcción.

Figura 1.8. Desde ladrillos hasta sacos de cemento, las carretillas agilizan el trabajo en cualquier obra.

1.1.3. Proceso de elaboración

Al considerar las mezcladoras de mortero y las herramientas manuales como los elementos básicos y fundamentales de la elaboración de pastas y morteros, es necesario integrar estas tecnologías y herramientas en los procesos de construcción. Lo que conlleva seleccionar los equipos adecuados a las necesidades y características de cada obra en cuestión y, en consecuencia, formar al personal implicado en estos trabajos, para que se realicen de forma efectiva y segura.

Figura 1.9. La elaboración de morteros y hormigones debe ser un proceso riguroso.

La elaboración de morteros y pastas en el propio tajo consiste en un procedimiento que conlleva el seguimiento de unos pasos específicos para la obtención de una mezcla homogénea y de calidad:

1. **Selección adecuada de los materiales:** ha de comprobarse el correcto estado del cemento y de la arena y que hayan sido almacenados de manera adecuada para mantener su idoneidad.
2. **Preparación de la hormigonera y herramientas manuales:** resulta necesario para una correcta ejecución que la hormigonera se encuentre limpia y sin restos extraños que dañen la homogeneidad de la mezcla, así como que el mecanismo de giro funcione correctamente.
3. **Medición y carga de materiales:** hay que considerar la cantidad y dosificación de los materiales que se van a introducir en el tambor de la hormigonera, los cuales variarán en función de la capacidad que disponga.

¿Sabías que...

el mortero puede ser de colores?

No todos los morteros son grises. Se pueden añadir pigmentos para obtener una amplia gama de colores y personalizar los acabados de tus paredes.

Figura 1.10. Al comenzar con la elaboración de morteros y hormigones, las herramientas deben estar convenientemente limpias.

4. **Introducción del agua de forma gradual:** una vez se ha iniciado el giro del tambor y los materiales se han mezclado en seco, se procede a añadir el agua en la hormigonera de forma gradual hasta conseguir la consistencia requerida, evitando un exceso de la misma.

Figura 1.11. El agua debe añadirse de forma gradual.

5. **Mezclado continuo:** el proceso de mezclado de los distintos materiales con el agua debe continuarse durante un tiempo que garantice la consistencia y homogeneidad del mortero. Hay que verificar de manera visual la textura y plasticidad de la mezcla.

6. **Ajuste de consistencia:** en caso de que sea necesario, se procede a ajustar la consistencia y plasticidad del mortero, bien con más arena o bien con

más agua. Una vez realizado este proceso, se debe continuar con el mezclado para mantener la homogeneidad.

Figura 1.12. Los materiales deben añadirse con la proporción correcta.

7. **Descarga del mortero:** para el vaciado del tambor, una vez que el mortero tiene la consistencia y homogeneidad requeridas, se accionará el volante para hacerlo girar, de esta manera comenzará a salir por la boca de este. Hay que tener la precaución de situar debajo de la boca del tambor la pastera o carretilla en la que se va a verter la mezcla.
8. **Limpieza de la hormigonera:** una vez finalizada la ejecución de las pastas y morteros, es necesario proceder a limpiar la hormigonera para que, en los posteriores usos, esta se encuentre libre de restos.

Figura 1.13. El mezclado de los materiales debe garantizar una mezcla homogénea.

Figura 1.14. Una vez finalizado el proceso, deben limpiarse todos los útiles y herramientas.

1.2. MORTEROS Y PASTAS PREDOSIFICADOS

En el sector de la construcción, los **morteros** y pastas predosificados han supuesto una evolución significativa que han transformado la forma de concebir y aplicar estos materiales esenciales en el ámbito de la albañilería y los revestimientos continuos.

¿Sabías que...

el mortero puede ser «inteligente»?

Existen morteros que pueden autorrepararse ante pequeñas grietas, gracias a la incorporación de bacterias o materiales autorreparables.

Este apartado desarrolla de manera extensa las características, los tipos, los usos y las aplicaciones de los morteros predosificados, analizando cómo estas mezclas predosificadas han mejorado la eficiencia, consistencia y homogeneidad en el proceso constructivo actual.

Figura 1.15. La oferta disponible de productos es muy extensa.

1.2.1. Definición

Los morteros y pastas predosificadas son mezclas elaboradas previamente en un entorno preciso como son los laboratorios. En esta situación, se establecen unos parámetros ajustados de cantidades de aglomerantes, áridos, aditivos y otros componentes, que son replicados por la industria para asegurar productos con una homogeneidad excepcional en la composición.

El resultado de estas mezclas son productos de alta calidad y consistencia uniforme. De esta forma se evita el cálculo de materiales en los procesos elaborados *in situ* con productos estandarizados, lo que facilita enormemente el proceso constructivo.

¿Sabías que...

el mortero se usa en el espacio?

Los astronautas han utilizado morteros especiales para realizar reparaciones en la Estación Espacial Internacional, diseñados para funcionar en condiciones de microgravedad.

1.2.2. Características de pastas y morteros predosificados

Estos materiales constituyen una novedad que redefine la planificación y ejecución de los procesos tradicionales de albañilería en su práctica totalidad. Las principales características y propiedades que distinguen a este tipo de materiales de construcción son las siguientes:

➤ Productos estándar y de calidad

Los morteros y pastas predosificados se caracterizan fundamentalmente por ser materiales donde la mezcla de aglomerantes como el cemento, los áridos y su granulometría, los aditivos y otros componentes, se encuentran establecidos desde el origen en unas cantidades específicas diseñadas en los laboratorios.

De esta forma, se asegura una consistencia y calidad homogénea en todo el proceso de fabricación, eliminando la variabilidad de los morteros preparados en el propio tajo. La clave de estos materiales radica en su estandarización, ofreciendo una uniformidad de los productos que facilitan el control de calidad de los procesos constructivos.

Figura 1.16. Una vez añadido el mortero seco, o predosificado, se le añade agua hasta obtener la consistencia y plasticidad requerida.

➤ Enfoque integral

Las características de los morteros y pastas predosificados engloban diversos aspectos que determinan su rendimiento en los procesos de albañilería.

- La resistencia mecánica se establece en el proceso de formulación realizado en el laboratorio para cumplir los criterios establecidos y así garantizar la durabilidad estructural.
- La adherencia, que resulta fundamental en todo proceso constructivo, se mejora con la incorporación de aditivos específicos.
- La trabajabilidad, vital a la hora de manipular y aplicar los materiales, se optimiza para cada uso requerido.
- La durabilidad es crucial para garantizar las estructuras construidas con estos morteros, la cual es garantizada en la fabricación al tratarse de un proceso industrial debidamente controlado.

➤ Mejora de propiedades

Una característica específica de las pastas y morteros predosificados se basa en la inclusión de aditivos de diversa índole en el proceso de fabricación. Estos componentes son agregados a la mezcla de aglomerante y áridos para mejorar o variar las propiedades físicas o químicas con distintos fines. Por ejemplo, los retardadores de fraguado controlan el tiempo de trabajo de la mezcla según las necesidades del tajo. Los plastificantes mejoran la trabajabilidad para así facilitar la manipulación y aplicación. Además, los aditivos también pueden potenciar la resistencia mecánica de los materiales de construcción o mejorar las propiedades frente a condiciones climáticas adversas.

¿Sabías que...
el mortero puede ser un aislante térmico y acústico?

Algunos morteros incorporan materiales aislantes que ayudan a mejorar el confort de los edificios, reduciendo el ruido y el consumo energético.

➤ Transformación de procesos

El desarrollo de los morteros y pastas prefabricados no afecta únicamente a las propiedades intrínsecas de estas mezclas, sino que también afecta directamente a los propios procesos constructivos que se llevan a cabo en el sector de la construcción.

La eficiencia de los trabajos se ve mejorada con el uso de estos materiales, esto es debido a la homogeneidad de los productos conseguidos y a la mayor rapidez en su elaboración. Además, permiten aplicaciones diferentes que consiguen mejores acabados perfeccionando el proceso constructivo.

1.2.3. Tipos

Dentro del sector de la construcción, los materiales predosificados han evolucionado de forma constante. Los morteros y pastas elaborados de esta forma se han adaptado a las diferentes necesidades, usos y aplicaciones de forma específica obteniéndose una amplia gama de estos productos.

De esta forma, podemos obtener una amplia variedad de materiales cuyas características específicas abarcan prácticamente todas las necesidades que se presentan en albañilería:

➤ Mortero de albañilería

Este tipo de mortero se caracteriza por su idoneidad para todo tipo de usos en albañilería. Fundamentalmente se emplea en la colocación de ladrillos y bloques para la construcción de muros y tabiques.

Su formulación garantiza una adherencia y consistencia excelentes para estos usos, facilitando la construcción de elementos constructivos sólidos, resistentes y duraderos.

Figura 1.17. El mortero predosificado asegura una mezcla homogénea, garantizando acabados uniformes y de alta calidad en los procesos constructivos.

➤ Mortero de reparación

Este mortero ha sido específicamente diseñado para la reparación de estructuras existentes o deficiencias producidas durante la ejecución de estas.

Se caracteriza por ofrecer altas capacidades de adherencia y resistencia, lo que lo hace ideal para corregir defectos en diversos elementos constructivos y, así, contribuir a preservarlos y conservarlos.

➤ Mortero de revestimiento

El mortero de revestimiento premezclado es ideal para su colocación tanto en superficies exteriores como interiores. Resulta una solución muy eficiente para la creación de superficies duraderas y tiene la posibilidad de diversos acabados tanto en espesores como en colores.

Figura 1.18. Los morteros de revestimiento premezclados garantizan la homogeneidad en todo el proceso de ejecución.

¿Sabías que…
el mortero puede ser un purificador de aire?

Existen morteros fotocatalíticos que, al entrar en contacto con la luz solar, descomponen los contaminantes del aire, mejorando la calidad ambiental.

➤ Mortero autonivelante

Este mortero está diseñado para la ejecución de suelos donde la nivelación resulta muy importante. Simplifica el proceso de ejecución de estas soluciones constructivas donde se requieren superficies lisas y planas, en proyectos donde la exigencia de calidad y acabado es muy alta.

Figura 1.19. El mortero autonivelante facilita la ejecución de este tipo de trabajos.

➤ Mortero de alta resistencia

Este tipo de mortero está pensado para usarse en situaciones de exigencias estructurales elevadas, por lo que dispone de una alta resistencia mecánica. Es utilizado en proyectos donde se requiere una capacidad portante superior, como la construcción de elementos estructurales sometidos a cargas significativas.

➤ Mortero hidrófugo o impermeabilizante

Es una mezcla especializada que, gracias a la incorporación de aditivos hidrofugantes, repele el agua y evita su penetración en los materiales de construcción. Forma una barrera eficaz contra la humedad, protegiendo las estructuras de filtraciones, condensación y los daños asociados a estas. Se utiliza en diversos proyectos constructivos para garantizar la durabilidad y la impermeabilidad de elementos como muros, techos, sótanos y terrazas.

➤ Mortero de cal

Los morteros de cal son mezclas donde el aglomerante es la cal, o su combinación con el cemento (mortero bastardo) que, junto con la arena, los conforman. Este tipo de mortero ha sido históricamente empleado en la construcción de edificaciones debido a sus propiedades de flexibilidad y permeabilidad al vapor de agua. El mortero de cal se utiliza comúnmente en restauración y conservación de estructuras históricas.

1.2.4. Usos y aplicaciones

En la actualidad, los morteros y pastas predosificados ofrecen soluciones de forma integral para los procesos constructivos de forma eficiente y de calidad. Su adaptabilidad y versatilidad a multitud de aplicaciones y la eficiencia de los trabajos realizados con estos productos, han revolucionado la construcción moderna. A continuación, se desglosan diversos usos y aplicaciones que tienen estos productos y cómo transforman y optimizan la ejecución de los mismos.

➤ Construcción de muros y tabiques

La formulación precisa de este tipo de morteros les confiere una gran adherencia y manejabilidad en su aplicación, mejorando los tiempos de ejecución y el resultado de los trabajos realizados.

Figura 1.20. Existen formulaciones de morteros específicas para la ejecución de estos trabajos.

➤ Rehabilitación y reparación de estructuras

De forma habitual en los procesos de construcción donde están involucradas las estructuras, tanto en obra nueva como en rehabilitación, se requiere de trabajos para corregir pequeños defectos como grietas, coqueras o deterioros de diversa índole. Los morteros de reparación sirven de gran ayuda para estos trabajos, siendo una solución eficaz para la preservación de las estructuras.

➤ Revestimientos exteriores e interiores

La formulación de morteros específicamente diseñados para este tipo de aplicaciones facilita los procesos constructivos y la eficiencia de los trabajos.

Existe una gran diversidad de colores, terminaciones y grosores para dar solución a la mayoría de las situaciones que puedan plantearse en los proyectos de construcción.

Figura 1.21. Productos diseñados específicamente para el exterior garantizan una mayor durabilidad y consistencia de los trabajos.

➤ Pavimentos y suelos

Asiduamente, en la construcción se persigue conseguir superficies lisas, planas y niveladas. Los morteros autonivelantes facilitan este proceso y su ejecución, ya sea como superficies terminadas en mortero o para un posterior revestimiento de acabado.

Figura 1.22. La perfección de planeidad obtenida por este tipo de morteros es excelente.

➤ Reparación de juntas y grietas

La construcción es una industria que se ejecuta al aire libre y de forma artesanal en la mayoría de los casos, por este motivo, y aunque se procuren perfeccionar todos los procesos constructivos, ya sea por dilataciones o deficiencias constructivas, se producen grietas y juntas en las que se requieren de productos específicos para su reparación.

¿Sabías que...
el mortero puede ser un material histórico?

Analizando los morteros antiguos, los arqueólogos pueden obtener información valiosa sobre las técnicas de construcción y los materiales utilizados en diferentes épocas.

Figura 1.23. Es habitual la existencia de grietas en la construcción, la existencia de estos productos es de gran ayuda en el proceso constructivo.

➤ Ejecución de elementos diversos

Para la creación de elementos arquitectónicos, tales como cornisas, frisos u otros elementos decorativos, los morteros predosificados permiten una aplicación y ejecución de forma precisa, homogénea y un fraguado controlado. Por ello, estos productos resultan idóneos para la realización de este tipo de elementos ornamentales.

¿Sabías que...
el mortero puede ser un material artístico?

Los morteros se han utilizado en esculturas y obras de arte, aprovechando su capacidad para modelar y crear texturas.

➤ Impermeabilización de superficies

Para situaciones donde haya que garantizar la estanqueidad, impedir la penetración de agua o humedad en diversos elementos y otras situaciones similares, la aplicación de morteros impermeabilizantes o hidrofugantes resulta de gran ayuda y con unos resultados excelentes.

Figura 1.24. Elementos constructivos como las piscinas, deben ser impermeabilizados con productos de garantías.

1.3. HORMIGONES: ELABORACIÓN, COMPONENTES, CLASES, APLICACIONES

En el mundo de la construcción hay un elemento que destaca sobre todos los demás, el hormigón. Este material de composición aparentemente sencilla, pero con una complejidad estructural sobresaliente, ha definido el desarrollo de la arquitectura y construcción contemporánea y actual.

Básicamente, el hormigón es una mezcla de cemento, áridos, agua y normalmente aditivos. Esta sencillez en sus componentes lo hace, a su vez, muy versátil, ya que el proceso de hidratación del cemento combinado con los distintos componentes convierte al hormigón en un material adaptable a casi todas las formas y funciones.

Esta característica principal, la versatilidad, unida a una durabilidad excepcional hace que el hormigón sea el elemento constructivo más usado en la era contemporánea: desde las cimentaciones de los edificios, o acabados ornamentales, hasta grandiosas estructuras con acabados tan variados como la imaginación de quien las diseña.

Figura 1.25. El hormigón es un material versátil, utilizado en una amplia variedad de construcciones, desde edificios hasta puentes.

¿Sabías que...

el hormigón armado es el material de construcción más utilizado en el mundo?

Su versatilidad, resistencia y durabilidad lo convierten en el material de elección para una gran variedad de construcciones, desde edificios y puentes hasta presas y túneles.

Durante el desarrollo del presente apartado, abordaremos todos los aspectos fundamentales del hormigón para una comprensión completa de sus funciones, elaboración, composición y demás aspectos necesarios.

1.3.1. Elaboración del hormigón

La elaboración del hormigón es el proceso mediante el cual se mezclan sus diversos componentes para obtener una mezcla homogénea en cantidades precisas, según los requerimientos necesarios para cada caso, definiendo el concepto de dosificación de los distintos materiales que componen el hormigón, tales como el cemento, los áridos, el agua y los aditivos.

➤ Dosificación

Este concepto se refiere a cómo se determinan las cantidades adecuadas de cada uno de los materiales básicos que componen el hormigón, los cuales son el cemento, los áridos, el agua y los aditivos.

Esta determinación de las proporciones de los distintos materiales tiene como fin la obtención de una mezcla homogénea que cumpla con las determinaciones establecidas en cada proceso constructivo para las propiedades de resistencia, durabilidad y trabajabilidad.

La dosificación del hormigón es un procedimiento fundamental durante su elaboración, ya que determina y optimiza las características resultantes. De esta forma se conseguirá un producto óptimo con el mayor rendimiento, asegurando la resistencia estructural, la durabilidad frente a los agentes ambientales y la estabilidad ante las cargas previstas del hormigón. Este proceso requiere de un conocimiento detallado de los distintos materiales que componen la elaboración del hormigón, así como de sus propiedades y cómo interfieren unos con otros.

➤ Proceso de mezclado del hormigón

El proceso de mezclado del hormigón ya sea en la obra o en plantas industriales, va más allá de simplemente mezclar los distintos componentes. Desde la selección de los materiales hasta cómo se van incorporando en la mezcla, cada etapa es crucial para la obtención de un producto de calidad.

La hidratación del cemento, proceso químico que tiene lugar durante toda la elaboración, es el eje que hay que tener en cuenta en la elaboración del hormigón. La formación de la pasta de cemento, que aglutina todo el hormigón, se ve afectada por la temperatura y el tiempo transcurrido desde el comienzo del fraguado.

➤ Elaboración *in situ* del hormigón

A la hora de elaborar el hormigón hay que tener en cuenta diversos factores adicionales para una correcta fabricación. Las condiciones cambiantes del entorno, la variabilidad de las condiciones climáticas que afectan directamente, como la humedad y la temperatura, y las limitaciones de disposición de los componentes hacen que la elaboración de hormigón en el propio tajo sea más compleja que en una fabricación controlada y medida como son las plantas de hormigón.

Esto es debido a que, aunque se realice el hormigón en la propia obra, la calidad del mismo no puede ser inferior a la prevista en las condiciones de proyecto. Debido a esto, la dosificación y pericia de los operarios que elaboran el hormigón resulta decisiva para la obtención de productos de calidad, que garanticen una homogeneidad y características de resistencia adecuadas.

Figura 1.26. Conocer el proceso de ejecución del hormigón *in situ*, es crucial para un profesional del sector de la construcción.

¿Sabías que…
la cantidad de hormigón producido cada año es asombrosa?

Se estima que se producen miles de millones de metros cúbicos de hormigón anualmente en todo el mundo, lo que lo convierte en uno de los materiales más consumidos por el ser humano.

1.3.2. Componentes del hormigón

Durante el desarrollo de este apartado se van a analizar los diferentes componentes que forman parte del hormigón y cómo afecta cada uno de ellos a sus características principales. Como se ha visto con anterioridad, la dosificación de cada uno de los materiales afecta directamente a las características físicas y químicas del hormigón resultante.

➤ Cemento

El cemento es el componente principal del hormigón sin el cual no podría llevarse a cabo esta mezcla que tanto influye en la construcción moderna de nuestros días. Su elección, tipos y características influye de forma muy directa en el producto resultante y en sus propiedades físicas, por lo que se analizan a continuación aspectos clave como su composición, cómo afecta en la elaboración y el rendimiento del hormigón.

El cemento Portland es el más utilizado en la construcción, el cual es una mezcla de cal, sílice, alúmina y hierro que se combinan entre sí para obtener un polvo fino que, al mezclarse con agua, reacciona químicamente y endurece.

Figura 1.27. El cemento es un polvo fino que, al reaccionar con el agua, endurece y une otros materiales, formando estructuras sólidas.

Las características del cemento, como su resistencia inicial y final, o su fraguado y resistencia a la compresión, son determinantes en la calidad y durabilidad del hormigón. La relación agua-cemento es crucial; un exceso de agua puede debilitar la estructura, mientras que una cantidad insuficiente puede resultar en una mezcla poco trabajable.

El cemento, como aglutinante principal del hormigón, afecta directamente a su trabajabilidad, resistencia y durabilidad. La dosificación precisa del cemento en la mezcla es crucial; un exceso puede resultar en una mezcla demasiado rígida y difícil de trabajar, mientras que una cantidad insuficiente puede comprometer la resistencia del hormigón.

Además, la relación agua-cemento, que influye en la trabajabilidad y resistencia del hormigón, se ve afectada por el tipo de cemento utilizado. Algún tipo puede requerir relaciones agua-cemento específicas para lograr las propiedades deseadas.

En resumen, el cemento es un componente fundamental del hormigón que influye en su comportamiento y rendimiento. La elección del tipo adecuado de cemento y su dosificación precisa son aspectos críticos en la elaboración de mezclas de hormigón que cumplan con los requisitos de resistencia, durabilidad y trabajabilidad para cada proyecto de construcción específico.

¿Sabías que...

el hormigón armado puede resistir condiciones extremas?

Este material es capaz de soportar altas temperaturas, grandes presiones y ambientes corrosivos, lo que lo hace ideal para construcciones en zonas sísmicas o costeras.

➤ Áridos

Los áridos son un componente esencial del hormigón, no obstante, suponen entre un 60 % y un 80 % del mismo, y desempeñan un papel fundamental en cuanto se refiere a las características de resistencia, durabilidad y trabajabilidad del hormigón. La composición, los tipos, las características y la granulometría influyen directamente en su calidad, por lo que su elección debe ser muy cuidada y medida.

Se pueden dividir en dos tipos, las gravas y las arenas. Las gravas son áridos gruesos con un tamaño superior a los 5 mm, mientras que las arenas son los de tamaño inferior a los 5 mm. Las características de los áridos, como su tamaño, forma, textura y composición mineralógica, son cruciales para determinar la calidad del hormigón. Los áridos bien graduados, con una mezcla adecuada de tamaños de partículas, proporcionan una mayor resistencia y densidad al hormigón. La forma de las partículas, ya sea angulosa o redondeada, también influye en la trabajabilidad y cohesión del hormigón.

Figura 1.28. Los áridos son los materiales granulares que dan cuerpo y resistencia al hormigón.

Los áridos afectan directamente a la trabajabilidad, resistencia y durabilidad del hormigón, por lo que su correcta elección resulta esencial para garantizar un hormigón de calidad como producto resultante. La granulometría elegida, la distribución de los tamaños de los áridos, influye en la compacidad y resistencia, por lo que es un aspecto necesario a tener en cuenta. De igual modo, la forma angulosa de los áridos mejora la resistencia del hormigón y la adherencia del conjunto.

➤ Agua

El agua, un elemento aparentemente simple del hormigón, desempeña un papel crucial en su elaboración, trabajabilidad y resistencia. Su calidad, cantidad y relación con otros componentes influyen significativamente en las propiedades finales del hormigón. El agua utilizada en la elaboración del hormigón debe cumplir con ciertas características para garantizar la calidad del material final. La pureza del agua es fundamental; impurezas como arcilla, limo o materia orgánica pueden afectar negativamente la resistencia y durabilidad del hormigón. Además, la temperatura del agua puede influir en el tiempo de fraguado y la resistencia final del hormigón.

El agua desempeña varios roles importantes en la elaboración del hormigón. Actúa como medio de mezcla, facilitando la distribución uniforme de los componentes y la formación de una pasta homogénea. Además, la cantidad de agua utilizada influye en la trabajabilidad del hormigón; demasiada agua puede resultar en una mezcla excesivamente fluida y difícil de manejar, mientras que una cantidad insuficiente puede dificultar la colocación y compactación del hormigón.

La relación agua-cemento (a/c) es un factor crítico que afecta la resistencia y durabilidad del hormigón. Una relación a/c más baja suele resultar en un hormigón más resistente y duradero, pero puede dificultar la trabajabilidad. Por otro lado, una relación a/c más alta puede mejorar la trabajabilidad, pero puede comprometer la resistencia y durabilidad del hormigón.

Además, la temperatura del agua puede influir en el tiempo de fraguado del hormigón. El agua más fría tiende a retardar el fraguado, mientras que el agua más cálida puede acelerarlo. Controlar la temperatura del agua durante la elaboración del hormigón es importante para garantizar un tiempo de fraguado adecuado y una resistencia final óptima.

➤ Aditivos

Los aditivos son compuestos químicos diseñados para modificar las propiedades del hormigón sin comprometer su resistencia o durabilidad. Estos compuestos pueden ser líquidos, sólidos o en polvo, y se añaden a la mezcla de hormigón en cantidades específicas para lograr efectos deseados. Algunos aditivos pueden acelerar o retardar el fraguado del hormigón, mejorar su trabajabilidad, reducir la permeabilidad o aumentar su resistencia a agentes agresivos como el agua o los sulfatos.

¿Sabías que…
el hormigón armado puede ser reforzado con otros materiales?

Además del acero, se pueden utilizar fibras de vidrio, carbono o incluso bambú para mejorar las propiedades del hormigón, como su resistencia a los impactos o su flexibilidad.

Existen varios tipos de aditivos, cada uno con funciones y aplicaciones específicas:

- **Aditivos acelerantes:** estos aditivos aceleran el tiempo de fraguado del hormigón, permitiendo que alcance resistencias iniciales más rápidamente. Son útiles en situaciones donde se necesita desencofrar o manipular el hormigón antes, como en climas fríos o en trabajos de reparación urgentes.
- **Aditivos retardantes:** por el contrario, los aditivos retardantes retrasan el fraguado del hormigón, lo que permite una mayor trabajabilidad y tiempo de colocación. Son útiles en climas cálidos o cuando se necesitan tiempos de manipulación más largos.
- **Aditivos plastificantes:** mejoran la trabajabilidad del hormigón al reducir la cantidad de agua necesaria para mantener la misma consistencia. Esto permite una mayor reducción en la relación agua-cemento sin comprometer la trabajabilidad, lo que resulta en hormigones más densos y resistentes.
- **Aditivos reductores de agua de alto rango (HRWR, por sus siglas en inglés):** estos aditivos permiten una mayor reducción en la cantidad de agua necesaria para mantener la trabajabilidad del hormigón. Son especialmente útiles en mezclas de hormigón de alta resistencia, donde se requiere una alta densidad y baja relación agua-cemento.
- **Aditivos impermeabilizantes:** reducen la permeabilidad del hormigón, lo que lo hace más resistente al paso del agua y otros líquidos. Son comúnmente utilizados en estructuras expuestas a ambientes húmedos o en proyectos de infraestructuras donde la durabilidad es una preocupación importante.

1.3.3. Clases de hormigón

Existe una variedad muy amplia de clases y tipos de hormigones que se adaptan a las necesidades que se presentan en los procesos constructivos. El hormigón, material versátil y fundamental en construcción, da solución con distintas opciones de características técnicas, físicas y químicas.

➤ Hormigón convencional

Esta clase de hormigón es la más utilizada en los procesos constructivos debido a la amplia gama de aplicaciones que posee. El hormigón convencional se caracteriza por poseer una resistencia moderada, por lo que resulta idóneo para cargas estructurales normales y en unas condiciones ambientales normales.

Es versátil y fácil de manejar, lo que lo hace ideal para la mayoría de las aplicaciones de construcción, como cimentaciones, columnas, vigas y losas.

Figura 1.29. El hormigón armado es el proceso constructivo más utilizado en estructuras.

➤ Hormigón de alta resistencia (HAR)

Este tipo de hormigón se caracteriza por poseer una resistencia excepcional y superior a cargas de compresión debido a su composición y a las características de los materiales que lo componen. Lo que lo hace adecuado para estructuras donde se requieren capacidades portantes excepcionales y elevadas.

Se utiliza habitualmente en proyectos de construcción singulares, donde las estructuras que hay que realizar requieren de unas características especiales para soportar grandes cargas y esfuerzos como puentes, presas, silos, etc.

Figura 1.30. El hormigón de alta resistencia es empleado en grandes obras de ingeniería.

➤ Hormigón de bajo calor de hidratación

Es un hormigón diseñado con aditivos especiales para que durante el proceso de hidratación del cemento y el fraguado del hormigón, se minimice la generación del calor de este procedimiento químico ya de por sí exotérmico.

Esto es requerido habitualmente cuando existen grandes volúmenes de hormigón que endurecen a la vez, ya que pueden aparecer grietas o fisuras debido al alto calor generado en estos casos.

Figura 1.31. Cuando existen grandes masas de hormigón, el hormigón convencional puede sufrir de grietas y/o fisuras debido a la reacción exotérmica del fraguado.

➤ Hormigón autocompactante (HAC)

Es una clase de hormigón que se caracteriza por su gran fluidez en el proceso de vertido, con esto se pretende que este ocupe todo el volumen del encofrado sin necesidad de vibrado durante la ejecución.

Resulta ideal para estructuras de formas complejas, con grandes y voluminosos armados, donde el vibrado tradicional es muy complicado de ejecutar debidamente.

¿Sabías que...
el hormigón armado puede ser un material sostenible?

Existen hormigones hechos con materiales reciclados, como cenizas volantes o escorias, que reducen el impacto ambiental de la construcción.

➤ Hormigón ligero

Es un tipo de hormigón que añade elementos aligerantes en su composición, como son la arcilla expansiva, para tener una densidad inferior al hormigón tradicional o convencional.

Su uso está recomendado en estructuras donde el peso es un factor a tener en cuenta por ser de gran volumen o altura.

Figura 1.32. El hormigón aligerado es ideal para rellenos en suelos.

1.3.4. Aplicaciones del hormigón

Las distintas clases o variedades de hormigón que existen en el mercado actual ofrecen posibilidades adecuadas e idóneas para cada solución constructiva necesaria. Las principales aplicaciones de cada tipo de hormigón son:

- En los usos más habituales se emplea el hormigón convencional, el cual es idóneo para la mayoría de las construcciones que se ejecutan, como pueden ser cimentaciones, pilares, vigas, losas o pavimentos.
- En aquellos casos donde las estructuras requieran de resistencia por su diseño o por necesidades específicas usaremos un hormigón especial, el cual tenga cualidades y capacidades mejoradas. Es el caso de puentes, presas, silos, muelles, estructuras de contención, etc.
- El hormigón de bajo calor de hidratación será adecuado para grandes volúmenes de hormigón en masa, tales como presas, estructuras masivas y proyectos de construcción ejecutados en climas cálidos o extremos.
- Existen casos donde se deben realizar estructuras con formas complejas o de difícil acceso, donde la fluidez suprime el vibrado o lo reduce, como elementos prefabricados. Para estos casos usaremos el hormigón autocompactante.

- El hormigón ligero será empleado en proyectos donde la reducción de peso resulta esencial para su ejecución, como son las estructuras flotantes o los elementos prefabricados.

¿Sabías que...
el hormigón armado tiene una huella de carbono significativa?

La producción de cemento, principal componente del hormigón, genera una gran cantidad de emisiones de CO_2. Sin embargo, se están investigando nuevas tecnologías para reducir esta huella.

1.4. COMPONENTES: AGLOMERANTES, ADITIVOS, ARENAS Y AGUA

Durante toda la historia de la construcción, la elaboración de pastas y morteros ha conllevado la combinación de forma precisa de distintos componentes esenciales. En este apartado se van a analizar los distintos materiales primarios que conforman las distintas mezclas, tales como aglomerantes, aditivos, arenas y agua.

Todos estos elementos tienen un papel fundamental en la dosificación y en las características finales que presentan los morteros utilizados en albañilería.

1.4.1. Aglomerantes I. Cemento

Los aglomerantes son aquellos materiales que tienen la capacidad de unir los distintos componentes de la mezcla y dotar de cohesión al conjunto. Estos materiales, al reaccionar con el agua, forman una pasta que se solidifica y une al resto de los materiales como la arena.

¿Sabías que...
el cemento es un material milenario?

Aunque el cemento Portland moderno se desarrolló en el siglo XIX, los romanos ya utilizaban un tipo de mortero a base de cal que se endurecía con el tiempo, creando estructuras que aún perduran.

El cemento es el aglomerante más usado en la construcción desde su descubrimiento. El cemento Portland, el más usado, se consigue al someter a altas temperaturas una mezcla de piedra caliza, arcilla y, en menor medida, otros materiales.

Al hidratarse con el agua, el cemento inicia una reacción química que resulta una pasta cohesionada y muy resistente. Además, la presencia de otros componentes como silicatos y aluminatos le proporcionan excelentes capacidades adhesivas y endurecedoras, esenciales en los procesos constructivos.

Figura 1.33. En cada saco de cemento se encierra la fuerza para construir múltiples elementos.

1.4.2. Aglomerantes II. Cal

La cal es otro aglomerante tradicional, su uso está extendido desde tiempos antiguos. Se pueden diferenciar dos tipos de cal: la cal aérea y la cal hidráulica. La cal aérea se obtiene mediante la calcinación de la piedra caliza, al reaccionar con el dióxido de carbono presente en el aire se conforma carbonato cálcico. Este tipo de cal proporciona a las mezclas una adherencia suave y un fraguado lento.

¿Sabías que...
la cal se utiliza en la agricultura?

La cal se añade a los suelos para mejorar su estructura, reducir la acidez y aumentar la disponibilidad de nutrientes para las plantas.

La cal hidráulica, la cual contiene otros componentes como sílice, alúmina y óxidos de hierro, tiene la característica que puede fraguar bajo el agua, por lo que su uso es recomendado en ambientes húmedos.

Figura 1.34. Mucho antes del cemento, la cal era la reina de la construcción. Su versatilidad y durabilidad la convirtieron en un material fundamental para erigir monumentos que han resistido el paso del tiempo.

1.4.3. Aglomerantes III. Yeso

El yeso tiene como característica principal poseer un fraguado rápido tras su hidratación, por lo que su uso está muy extendido en albañilería. El yeso negro o común se obtiene al moler la piedra de yeso y producir su deshidratación. Al volver a añadir agua al yeso molido, se vuelven a producir cristales por lo que fragua en un periodo de tiempo corto.

¿Sabías que…
el yeso es un mineral muy común?

Se encuentra en todo el mundo y se forma a partir de la evaporación del agua de mar.

Este aglomerante tiene aplicaciones en revestimientos y enlucidos interiores, en la manipulación de morteros controlados y, fundamentalmente, en operaciones auxiliares de albañilería.

Figura 1.35. El yeso es un sulfato de calcio hidratado que, al perder parte de su agua, se endurece formando una estructura cristalina.

1.4.4. Aditivos

Los aditivos son elementos fundamentales que se adicionan a las mezclas para modificar y mejorar sus características inherentes. Por ejemplo, los plastificantes se añaden para mejorar la trabajabilidad de los morteros, mejorando su aplicación. Los retardantes modifican el tiempo de fraguado por lo que permiten un mayor tiempo de uso de las pastas y los morteros. Los impermeabilizantes e hidrofugantes dotan de capacidades frente a la absorción de agua a los morteros de cemento y arena.

De esta forma, con la adición precisa de aditivos en los morteros se consiguen mejorar las mezclas para su adaptación a las necesidades específicas de cada proyecto constructivo.

1.4.5. Arenas

En la elaboración de pastas y morteros, las arenas resultan un componente esencial debido a que es el componente principal en cuanto a volumen total. Estos áridos influyen en gran medida en la textura, resistencia y consistencia, y la granulometría interfiere de forma activa en la trabajabilidad y adherencia de los morteros.

Las arenas más gruesas mejoran la resistencia característica de los morteros resultantes, mientras que las arenas finas influyen en su textura y apariencia.

Figura 1.36. Nacida de la erosión de rocas, la arena se convierte en un elemento fundamental para construir nuestro mundo.

➤ Arena estándar

Es la más utilizada en los trabajos de albañilería. Es una arena natural que se obtiene directamente de las canteras, la cual es adecuada para la mayoría de los usos de albañilería ya que cumple con las especificaciones generales de los proyectos de construcción.

➤ Arena de río

Esta arena se obtiene de los lechos de los ríos y tiene una forma redondeada y granulometría uniforme. Su uso está recomendado para morteros de alta calidad y resistencia, como en la construcción de estructuras.

➤ Arena de sílice

Proviene principalmente del cuarzo y por lo general se obtiene del machaqueo de este. Con el uso de esta arena se obtienen morteros de alta calidad y resistencia, y su empleo está muy generalizado en los morteros predosificados.

1.4.6. Agua

El agua es el ligante que activa las reacciones químicas para la formación de las pastas y morteros, su fraguado y posterior endurecimiento. La dosificación de la cantidad de agua en la elaboración de las mezclas es fundamental, ya que un exceso de esta interfiere de forma negativa en la resistencia y una cantidad insuficiente complica la trabajabilidad. Por lo tanto, un control adecuado del agua es crucial para garantizar morteros homogéneos y consistentes.

¿Sabías que…

la huella hídrica de un edificio incluye el agua utilizada durante su construcción y a lo largo de su vida útil?

Esto incluye el agua necesaria para producir los materiales de construcción, así como el agua consumida para su funcionamiento y mantenimiento.

1.5. DOSIFICACIÓN, CONSISTENCIA, PLASTICIDAD Y RESISTENCIA. APLICACIONES

Para la realización correcta de pastas y morteros, resulta crucial la consideración de aspectos tales como la dosificación, la consistencia y la plasticidad, ya que estos afectarán directamente en el comportamiento, desempeño y eficiencia de los distintos procesos constructivos de la albañilería.

En este apartado se va a analizar cómo afectan cada uno de ellos a las mezclas resultantes y su interferencia en las aplicaciones prácticas.

1.5.1. Dosificación

El término dosificación hace referencia a la relación existente entre los distintos materiales que conforman un mortero, aglomerantes, aditivos, arena y agua. La determinación de una correcta dosificación en la elaboración de los morteros influye directamente en las características resultantes de resistencia, durabilidad y manejabilidad.

La dosificación óptima o requerida de un mortero, garantiza una relación equilibrada entre aglomerantes, arenas, aditivos y agua. De esta forma, a la hora de elaborar un mortero para trabajos de albañilería, se busca una combinación que proporcione a la mezcla resultante la resistencia requerida con una trabajabilidad adecuada.

Tener presente los requerimientos relativos respecto a la dosificación de los distintos materiales de las mezclas, resulta esencial para cumplir con las características previstas en los proyectos de construcción para las distintas aplicaciones y usos.

1.5.2. Consistencia y plasticidad

La consistencia y la plasticidad de los morteros son dos propiedades que afectan directamente a dos aspectos fundamentales de estos como son la facilidad de aplicación y la trabajabilidad del material. La consistencia de los morteros se refiere a la firmeza y a la capacidad de mantener su forma, antes del fraguado, mientras que la plasticidad se relaciona con la maleabilidad y la capacidad de deformarse manteniéndose cohesionado, sin romperse.

Estos aspectos son muy importantes para los distintos trabajos de construcción. Por ejemplo, en la construcción de fábricas de ladrillo se busca que la mezcla tenga una buena consistencia que permita la adhesión de los ladrillos sin que se produzca la deformación, mientras que a la hora de la ejecución de revestimientos predomina una buena plasticidad para conseguir una buena uniformidad y homogeneidad.

Figura 1.37. La plasticidad es la capacidad del hormigón fresco de deformarse y adaptarse a diferentes formas sin agrietarse, facilitando así su colocación y compactación.

1.5.3. Resistencia

Cuando se realizan trabajos de construcción, la resistencia de los morteros usados es un factor vital, ya que repercute directamente en la durabilidad e integridad de estos. Las construcciones están pensadas para resistir el paso del tiempo por lo que este aspecto es fundamental.

Existen tres factores principales que influyen directamente en la resistencia: una dosificación precisa de los componentes que integran el mortero, un curado controlado donde el fraguado del mortero se efectúe de manera correcta y la calidad de los materiales empleados. La comprensión de los trabajadores del sector de la construcción sobre cómo afecta cada uno de estos parámetros en la resistencia de los morteros es imprescindible.

1.5.4. Aplicaciones prácticas

Estas propiedades mencionadas anteriormente tienen implicación directa en los distintos procesos constructivos. A continuación, se relacionan algunos ejemplos:

➤ Mortero de albañilería para ejecución de fábricas

A la hora de ejecutar un mortero estándar de albañilería para la ejecución de fábricas de ladrillo como muros o tabiques, es preciso garantizar una resistencia idónea del mismo a la vez que una consistencia adecuada que facilite la colocación de los ladrillos o bloques.

➤ Mortero para revestimientos

En estos casos, la consistencia y la plasticidad de los morteros resultan esenciales para poder conseguir acabados de calidad, que posean la uniformidad requerida y con un acabado final estético adecuado.

Figura 1.38. El mortero de cemento es el elemento de unión esencial en la construcción de fábricas de ladrillo.

Figura 1.39. El mortero de cemento, gracias a sus propiedades adherentes y de endurecimiento, permite crear acabados lisos y resistentes.

¿Sabías que...
el cemento puede ser utilizado para almacenar energía?

Se están desarrollando cementos que pueden absorber calor durante el día y liberarlo durante la noche, contribuyendo a la eficiencia energética de los edificios.

➤ Mortero de alta resistencia

En la construcción de elementos estructurales, como columnas o vigas, se emplean dosificaciones específicas que garantizan una resistencia mecánica superior.

Figura 1.40. Estos morteros, gracias a su alta resistencia a la compresión, tracción y flexión, son ideales para reparar daños estructurales, reforzar elementos debilitados y crear uniones sólidas entre diferentes materiales.

➤ Mortero autonivelante para suelos

Cuando se procede con la ejecución de morteros autonivelantes para aplicarse en suelos, se realizan con una consistencia más blanda según las especificaciones del producto, con el objetivo de facilitar una nivelación y planeidad idóneas.

Figura 1.41. Aplicación de una capa delgada de mortero autonivelante sobre un suelo para crear una superficie plana y uniforme.

1.6. NORMATIVA Y ENSAYOS

En todos los procesos industriales resulta necesario ofrecer productos garantizados de calidad, el sector de la construcción no deja de ser una industria, por lo que, de la misma forma, es imprescindible establecer y aplicar normativas y ensayos que garanticen la calidad, la seguridad y el cumplimiento de los estándares establecidos en los proyectos constructivos.

Figura 1.42. La normativa en la construcción no es un obstáculo, sino un seguro de vida para las edificaciones y sus ocupantes.

La elaboración de pastas y morteros, ya sea en el propio tajo como de forma predosificada, al constituir un eslabón más del proceso constructivo, debe garantizar el proceso de ejecución y las características previstas de estos.

1.6.1. Normativa de aplicación

La normativa que resulta de aplicación para los morteros y pastas de albañilería, y construcción en general, es muy extensa. Esta abarca un conjunto de regulaciones, estándares y códigos que establecen los requisitos mínimos para su fabricación, aplicación y uso.

Las normativas europeas, EN por sus siglas en inglés, establecen los distintos parámetros y características de los morteros en el rango europeo de aplicación. Estas normas suelen adaptarse al ámbito español con las normas UNE. La normativa CE, que será desarrollada en el siguiente apartado, establece las condiciones mínimas a nivel europeo de seguridad y rendimiento establecidas por el marco de la Unión Europea.

La normativa, además, puede establecer aspectos específicos de los distintos materiales de construcción, como la composición de los morteros, las propiedades físicas y químicas, los métodos de prueba y ensayos, así como los requisitos de almacenamiento.

Es fundamental para los profesionales de la construcción estar al corriente de la normativa que resulta de aplicación para cada proceso constructivo, al igual que las distintas actualizaciones que puedan sufrir estas normas, para así garantizar la calidad y la correcta ejecución de los trabajos que realizan.

En relación con los morteros y pastas se establecen dos normas UNE esenciales, las cuales son:

- UNE-EN 998-1 de Morteros de enfoscado y enlucido.
- UNE-EN 998-2 de Morteros de albañilería.

Estas normas especifican las características y los requisitos de los morteros de albañilería y las normas para los morteros premezclados de revestimientos exteriores.

1.6.2. Ensayos

Los ensayos son procedimientos establecidos de manera sistemática que se han diseñado para evaluar de manera detallada las propiedades y el rendimiento de los morteros y pastas utilizados en los procesos de construcción.

Estas pruebas son vitales para verificar y comprobar las características previstas en los proyectos de construcción respecto a los distintos materiales y procesos que se realizan en los trabajos de albañilería. La realización de ensayos con una periodicidad prevista y sistemática proporciona una base científica para la toma de decisiones en referencia de los morteros y pastas de la obra.

➤ Ensayo de resistencia a compresión

Este ensayo determina la capacidad de los morteros y pastas para resistir esfuerzos a compresión. Se realiza aplicando fuerza con una prensa de forma gradual a una probeta realizada con mortero y registrando la carga máxima que pueden soportar previa a la rotura.

➤ Ensayo de adherencia

Mide la capacidad de los morteros para adherirse a paramentos realizados, por ejemplo, en ladrillos o bloques. Se realiza aplicando una fuerza de tracción sobre una muestra y registrando la carga máxima admitida justo antes de desprenderse del paramento.

➤ Ensayo de durabilidad

Este ensayo evalúa las capacidades de los morteros de resistir a las condiciones ambientales. Consiste en replicar ciclos de congelación y descongelación, agresión con agentes químicos o condiciones extremas sobre los morteros de albañilería.

1.6.3. Control de calidad

El control de calidad es un proceso mediante el cual se garantiza la correcta ejecución de los distintos procesos constructivos, gracias a la supervisión y gestión de cada etapa del ciclo completo de los morteros en obra.

Figura 1.43. El control de calidad no es solo verificar, es asegurar que cada proceso constructivo se ejecute con precisión y eficiencia, garantizando así la durabilidad y funcionalidad de la obra.

El control de calidad es como el chef que vigila la elaboración de una receta para que todo salga según lo previsto inicialmente. Se aplica desde el momento de recepción de los materiales hasta su aplicación final. ¿Por qué es tan importante? Porque se requiere que los productos ejecutados sean conformes a las especificaciones de proyecto, tenga la durabilidad necesaria y las características previstas.

En primer lugar, con la recepción de los materiales, se realizan las pruebas y ensayos oportunos que están establecidos para garantizar la idoneidad de estos y su correcta manipulación. Posteriormente, durante la ejecución del mortero se procede con la realización de ensayos que certifican la correcta elaboración y que poseen las características previstas y diseñadas. Todo este proceso de control de calidad debe ser documentado y analizado para proceder, en los casos que sea necesario, con las mejoras de los procedimientos.

Los profesionales de la construcción deben seguir protocolos específicos de control de calidad para garantizar la uniformidad, la consistencia y la fiabilidad de los morteros utilizados en sus proyectos.

1.7. MARCADO CE DE LOS MATERIALES DE CONSTRUCCIÓN

El marcado CE es un elemento fundamental para la libre circulación de productos en el Espacio Económico Europeo (EEE). Al colocar el marcado CE en su producto, el fabricante declara que su producto cumple con los requisitos legales y, por lo tanto, puede ser comercializado en cualquier Estado miembro del EEE. El marcado CE también proporciona a los consumidores una garantía de que el producto que están comprando cumple con unos estándares mínimos de seguridad, salud y protección del medioambiente.

Es importante que los fabricantes conozcan los requisitos para la obtención del marcado CE y que apliquen correctamente el procedimiento para garantizar que sus productos puedan ser comercializados en el EEE.

➤ Aspectos a tener en cuenta

- El marcado CE no es una garantía de calidad, sino una declaración del fabricante de que el producto cumple con los requisitos legales.
- El fabricante es el único responsable de la colocación del marcado CE en su producto.
- El proceso de obtención del marcado CE varía en función del producto de que se trate.
- Es importante que los fabricantes conozcan los requisitos para la obtención del marcado CE y que apliquen correctamente el procedimiento.

1.7.1. Concepto y significado del marcado CE

El marcado CE es una etiqueta obligatoria que deben llevar los productos de construcción que se comercializan en el EEE. Indica que el producto cumple con los requisitos esenciales de las directivas de la Unión Europea aplicables a los productos de construcción. Estos requisitos esenciales se refieren a la seguridad, la salud y el medioambiente.

El marcado CE no es una indicación de calidad, sino una declaración del fabricante de que el producto cumple con los requisitos legales. El fabricante es responsable de su colocación en el producto y de la elaboración de la documentación técnica que demuestra que el producto cumple con los requisitos esenciales.

➤ Significado del marcado CE

- **Libre circulación:** permite la libre circulación de productos de construcción en todo el EEE.
- **Seguridad:** indica que el producto cumple con los requisitos de seguridad esenciales.
- **Salud:** señala que el producto cumple con los requisitos de salud esenciales.
- **Medioambiente:** especifica que el producto cumple con los requisitos de protección del medio ambiente esenciales.

Figura 1.44. El marcado CE es un compromiso del fabricante de que su producto ha sido evaluado y cumple con las normas armonizadas europeas, asegurando así la calidad, seguridad y prestaciones declaradas.

1.7.2. Proceso de obtención del marcado CE

El proceso de obtención del marcado CE varía en función del producto de construcción de que se trate. Sin embargo, de forma general, los pasos a seguir son los siguientes:

1. **Identificar la legislación de armonización aplicable:** el primer paso es identificar la legislación de armonización europea que se aplica al producto de construcción de que se trate. Esta información se puede encontrar en el sitio web de la Comisión Europea.
2. **Realizar los ensayos y pruebas necesarios:** el fabricante debe realizar los ensayos y las pruebas necesarios para demostrar que el producto cumple con los requisitos esenciales establecidos en la legislación de armonización aplicable. Estos ensayos y pruebas deben ser realizados por organismos notificados o laboratorios acreditados.
3. **Elaborar la documentación técnica:** el fabricante debe elaborar la documentación técnica del producto, que debe incluir toda la información necesaria para demostrar que el producto cumple con los requisitos esenciales. La documentación técnica debe ser revisada por un organismo notificado si así lo exige la legislación de armonización aplicable.
4. **Redactar la declaración de prestaciones:** el fabricante debe redactar la declaración de prestaciones, en la que se indica que el producto cumple con los requisitos esenciales. La declaración de prestaciones debe estar disponible en la lengua o lenguas oficiales del Estado miembro en el que se comercialice el producto.
5. **Fijar el marcado CE:** el fabricante debe fijar el marcado CE en el producto o en su embalaje. Este marcado debe ser visible, legible e indeleble.
6. **Implantar el sistema de aseguramiento de la calidad:** el fabricante debe implantar un sistema que garantice que el producto cumple con los requisitos esenciales de forma continua.

Es importante destacar que el fabricante es el responsable de garantizar que el producto de construcción cumple con los requisitos esenciales y de obtener el marcado CE.

1.8. MARCAS O SELLOS DE CALIDAD EXISTENTES EN MATERIALES DE CONSTRUCCIÓN

En la realización de proyectos de construcción, elegir correctamente los materiales con los que se ejecutan resulta crucial. En este momento es donde entran en juego las marcas y sellos de calidad que existen en el mercado.

Estas marcas son garantías tangibles y reales de que los productos cumplen las especificaciones técnicas y las características para los que han sido diseñados, de esta forma se podrán elegir los materiales adecuados en cada caso.

1.8.1. Tipos de marcas y sellos

Existen diversas marcas y sellos de calidad en el mercado, las cuales ayudan a elegir adecuadamente los materiales de construcción. Las principales son:

➤ Marcado CE

Sin duda, es el sello de calidad con mayor reconocimiento a nivel europeo. Indica que los materiales de construcción que lo poseen cumplen con las especificaciones técnicas y características requeridas.

➤ AENOR (Asociación Española de Normalización)

A nivel nacional, en España, AENOR es la entidad encargada de certificar que los productos cumplen con las normas españolas o europeas que sean de aplicación en cada producto que se encuentra en el mercado. Supone una garantía adicional para los productos que poseen la certificación de AENOR.

Figura 1.45. La certificación ISO 9001 demuestra que una empresa cuenta con un sistema de gestión de la calidad sólido y eficaz.

➤ ISO 9001

La certificación ISO 9001 está basada en la gestión de calidad de los procesos de fabricación de los productos. Cuando una empresa tiene reconocida esta certificación indica que los materiales que fabrica siguen un procedimiento que garantiza su calidad.

➤ Certificación ecológica

En ocasiones, y cada vez más hoy en día, las empresas quieren demostrar que los procesos de fabricación que emplean al fabricar sus productos son ecológicos y respetuosos con el medioambiente. Para ello, existen entidades que certifican estos aspectos, para que los fabricantes los puedan incluir en sus productos y demostrar que emplean prácticas ecológicas.

1.8.2. Relevancia en la elección de materiales de construcción

Las marcas o sellos de calidad pueden ser un factor importante a la hora de elegir materiales de construcción, ya que pueden proporcionar información adicional sobre las características del material que no se encuentra en la legislación de armonización europea. Sin embargo, es importante tener en cuenta que las marcas o sellos de calidad no son un sustituto de la legislación de armonización europea, y que solo deben considerarse como un factor adicional en la toma de decisiones.

Al elegir materiales de construcción con marcas o sellos de calidad, es importante asegurarse de que la marca o el sello es reconocido y que los criterios de evaluación utilizados son relevantes para el uso previsto del material.

Son diversas las razones que hacen importantes a las marcas y sellos de calidad y su existencia. Los fabricantes las implementan en sus productos para conseguir:

➤ Confianza en la calidad

Para los usuarios que compran los productos, los sellos de calidad suponen una garantía a la hora de escoger los materiales que compran. Tienen la tranquilidad de que el producto adquirido cumple con los requisitos y características exigidas.

➤ Cumplimiento normativo

Al comprar productos con el marcado CE o la certificación AENOR, se tiene la tranquilidad de que estos materiales cumplen con la normativa exigida a nivel nacional o europeo. Esto es importante ya que los constructores deben, a su vez, garantizar las obras ejecutadas por ellos.

➤ Gestión de la calidad

Con la certificación ISO 9001, las empresas demuestran que los procesos de producción de sus materiales se realizan con técnicas de calidad, lo que garantiza a los clientes que los productos adquiridos con esta certificación poseen la calidad esperada y que son eficientes y consistentes.

➤ Sostenibilidad y ecología

Muchos de los consumidores hoy en día están comprometidos con la conservación y el mantenimiento del medioambiente, por lo que la adquisición de productos con este tipo de sellos les garantiza que dichos productos son respetuosos con el medioambiente.

¿Sabías que...

la cal tiene un menor impacto ambiental que el cemento?

La producción de cal genera menos emisiones de CO_2 que la producción de cemento, y además, durante su proceso de carbonatación, absorbe parte del CO_2 emitido durante la calcinación.

➤ Historial de marca

Las marcas reconocidas de las diferentes industrias que tienen una larga trayectoria de calidad y gestión de sus productos proporcionan tranquilidad a los clientes que adquieren sus materiales frente a otros de marcas desconocidas.

Las marcas o sellos de calidad pueden ser un factor importante a la hora de elegir materiales de construcción, ya que pueden proporcionar información adicional sobre las características del material que no se encuentra en la legislación de armonización europea. Sin embargo, es importante tener en cuenta que las marcas o sellos de calidad no son un sustituto de la legislación de armonización europea, y que solo deben considerarse como un factor adicional en la toma de decisiones.

Al elegir materiales de construcción con marcas o sellos de calidad, es importante asegurarse de que la marca o el sello es reconocido y que los criterios de evaluación utilizados son relevantes para el uso previsto del material.

ACTIVIDADES FINALES

De comprobación

1.1. En la elaboración de morteros y pastas en el tajo, ¿cuáles son los factores que más influyen en la calidad del producto final?

a) La experiencia del operario.
b) La proporción exacta de aglomerante y agua.
c) Todas las respuestas anteriores son correctas.

1.2. ¿Qué tipo de herramienta se utiliza para mezclar los componentes secos de un mortero o pasta en el tajo?

a) La paleta.
b) La batidora eléctrica.
c) La hormigonera.

1.3. ¿Cuál es la secuencia correcta de pasos para la elaboración de un mortero o pasta en el tajo?

a) Mezclar en seco los áridos y el aglomerante, añadir agua y mezclar hasta obtener la consistencia deseada.
b) Mezclar en seco los áridos y el aglomerante y añadir agua gradualmente hasta obtener la consistencia deseada.
c) Mezclar en seco los áridos, agregar agua y cemento y mezclar hasta obtener la consistencia deseada.

1.4. ¿Qué ventaja principal ofrecen los morteros y pastas predosificados frente a los elaborados en el tajo?

a) Mayor facilidad y rapidez de aplicación.
b) Mayor resistencia y durabilidad.
c) Mayor versatilidad en su uso.

1.5. ¿Cuál de las siguientes características no es típica de los morteros y pastas predosificados?

a) Vienen envasados en sacos o contenedores.
b) Requieren la adición de agua en obra.
c) Permiten ajustar la proporción de agua según las necesidades.

1.6. ¿En qué tipo de aplicaciones se utilizan principalmente los morteros y pastas predosificados?

a) Colocación de baldosas y revestimientos cerámicos.
b) Enfoscados y revoques interiores y exteriores.
c) Todas las respuestas anteriores son correctas.

1.7. ¿Cuál es el principal aglomerante utilizado en la elaboración de morteros y pastas para albañilería y revestimientos?

a) El cemento Portland.

b) La cal hidráulica.

c) El yeso.

1.8. ¿Qué propiedad del cemento Portland lo hace ideal para la elaboración de morteros y pastas de alta resistencia?

a) Su alta trabajabilidad.

b) Su resistencia a la intemperie.

c) Su capacidad de adherencia a diversos materiales.

1.9. ¿En qué tipo de aplicaciones se utiliza principalmente la cal hidráulica como aglomerante en morteros y pastas?

a) Enfoscados y revoques interiores y exteriores.

b) Colocación de baldosas y revestimientos cerámicos.

c) Trabajos de albañilería en ambientes húmedos.

1.10. ¿Cuál es la principal limitación del yeso como aglomerante en morteros y pastas para albañilería y revestimientos?

a) Su baja resistencia mecánica.

b) Su susceptibilidad a la humedad.

c) Su poca trabajabilidad.

1.11. ¿Qué función cumplen los aditivos en la elaboración de morteros y pastas?

a) Mejorar la trabajabilidad y plasticidad de la mezcla.

b) Retardar o acelerar el fraguado del mortero o pasta.

c) Todas las respuestas anteriores son correctas.

1.12. ¿Qué tipo de árido se utiliza principalmente en la elaboración de morteros y pastas para albañilería y revestimientos?

a) La arena silícea.

b) La grava.

c) Cualquier tipo de árido es adecuado.

1.13. ¿Qué propiedad de la arena es fundamental para garantizar la calidad de un mortero o pasta?

a) Granulometría adecuada.

b) Alta resistencia mecánica.

c) Baja porosidad.

1.14. ¿Qué función desempeña el agua en la elaboración de morteros y pastas?

a) Hidratar el aglomerante y permitir la formación de la pasta.

b) Mejorar la trabajabilidad y plasticidad de la mezcla.

c) Todas las respuestas anteriores son correctas.

1.15. ¿Qué factor influye directamente en la cantidad de agua necesaria para la elaboración de un mortero o pasta?

a) La granulometría de los áridos.

b) La temperatura ambiente y la humedad del aire.

c) Todas las respuestas anteriores son correctas.

1.16. ¿Qué es la dosificación de un mortero o pasta y por qué es importante?

a) Es la proporción de cada componente (aglomerante, áridos, aditivos y agua) en la mezcla.

b) Es importante porque determina las propiedades finales del mortero o pasta, como la resistencia, trabajabilidad y durabilidad.

c) Todas las respuestas anteriores son correctas.

1.17. ¿Qué es la consistencia de un mortero o pasta y cómo se determina?

a) Es la facilidad con la que la mezcla fluye y se puede trabajar.

b) Es importante porque influye en la trabajabilidad y la aplicación del mortero o pasta.

c) Todas las respuestas anteriores son correctas.

1.18. ¿Qué es la plasticidad de un mortero o pasta y por qué es importante?

a) Es importante porque permite que el mortero o pasta se adapte a las irregularidades de la superficie a la que se aplica.

b) Es importante porque facilita el acabado y la nivelación del material.

c) Todas las respuestas anteriores son correctas.

1.19. ¿Qué tipo de mortero o pasta se utiliza para el relleno de juntas en mampostería de ladrillo?

a) El mortero de cemento.

b) El mortero de cal.

c) El mortero bastardo.

1.20. ¿Qué normativa regula la fabricación y comercialización de morteros y pastas predosificados en España?

a) La UNE-EN 12190.

b) El CTE (Código Técnico de la Edificación).

c) La Ley de Ordenación Urbanística del Suelo.

De aplicación

1.1. Un albañil dispone de cemento Portland, arena silícea y agua para elaborar un mortero de albañilería. Si desea preparar 1 m³ de mortero con una dosificación de cemento: arena:agua de 1:5:0,5 en volumen, ¿cuántos kilos de cemento necesitará?

Considera que la densidad del cemento Portland es de 1500 kg/m³ y la densidad de la arena silícea es de 1600 kg/m³.

1.2. En una obra de rehabilitación se requiere elaborar un mortero de cal hidráulica para el relleno de juntas en mampostería de piedra. La dosificación especificada es de 1:2:0,6 en volumen (cal:arena:agua). Si se dispone de 200 kg de cal hidráulica y arena con una densidad de 1700 kg/m³, ¿cuántos litros de agua se necesitarán como máximo?

1.3. Se desea preparar un mortero bastardo con cemento Portland, cal hidráulica, arena y agua para el revestimiento de un muro exterior. La dosificación en peso es de 1:1:6:0,55 (cemento:cal:arena:agua). Si se dispone de 50 kg de cemento Portland, 25 kg de cal hidráulica y arena con una densidad de 1800 kg/m³, ¿cuántos litros de agua se necesitarán como mínimo?

1.4. Un operario está elaborando un mortero predosificado en una mezcladora eléctrica. ¿Qué precauciones de seguridad debe tener en cuenta durante el proceso?

1.5. Al realizar el control de calidad de un mortero fresco, ¿qué propiedades se deben evaluar y cómo se determinan?

1.6. Se está ejecutando el enfoscado de un muro interior con un mortero de cemento Portland. ¿Qué pasos deben seguirse para garantizar una correcta aplicación del mortero?

1.7. Al realizar el rejuntado de baldosas cerámicas con un mortero predosificado, ¿qué recomendaciones se deben seguir para obtener un acabado de calidad?

1.8. ¿Qué medidas de almacenamiento y conservación deben adoptarse para los morteros y pastas, tanto en obra como en almacenes?

1.9. Indica la normativa aplicable en España para la fabricación y comercialización de morteros y pastas predosificados.

1.10. Explica la importancia del marcado CE en los materiales de construcción, en el contexto de los morteros y pastas.

De ampliación

1.1. Investiga y describe las ventajas y desventajas de utilizar morteros y pastas autonivelantes en comparación con los morteros y pastas tradicionales para la elaboración de soleras.

1.2. Indica los diferentes tipos de aditivos que se pueden utilizar en la elaboración de morteros y pastas, y explica su función específica en cada caso.

1.3. Explica la importancia de la granulometría de la arena en la calidad de un mortero o pasta, y cómo se determina la granulometría adecuada para una aplicación específica.

1.4. Investiga y describe las diferentes técnicas de ensayo que se utilizan para evaluar las propiedades mecánicas y de durabilidad de los morteros y pastas.

1.5. Analiza la relación entre la sostenibilidad en la construcción y la elección de morteros y pastas con bajo impacto ambiental.

2. Adhesivos y materiales de rejuntado

Contenidos

INTRODUCCIÓN

El capítulo de los adhesivos y materiales de rejuntado es de vital importancia en la construcción, ya que estos productos garantizan la unión y el sellado de diferentes elementos constructivos, como baldosas cerámicas, piedras naturales y otros revestimientos.

En este capítulo, se van a explorar los diferentes tipos de adhesivos y materiales de rejuntado utilizados en la actualidad, analizando sus características, composición y aplicaciones. En primer lugar, se van a detallar los adhesivos cementosos, que son los más tradicionales y se utilizan para la colocación de una amplia variedad de revestimientos. A continuación, se van a estudiar y analizar los adhesivos de resinas en dispersión, que ofrecen una mayor flexibilidad y adherencia, y los adhesivos y materiales de rejuntado de resinas de reacción, ideales para aplicaciones que requieren una alta resistencia química y mecánica.

Para cada tipo de adhesivo, se descompondrán los distintos componentes, como los aglomerantes, los aditivos y los rellenos, y cómo estos influyen en sus propiedades. También estudiaremos la importancia de la dosificación y la consistencia de las mezclas, así como su plasticidad y tiempo de fraguado.

Además, exploraremos las diferentes aplicaciones de los adhesivos y materiales de rejuntado, desde la colocación de baldosas en interiores hasta la impermeabilización de juntas en exteriores. Veremos cómo seleccionar el producto adecuado para cada tipo de trabajo y superficie.

Por último, se dedicará especial atención a la normativa y los ensayos que regulan la producción y el uso de estos materiales, así como al marcado CE y otros sellos de calidad que garantizan su cumplimiento con los requisitos establecidos.

En este recorrido, abordaremos los siguientes aspectos:

- **Tipos de adhesivos:** cementosos, de resinas en dispersión y de resinas de reacción.
- **Composición de los adhesivos:** aglomerantes, aditivos y rellenos.
- **Propiedades de los adhesivos:** dosificación, consistencia, plasticidad y tiempo de fraguado.
- **Aplicaciones de los adhesivos:** colocación de revestimientos, juntas, etc.
- **Materiales de rejuntado:** composición y aplicaciones.
- **Normativa y ensayos:** para garantizar la calidad de los materiales.
- **Marcado CE y sellos de calidad:** en materiales de construcción.

A través de este estudio, comprenderemos la importancia de los adhesivos y materiales de rejuntado en la construcción y adquiriremos las herramientas necesarias para seleccionar los productos adecuados para cada tipo de trabajo, garantizando así la durabilidad y estética de los revestimientos.

2.1. ADHESIVOS CEMENTOSOS

Los adhesivos son componentes esenciales en la construcción moderna ya que desempeñan un papel fundamental en la unión de diversos materiales. Su uso adecuado garantiza la integridad, durabilidad y estética de las obras, tanto en interiores como en exteriores.

Figura 2.1. Se pueden encontrar una enorme diversidad de adhesivos para trabajo específico.

➤ Importancia de los adhesivos

Los adhesivos proporcionan una unión fuerte y duradera entre diversos materiales de construcción, como ladrillos, bloques, baldosas, cerámica y piedra natural. Esta capacidad de adherencia es crucial para la estabilidad estructural de paredes, muros, revestimientos y otros elementos constructivos.

Estos adhesivos se adaptan a una amplia gama de materiales y condiciones de trabajo, lo que los convierte en una solución idónea para diversas aplicaciones en la construcción. Desde el pegado de ladrillos hasta la instalación de baldosas y la reparación de superficies, los adhesivos ofrecen una respuesta efectiva a las necesidades de diferentes proyectos.

El uso de adhesivos permite optimizar la cantidad de material utilizado en comparación con métodos tradicionales, como la mezcla de cemento y arena. Esto se traduce en un ahorro de materiales y mano de obra, contribuyendo a la eficiencia y rentabilidad de los proyectos de construcción.

¿Sabías que...

los adhesivos cementosos son más que simples pegamentos?

Son mezclas complejas de cemento, agregados minerales y aditivos que ofrecen una adhesión y resistencia excepcionales a las baldosas y otros revestimientos.

Figura 2.2. La innovación en adhesivos revoluciona la construcción, permitiendo uniones más fuertes, eficientes y estéticas.

2.1.1. Definición y características principales

Los adhesivos cementosos son materiales de construcción compuestos principalmente por cemento, áridos, agua y aditivos. Se utilizan para pegar diversos materiales de construcción, como ladrillos, bloques, baldosas y cerámica. Los adhesivos cementosos se caracterizan por su alta resistencia mecánica, adherencia, durabilidad y resistencia al agua.

➤ Características principales de los adhesivos cementosos

- **Alta resistencia mecánica:** los adhesivos cementosos son capaces de soportar grandes cargas de peso, lo que los hace ideales para su uso en estructuras y revestimientos que requieren una alta resistencia mecánica. Esta característica se debe a la formación de una matriz rígida y cohesiva tras el fraguado del cemento.
- **Adherencia excepcional:** una de las principales virtudes de los adhesivos cementosos es su elevada capacidad para adherirse a una amplia variedad de materiales de construcción, como ladrillos, bloques, baldosas, cerámica y piedra natural. Esta adherencia se produce por medio de mecanismos físicos y químicos que permiten una unión fuerte y duradera.
- **Durabilidad a toda prueba:** están diseñados para resistir los embates del tiempo y las inclemencias del entorno. Su resistencia a cambios de temperatura, humedad y ciclos de hielo-deshielo los convierte en una opción ideal para su uso tanto en interiores como en exteriores.

¿Sabías que…

la elección del adhesivo cementoso adecuado es crucial para la durabilidad de una instalación?

Un adhesivo inadecuado puede provocar el desprendimiento de las baldosas con el tiempo.

- **Resistencia al agua:** la impermeabilidad o resistencia al agua de los adhesivos cementosos varía según su tipología específica. Sin embargo, en general, estos materiales ofrecen una protección adecuada contra la humedad y la penetración de agua, lo que los hace aptos para su uso en zonas húmedas o mojadas.
- **Trabajabilidad óptima:** se caracterizan por su facilidad de mezclado y aplicación. Su consistencia adecuada permite una manipulación cómoda y precisa, facilitando el trabajo del albañil.
- **Coste accesible:** en comparación con otros tipos de adhesivos, los adhesivos cementosos destacan por su precio económico, lo que los convierte en una opción atractiva para proyectos de construcción con presupuestos ajustados.
- **Versatilidad sin límites:** su amplia gama de aplicaciones los convierte en un material versátil que se adapta a diversas necesidades de construcción. Desde el pegado de ladrillos y bloques hasta el rejunte de baldosas y la reparación de hormigón, estos adhesivos ofrecen una solución integral para una gran variedad de tareas.

2.1.2. Componentes

Estos adhesivos no son solo una mezcla homogénea, sino una combinación de diversos elementos que aportan propiedades específicas al material final. Los principales componentes de los adhesivos cementosos son:

- **Cemento:** su componente central es el cemento, un material inorgánico finamente molido que, al mezclarse con agua, experimenta una reacción química denominada hidratación. Esta reacción conduce a la formación de una matriz rígida y cohesiva que dota al adhesivo de su resistencia mecánica y de propiedades adherentes.
- **Áridos:** los áridos, como arena o grava, se incorporan a la mezcla para aumentar el volumen del adhesivo, reducir su coste y mejorar sus propiedades de trabajabilidad. Los áridos inertes actúan como un esqueleto que distribuye las cargas mecánicas y optimiza la consistencia del material.
- **Agua:** la hidratación del cemento requiere de la presencia de agua, un elemento esencial que inicia la reacción química y permite la formación de la matriz rígida. La cantidad de agua utilizada influye en la trabajabilidad y el tiempo de fraguado del adhesivo.
- **Aditivos:** los aditivos son sustancias químicas que se añaden a la mezcla en pequeñas cantidades para modificar las propiedades del adhesivo. Existen diversos tipos de aditivos, cada uno con un efecto específico:
  - **Plastificantes:** mejoran la trabajabilidad del adhesivo, haciéndolo más fácil de mezclar y aplicar.
  - **Retardadores de fraguado:** retrasan el inicio del fraguado del adhesivo, permitiendo más tiempo para su aplicación y colocación de los materiales.
  - **Aceleradores de fraguado:** aceleran el fraguado del adhesivo, permitiendo un uso más rápido del material, especialmente importante en condiciones de trabajo con tiempos limitados.
  - **Impermeabilizantes:** mejoran la resistencia al agua del adhesivo, haciéndolo adecuado para su uso en zonas húmedas o mojadas.

¿Sabías que...

los retardadores de fraguado en los adhesivos cementosos son como una pausa para la construcción?

Estos aditivos especiales se añaden a la mezcla para ralentizar el proceso de endurecimiento del adhesivo. Esto resulta muy útil en condiciones climáticas cálidas, donde el adhesivo podría secarse demasiado rápido y perder adherencia.

2.1.3. Propiedades y ventajas

Los adhesivos ofrecen una serie de propiedades y ventajas que los convierten en una alternativa idónea para la unión de materiales de construcción.

¿Sabías que...

el tiempo abierto de un adhesivo cementoso es un factor clave?

El tiempo abierto es el tiempo durante el cual el adhesivo permanece pegajoso y permite ajustar las baldosas.

➤ Propiedades principales de los adhesivos cementosos

- **Alta resistencia mecánica:** soportan grandes cargas de peso, lo que los hace ideales para estructuras y revestimientos que requieren durabilidad y resistencia.
- **Adherencia excepcional:** se adhieren a una amplia variedad de materiales de construcción, como ladrillos, bloques, baldosas, cerámica y piedra natural.

Figura 2.3. Los adhesivos constructivos ofrecen una resistencia mecánica excepcional, garantizando uniones sólidas y duraderas.

Figura 2.4. La alta adherencia de los adhesivos constructivos asegura uniones duraderas y confiables, resistiendo el paso del tiempo y las condiciones ambientales.

- **Durabilidad a toda prueba:** resisten cambios de temperatura, humedad y ciclos de hielo-deshielo, lo que los convierte en una opción ideal para su uso tanto en interiores como en exteriores.
- **Resistencia al agua:** impermeables o resistentes al agua, según su tipología, lo que los hace aptos para su uso en zonas húmedas o mojadas.

Figura 2.5. Las uniones realizadas con adhesivos constructivos garantizan una durabilidad a largo plazo, resistiendo el paso del tiempo y las condiciones más exigentes.

- **Trabajabilidad óptima:** fáciles de mezclar y aplicar, lo que facilita el trabajo del albañil.

Figura 2.6. Los adhesivos constructivos garantizan uniones impermeables, protegiendo las estructuras de la humedad y previniendo daños por filtraciones.

Figura 2.7. La trabajabilidad de los adhesivos constructivos contribuye a una mayor eficiencia en los procesos de construcción, reduciendo el tiempo y los costes asociados a las uniones tradicionales.

- **Coste accesible:** precio económico en comparación con otros tipos de adhesivos.
- **Versatilidad sin límites:** amplia gama de aplicaciones, desde el pegado de ladrillos hasta el rejunte de baldosas y la reparación de hormigón.

¿Sabías que...

los adhesivos cementosos pueden ser utilizados en sistemas de calefacción por suelo radiante?

Existen adhesivos especialmente formulados para este tipo de instalaciones, que permiten una buena transmisión del calor.

Figura 2.8. La amplia gama de adhesivos constructivos disponibles ofrece soluciones personalizadas para cada proyecto.

➤ Ventajas de los adhesivos cementosos

- **Confianza en la unión:** proporcionan una unión fuerte y duradera que resiste el paso del tiempo y las inclemencias del entorno.
- **Versatilidad para diversas aplicaciones:** adaptables a una amplia gama de materiales de construcción y necesidades de trabajo.
- **Facilidad de uso:** mezclado y aplicación sencillos, lo que permite un trabajo eficiente y sin complicaciones.
- **Economía y rentabilidad:** coste accesible que optimiza el presupuesto del proyecto.
- **Disponibilidad y accesibilidad:** fácilmente disponibles en distribuidores de materiales de construcción.

2.1.4. Tipos

La amplia gama de adhesivos de base cemento disponibles en el mercado permite elegir la solución ideal para cada proyecto y necesidad de construcción.

➤ Clasificación de los adhesivos según su composición

- **Adhesivos monocomponente:** mezcla única de cemento, áridos, agua y aditivos.
- **Adhesivos bicomponente:** compuestos por dos partes, mezcla de cemento, áridos y agua, y aditivos específicos.

➤ Clasificación de los adhesivos según su fraguado

- **Adhesivos de fraguado normal:** fraguan en un tiempo de 24 a 48 horas.
- **Adhesivos de fraguado rápido:** fraguan en un tiempo de 2 a 6 horas.

➤ Clasificación de los adhesivos según su aplicación

- **Adhesivos para interiores:** están diseñados para pegar materiales de construcción en interiores.
- **Adhesivos para exteriores:** resistentes a las condiciones climáticas adversas, por lo que son aptos para su uso en exteriores.
- **Adhesivos para cerámica:** tienen propiedades específicas para pegar baldosas y cerámica.
- **Adhesivos para piedra natural:** son compatibles con diferentes tipos de piedra natural.

¿Sabías que...

los adhesivos cementosos pueden ser utilizados para instalar una amplia variedad de materiales, además de las baldosas cerámicas?

También se utilizan para instalar piedra natural, mosaico y otros revestimientos.

➤ Ejemplos de tipos de adhesivos cementosos

- **Adhesivo cementoso monocomponente de fraguado normal para interiores:** ideal para pegar ladrillos y bloques en paredes interiores.
- **Adhesivo cementoso bicomponente de fraguado rápido para exteriores:** adecuado para pegar baldosas cerámicas en fachadas exteriores.
- **Adhesivo cementoso flexible para piedra natural:** diseñado para pegar piedra natural en paredes y suelos.

➤ Selección del adhesivo adecuado

La elección del adhesivo cementoso adecuado dependerá de diversos factores, como:

- **Materiales a pegar:** compatibilidad del adhesivo con los materiales a unir.
- **Condiciones de aplicación:** entorno de aplicación (interior o exterior), humedad, etc.

- **Tiempo de fraguado:** tiempo disponible para la aplicación y colocación de los materiales.
- **Necesidades de trabajabilidad:** facilidad de mezclado y aplicación.

➤ Recomendaciones para la selección del adhesivo

- **Consultar las recomendaciones del fabricante:** leer las instrucciones del fabricante para elegir el producto adecuado para cada proyecto.
- **Considerar las propiedades del adhesivo:** evaluar su resistencia mecánica, adherencia, resistencia al agua, tiempo de fraguado y trabajabilidad.
- **Consultar con profesionales:** en caso de dudas, consultar con profesionales o distribuidores de materiales de construcción.

2.1.5. Aplicaciones

Los adhesivos se han convertido en una herramienta fundamental en la construcción moderna, gracias a su versatilidad y efectividad en una amplia gama de aplicaciones.

➤ Aplicaciones principales de los adhesivos cementosos

- Los adhesivos cementosos son la solución ideal para pegar ladrillos y bloques en la construcción de paredes, muros y estructuras. Su alta resistencia mecánica y su adherencia garantizan uniones fuertes y duraderas.
- Los adhesivos para cerámica están específicamente diseñados para pegar baldosas y cerámica en paredes y suelos. Su resistencia al agua y a los cambios de temperatura los hace adecuados para zonas húmedas o con tránsito intenso.
- Los adhesivos específicos para piedra natural ofrecen una alta compatibilidad con diferentes tipos de piedra, como mármol, granito y pizarra. Su resistencia y durabilidad permiten uniones seguras y estéticas en revestimientos de piedra natural.
- Los adhesivos también se utilizan como material de rejuntado para las juntas entre las baldosas. El rejunte de cemento es impermeable, duradero y resistente al moho, lo que lo hace adecuado para su uso en zonas húmedas o mojadas.
- Se pueden emplear para reparar pequeñas grietas y desperfectos en superficies de hormigón. Su capacidad para adherirse al hormigón existente y su

resistencia mecánica los convierten en una solución efectiva para reparaciones puntuales.

- Los adhesivos se pueden usar para nivelar superficies irregulares antes de colocar baldosas, cerámica o revestimientos. Su trabajabilidad permite crear una base lisa y uniforme para la posterior colocación de los materiales.

➤ Recomendaciones para la aplicación de adhesivos

- Leer las instrucciones del fabricante antes de usar el adhesivo.
- Preparar la superficie a pegar, asegurándose de que esté limpia, seca y libre de polvo o grasa.
- Mezclar el adhesivo con la cantidad de agua adecuada, siguiendo las instrucciones del fabricante.
- Aplicar el adhesivo sobre la superficie a pegar con una llana dentada.
- Colocar la baldosa, cerámica o piedra natural sobre el adhesivo fresco y presionar firmemente.
- Respetar los tiempos de fraguado y curado del adhesivo, según las instrucciones del fabricante.
- Limpiar las herramientas y la superficie de trabajo con agua limpia después de su uso.

¿Sabías que...

la preparación adecuada del soporte es esencial para una buena adherencia del adhesivo cementoso?

La superficie debe estar limpia, seca y libre de polvo o grasa.

➤ Precauciones de seguridad

- Utilizar guantes, gafas y mascarilla protectora durante la manipulación del adhesivo.
- Evitar el contacto del adhesivo con la piel y los ojos.
- En caso de contacto con la piel o los ojos, lavar con abundante agua y consultar con un médico.
- Mantener el adhesivo fuera del alcance de los niños.

2.2. ADHESIVOS DE RESINAS EN DISPERSIÓN

En un mundo en constante avance, la búsqueda de soluciones innovadoras y eficientes para la unión de materiales no se detiene. Entre las alternativas que han ganado protagonismo en los últimos años se encuentran los adhesivos de resinas en dispersión, también conocidos como adhesivos acrílicos o vinílicos. Estos materiales ofrecen una serie de ventajas y características que los convierten en una opción atractiva para una amplia gama de aplicaciones.

Estos adhesivos se han convertido en una herramienta esencial para profesionales de la construcción y usuarios en general, gracias a su versatilidad, facilidad de aplicación y resultados duraderos. A continuación, se desarrollan los aspectos referentes a los adhesivos de resinas en dispersión, explorando sus propiedades, tipos, aplicaciones y recomendaciones de uso.

2.2.1. Definición y características principales

A continuación, se describe qué son los adhesivos de resinas en dispersión y cuáles son sus características principales.

¿Sabías que...
existen diferentes tipos de adhesivos de resinas en dispersión?

Varían en su viscosidad, tiempo de secado y resistencia, adaptándose a diferentes necesidades.

Figura 2.9. Son fáciles de aplicar y se secan rápidamente, permitiendo un trabajo más eficiente.

➤ ¿Qué son los adhesivos de resinas en dispersión?

Los adhesivos de resinas en dispersión son materiales compuestos por pequeñas partículas de resina sintética distribuidas en un medio acuoso. Estas partículas se encuentran en un estado estable, pero al entrar en contacto con el aire o al secarse, se fusionan formando una película cohesiva y resistente que une los materiales a pegar.

➤ ¿Qué los diferencia de otros tipos de adhesivos?

A diferencia de los adhesivos cementosos, que se basan en la reacción química del cemento con el agua, los adhesivos de resinas en dispersión funcionan mediante la evaporación del agua y la fusión de las partículas de resina. Esto les otorga una serie de ventajas, como:

- **Mayor trabajabilidad:** son más fáciles de mezclar y aplicar, permitiendo una mejor distribución y control del adhesivo.
- **Tiempo de fraguado más rápido:** secan rápidamente, lo que agiliza el proceso de trabajo y permite una rápida puesta en servicio.
- **Menor generación de polvo:** al no requerir mezclas con cemento, se reduce la cantidad de polvo en el aire, mejorando las condiciones de trabajo y la salud.
- **Versatilidad:** se adhieren a una amplia variedad de materiales, como madera, metal, plástico, cerámica y vidrio.

➤ Características principales de los adhesivos de resinas en dispersión

- **Alta adherencia:** se adhieren fuertemente a diversos materiales, creando uniones duraderas.
- **Flexibilidad:** se adaptan a superficies irregulares y permiten uniones flexibles, lo que los convierte en ideales para materiales que se expanden o contraen con los cambios de temperatura.
- **Resistencia al agua:** algunos tipos son impermeables, por lo que son adecuados para zonas húmedas o expuestas al agua.
- **Facilidad de limpieza:** se pueden limpiar con agua y jabón mientras están frescos.
- **Baja emisión de compuestos orgánicos volátiles:** son amigables con el medioambiente y la salud humana, ya que emiten menos compuestos orgánicos volátiles.
- **Variedad de colores y acabados:** algunos tipos ofrecen una amplia gama de colores para combinar con la estética del proyecto, y pueden tener acabados mate, brillante o satinado.

¿Sabías que…

los adhesivos de resinas en dispersión son como una «leche» de plástico?

Su base son pequeñas partículas de plástico (resinas) dispersas en agua, como si fuera leche.

2.2.2. Componentes

Los adhesivos de resinas en dispersión están compuestos por una serie de elementos que trabajan en conjunto para proporcionar sus propiedades y características:

- **Resinas sintéticas:** son el componente principal del adhesivo y determinan en gran medida sus propiedades, como la adherencia, la flexibilidad y la resistencia al agua. Las resinas más comunes en este tipo de adhesivos son las acrílicas, las vinílicas y las estiren-acrílicas.
- **Aditivos:** se añaden a la mezcla para mejorar diversas propiedades del adhesivo, como la trabajabilidad, el tiempo de fraguado, la resistencia al moho y las propiedades reológicas. Algunos aditivos comunes incluyen plastificantes, espesantes, retardantes de fraguado y biocidas.
- **Pigmentos:** se añaden en algunos casos para dar color al adhesivo y lograr un acabado estético específico.
- **Carga:** se utiliza en algunos tipos de adhesivos para aumentar su volumen, reducir el coste y mejorar la trabajabilidad. La carga más común es la arena fina o sílice molida.
- **Agua:** es el medio en el que se dispersan las partículas de resina y los demás componentes del adhesivo. El agua se evapora durante el proceso de fraguado, dejando una película sólida de resina que une los materiales.

➤ Proporción de los componentes

La proporción de cada componente en la mezcla del adhesivo puede variar según el tipo de adhesivo y sus aplicaciones específicas. Para una correcta elaboración, los fabricantes proporcionan información detallada sobre la composición de cada producto.

2.2.3. Propiedades y ventajas

Los adhesivos de resinas en dispersión ofrecen una serie de propiedades y ventajas que los convierten en una opción atractiva para diversas aplicaciones en la construcción.

- Se adhieren fuertemente a una amplia variedad de materiales, como madera, metal, plástico, cerámica y vidrio, creando uniones duraderas y resistentes.
- Se adaptan a superficies irregulares y permiten uniones flexibles, lo que los hace ideales para materiales que expanden o contraen con los cambios de temperatura.

- Algunos tipos son impermeables, lo que los hace adecuados para zonas húmedas o expuestas al agua.
- Secan rápidamente, lo que agiliza el proceso de trabajo y permite una rápida puesta en servicio.
- Se pueden aplicar con brocha, espátula o rodillo, lo que los hace fáciles de usar incluso para personas sin experiencia previa.
- Se limpian con agua y jabón mientras están frescos, evitando manchas permanentes.
- Son amigables con el medioambiente y la salud humana, ya que emiten menos compuestos orgánicos volátiles.
- Se pueden utilizar para una amplia gama de aplicaciones, desde pegar madera hasta instalar baldosas y revestimientos.
- Algunos tipos ofrecen una amplia gama de colores para combinar con la estética del proyecto, y pueden tener acabados mate, brillante o satinado.
- Son fáciles de mezclar y aplicar, permitiendo una mejor distribución y control del adhesivo.
- En general, son más económicos que otros tipos de adhesivos, como los adhesivos epoxi.

2.2.4. Tipos según sus aplicaciones y características

La amplia gama existente en el mercado permite elegir la opción más adecuada para cada necesidad específica. A continuación, se presenta una clasificación general de los tipos de adhesivos de resinas en dispersión según sus aplicaciones y características.

¿Sabías que...

son resistentes al agua una vez secos?

Aunque su base es agua, forman una película resistente a la humedad.

➤ Adhesivos para madera

- **Características:** alta adherencia a la madera, flexibilidad, resistencia al agua y facilidad de aplicación.

- **Aplicaciones:** pegado de muebles, paneles de madera, laminados, chapas y otros elementos de madera.

Figura 2.10. Los adhesivos para madera son invisibles pero esenciales. Permiten crear uniones limpias y estéticas, realzando la belleza natural de la madera.

➤ Adhesivos para construcción

- **Características:** alta adherencia a diversos materiales de construcción, como hormigón, ladrillo, yeso y metal, resistencia al agua y flexibilidad.
- **Aplicaciones:** colocación de baldosas y revestimientos, pegado de bloques de hormigón, instalación de molduras y otros trabajos de construcción.

Figura 2.11. Los adhesivos para construcción aceleran el ritmo de la obra. Son fáciles de aplicar y secan rápidamente, optimizando los tiempos de construcción.

➤ Adhesivos para manualidades y bricolaje

- **Características:** fáciles de usar, no tóxicos, lavables con agua y aptos para una amplia variedad de materiales.

- **Aplicaciones:** pegado de papel, cartón, tela, plástico, metal, madera y otros materiales para proyectos de manualidades y bricolaje.

Figura 2.12. Existe un adhesivo específico para cada trabajo.

➤ Adhesivos para uso general

- **Características:** versátiles, se adhieren a una amplia variedad de materiales y ofrecen un buen equilibrio entre propiedades.
- **Aplicaciones:** pegado de diversos materiales en proyectos que no requieren características específicas, como reparaciones domésticas, trabajos escolares y manualidades.

➤ Adhesivos especiales

- **Características:** propiedades específicas para aplicaciones particulares, como resistencia a altas temperaturas, resistencia a productos químicos o uso en exteriores.
- **Aplicaciones:** pegado de materiales en condiciones exigentes, como en motores, hornos, piscinas o exteriores expuestos a la intemperie.

¿Sabías que...
son muy amigables con el medioambiente?

A diferencia de otros adhesivos, no son tóxicos y se descomponen fácilmente.

➤ Selección del adhesivo adecuado

La elección del adhesivo de resinas en dispersión adecuado dependerá de diversos factores, como:

- Compatibilidad del adhesivo con los materiales a trabajar.
- Entorno de aplicación (interior o exterior), humedad, etcétera.
- Tiempo disponible para la aplicación y colocación de los materiales.
- Facilidad de mezclado y aplicación.
- Resistencia mecánica, adherencia, resistencia al agua, color, acabado, etcétera.

➤ Recomendaciones para la selección del adhesivo

- Leer las instrucciones del fabricante para elegir el producto adecuado para cada proyecto.
- Evaluar las características del producto en función de las necesidades del proyecto.
- En caso de dudas, consultar con profesionales o distribuidores de materiales de construcción.

2.3. ADHESIVOS Y MATERIALES DE REJUNTADO DE RESINAS DE REACCIÓN

Entre las alternativas que han surgido en los últimos años se encuentran los adhesivos de resinas de reacción, también conocidos como adhesivos epoxi o poliuretanos. Estos materiales ofrecen una serie de ventajas y características que los convierten en una opción atractiva para una amplia gama de aplicaciones, especialmente en proyectos que requieren alta resistencia, durabilidad y estética como puede ser la construcción, ofreciendo un rendimiento superior y resultados duraderos.

Figura 2.13. Se adaptan a una amplia variedad de materiales y condiciones, ofreciendo soluciones personalizadas para cada proyecto.

2.3.1. Definición y características principales

A continuación, se describe qué son los adhesivos de resinas de reacción y cuáles son sus características principales.

¿Sabías que...

los adhesivos de resinas de reacción son como un superpegamento para adultos?

Una vez que se mezclan sus dos partes, se endurecen súper rápido y crean una unión increíblemente fuerte.

➤ ¿Qué son los adhesivos y materiales de rejuntado de resinas de reacción?

Los adhesivos de resinas de reacción, conocidos como adhesivos epoxi o poliuretanos, son materiales compuestos por resinas sintéticas que se endurecen mediante una reacción química. Esta reacción, que puede ser iniciada por un catalizador o por la mezcla de dos componentes, produce un material sólido y resistente que une o sella los materiales a trabajar.

➤ ¿Qué los diferencia de otros tipos de adhesivos y materiales de rejuntado?

A diferencia de los adhesivos tradicionales, como los cementosos o acrílicos, los adhesivos de resinas de reacción ofrecen una serie de ventajas, como:

- **Mayor resistencia mecánica:** soportan cargas más pesadas y son más resistentes a la tracción, compresión y flexión.
- **Mayor adherencia:** se adhieren fuertemente a una amplia variedad de materiales, incluso a superficies lisas o no porosas.
- **Mayor resistencia al agua y a los productos químicos:** son impermeables y resistentes a la acción de productos químicos agresivos.
- **Mayor durabilidad:** mantienen sus propiedades a lo largo del tiempo, incluso en condiciones extremas.
- **Mayor flexibilidad:** algunos tipos son flexibles, lo que los hace ideales para aplicaciones donde se requieren juntas flexibles.

➤ Características principales de los adhesivos y materiales de rejuntado de resinas de reacción

- Soportan cargas pesadas y vibraciones sin desgarrarse ni deformarse, lo que los hace ideales para aplicaciones exigentes como el pegado de baldosas cerámicas de gran formato o el rejuntado de juntas en zonas de alto tráfico.

- Se adhieren fuertemente a una amplia variedad de materiales, como hormigón, metal, cerámica, piedra natural y vidrio, permitiendo uniones duraderas y resistentes.
- No se encogen ni se deforman durante el fraguado, lo que evita el agrietamiento de las juntas y garantiza la integridad del trabajo.
- Son impermeables y resistentes a la acción de productos químicos agresivos, como cloro, ácidos y detergentes, ideales para zonas húmedas o expuestas a productos químicos.
- Se pueden limpiar con agua y jabón mientras están frescos, evitando manchas permanentes y facilitando el mantenimiento de las superficies.
- Algunos tipos ofrecen una amplia gama de colores para combinar con la estética del proyecto, y pueden tener acabados mate, brillante o satinado, permitiendo crear efectos decorativos personalizados.
- Algunos fraguan rápidamente, mientras que otros ofrecen un tiempo de trabajo más prolongado, permitiendo mayor flexibilidad en la aplicación.

¿Sabías que…

son como un volcán en miniatura?

Cuando mezclas los dos componentes, se produce una reacción química que genera calor y hace que el adhesivo se endurezca rápidamente.

➤ Tipos de adhesivos y materiales de rejuntado de resinas de reacción

- **Epoxi:** son los adhesivos y materiales de rejuntado de resinas de reacción más comunes, conocidos por su alta resistencia, durabilidad y adherencia. Se utilizan en una amplia gama de aplicaciones, como el pegado de baldosas cerámicas, el rejuntado de juntas, la unión de metales y la reparación de estructuras.
- **Poliuretanos:** ofrecen una alta flexibilidad y resistencia al agua, lo que los hace ideales para aplicaciones donde se requieren juntas flexibles o en zonas húmedas. Son utilizados en el pegado de madera, el rejuntado de juntas en piscinas y el sellado de juntas en fachadas.
- **Híbridos:** combinan las propiedades de los adhesivos epoxi y poliuretanos, ofreciendo una alta resistencia, flexibilidad y adherencia. Se utilizan en aplicaciones que requieren un rendimiento superior y una gran versatilidad.

Figura 2.14. Los adhesivos epoxi permiten realizar uniones precisas y estéticas, creando acabados perfectos y profesionales.

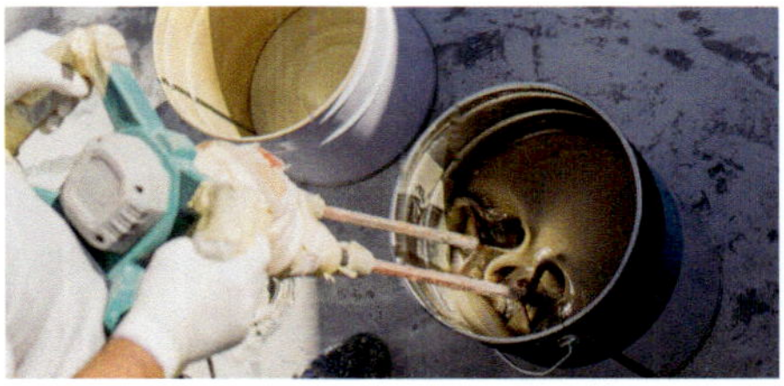

Figura 2.15. El poliuretano, al expandirse, rellena los huecos y crea uniones fuertes y duraderas, incluso en superficies irregulares.

➤ Selección del adhesivo o material de rejuntado adecuado

La elección del adhesivo adecuado dependerá de diversos factores, como:

- **Materiales a unir o sellar:** compatibilidad del adhesivo o material de rejuntado con los materiales a trabajar.
- **Condiciones de aplicación:** entorno de aplicación (interior o exterior), humedad, temperatura, etcétera.
- **Necesidades de resistencia:** nivel de resistencia mecánica, resistencia al agua y a los productos químicos requeridos.
- **Necesidades de flexibilidad:** flexibilidad de la junta requerida.
- **Tiempo de fraguado:** tiempo disponible para la aplicación y colocación de los materiales.
- **Propiedades deseadas:** color, acabado, facilidad de aplicación, etcétera.

¿Sabías que...

se usan para pegar cosas que otros adhesivos no pueden?

Son perfectos para materiales difíciles como el metal, el vidrio y algunos plásticos.

➤ Recomendaciones para la selección del adhesivo o material de rejuntado

- Leer las instrucciones del fabricante para elegir el producto adecuado para cada proyecto.
- Evaluar las características del producto en función de las necesidades del proyecto.
- En caso de dudas, consultar con profesionales de la construcción o distribuidores de materiales de construcción.

2.3.2. Componentes: resinas, endurecedores, áridos, aditivos y agua

Los adhesivos de resinas de reacción son materiales compuestos por una serie de componentes que trabajan en conjunto para proporcionar sus propiedades y características únicas. La comprensión de estos componentes resulta esencial para seleccionar el producto adecuado para cada aplicación y obtener resultados óptimos.

➤ Resinas: el corazón de la reacción

Las resinas son los componentes principales de los adhesivos y materiales de rejuntado de resinas de reacción. Son macromoléculas líquidas o sólidas que forman la base del material y determinan en gran medida sus propiedades, como la resistencia mecánica, la adherencia, la flexibilidad y la resistencia al agua.

Existen dos tipos principales de resinas utilizadas en estos adhesivos:

- **Resinas epoxi:** son las resinas más comunes y conocidas por su alta resistencia mecánica, adherencia y resistencia al agua. Se utilizan en una amplia gama de aplicaciones, como el pegado de baldosas cerámicas, el rejuntado de juntas y la unión de metales.
- **Resinas poliuretanas:** ofrecen una alta flexibilidad y resistencia al agua, lo que las hace ideales para aplicaciones donde se requieren juntas flexibles o en zonas húmedas. Son utilizadas en el pegado de madera, el rejuntado de juntas en piscinas y el sellado de juntas en fachadas.

Las propiedades de las resinas dependen de su estructura química y peso molecular. En general, las resinas utilizadas presentan las siguientes características:

- Reaccionan fácilmente con los endurecedores para formar un material sólido.
- Se adhieren fuertemente a una amplia variedad de materiales.
- Soportan cargas pesadas y vibraciones sin desgarrarse ni deformarse.
- Son impermeables y resistentes a la acción de productos químicos agresivos.
- Existen resinas con diferentes propiedades, como flexibilidad, resistencia a altas temperaturas, resistencia al fuego, etc., para satisfacer las necesidades específicas de cada aplicación.

➤ Endurecedores: la clave para la solidificación

Los endurecedores son los componentes que inician la reacción química con las resinas, provocando la solidificación del material. Sin el endurecedor, la resina permanecería líquida y no se produciría la unión o el sellado.

¿Sabías que…

son como un cirujano plástico para tus objetos?

Pueden unir piezas rotas de una manera casi invisible.

Los tipos de endurecedores más comunes son:

- **Endurecedores aminas:** son los endurecedores más usuales y se utilizan en una amplia gama de aplicaciones. Se caracterizan por su rápida reacción con las resinas y su alta resistencia mecánica.
- **Endurecedores ácidos:** se utilizan principalmente en resinas epoxi y ofrecen una alta resistencia al agua y a los productos químicos.
- **Endurecedores de anhídrido:** se utilizan en resinas epoxi y poliuretanas y ofrecen una alta flexibilidad y resistencia a las altas temperaturas.

Las propiedades de los endurecedores dependen de su estructura química y velocidad de reacción. Sus principales características son:

- Reaccionan rápidamente con las resinas para iniciar la solidificación.
- Forman un material sólido y homogéneo con las resinas.
- Existen endurecedores con diferentes velocidades de reacción, tiempos de fraguado y propiedades finales, para adaptarse a las necesidades específicas de cada aplicación.

➤ Áridos: resistencia y volumen

Los áridos son materiales inertes, como arena o sílice molida, que se añaden a los adhesivos para aumentar su resistencia mecánica, volumen y rigidez. También pueden contribuir a mejorar la trabajabilidad.

Los tipos de áridos más comunes son:

- **Arena:** es el árido más común y se utiliza en una amplia gama de aplicaciones. Se caracteriza por su buena resistencia mecánica y trabajabilidad.

- **Sílice molida:** ofrece una mayor resistencia mecánica y rigidez que la arena, lo que la hace ideal para aplicaciones exigentes.
- **Otros áridos:** se pueden utilizar otros áridos, como polvo de mármol, granate o corindón, para obtener propiedades específicas, como resistencia al desgaste o conductividad térmica.

Las propiedades de los áridos dependen de su tamaño, forma, densidad y composición química. En general presentan las siguientes características:

- Aumentan la resistencia mecánica del material, especialmente a la compresión.
- Aportan volumen al material, reduciendo la cantidad de resina necesaria y disminuyendo el coste.
- Pueden mejorar la trabajabilidad del material, haciéndolo más fácil de mezclar y aplicar.
- Algunos áridos pueden aportar propiedades específicas, como resistencia al desgaste, conductividad térmica o resistencia al fuego.

➤ Aditivos: mejora de las propiedades y del rendimiento

Los aditivos se añaden a los adhesivos de resinas de reacción en pequeñas cantidades para mejorar sus propiedades y rendimiento. Pueden modificar el tiempo de fraguado, la trabajabilidad, la adherencia, la resistencia al agua, la resistencia química o la resistencia al fuego.

Existen una gran variedad de aditivos disponibles, cada uno con una función específica. Algunos de los aditivos más utilizados son:

- **Plastificantes:** mejoran la flexibilidad y trabajabilidad del material.
- **Retardadores de fraguado:** aumentan el tiempo de fraguado del material, permitiendo un mayor tiempo de trabajo.
- **Aceleradores de fraguado:** disminuyen el tiempo de fraguado del material, ideal para aplicaciones donde se requiere un rápido curado.
- **Agentes antihumectantes:** mejoran la resistencia al agua del material.
- **Agentes dispersantes:** mejoran la dispersión de los áridos en la resina, aumentando la homogeneidad del material.
- **Pigmentos y colorantes:** aportan color al material.

Las propiedades de los aditivos dependen de su tipo y composición química. Suelen disponer de las siguientes características:

- Modifican las propiedades del material, como el tiempo de fraguado, la trabajabilidad, la adherencia, la resistencia al agua, la resistencia química o la resistencia al fuego.
- Permiten ampliar la gama de aplicaciones de los adhesivos y materiales de rejuntado de resinas de reacción.
- Mejoran el rendimiento del material en diferentes condiciones de trabajo.

➤ Agua: un componente crucial en algunos casos

El agua se utiliza en algunos tipos de adhesivos y materiales de rejuntado de resinas de reacción, especialmente en aquellos basados en resinas de cemento o yeso. En estos casos, el agua actúa como activador de la reacción química y permite la formación de un material sólido y resistente.

En estos adhesivos donde se utiliza agua, esta aporta las siguientes propiedades:

- **Activador de la reacción química:** permite la reacción entre las resinas y los endurecedores para formar un material sólido.
- **Mejora de la trabajabilidad:** facilita la mezcla y aplicación del material.
- **Reducción del coste:** permite reducir el coste del material al diluir la resina.

Es importante destacar que el agua no se utiliza en todos los tipos de adhesivos de resinas de reacción. En los adhesivos epoxi y poliuretanos, por ejemplo, el agua no es necesaria para la reacción química y, de hecho, puede afectar negativamente la adherencia y la resistencia del material.

2.3.3. Propiedades y ventajas

A diferencia de los adhesivos tradicionales, los de resinas de reacción ofrecen un rendimiento superior que los convierte en una opción ideal para una amplia gama de aplicaciones.

En este apartado se analizan las propiedades y ventajas que caracterizan a los adhesivos de resinas de reacción, para descubrir cómo estas características los convierten en una herramienta esencial para profesionales de la construcción y usuarios en general.

➤ Propiedades excepcionales: un desempeño superior

Los adhesivos de resinas de reacción se distinguen por una serie de propiedades excepcionales que los diferencian de otros tipos de adhesivos:

- **Alta resistencia mecánica:** soportan cargas pesadas, vibraciones y estrés mecánico sin desgarrarse ni deformarse, lo que los hace ideales para aplicaciones exigentes como el pegado de baldosas cerámicas de gran formato o el rejuntado de juntas en zonas de alto tráfico.

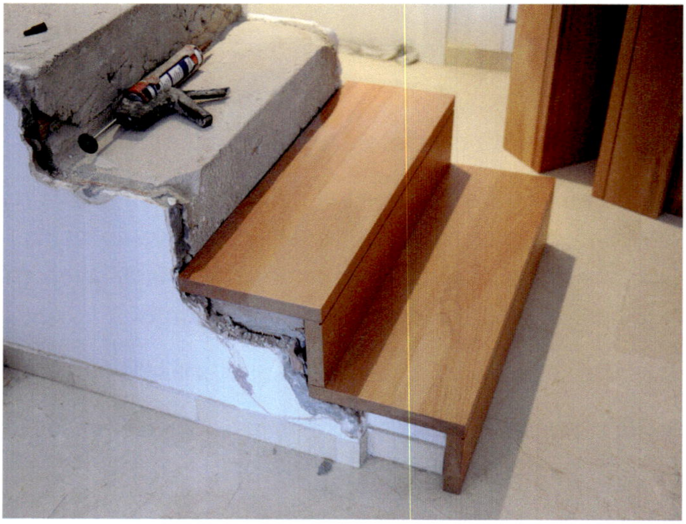

Figura 2.16. La alta resistencia mecánica de los adhesivos es fundamental para garantizar la seguridad de las estructuras, asegurando que resistan cualquier tipo de esfuerzo.

- **Alta adherencia:** se adhieren fuertemente a una amplia variedad de materiales, incluso a superficies lisas, no porosas o difíciles de adherir, como metales, vidrio, plástico y cerámica. Esta característica permite uniones duraderas y resistentes a la descamación.

Figura 2.17. La alta adherencia de estos adhesivos garantiza que las uniones resistan el desprendimiento, incluso bajo condiciones extremas.

- **Baja contracción:** no se encogen ni se deforman durante el fraguado, lo que evita el agrietamiento de las juntas y garantiza la integridad del trabajo. Esta propiedad es especialmente importante en aplicaciones donde se requieren juntas uniformes y estéticamente agradables.
- **Resistencia al agua y a los productos químicos:** son impermeables y resistentes a la acción de productos químicos agresivos, como cloro, ácidos y detergentes. Esta característica los hace ideales para zonas húmedas, como baños, cocinas y piscinas, o para aplicaciones expuestas a productos químicos, como laboratorios o plantas industriales.
- **Flexibilidad:** algunos tipos de adhesivos de resinas de reacción son flexibles, lo que los hace ideales para aplicaciones donde se requieren juntas que puedan adaptarse a movimientos o vibraciones, como en juntas de expansión o en estructuras con movimiento.
- **Durabilidad:** mantienen sus propiedades a lo largo del tiempo, incluso en condiciones extremas de temperatura, humedad o exposición a productos químicos. Esta característica garantiza uniones y sellados duraderos que no se deterioran con el paso del tiempo.
- **Variedad de colores y acabados:** algunos tipos ofrecen una amplia gama de colores para combinar con la estética del proyecto, y pueden tener acabados mate, brillante o satinado, permitiendo crear efectos decorativos personalizados.

➤ Ventajas incomparables: una solución integral

Las propiedades excepcionales de este tipo de materiales se traducen en una serie de ventajas incomparables que los convierten en una opción atractiva para una amplia gama de aplicaciones:

- Las uniones y sellados realizados con adhesivos de este tipo son duraderos y confiables, lo que reduce la necesidad de reparaciones y mantenimiento futuro.

¿Sabías que…

los adhesivos de resinas de reacción se usan en lugares donde la resistencia es lo más importante?

Desde la industria hasta la construcción, estos adhesivos son indispensables.

- La amplia gama de propiedades disponibles los hace versátiles para una gran variedad de aplicaciones, desde proyectos residenciales hasta obras de infraestructura.
- En general, estos adhesivos son fáciles de mezclar y aplicar, lo que los hace accesibles para profesionales y usuarios en general.

Figura 2.18. Los adhesivos son la herramienta del constructor moderno, ofreciendo soluciones rápidas y eficientes para una amplia variedad de tareas.

- Se pueden limpiar con agua y jabón mientras están frescos, evitando manchas permanentes y facilitando el mantenimiento de las superficies.
- La alta resistencia y durabilidad de los adhesivos de resinas de reacción pueden reducir el tiempo y los costes de instalación y mantenimiento a largo plazo.
- La durabilidad y la vida útil extendida de las uniones y sellados realizados con estos adhesivos pueden contribuir a la sostenibilidad al reducir la necesidad de reparaciones y reemplazos frecuentes.

2.3.4. Tipos, aplicaciones y características específicas

A continuación se detallan los tipos, las aplicaciones y las características específicas de los adhesivos de resinas de reacción.

➤ Tipos de adhesivos de resinas de reacción: una amplia gama de opciones

La diversidad de tipos de adhesivos de resinas de reacción permite atender una amplia gama de necesidades y aplicaciones. Entre los tipos más comunes se encuentran:

- **Epoxi:** son los adhesivos más usuales y conocidos por su alta resistencia mecánica, adherencia, resistencia al agua y durabilidad. Se utilizan en una amplia gama de aplicaciones, como el pegado de baldosas cerámicas, el rejuntado de juntas, la unión de metales y la reparación de estructuras.

- **Poliuretanos:** ofrecen una alta flexibilidad y resistencia al agua, lo que los hace ideales para aplicaciones donde se requieren juntas flexibles o en zonas húmedas. Son utilizados en el pegado de madera, el rejuntado de juntas en piscinas y el sellado de juntas en fachadas.
- **Híbridos:** combinan las propiedades de los adhesivos epoxi y poliuretanos, ofreciendo una alta resistencia, flexibilidad y adherencia. Se utilizan en aplicaciones que requieren un rendimiento superior y una gran versatilidad.
- **Cementosos:** se basan en resinas de cemento o yeso y se utilizan principalmente en aplicaciones de rejuntado de juntas en baldosas cerámicas. Ofrecen una buena resistencia al agua y facilidad de aplicación, pero pueden tener una menor resistencia mecánica que los adhesivos epoxi o poliuretanos.
- **De dos componentes:** estos adhesivos requieren la mezcla de dos componentes separados antes de su uso. Ofrecen un tiempo de trabajo más prolongado que los adhesivos de un solo componente, lo que permite mayor flexibilidad en la aplicación.
- **De un componente:** están listos para su uso y no requieren mezclar componentes. Son más fáciles de emplear que los adhesivos de dos componentes, pero pueden tener un tiempo de trabajo más corto.
- **De baja viscosidad:** estos adhesivos son fluidos y fáciles de penetrar en juntas estrechas o áreas de difícil acceso. Son ideales para aplicaciones donde se requiere una alta penetración y adherencia.
- **De alta viscosidad:** más espesos y adecuados para aplicaciones donde se requiere una mayor capacidad de relleno o nivelación. Son ideales para rellenar juntas irregulares o superficies desniveladas.

➤ Aplicaciones versátiles: una solución para cada necesidad

Los adhesivos de resinas de reacción encuentran aplicación en una amplia gama de proyectos y sectores, como:

- **Construcción:** pegado de baldosas cerámicas, rejuntado y sellado de juntas, unión de metales, reparación de estructuras, etcétera.
- **Remodelación:** instalación de zócalos, pegado de molduras, reparación de muebles, sellado de grietas, etcétera.
- **Industria:** ensamblaje de componentes, unión de materiales diferentes, sellado de contenedores, reparación de maquinaria, etcétera.

- **Artesanía:** pegado de piezas de madera, metal, plástico o cerámica, creación de objetos decorativos, etcétera.
- **Bricomanía:** reparaciones del hogar, pequeños proyectos de bricolaje, manualidades, etcétera.
- **Mantenimiento:** sellado de fugas, reparación de tuberías, unión de piezas rotas, etcétera.

➤ Características específicas: atendiendo necesidades particulares

La amplia gama de estos productos presenta características específicas que se adaptan a diferentes necesidades:

- **Tiempo de fraguado:** es variable según el tipo de adhesivo, pudiendo ser rápido, normal o lento. El tiempo de fraguado adecuado dependerá de la aplicación y el tiempo disponible para trabajar.
- **Tiempo de trabajo:** es el tiempo que el adhesivo se mantiene trabajable después de su mezcla. Un mayor tiempo de trabajo permite mayor flexibilidad en la aplicación.
- **Resistencia a la compresión:** indica la capacidad del adhesivo para soportar cargas verticales.
- **Resistencia a la tracción:** indica la capacidad del adhesivo para soportar fuerzas de tensión. Es importante considerarla en aplicaciones donde las uniones estarán sujetas a fuerzas que las separen.
- **Resistencia al cizallamiento:** indicando la capacidad del adhesivo para soportar fuerzas que intentan deslizar una superficie sobre otra. Es importante considerarla en aplicaciones donde las uniones estarán sujetas a fuerzas que las deslicen.
- **Resistencia a altas temperaturas:** algunos adhesivos pueden soportar temperaturas elevadas, lo que los hace ideales para aplicaciones en entornos con altas temperaturas.
- **Resistencia a bajas temperaturas:** algunos pueden soportar temperaturas bajas, lo que los hace ideales para aplicaciones en entornos con bajas temperaturas.
- **Resistencia a productos químicos:** algunos adhesivos son resistentes a una amplia gama de productos químicos, como ácidos, álcalis, disolventes o detergentes. Es importante considerar la resistencia a los productos químicos específicos que se utilizarán en la aplicación.

- **Aprobaciones y certificaciones:** algunos cuentan con aprobaciones y certificaciones específicas para aplicaciones en la industria alimentaria, el sector sanitario o la construcción de edificios sostenibles.
- Es importante seleccionar el adhesivo o material de rejuntado de resinas de reacción adecuado en función de las características específicas de la aplicación, las propiedades deseadas y las condiciones de trabajo.

➤ Guía para su correcta elección

La elección del adhesivo de resinas de reacción adecuado depende de varios factores:

- El tipo de materiales a unir, las condiciones de trabajo y las cargas a las que estará sujeta la unión.
- Las propiedades de resistencia mecánica, adherencia, flexibilidad, resistencia al agua, resistencia a productos químicos, etc. del adhesivo adecuadas para la aplicación.
- La facilidad de mezcla, aplicación y limpieza del adhesivo.
- El tiempo de trabajo del adhesivo adecuado para su aplicación.
- El precio, el rendimiento y la durabilidad del producto.

2.4. COMPONENTES

Los adhesivos y materiales de rejuntado son materiales esenciales en la construcción, utilizados para una amplia gama de aplicaciones. Su composición está formada por una serie de componentes que trabajan en conjunto para proporcionar sus propiedades y características únicas.

2.4.1. Aglomerantes

Los aglomerantes son los componentes principales, responsables de unir las partículas de arena y formar una masa sólida y resistente.

➤ Propiedades de los aglomerantes

- La propiedad fundamental de los aglomerantes es su capacidad de fraguado. Al mezclarse con agua, los aglomerantes reaccionan químicamente liberando calor y formando una pasta que fragua y se endurece con el tiempo.

- Los aglomerantes se adhieren a las partículas de arena y a otros materiales. La adherencia es crucial para la resistencia mecánica y evita la desintegración de la masa.
- Los aglomerantes aportan resistencia a la compresión, tracción y flexión al mortero. La resistencia mecánica es fundamental para soportar las cargas y esfuerzos a los que se someten los diversos elementos.
- Los aglomerantes deben ser capaces de soportar las condiciones ambientales y el paso del tiempo sin deteriorarse.

➤ Tipos de aglomerantes

- **Cemento Portland:** es el aglomerante más común y utilizado en la mayoría de las aplicaciones de morteros de cemento. Se produce a partir de la molienda fina de clínker, yeso y otros aditivos. El cemento Portland se caracteriza por su alta resistencia mecánica, rápida capacidad de fraguado y versatilidad.
- **Cemento puzolánico:** contiene puzolanas, materiales que reaccionan con el hidróxido de calcio liberado por el cemento Portland, mejorando la trabajabilidad y la resistencia a los sulfatos. Las puzolanas son típicamente cenizas volantes, sílice molida o escoria de alto horno. Los cementos puzolánicos se utilizan en aplicaciones donde se requiere una mayor trabajabilidad, resistencia a los sulfatos o menor calor de hidratación.
- **Cemento blanco:** similar al cemento Portland, pero con menor contenido de hierro, lo que le da un color blanco. Se utiliza en aplicaciones estéticas o donde se requiere una alta reflectividad de la luz, como fachadas de edificios o monumentos. El cemento blanco tiene una resistencia mecánica similar al cemento Portland, pero puede tener un tiempo de fraguado más lento.
- **Cemento de alta resistencia:** diseñado para alcanzar una alta resistencia mecánica a edades tempranas, se utiliza en aplicaciones donde se requieren estructuras con alta resistencia a la compresión, como vigas, columnas o cimentaciones. El cemento de alta resistencia tiene un alto contenido de clínker y aditivos que aceleran el fraguado y aumentan la resistencia.
- **Cemento de albañilería:** diseñado para la construcción de muros y paredes de ladrillo, se caracteriza por su alta trabajabilidad, retención de agua y adherencia. Este cemento tiene una resistencia mecánica menor que el cemento Portland, pero es indicado para las aplicaciones de albañilería.

La elección del tipo de aglomerante adecuado depende de las características deseadas del mortero de cemento y las condiciones de la aplicación.

➤ Funciones de los aglomerantes en los adhesivos y materiales de rejuntado

- **Unir las partículas de arena:** la función principal de los aglomerantes es unir las partículas de arena y formar una masa sólida y resistente. Esto se logra gracias a la reacción química que se produce al mezclar el aglomerante con agua, formando una red de cristales interconectados que envuelven las partículas de arena.
- **Controlar el tiempo de fraguado:** los aglomerantes controlan el tiempo de fraguado de los adhesivos. El tiempo de fraguado es el periodo de tiempo que transcurre desde la mezcla del mortero hasta que este alcanza su resistencia final. La velocidad de fraguado depende del tipo de aglomerante, la temperatura ambiente y la cantidad de agua utilizada.
- **Determinar las propiedades mecánicas:** los aglomerantes determinan las propiedades mecánicas, como la resistencia a la compresión, tracción y flexión. La resistencia mecánica depende del tipo de aglomerante, la proporción de agua-cemento, la densidad del adhesivo y el proceso de curado.
- **Influir en la trabajabilidad:** los aglomerantes pueden influir en la trabajabilidad del adhesivo. La trabajabilidad se refiere a la facilidad con la que se puede mezclar, colocar y compactar el producto. Algunos aglomerantes, como los puzolánicos, pueden mejorar la trabajabilidad del mortero, mientras que otros, como el cemento de alta resistencia, pueden reducirla.
- **Aportar durabilidad:** los aglomerantes deben aportar durabilidad al adhesivo, haciéndolo resistente al agua, a los ciclos de congelación y descongelación, a los productos químicos y a la corrosión. La durabilidad depende del tipo de aglomerante, su composición y las condiciones de exposición.

2.4.2. Aditivos

Los aditivos son sustancias que se añaden a los adhesivos y materiales de rejuntado en pequeñas cantidades para mejorar sus propiedades y rendimiento. Pueden modificar el tiempo de fraguado, la trabajabilidad, la adherencia, la impermeabilidad, la resistencia al agua, la resistencia al frío, etcétera.

¿Sabías que...

Algunos aditivos hacen que el adhesivo sea tan elástico que podría rebotar como una pelota de goma (bueno, no tanto, pero casi).

➤ Tipos de aditivos para adhesivos

Existe una amplia variedad de aditivos, cada uno con propiedades y funciones específicas. Algunos de los tipos más comunes son:

- **Plastificantes:** mejoran la trabajabilidad del adhesivo, haciéndolo más fácil de mezclar, colocar y compactar. Los plastificantes reducen la fricción entre las partículas de arena y el aglomerante, lo que permite una mejor distribución del agua y una mayor fluidez del adhesivo.
- **Retardadores de fraguado:** aumentan el tiempo de fraguado del producto, permitiendo un mayor tiempo de trabajo. Los retardadores de fraguado reaccionan con el cemento y retrasan la formación de cristales de hidrato de calcio, lo que ralentiza el proceso de fraguado.
- **Aceleradores de fraguado:** disminuyen el tiempo de fraguado del mortero, ideal para aplicaciones donde se requiere un rápido curado. Los aceleradores de fraguado reaccionan con el cemento y aceleran la formación de cristales de hidrato de calcio, lo que agiliza el proceso de fraguado.
- **Impermeabilizantes:** mejoran la resistencia al agua del adhesivo, haciéndolo más impermeable. Los impermeabilizantes rellenan los poros del mortero y reducen la permeabilidad del agua, evitando la filtración y la formación de humedades.
- **Antifúngicos:** inhiben el crecimiento de hongos y moho en el adhesivo y en los materiales de rejuntado. Los antifúngicos son biocidas que eliminan o impiden el crecimiento de microorganismos, mejorando la durabilidad del producto en ambientes húmedos o con riesgo de hongos.
- **Colorantes:** aportan color al adhesivo y a los materiales de rejuntado. Los colorantes se añaden para darle un color específico, generalmente para fines estéticos o para combinar con el color de los materiales circundantes.

➤ Funciones de los aditivos en los adhesivos y materiales de rejuntado

Los aditivos cumplen diversas funciones, como:

- Pueden retardar o acelerar el tiempo de fraguado del adhesivo, según las necesidades de la aplicación. Esto permite un mayor control sobre el tiempo de trabajo y el curado.
- Los plastificantes y aireadores aumentan la trabajabilidad del material, haciéndolo más fácil de mezclar, colocar y compactar. Esto reduce el esfuerzo necesario para trabajar y mejora la calidad del acabado final.
- Algunos aditivos, como los látex, pueden mejorar la adherencia del adhesivo a las superficies de sustrato, lo que es importante para aplicaciones como el revestimiento de paredes o la colocación de baldosas.

¿Sabías que...

Existen aditivos que hacen que el adhesivo sea tan resistente al agua que podría sobrevivir a un tsunami (bueno, no es indestructible, pero sí muy resistente).

- Los aditivos impermeabilizantes reducen la permeabilidad del producto al agua, evitando la filtración y la formación de humedades. Esto es especialmente importante en aplicaciones expuestas a la humedad o al agua, como sótanos, piscinas o baños.
- Algunos aditivos pueden aumentar la resistencia del adhesivo al agua, productos químicos o sulfatos. Esto es conveniente en aplicaciones donde el producto estará expuesto a estas condiciones, como piscinas, alcantarillas o ambientes industriales.
- Los aditivos aireadores pueden mejorar la resistencia del adhesivo al frío y a los ciclos de congelación-descongelación. Esto es importante en aplicaciones en climas fríos o donde los materiales estarán expuestos a temperaturas bajas.
- Los colorantes permiten dar un color específico al material para fines estéticos o para combinar con el color de los materiales circundantes.

➤ Efectos de los aditivos en las propiedades de los adhesivos y materiales de rejuntado

Los aditivos pueden tener diversos efectos en las propiedades sobre los productos, tanto positivos como negativos. Es importante seleccionar el aditivo adecuado y en la dosis correcta para lograr el efecto deseado sin afectar negativamente otras propiedades importantes.

Efectos positivos

- **Mejora de la trabajabilidad:** los plastificantes y aireadores facilitan la mezcla, su colocación y compactación.
- **Aumento de la adherencia:** algunos aditivos mejoran la adherencia a las superficies de sustrato.
- **Reducción de la permeabilidad:** los aditivos impermeabilizantes disminuyen la permeabilidad al agua.
- **Mejora de la resistencia:** algunos aditivos pueden aumentar la resistencia a la compresión, tracción, flexión, agua, productos químicos o frío.

- **Aporte de color y estética:** los colorantes permiten dar un color específico para fines estéticos.

Efectos negativos

- **Reducción de la resistencia:** algunos aditivos pueden reducir la resistencia mecánica, especialmente en altas dosis.
- **Aumento del tiempo de fraguado:** los retardadores de fraguado prolongan el tiempo de curado, lo que puede retrasar la puesta en servicio de la estructura.
- **Disminución de la trabajabilidad:** algunos aditivos, como los aireadores, pueden reducir la trabajabilidad, especialmente en dosis excesivas.
- **Aumento del coste:** el uso de aditivos puede aumentar el coste, especialmente en el caso de aditivos especializados.

Es importante considerar cuidadosamente los efectos deseados y los posibles efectos negativos de los aditivos antes de seleccionarlos y utilizarlos.

¿Sabías que...

Existen aditivos que hacen que el adhesivo sea tan versátil que podría pegar cualquier cosa, desde una baldosa hasta un cohete (bueno, tal vez no un cohete, pero sí muchas cosas).

➤ Aplicaciones de los aditivos en los adhesivos y materiales de rejuntado

Los aditivos se encuentran en una amplia gama de aplicaciones en la construcción, como:

- Los plastificantes y aireadores se utilizan para mejorar la trabajabilidad, facilitando la colocación de diversos materiales.
- Los aditivos impermeabilizantes se utilizan en productos de revestimiento para mejorar la resistencia al agua y evitar la formación de humedades en las paredes.
- Los aditivos de alta adherencia se utilizan en adhesivos para la colocación de baldosas, asegurando una fuerte unión entre el mortero y la superficie de la baldosa.
- Los aditivos aireadores se utilizan para mejorar la trabajabilidad, reduciendo la porosidad.

- Los aditivos de fraguado rápido se utilizan en productos para reparaciones de hormigón, permitiendo un rápido curado y puesta en servicio de la zona reparada.
- Los aditivos plastificantes y retardadores de fraguado se utilizan en la producción de prefabricados de hormigón, mejorando la trabajabilidad y controlando el tiempo de fraguado.

La elección del aditivo adecuado depende de la aplicación específica, las propiedades deseadas del material y las condiciones de trabajo.

2.4.3. Arenas

Las arenas desempeñan un papel esencial como componente que aporta diversas propiedades a las mezclas. Su tamaño, forma, textura y composición química determinan en gran medida las características finales de los adhesivos y materiales de rejuntado, por lo que su selección y uso adecuados son cruciales para lograr resultados óptimos.

➤ Tipos de arenas

Las arenas utilizadas en adhesivos y materiales de rejuntado se clasifican principalmente en dos categorías:

- **Arenas naturales:** aquellas que se extraen directamente de la naturaleza, como las arenas de río, de mar o de montaña. Estas arenas pueden presentar variaciones en su tamaño, forma y composición química, lo que requiere un proceso de selección y tratamiento previo a su uso.
- **Arenas artificiales:** aquellas que se producen mediante procesos industriales, como la molienda de rocas o la fabricación de áridos. Estas arenas ofrecen una mayor uniformidad en su tamaño, forma y composición química, lo que las convierte en una opción preferida para aplicaciones que requieren alta precisión.

➤ Propiedades de las arenas

Las propiedades de las arenas que influyen en su desempeño en adhesivos y materiales de rejuntado incluyen:

- **Tamaño de grano:** se mide en micrómetros (µm) y se clasifica en diferentes rangos según su granulometría. El tamaño de grano de arena afecta la trabajabilidad, la adherencia, la resistencia mecánica y la porosidad de la mezcla final.

Figura 2.19. El tamaño del grano de la arena determina sus propiedades y usos en la construcción.

- **Forma del grano:** puede ser angular, redondeada o subredondeada. La forma del grano de arena influye en la trabajabilidad, la compacidad y la resistencia mecánica de la mezcla final.

Figura 2.20. Un grano redondeado proporciona una mejor trabajabilidad, mientras que un grano anguloso ofrece mayor resistencia.

- **Textura:** la textura de la arena se refiere a la rugosidad de su superficie. Influye en la adherencia de la mezcla al sustrato y en la resistencia al desgaste del material final.
- **Composición química:** la composición química de la arena determina su inercia química y su compatibilidad con los demás componentes del adhesivo o material de rejuntado. La presencia de ciertos minerales, como la calcita o la dolomita, puede afectar las propiedades de la mezcla final.

➤ Selección de arenas

La selección de la arena adecuada para un adhesivo o material de rejuntado depende de varios factores, como:

- La aplicación del adhesivo o material de rejuntado determinará el tipo de arena necesaria. Por ejemplo, en aplicaciones interiores se pueden utilizar arenas más finas, mientras que en aplicaciones exteriores se requieren arenas más gruesas y resistentes.
- La composición del adhesivo o material de rejuntado también influye en la selección de la arena. Por ejemplo, en adhesivos cementosos se suelen utilizar arenas de sílice, mientras que en adhesivos epoxi se pueden emplear arenas de cuarzo.
- Las propiedades deseadas del adhesivo o material de rejuntado, como la trabajabilidad, la adherencia, la resistencia mecánica o la porosidad, también guiarán la selección de la arena.

➤ Tratamiento de las arenas

Las arenas naturales suelen requerir un tratamiento previo a su uso en adhesivos y materiales de rejuntado. Este tratamiento puede incluir:

- **Lavado:** elimina la suciedad, el polvo y los contaminantes que puedan afectar la calidad de la mezcla.
- **Secado:** suprime la humedad de la arena, lo que mejora la trabajabilidad y evita la formación de grumos.
- **Clasificación:** separa las arenas por tamaño de grano, obteniendo diferentes fracciones para su uso específico.
- **Molienda:** reduce el tamaño de grano de las arenas naturales, mejorando su trabajabilidad y compatibilidad con los demás componentes del adhesivo o material de rejuntado.

2.4.4. Agua y emulsiones

Al hablar de los adhesivos y materiales de rejuntado, el agua y las emulsiones juegan un papel crucial como componentes esenciales que permiten la mezcla, el fraguado y el desempeño adecuado de estos materiales. La comprensión de sus características y funciones es esencial para lograr resultados óptimos en las aplicaciones de adhesión y rejuntado.

➤ Agua: el activador de la mezcla

El agua es el elemento fundamental que activa la reacción química del fraguado en adhesivos y materiales de rejuntado. Al entrar en contacto con los componentes secos de la mezcla, como el cemento o la resina, el agua inicia una serie de reacciones que generan la formación de una matriz sólida y resistente.

Propiedades del agua para adhesivos y materiales de rejuntado

La calidad del agua utilizada en la mezcla de adhesivos y materiales de rejuntado es de suma importancia para el correcto fraguado y las propiedades finales del material. Las propiedades del agua que se deben considerar son:

- **Pureza:** el agua debe estar libre de impurezas, como sales minerales, cloro o materia orgánica, ya que estas pueden afectar la reacción química del fraguado y las propiedades mecánicas del material.
- **Temperatura:** la temperatura del agua influye en la velocidad de la reacción química del fraguado. Generalmente, se recomienda utilizar agua a temperatura ambiente (entre 15 °C y 25 °C) para obtener un fraguado uniforme y controlado.
- **Dureza:** medida en partes por millón (ppm) de carbonato de calcio ($CaCO_3$), la dureza del agua puede afectar a la trabajabilidad y adherencia del adhesivo o material de rejuntado. En general, se recomienda utilizar agua blanda (menos de 100 ppm de $CaCO_3$) para obtener mejores resultados.

➤ Emulsiones: mejora de la trabajabilidad y adherencia

Las emulsiones son mezclas de dos líquidos, uno de los cuales se dispersa en forma de pequeñas gotas en el otro. Se utilizan principalmente como aditivos para mejorar la trabajabilidad y la adherencia de las mezclas.

Las emulsiones más comunes son las siguientes:

- **Emulsiones acrílicas:** se basan en polímeros acrílicos dispersos en agua. Mejoran la trabajabilidad, la adherencia y la flexibilidad de las mezclas.
- **Emulsiones vinílicas:** se basan en polímeros vinílicos dispersos en agua. Aportan trabajabilidad, adherencia y resistencia al agua a las mezclas.
- **Emulsiones de etilvinilacetato (EVA):** se basan en polímeros EVA dispersos en agua. Mejoran la flexibilidad y la resistencia al impacto de las mezclas.

Las emulsiones desempeñan diversas funciones, entre ellas:

- **Lubricación:** reducen la fricción entre las partículas de la mezcla, mejorando la trabajabilidad y la fluidez.

- **Mejora de la adherencia:** aumentan la capacidad del adhesivo o material de rejuntado para adherirse a los sustratos.
- **Flexibilización:** aportan flexibilidad a la mezcla, permitiendo que el material se adapte a los movimientos y deformaciones del sustrato.
- **Resistencia al agua:** mejoran la resistencia al agua y la humedad del material final.

La selección de la emulsión adecuada depende de varios factores, como:

- La composición del adhesivo o material de rejuntado determinará el tipo de emulsión compatible.
- Las propiedades deseadas del adhesivo o material de rejuntado, como la trabajabilidad, la adherencia, la flexibilidad o la resistencia al agua.
- Las condiciones de aplicación, como la temperatura y la humedad del ambiente, también pueden influir en la selección de la emulsión.

2.5. DOSIFICACIÓN, CONSISTENCIA Y PLASTICIDAD

La dosificación, la consistencia y la plasticidad son conceptos fundamentales que determinan la trabajabilidad, la adherencia y las propiedades finales de la mezcla. La comprensión de estos aspectos es esencial para lograr resultados óptimos en las aplicaciones de adhesión y rejuntado.

2.5.1. Dosificación

La dosificación se refiere a la cantidad exacta de cada componente que se mezcla para preparar un adhesivo o material de rejuntado. La proporción adecuada de cada componente es crucial para obtener las propiedades deseadas de la mezcla, como la resistencia, la trabajabilidad y la adherencia.

➤ Factores que influyen en la dosificación

La dosificación correcta de los componentes depende de diversos factores, entre ellos:

- **Tipo de adhesivo o material de rejuntado:** la composición del adhesivo o material de rejuntado determinará las proporciones adecuadas de cada componente. Es importante seguir las instrucciones del fabricante para cada producto específico.
- **Condiciones de aplicación:** las condiciones de aplicación, como la temperatura y la humedad del ambiente, pueden influir en la dosificación de algunos componentes, como el agua.

- **Propiedades deseadas:** las propiedades deseadas del adhesivo o material de rejuntado, como la trabajabilidad, la adherencia o el tiempo de fraguado, también pueden guiar la dosificación de los componentes.

➤ Métodos de dosificación

Existen diversos métodos para dosificar los componentes de adhesivos y materiales de rejuntado, incluyendo:

- **Dosificación manual:** se utiliza una balanza o un vaso medidor para medir la cantidad exacta de cada componente. Este método es simple, pero requiere atención y precisión.
- **Dosificación con dispensadores:** se utilizan dispensadores automáticos que dosifican la cantidad preestablecida de cada componente. Este método es más preciso y eficiente, especialmente para aplicaciones a gran escala.
- **Sistemas de dosificación integrados:** algunos equipos de mezclado incorporan sistemas de dosificación automatizados que aseguran la precisión y la consistencia de la mezcla.

Figura 2.21. La consistencia plástica es como la masa de un pastel: lo suficientemente húmeda para ser moldeada, pero sin ser demasiado líquida para perder su forma.

2.5.2. Consistencia

La consistencia se refiere a la textura o fluidez de la mezcla preparada. Una consistencia adecuada permite una aplicación uniforme, una buena adherencia y un fraguado correcto.

Figura 2.22. La consistencia espesa es como la masa de pan antes de ser horneada: densa y difícil de moldear, pero que al final proporciona una estructura sólida y resistente.

➤ Tipos de consistencia

Las consistencias más comunes son:

- **Consistencia fluida:** permite una fácil aplicación y penetración en sustratos porosos.
- **Consistencia plástica:** se adhiere bien a las superficies y permite realizar ajustes durante la aplicación.
- **Consistencia espesa:** proporciona mayor resistencia y es adecuada para aplicaciones en vertical o sobrecarga.

➤ Factores que influyen en la consistencia

La consistencia de la mezcla depende de diversos factores, como:

- **Relación agua-cemento o resina:** la cantidad de agua o resina en la mezcla afecta directamente su fluidez.
- **Tipo de árido:** la granulometría y la forma del árido pueden influir en la trabajabilidad de la mezcla.
- **Aditivos:** la adición de aditivos, como plastificantes o espesantes, puede modificar la consistencia de la mezcla.
- **Temperatura ambiente:** la temperatura del ambiente puede afectar la viscosidad de la mezcla.

➤ Medición de la consistencia

Existen diversos métodos para medir la consistencia de adhesivos y materiales de rejuntado, como:

- **Prueba del cono de Abrams:** mide la viscosidad de la mezcla mediante el tiempo que tarda un cono en hundirse en ella.
- **Prueba de la bola de acero:** mide la resistencia al hundimiento de una bola de acero en la mezcla.
- **Prueba del viscosímetro:** mide la viscosidad dinámica de la mezcla mediante la resistencia al flujo.

2.6. APLICACIONES

Los adhesivos cementosos, también conocidos como morteros adhesivos o colas para cemento, son materiales de construcción versátiles y muy utilizados en una amplia gama de aplicaciones. Su capacidad de adherencia, resistencia y trabajabilidad los convierten en una opción ideal para diversos proyectos, desde la colocación de baldosas y revestimientos hasta el relleno de juntas y la reparación de superficies.

¿Sabías que…

la normativa regula las características y el uso de los adhesivos cementosos?

Existen normas que establecen los requisitos mínimos que deben cumplir estos productos para garantizar su calidad y seguridad.

2.6.1. Aplicaciones habituales

A continuación, se desarrollan las aplicaciones de los adhesivos cementosos, descubriendo cómo este material versátil se convierte en un aliado indispensable para profesionales de la construcción, aficionados al bricolaje y entusiastas de las reformas del hogar.

➤ Colocación de baldosas y revestimientos

El adhesivo cementoso es el rey indiscutible en la instalación de baldosas cerámicas, porcelánicas y de piedra natural. Su gran adherencia garantiza una unión fuerte y duradera que resiste el paso del tiempo y las inclemencias del clima, ya sea en paredes, suelos o superficies exteriores.

➤ Fijación de elementos decorativos

Molduras, cornisas, revestimientos de ladrillo visto... Los adhesivos se convierten en el pegamento perfecto para fijar una amplia gama de elementos decorativos. Su versatilidad le permite adherirse a diversos materiales, creando uniones sólidas y estéticas que realzan la belleza de cualquier espacio.

Figura 2.23. La fijación de elementos decorativos es el arte de unir de manera segura y estética diversos materiales a una superficie.

➤ Relleno de juntas entre baldosas

Más que un simple relleno, los materiales de rejuntado actúan como una barrera protectora en las juntas entre baldosas. Su capacidad de rellenar espacios irregulares y adherirse a las superficies de las baldosas proporciona un acabado uniforme y resistente al agua y a la suciedad, previniendo la aparición de hongos y bacterias.

Figura 2.24. Además de su función protectora, el relleno de juntas aporta un acabado estético y uniforme a cualquier revestimiento cerámico.

➤ Reparación de superficies

Grietas, agujeros, desperfectos... El mortero y los adhesivos diversos se convierten en los aliados perfectos para restaurar la integridad estructural y el aspecto de las superficies dañadas. Su capacidad de adherencia y resistencia lo hace ideal para reparar paredes, suelos y otras superficies de mampostería, devolviéndoles su vitalidad.

➤ Relleno de juntas en estructuras de hormigón

En vigas, columnas y cimentaciones, el mortero de cemento juega un papel crucial. Su alta resistencia mecánica garantiza la integridad estructural y la impermeabilidad de las juntas, protegiendo las estructuras de hormigón del paso del tiempo y de las inclemencias del clima.

➤ Nivelación de superficies

Antes de colocar baldosas o revestimientos, el mortero de cemento autonivelante se convierte en un héroe anónimo. Su capacidad de autonivelación facilita su aplicación y garantiza un resultado uniforme, creando la base perfecta para cualquier proyecto.

➤ Enlucidos y revoques

El mortero de cemento se transforma en el artista del acabado, creando superficies lisas y uniformes en paredes y techos. Su resistencia y trabajabilidad permiten obtener resultados impecables, tanto en interiores como en exteriores.

➤ Albañilería

En la construcción de muros y cimentaciones, el mortero de cemento juega un papel fundamental. Su capacidad de adherencia y resistencia mecánica garantiza la solidez y durabilidad de las estructuras, convirtiéndolo en un elemento esencial en cualquier proyecto de albañilería.

➤ Alicatado

Los adhesivos son los aliados perfectos para fijar azulejos en piscinas, baños y otras zonas húmedas. Su resistencia al agua y a la humedad garantiza la durabilidad del alicatado, creando espacios funcionales y estéticos.

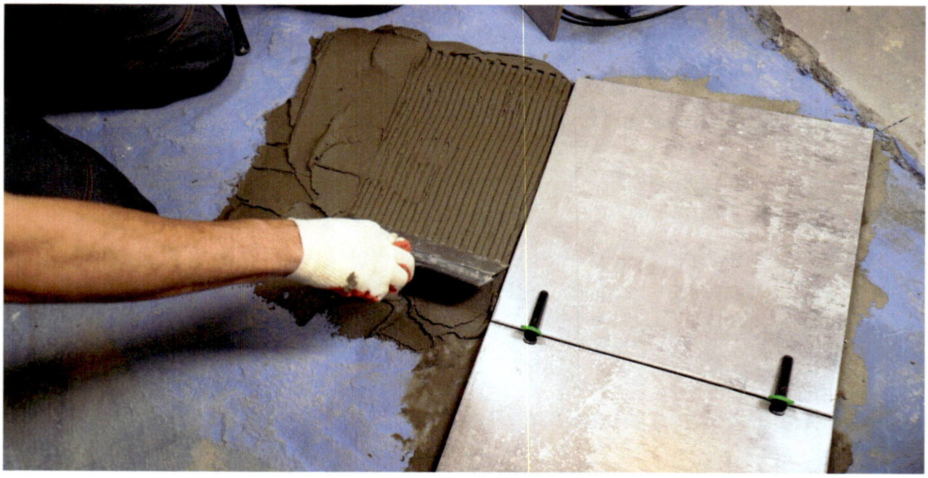

Figura 2.25. Un alicatado bien realizado aumenta la durabilidad y el valor de una propiedad, además de facilitar la limpieza y el mantenimiento.

➤ Relleno de huecos y cavidades

En la reparación de suelos, paredes o techos, el mortero de cemento se convierte en el relleno ideal para huecos y cavidades. Su capacidad de adherencia y resistencia asegura un relleno firme y duradero, preparando la superficie para posteriores trabajos.

➤ Más allá de lo habitual

Las aplicaciones del mortero de cemento no se limitan a esta lista. Su versatilidad lo convierte en un material ideal para una amplia gama de proyectos creativos y funcionales, desde la creación de esculturas y elementos decorativos hasta la construcción de hornos de leña y barbacoas.

2.6.2. Preparación de la superficie

En los adhesivos y materiales de rejuntado, la preparación de la superficie es un paso fundamental que garantiza la adherencia adecuada del material y, por lo tanto, el éxito de la aplicación. Una superficie mal preparada puede provocar desprendimientos, filtraciones, grietas y otros problemas que comprometen la calidad y la durabilidad del trabajo realizado.

➤ Importancia de la preparación de la superficie

La preparación de la superficie es crucial por las siguientes razones:

- La superficie debe estar libre de polvo, suciedad, grasa, aceites, pinturas sueltas, productos químicos y cualquier otro contaminante que pueda afectar la adherencia del adhesivo o material de rejuntado.
- Las irregularidades, desniveles y protuberancias en la superficie pueden impedir una aplicación uniforme del adhesivo o material de rejuntado, generando espacios vacíos y puntos débiles en la unión.
- La porosidad de la superficie permite que el adhesivo o material de rejuntado penetre y se adhiera mecánicamente al sustrato, mejorando la resistencia de la unión.
- Una superficie bien preparada facilita la aplicación del adhesivo o material de rejuntado, permitiendo una distribución uniforme y un acabado profesional.

➤ Pasos clave en la preparación de la superficie

Los pasos generales para la preparación de la superficie antes de aplicar adhesivos o materiales de rejuntado incluyen:

- **Inspección:** examinar cuidadosamente la superficie para identificar cualquier tipo de daño, desniveles, grietas o contaminantes.
- **Limpieza:** quitar el polvo, la suciedad, la grasa, los aceites y cualquier otro contaminante mediante barrido, aspirado o lavado con agua y detergente neutro. En caso de presencia de moho, hongos o algas, se deben utilizar productos específicos para su eliminación.
- **Reparación:** si la superficie presenta daños o desniveles significativos, estos deben repararse antes de aplicar el adhesivo o material de rejuntado. Utilice morteros de reparación adecuados para el tipo de sustrato.
- **Lijado:** cuando la superficie es muy lisa o poco porosa, es recomendable realizar un lijado ligero para aumentar su rugosidad y mejorar la adherencia.

- **Enjuague y secado:** lavar la superficie con agua limpia para eliminar el polvo generado por el lijado. Hay que dejar secar completamente la superficie antes de aplicar el adhesivo o material de rejuntado.

➤ Recomendaciones adicionales

- Cada tipo de adhesivo o material de rejuntado puede tener recomendaciones específicas para la preparación de la superficie. Hay que consultar las instrucciones del fabricante para obtener información detallada.
- Se deben usar cepillos, espátulas, aspiradoras o equipos de limpieza a presión según sea necesario para una limpieza eficaz de la superficie.
- Es necesario realizar la preparación de la superficie en un ambiente seco y ventilado para evitar la acumulación de humedad y polvo.
- Es importante cubrir las áreas circundantes con plástico o material protector para evitar que se ensucien durante la preparación de la superficie.

En resumen, la preparación adecuada de la superficie es un paso esencial para garantizar la adherencia efectiva de adhesivos y materiales de rejuntado, asegurando la calidad, la durabilidad y la estética del trabajo realizado. No se debe subestimar la importancia de este paso y hay que seguir las recomendaciones mencionadas para obtener resultados óptimos.

2.6.3. Proceso de aplicación

El proceso de aplicación es crucial para lograr una unión efectiva, resistente y estéticamente agradable. Una aplicación adecuada implica una serie de pasos y técnicas que dependen del tipo de adhesivo o material de rejuntado, las características del sustrato y las condiciones de trabajo.

➤ Pasos generales del proceso de aplicación

Los pasos generales del proceso de aplicación de adhesivos y materiales de rejuntado incluyen:

- **Preparación de la superficie:** la superficie debe estar limpia, seca, nivelada y libre de contaminantes.
- **Mezcla del adhesivo o material de rejuntado:** se deben seguir las instrucciones del fabricante para mezclar la cantidad adecuada de material. La mezcla debe ser homogénea y tener la consistencia adecuada para la aplicación.
- **Aplicación del adhesivo o material de rejuntado:** es importante utilizar las herramientas adecuadas en cada caso para aplicar el material de manera

uniforme sobre la superficie. La cantidad de material aplicado dependerá del tipo de adhesivo o material de rejuntado, el tamaño de las piezas y las características del sustrato.

- **Colocación de las piezas:** es necesario colocar las piezas de manera precisa y firme sobre el adhesivo o material de rejuntado, presionando ligeramente para asegurar una buena adherencia.
- **Ajuste y nivelación:** hay que usar las herramientas y técnicas adecuadas para ajustar la posición y nivelación de las piezas, asegurando que queden perfectamente alineadas y sin espacios vacíos.
- **Limpieza de excedentes:** se debe retirar el exceso de adhesivo o material de rejuntado de las juntas y superficies adyacentes con un paño húmedo o una esponja.
- **Cura y fraguado:** hay que permitir que el adhesivo o material de rejuntado se cure y fragüe completamente según las recomendaciones del fabricante. El tiempo de fraguado dependerá del tipo de material, la temperatura ambiente y la humedad.

➤ Técnicas de aplicación específicas

Existen diversas técnicas de aplicación específicas para diferentes tipos de adhesivos y materiales de rejuntado, como:

- **Aplicación con espátula:** utilizada para adhesivos y materiales de rejuntado de consistencia espesa, como morteros cementosos.
- **Aplicación con llana:** usada en adhesivos y materiales de rejuntado de consistencia fluida, como adhesivos acrílicos o epoxídicos.
- **Aplicación con pistola de calafateado:** la cual es empleada con materiales de rejuntado de consistencia pastosa, como selladores de silicona.
- **Aplicación con peine dentado:** ideal para adhesivos cementosos en la colocación de baldosas, creando surcos que permiten una mejor adherencia y distribución del material.

➤ Recomendaciones adicionales

- Se debe realizar la aplicación en un ambiente seco, ventilado y con temperatura adecuada para el fraguado del material.
- Cada tipo de adhesivo o material de rejuntado tiene recomendaciones específicas para su aplicación. Es necesario consultar las instrucciones del fabricante para obtener información detallada.

- Se deben emplear herramientas de calidad y tamaño apropiado para la aplicación del material.
- Es importante cubrir las áreas circundantes con plástico o material protector para evitar que se ensucien durante la aplicación.
- Antes de exponer la unión a cargas o esfuerzos, se debe verificar que las piezas estén bien adheridas y que no haya espacios vacíos.

2.6.4. Precauciones durante la aplicación

La seguridad y la prevención de accidentes en cualquier parte del proceso constructivo es de vital importancia, por lo tanto, son aspectos fundamentales que no deben descuidarse durante la aplicación. La exposición a productos químicos, el uso de herramientas y equipos, y la realización de tareas físicas pueden implicar riesgos que es necesario conocer y mitigar para proteger la salud y el bienestar del aplicador.

➤ Riesgos durante la aplicación

Los principales riesgos durante la aplicación de adhesivos y materiales de rejuntado incluyen:

- **Exposición a productos químicos:** el contacto con adhesivos, cementos, resinas, disolventes y otros productos químicos puede provocar irritación en la piel, ojos y vías respiratorias, así como alergias y problemas de salud a largo plazo.

Figura 2.26. Cumplir con las normas de seguridad es un deber y una responsabilidad de todos en la obra.

- **Inhalación de polvo:** el polvo generado durante la mezcla, lijado o corte de materiales puede irritar las vías respiratorias y causar problemas pulmonares.
- **Contacto con herramientas y equipos:** el uso de herramientas afiladas, equipos eléctricos y maquinaria pesada puede provocar cortes, lesiones por atrapamiento y otros accidentes.
- **Esfuerzos físicos:** la realización de tareas como levantar, mezclar y colocar materiales pesados puede provocar lesiones musculares y esqueléticas.

➤ Medidas de prevención

Para minimizar los riesgos durante la aplicación de adhesivos y materiales de rejuntado, es fundamental adoptar las siguientes medidas de prevención:

- Usar siempre el equipo de protección personal adecuado, como guantes, gafas de seguridad, mascarilla, protector auditivo y calzado de seguridad, según los riesgos específicos de cada trabajo.
- Asegurarse de que hay una ventilación adecuada en el área de trabajo para eliminar los vapores y polvos generados durante la aplicación.
- Leer y seguir las instrucciones de seguridad del fabricante para cada producto químico. Se deben manipular los productos químicos con cuidado, evitando el contacto directo y utilizando recipientes adecuados.
- Familiarizarse con el uso correcto de las herramientas y equipos antes de comenzar a trabajar. Es necesario seguir las instrucciones del fabricante y usar los dispositivos de seguridad proporcionados.
- Adoptar una postura adecuada durante el trabajo para evitar esfuerzos excesivos y lesiones musculares. Es conveniente realizar pausas regulares para descansar y estirar los músculos.
- Recibir capacitación y formación adecuadas sobre los procedimientos de seguridad, el uso de equipos de protección personal y las técnicas de aplicación correctas para cada tipo de adhesivo o material de rejuntado.

➤ Recomendaciones adicionales

- Trabajar en áreas limpias y ordenadas para evitar tropiezos, caídas y otros accidentes.
- Señalizar los peligros: identificando y señalando los peligros potenciales en el área de trabajo, como cables eléctricos expuestos, superficies mojadas o zonas de riesgo de caída.

- Tener a mano un botiquín de primeros auxilios: asegurándose de tener un botiquín de primeros auxilios disponible en caso de accidentes o lesiones.
- Seguir las normas de seguridad: cumpliendo con las normas de seguridad establecidas en el lugar de trabajo y siguiendo las instrucciones de los supervisores o responsables de seguridad.

En resumen, la seguridad y la prevención de accidentes son aspectos cruciales durante la aplicación de adhesivos y materiales de rejuntado. La adopción de medidas preventivas adecuadas, el uso de equipo de protección personal, la manipulación segura de productos químicos y la adopción de prácticas de trabajo ergonómicas son esenciales para proteger la salud y el bienestar de la persona, así como para evitar daños a la propiedad y al medioambiente.

2.6.5. Técnicas de limpieza

La limpieza es un paso fundamental para lograr un acabado profesional y estéticamente agradable. La eliminación de residuos de material, manchas y suciedad de las superficies es esencial para garantizar la apariencia final del trabajo realizado.

➤ Importancia de la limpieza

La limpieza adecuada después de la aplicación de adhesivos y materiales de rejuntado aporta diversos beneficios, como:

- **Mejora la estética:** eliminando los residuos de material que pueden afectar la apariencia de las juntas, las superficies y los elementos decorativos.
- **Previene manchas:** evitando la formación de manchas permanentes en las superficies, especialmente en materiales como piedra natural o cerámica.
- **Protege las superficies:** prolongando la vida útil y la calidad de las superficies al eliminar sustancias que pueden dañarlas o degradarlas con el tiempo.
- **Facilita el mantenimiento:** simplificando la limpieza regular de las superficies, evitando la acumulación de suciedad y facilitando la eliminación de manchas en el futuro.

➤ Momento de la limpieza

El momento adecuado para realizar la limpieza depende del tipo de adhesivo o material de rejuntado utilizado, así como de las condiciones de trabajo.

Se debe realizar una limpieza inicial retirando el exceso de material de las juntas y superficies adyacentes inmediatamente después de la aplicación, mientras el material aún esté fresco.

A posteriori, se llevará a cabo una limpieza profunda una vez que el adhesivo o material de rejuntado haya fraguado completamente, siguiendo las instrucciones del fabricante.

➤ Técnicas de limpieza específicas

Las técnicas de limpieza específicas dependen del tipo de adhesivo o material de rejuntado utilizado, así como del tipo de superficie a limpiar. Las técnicas más comunes incluyen:

- **Limpieza con esponja o paño húmedo:** se usa una esponja o paño humedecido en agua limpia para eliminar residuos frescos de material. Se debe enjuagar la esponja o paño con frecuencia para evitar la acumulación de suciedad.
- **Limpieza con productos específicos:** se emplean productos de limpieza específicos para cada tipo de adhesivo o material de rejuntado, siguiendo las instrucciones del fabricante. Estos productos pueden ser limpiadores ácidos, alcalinos o neutros, según el tipo de material.
- **Limpieza con herramientas:** se utilizan herramientas como cepillos suaves, rasquetas o cuchillas de plástico para eliminar residuos secos o adheridos a las juntas. Hay que tener cuidado de no dañar la superficie durante la limpieza.
- **Enjuague final:** en enjuagan abundantemente las superficies con agua limpia para eliminar cualquier residuo de producto de limpieza.

➤ Recomendaciones adicionales

- Se deben consultar las instrucciones del fabricante del adhesivo o material de rejuntado para obtener recomendaciones específicas de limpieza.
- Antes de aplicar el producto de limpieza en toda la superficie, hay que probar en un área poco visible para verificar que no cause daños o manchas.
- Es importante cubrir las superficies adyacentes con plástico o material protector para evitar que se ensucien durante la limpieza.
- Si se emplean productos de limpieza con olores fuertes, es necesario asegurarse de trabajar en un ambiente bien ventilado para evitar la inhalación de vapores nocivos.
- Se deben usar guantes y protección para los ojos al manipular productos de limpieza, especialmente aquellos que son ácidos o alcalinos.

2.7. NORMATIVA Y ENSAYOS

Los adhesivos, con su versatilidad y resistencia, se ha convertido en un material indispensable en la construcción y las reparaciones. Sin embargo, su uso efectivo y responsable implica no solo conocer sus propiedades y técnicas de aplicación, sino también garantizar su calidad y cumplimiento con las normativas vigentes. En este apartado, se exploran en profundidad el marco normativo y los ensayos habituales que regulan el uso de los adhesivos de cemento, asegurando así la calidad, la seguridad y la durabilidad de las obras en las que se emplea.

2.7.1. Normativa de aplicación

Los adhesivos y materiales de rejuntado son componentes esenciales en la colocación de baldosas, cerámicas y otros revestimientos, garantizando la adherencia, la impermeabilidad y la estética de las juntas.

➤ ¿Por qué es importante la normativa de aplicación?

La normativa de aplicación para adhesivos y materiales de rejuntado establece requisitos mínimos que deben cumplir estos materiales y su uso en diferentes aplicaciones. El cumplimiento de esta normativa es fundamental por varias razones:

- **Seguridad:** garantiza la adherencia adecuada de los revestimientos, evitando desprendimientos y accidentes.
- **Durabilidad:** prolonga la vida útil de los revestimientos y evita la aparición de humedades y filtraciones.
- **Estética:** asegura un acabado uniforme y atractivo de las juntas.
- **Protección del medioambiente:** promueve la producción y el uso responsable de adhesivos y materiales de rejuntado.

➤ Normativas relevantes para adhesivos y materiales de rejuntado

Existen diversas normativas que regulan el uso de adhesivos y materiales de rejuntado, tanto a nivel nacional como internacional. Algunas de las más importantes incluyen:

- **Normas UNE:** desarrolladas por la Asociación Española de Normalización (UNE), establecen requisitos específicos para diferentes tipos de adhesivos y materiales de rejuntado, como adhesivos cementosos, adhesivos epoxi, adhesivos de poliuretano, materiales de rejuntado de cemento, materiales de rejuntado de resina, etcétera.

- **Normas EN:** desarrolladas por el Comité Europeo de Normalización (CEN), armonizan los requisitos para adhesivos y materiales de rejuntado en toda Europa, facilitando el comercio y la libre circulación de productos.

- **Normas ASTM:** desarrolladas por la Asociación Americana de Ensayos y Materiales (ASTM), estas normas son ampliamente utilizadas en todo el mundo y establecen requisitos para una amplia gama de adhesivos y materiales de rejuntado.

➤ Aspectos clave de la normativa de aplicación

La normativa de aplicación para adhesivos y materiales de rejuntado cubre diversos aspectos, incluyendo:

- **Clasificación de adhesivos y materiales de rejuntado:** donde se establecen diversas categorías según su tipo, composición y propiedades.

- **Requisitos de rendimiento:** para definir parámetros mínimos como adherencia, resistencia a la compresión, flexibilidad, resistencia al agua, resistencia a ciclos térmicos, entre otros.

- **Métodos de ensayo:** especificando procedimientos para evaluar las propiedades de los adhesivos y materiales de rejuntado.

- **Marcado de productos:** donde se establece el contenido mínimo de información que debe incluir el marcado de los productos, como tipo de adhesivo o material de rejuntado, clasificación, normas a las que cumple, lote de producción, etcétera.

- **Condiciones de aplicación:** marcando recomendaciones para la preparación de la superficie, la mezcla del adhesivo o material de rejuntado, su aplicación y el curado.

La normativa de aplicación para adhesivos y materiales de rejuntado se encuentra disponible en los sitios web de los organismos normativos correspondientes. Para obtener información específica sobre una norma en particular, se puede consultar su número de identificación y realizar una búsqueda en el sitio web correspondiente.

El cumplimiento de la normativa de aplicación para adhesivos y materiales de rejuntado es esencial para garantizar la calidad, la seguridad y la durabilidad de los revestimientos. Al seguir las recomendaciones establecidas en las normas, se pueden obtener resultados profesionales y estéticos que satisfagan las expectativas de los usuarios.

2.7.2. Ensayos más habituales

Estos productos juegan un papel fundamental en la colocación de baldosas, cerámicas y otros revestimientos, asegurando la adherencia, la impermeabilidad y la estética de las juntas. Para garantizar la calidad y el rendimiento de estos materiales, se realizan diversos ensayos que permiten evaluar sus propiedades y características.

➤ ¿Por qué realizar ensayos en adhesivos y materiales de rejuntado?

Los ensayos son pruebas estandarizadas que se realizan a los adhesivos y materiales de rejuntado para evaluar sus propiedades y características, asegurando que cumplen con los requisitos establecidos en la normativa de aplicación y las especificaciones técnicas del fabricante. Estos ensayos son esenciales por varias razones:

- Permiten verificar que los adhesivos y materiales de rejuntado cumplen con los estándares de calidad y rendimiento esperados.
- Ayudan a los profesionales de la construcción a seleccionar el adhesivo o material de rejuntado adecuado para cada aplicación específica, considerando las condiciones del sustrato, el tipo de revestimiento y las necesidades del proyecto.
- Detectan posibles fallos o defectos en los materiales antes de su uso, evitando así problemas durante la aplicación y la vida útil del revestimiento.
- Impulsan el desarrollo de nuevos productos con mejores propiedades y características, satisfaciendo las necesidades cada vez más exigentes de la industria de la construcción.

➤ Ensayos más habituales para adhesivos y materiales de rejuntado

La gama de ensayos para adhesivos y materiales de rejuntado es amplia y cubre diversas propiedades y características. Algunos de los ensayos más habituales incluyen:

- **Ensayo de consistencia:** evalúa la trabajabilidad del adhesivo o material de rejuntado, es decir, su facilidad para ser mezclado y aplicado.
- **Ensayo de tiempo abierto:** sirve para determinar el tiempo que transcurre desde la mezcla del adhesivo hasta que comienza a endurecerse, permitiendo una aplicación adecuada.
- **Ensayo de fraguado:** se mide el tiempo que tarda el adhesivo o material de rejuntado en endurecerse y alcanzar su resistencia final.

- **Ensayo de adherencia:** evalúa la capacidad del adhesivo o material de rejuntado para adherirse a las superficies sobre las que se aplica, garantizando la fijación del revestimiento.
- **Ensayo de resistencia a la compresión:** mide la capacidad del adhesivo o material de rejuntado para soportar cargas de compresión, asegurando la resistencia del revestimiento a esfuerzos mecánicos.
- **Ensayo de resistencia a la flexión:** se evalúa la capacidad del adhesivo o material de rejuntado para soportar cargas de flexión, previniendo el agrietamiento del revestimiento ante deformaciones del sustrato.
- **Ensayo de resistencia al agua:** determina la capacidad del adhesivo o material de rejuntado para resistir la penetración del agua, protegiendo el revestimiento de la humedad y las filtraciones.
- **Ensayo de resistencia a ciclos térmicos:** evalúa la capacidad del adhesivo o material de rejuntado para soportar cambios bruscos de temperatura sin sufrir daños, garantizando la durabilidad del revestimiento en condiciones climáticas extremas.
- **Ensayo de resistencia a productos químicos:** determina la capacidad del adhesivo o material de rejuntado para resistir la acción de productos químicos de limpieza o agentes agresivos, previniendo su deterioro.

➤ Interpretación de los resultados de los ensayos

Los resultados de los ensayos se comparan con los requisitos establecidos en la normativa de aplicación y las especificaciones técnicas del fabricante. Si los resultados cumplen con los requisitos, se considera que el adhesivo o material de rejuntado es adecuado para la aplicación prevista. En caso contrario, se debe reconsiderar la selección del producto o tomar medidas correctivas para mejorar las condiciones de aplicación.

Los ensayos son herramientas fundamentales para evaluar la calidad y el rendimiento de los adhesivos y materiales de rejuntado. Al realizar estos ensayos, se puede garantizar la selección del producto adecuado para cada aplicación, asegurando la adherencia, la impermeabilidad y la estética de las juntas, y contribuyendo así a la durabilidad y el buen aspecto de los revestimientos.

2.7.3. Garantizar la calidad

Los adhesivos y materiales de rejuntado son elementos esenciales en la colocación de baldosas, cerámicas y otros revestimientos, asegurando la adherencia, la impermeabilidad y la estética de las juntas. Para alcanzar un trabajo de calidad excepcional, es fundamental garantizar la calidad de estos materiales y su correcta aplicación.

➤ ¿Por qué es importante garantizar la calidad en adhesivos y materiales de rejuntado?

Garantizar la calidad en adhesivos y materiales de rejuntado es fundamental por diversas razones:

- **Seguridad:** un adhesivo o material de rejuntado de calidad asegura la adherencia adecuada del revestimiento, evitando desprendimientos y accidentes.
- **Durabilidad:** productos de calidad prolongan la vida útil del revestimiento, previniendo la aparición de humedades, filtraciones y daños prematuros.
- **Estética:** materiales de rejuntado de calidad garantizan un acabado uniforme, atractivo y resistente al desgaste, contribuyendo a la belleza del espacio.
- **Satisfacción del cliente:** un trabajo de calidad con materiales de primera línea genera satisfacción en los clientes, fidelizándolos y mejorando la reputación del profesional.

➤ Claves para garantizar la calidad en adhesivos y materiales de rejuntado

Para garantizar la calidad en adhesivos y materiales de rejuntado, es necesario seguir una serie de pasos clave:

1. *Selección del producto adecuado*

- Considerar las características del sustrato: tipo de superficie, porosidad, nivelación, etcétera.
- Tipo de revestimiento: peso, tamaño, material, etcétera.
- Condiciones ambientales: humedad, temperatura, etcétera.
- Especificaciones técnicas del fabricante: seguir las recomendaciones del fabricante para cada producto.

2. *Almacenamiento adecuado*

- Proteger los materiales de la humedad, la luz solar directa y las temperaturas extremas.

- Almacenar en un lugar fresco, seco y ventilado.
- Seguir las instrucciones del fabricante sobre la vida útil del producto.

3. Preparación de la superficie

- Limpiar y secar cuidadosamente la superficie.
- Eliminar cualquier residuo de polvo, grasa o pintura.
- Nivelar la superficie si es necesario.
- Aplicar una imprimación adecuada si se requiere.

4. Mezcla del adhesivo o material de rejuntado

- Seguir las instrucciones del fabricante sobre la proporción de la mezcla.
- Utilizar agua limpia y de buena calidad.
- Mezclar bien hasta obtener una consistencia homogénea.

5. Aplicación del adhesivo o material de rejuntado

- Aplicar el adhesivo o material de rejuntado de manera uniforme sobre la superficie.
- Utilizar las herramientas adecuadas para una aplicación precisa.
- Respetar el tiempo abierto del producto.

6. Curado adecuado

- Seguir las instrucciones del fabricante sobre el tiempo de curado.
- Proteger el revestimiento de la humedad, la luz solar directa y las corrientes de aire durante el curado.
- No aplicar carga sobre el revestimiento hasta que el curado haya finalizado.

7. Limpieza final

- Limpiar el exceso de adhesivo o material de rejuntado de las baldosas y juntas.
- Utilizar una esponja húmeda y un paño suave.
- No utilizar productos químicos agresivos.

8. Control de calidad

- Verificar la adherencia del revestimiento.

- Inspeccionar las juntas para detectar cualquier imperfección o fisura.
- Corregir cualquier defecto detectado antes de dar por finalizado el trabajo.

Garantizar la calidad en adhesivos y materiales de rejuntado requiere una atención meticulosa a los detalles en cada etapa del proceso, desde la selección del producto adecuado hasta la limpieza final. Al seguir las claves descritas en este apartado, los profesionales de la construcción pueden lograr resultados excepcionales, asegurando la seguridad, durabilidad y estética de los revestimientos, y satisfaciendo las expectativas de los clientes.

2.8. MARCADO CE DE LOS MATERIALES DE CONSTRUCCIÓN

El marcado CE es un distintivo obligatorio que deben llevar determinados productos para poder ser comercializados en el Espacio Económico Europeo (EEE). En el caso de los adhesivos y materiales de rejuntado, el marcado CE se aplica a aquellos productos que cumplen con los requisitos establecidos en las directivas europeas armonizadas. Este apartado profundiza en el significado del marcado CE para adhesivos y materiales de rejuntado, explorando los requisitos que deben cumplir estos productos para obtenerlo y las implicaciones para fabricantes, distribuidores y usuarios.

➤ ¿Qué significa el marcado CE para adhesivos y materiales de rejuntado?

El marcado CE en adhesivos y materiales de rejuntado indica que estos productos cumplen con los requisitos esenciales de seguridad, salud y protección del medioambiente establecidos en las directivas europeas armonizadas aplicables. Al añadir el marcado CE, el fabricante declara que asume la responsabilidad del cumplimiento de estos requisitos y que el producto puede circular libremente en todo el EEE.

➤ ¿Qué directivas europeas son aplicables a adhesivos y materiales de rejuntado?

Las directivas europeas armonizadas que regulan el marcado CE para adhesivos y materiales de rejuntado son:

- **Directiva 89/106/CEE:** productos de construcción.
- **Directiva 2000/14/CE:** emisiones volátiles de compuestos orgánicos de disolventes y pinturas.
- **Reglamento (UE) N.º 338/2012:** sustancias químicas que afectan a la salud humana y al medioambiente.

➤ ¿Qué requisitos deben cumplir los adhesivos y materiales de rejuntado para obtener el marcado CE?

Para obtener el marcado CE, los adhesivos y materiales de rejuntado deben cumplir con los requisitos establecidos en las directivas europeas armonizadas mencionadas anteriormente. Estos requisitos incluyen:

- **Evaluación de la conformidad:** el fabricante debe realizar un procedimiento de evaluación de la conformidad para demostrar que el producto cumple con los requisitos esenciales. Este procedimiento puede implicar la realización de ensayos, la elaboración de documentación técnica y la participación de organismos notificados.
- **Elaboración de una declaración de prestaciones:** el fabricante debe elaborar una declaración de prestaciones donde exponga las características esenciales del producto en relación con los requisitos esenciales aplicables.
- **Anexión del marcado CE al producto:** el marcado CE debe ser visible, legible e indeleble en el producto o en su embalaje.

➤ ¿Cuáles son las implicaciones del marcado CE para fabricantes, distribuidores y usuarios?

Veamos a continuación cuáles son:

Fabricantes

- Los fabricantes asumen la responsabilidad del cumplimiento de los requisitos esenciales del marcado CE.
- Deben elaborar y mantener documentación técnica que demuestre el cumplimiento de estos requisitos esenciales.
- Deben realizar el procedimiento de evaluación de la conformidad correspondiente.

Distribuidores

- **Verificación:** deben verificar que los productos que comercializan lleven el marcado CE y que estén acompañados de la declaración de prestaciones.
- No deben comercializar productos que no cumplan con los requisitos.

Usuarios

- El marcado CE les da confianza de que el producto cumple con los requisitos esenciales de seguridad, salud y protección del medioambiente.
- Tienen derecho a acceder a la declaración de prestaciones del producto.

El marcado CE es un elemento fundamental para garantizar la libre circulación de adhesivos y materiales de rejuntado en el EEE, asegurando al mismo tiempo la protección de los intereses legítimos de los consumidores y la competencia leal entre las empresas. Al cumplir con los requisitos del marcado CE, los fabricantes contribuyen a la creación de un mercado único más seguro y competitivo.

2.9. MARCAS O SELLOS DE CALIDAD EXISTENTES EN MATERIALES DE CONSTRUCCIÓN

Si bien el marcado CE es un requisito obligatorio para la comercialización de adhesivos y materiales de rejuntado en el EEE, existen marcas o sellos de calidad adicionales que pueden aportar un valor diferencial a estos productos. Estos sellos, otorgados por entidades independientes, avalan características específicas que van más allá de los requisitos mínimos establecidos en la normativa europea.

➤ ¿Qué son las marcas o sellos de calidad en materiales de construcción?

Las marcas o sellos de calidad en materiales de construcción son distintivos otorgados por entidades independientes a aquellos productos que cumplen con requisitos adicionales o características superiores a los establecidos en la normativa básica. Estos sellos sirven como una herramienta para diferenciar productos de alta calidad en el mercado, proporcionando información adicional a los consumidores y profesionales de la construcción.

➤ ¿Qué beneficios aportan las marcas o sellos de calidad en adhesivos y materiales de rejuntado?

Las marcas o sellos de calidad en adhesivos y materiales de rejuntado pueden aportar diversos beneficios:

- **Mayor confianza para el usuario:** indican que el producto ha sido sometido a controles adicionales y cumple con estándares de calidad superiores.
- **Diferenciación del producto:** permiten destacar el producto frente a la competencia, resaltando sus características distintivas.
- **Prestigio para el fabricante:** demuestran el compromiso del fabricante con la calidad y la excelencia.
- **Herramienta de marketing:** pueden ser utilizados como herramienta de marketing para promocionar el producto y atraer a clientes que buscan productos de alta calidad.

➤ ¿Qué marcas o sellos de calidad existen en adhesivos y materiales de rejuntado?

Existen diversas marcas o sellos de calidad para adhesivos y materiales de rejuntado, tanto a nivel nacional como internacional. Algunos ejemplos destacados incluyen:

- **AENOR:** sello de calidad español que avala el cumplimiento de normas UNE específicas para adhesivos y materiales de rejuntado.
- ***Ceramics of Italy:*** sello italiano que garantiza la calidad de los adhesivos y materiales de rejuntado fabricados en Italia.
- **CSTB:** sello francés que certifica la conformidad de los adhesivos y materiales de rejuntado con las normas francesas de construcción.
- **ANSI:** sello estadounidense que avala el cumplimiento de los estándares ANSI para adhesivos y materiales de rejuntado.
- **ASTM:** sello estadounidense que certifica el cumplimiento de las normas ASTM para adhesivos y materiales de rejuntado.

➤ ¿Cómo obtener una marca o sello de calidad para adhesivos y materiales de rejuntado?

Para obtener una marca o sello de calidad para adhesivos y materiales de rejuntado, el fabricante debe seguir un proceso de evaluación establecido por la entidad otorgante del sello. Este proceso suele implicar:

- El fabricante presenta una solicitud formal a la entidad, incluyendo información sobre el producto, su proceso de producción y los ensayos realizados.
- La entidad evalúa la documentación aportada por el fabricante, verificando el cumplimiento de los requisitos establecidos para el sello.
- En algunos casos, la entidad puede realizar una inspección del producto en las instalaciones del fabricante.
- Si el producto cumple con todos los requisitos, la entidad emite el sello de calidad al fabricante.

Las marcas o sellos de calidad en adhesivos y materiales de rejuntado pueden ser un factor diferenciador importante en el mercado, aportando confianza a los usuarios y prestigio a los fabricantes. Si bien el marcado CE es un requisito obligatorio, la obtención de sellos de calidad adicionales puede demostrar un compromiso superior con la calidad y la excelencia, posicionando el producto en un segmento de mercado más exigente.

ACTIVIDADES FINALES

De comprobación

2.1. ¿Qué es un adhesivo cementoso y cuáles son sus principales características?

a) Un material de construcción compuesto por cemento, áridos, agua y aditivos, que se utiliza para unir piezas de materiales como cerámica, piedra o ladrillo.

b) Un tipo de mortero con alta resistencia y durabilidad, utilizado para el revestimiento de paredes y suelos.

c) Un material autonivelante y fluido, empleado para la regularización de superficies antes de la colocación de pavimentos.

2.2. ¿Cuáles son los componentes principales de un adhesivo cementoso?

a) Cemento, agua, áridos y aditivos.

b) Resinas sintéticas, agua, áridos y aditivos.

c) Poliuretanos, agua, áridos y aditivos.

2.3. ¿Qué propiedades y ventajas ofrecen los adhesivos cementosos?

a) Alta adherencia, resistencia a la compresión y flexión, buena trabajabilidad y fácil limpieza.

b) Alta flexibilidad, impermeabilidad y resistencia a los cambios de temperatura, ideales para superficies húmedas o exteriores.

c) Rápido fraguado y endurecimiento, alta resistencia química y al desgaste, adecuados para zonas de alto tráfico.

2.4. ¿Cuáles son los tipos de adhesivos cementosos según su aplicación?

a) Adhesivos para cerámica, adhesivos para piedra natural, adhesivos para revestimientos exteriores, adhesivos para piscinas.

b) Adhesivos monocomponente, adhesivos bicomponente, adhesivos de alta resistencia, adhesivos de baja elasticidad.

c) Adhesivos en polvo, adhesivos en pasta, adhesivos listos para usar, adhesivos de base acuosa.

2.5. ¿En qué aplicaciones se utilizan habitualmente los adhesivos cementosos?

a) Colocación de baldosas cerámicas en pavimentos y revestimientos de paredes, instalación de piedra natural en paredes y suelos, fijación de ladrillos y bloques de hormigón.

b) Sellado de juntas entre baldosas, reparación de grietas y desperfectos en superficies de hormigón, relleno de juntas en tableros de yeso laminado.

c) Impermeabilización de superficies expuestas a la humedad, aislamiento térmico y acústico de paredes y suelos, nivelación de superficies antes de la colocación de pavimentos.

2.6. ¿Qué es un adhesivo de resinas en dispersión y cuáles son sus principales características?

a) Un material de construcción compuesto por resinas sintéticas, agua, áridos y aditivos, que se utiliza para unir piezas de materiales como cerámica, piedra o madera.

b) Un tipo de mortero con alta adherencia y flexibilidad, ideal para superficies deformables o sujetas a vibraciones.

c) Un material autonivelante y fluido, empleado para la regularización de superficies antes de la colocación de pavimentos.

2.7. ¿Cuáles son los componentes principales de un adhesivo de resinas en dispersión?

a) Resinas sintéticas, agua, áridos y aditivos.

b) Cemento, agua, áridos y aditivos.

c) Poliuretanos, agua, áridos y aditivos.

2.8. ¿Qué propiedades y ventajas ofrecen los adhesivos de resinas en dispersión?

a) Alta adherencia, flexibilidad, resistencia a la humedad y facilidad de limpieza.

b) Alta resistencia a la compresión y flexión, buena trabajabilidad y rápido fraguado.

c) Rápido fraguado y endurecimiento, alta resistencia química y al desgaste, adecuados para zonas de alto tráfico.

2.9. ¿Cuáles son los tipos de adhesivos de resinas en dispersión según sus aplicaciones y características?

a) Adhesivos monocomponente, adhesivos bicomponente, adhesivos de alta resistencia, adhesivos de baja elasticidad.

b) Adhesivos para cerámica, adhesivos para piedra natural, adhesivos para revestimientos exteriores, adhesivos para piscinas.

c) Adhesivos en polvo, adhesivos en pasta, adhesivos listos para usar, adhesivos de base acuosa o disolvente.

2.10. ¿Qué es un adhesivo o material de rejuntado de resinas de reacción y cuáles son sus principales características?

a) Un material de construcción compuesto por resinas sintéticas, endurecedores, áridos, aditivos y agua, que se utiliza para rellenar y sellar las juntas entre piezas de materiales como cerámica o piedra.

b) Un tipo de mortero con alta resistencia a la compresión y flexión, ideal para zonas de alto tránsito o con exposición a agentes químicos.

c) Un material autonivelante y fluido, empleado para la regularización de superficies antes de la colocación de pavimentos.

2.11. ¿Cuáles son los componentes principales de un adhesivo o material de rejuntado de resinas de reacción?

a) Resinas sintéticas, endurecedores, áridos, aditivos y agua.

b) Cemento, agua, áridos y aditivos.

c) Poliuretanos, agua, áridos y aditivos.

2.12. ¿Qué propiedades y ventajas ofrecen los adhesivos y materiales de rejuntado de resinas de reacción?

a) Alta adherencia, resistencia a la compresión y flexión, impermeabilidad y resistencia química.

b) Alta flexibilidad, buena trabajabilidad y fácil limpieza.

c) Rápido fraguado y endurecimiento, alta resistencia al desgaste, adecuados para zonas de alto tráfico.

2.13. ¿Cuáles son los tipos de adhesivos y materiales de rejuntado de resinas de reacción según sus aplicaciones y características?

a) Adhesivos monocomponente, adhesivos bicomponente, adhesivos de alta resistencia, adhesivos de baja elasticidad.

b) Adhesivos para cerámica, adhesivos para piedra natural, adhesivos para revestimientos exteriores, adhesivos para piscinas.

c) Adhesivos en polvo, adhesivos en pasta, adhesivos listos para usar, adhesivos de base epoxi, poliuretano o silicona.

2.14. ¿En qué aplicaciones se utilizan habitualmente los adhesivos y materiales de rejuntado de resinas de reacción?

a) Sellado de juntas entre baldosas cerámicas o de piedra natural en pavimentos y revestimientos de paredes, rejuntado de juntas en piscinas y zonas húmedas.

b) Colocación de baldosas cerámicas en pavimentos y revestimientos de paredes, instalación de piedra natural en paredes y suelos, fijación de ladrillos y bloques de hormigón.

c) Impermeabilización de superficies expuestas a la humedad, aislamiento térmico y acústico de paredes y suelos, nivelación de superficies antes de la colocación de pavimentos.

2.15. ¿Qué función desempeña el aglomerante en un adhesivo o material de rejuntado?

a) Es el componente que une y cohesiona los demás materiales del adhesivo o mortero, proporcionando resistencia y durabilidad.

b) Es el componente que aporta trabajabilidad y plasticidad al material, facilitando su aplicación y amasado.

c) Es el componente que regula la consistencia del material, determinando su fluidez y capacidad de adherencia.

2.16. ¿Qué tipos de aditivos se pueden utilizar en adhesivos y materiales de rejuntado y cuáles son sus funciones?

a) Los aditivos plastificantes: mejoran la trabajabilidad y plasticidad del material.

b) Los aditivos retardantes: retrasan el fraguado del material, permitiendo un mayor tiempo de aplicación.

c) Los aditivos hidrofugantes: aumentan la impermeabilidad del material, haciéndolo resistente al agua y la humedad.

d) Todas las respuestas anteriores son correctas.

2.17. ¿Qué características deben tener las arenas utilizadas en adhesivos y materiales de rejuntado?

a) Adecuada granulometría, limpieza, resistencia y compatibilidad química con los demás componentes del material.

b) Alta fluidez, bajo contenido de finos y capacidad de retención de agua.

c) Gran resistencia a la compresión, alta densidad y baja absorción de agua.

2.18. ¿Qué papel desempeña el agua en un adhesivo o material de rejuntado?

a) Es un componente esencial para la hidratación del aglomerante y el desarrollo de las propiedades mecánicas del material.

b) Regula la consistencia del material, determinando su fluidez y trabajabilidad.

c) Actúa como lubricante y facilita la aplicación y el amasado del material.

De aplicación

2.1. Una empresa constructora necesita colocar baldosas cerámicas de gres porcelánico en el pavimento de un local comercial con alto tránsito. ¿Qué tipo de adhesivo recomendarías para esta aplicación y por qué?

2.2. Se está realizando el rejuntado de las juntas entre baldosas cerámicas en un baño. ¿Qué tipo de material de rejuntado se recomienda utilizar en zonas húmedas y cómo se debe preparar y aplicar correctamente?

2.3. Se necesita fijar paneles de yeso laminado a una pared de ladrillo. ¿Qué tipo de adhesivo se debe utilizar para esta aplicación y qué precauciones se deben tomar durante la aplicación?

2.4. **Se va a instalar piedra natural en el revestimiento de una fachada exterior. ¿Qué tipo de adhesivo se recomienda para este tipo de material y qué factores se deben considerar al elegirlo?**

2.5. **Se está reparando una grieta en una pared de hormigón. ¿Qué tipo de adhesivo o mortero se debe utilizar para este tipo de reparación y cómo se debe preparar y aplicar correctamente?**

2.6. **Se necesita nivelar una superficie de hormigón antes de la colocación de un pavimento cerámico. ¿Qué tipo de adhesivo o mortero autonivelante se recomienda para esta aplicación y cómo se debe preparar y aplicar correctamente?**

2.7. **Se están colocando baldosas cerámicas en una piscina. ¿Qué tipo de adhesivo y material de rejuntado se deben utilizar en este tipo de entornos con alta exposición al agua y productos químicos?**

2.8. **Se necesita pegar dos piezas de madera de forma resistente y duradera. ¿Qué tipo de adhesivo se recomienda para este tipo de materiales y qué precauciones se deben tomar durante la aplicación?**

2.9. **Se va a realizar el sellado de juntas en una encimera de cocina de granito. ¿Qué tipo de sellador se recomienda para este tipo de material y cómo se debe aplicar correctamente?**

2.10. **Se necesita fijar un espejo a una pared de yeso laminado. ¿Qué tipo de adhesivo o sistema de fijación se recomienda para este tipo de aplicación y qué precauciones se deben tomar?**

De ampliación

2.1. **Investiga y describe las ventajas e inconvenientes de utilizar adhesivos de cementos modificados frente a los adhesivos cementosos tradicionales para la colocación de baldosas cerámicas.**

2.2. **Indica los diferentes tipos de resinas sintéticas que se utilizan en la fabricación de adhesivos y materiales de rejuntado, destacando sus características y aplicaciones específicas.**

2.3. **Explica la importancia de la granulometría de las arenas en la calidad y propiedades de los adhesivos y materiales de rejuntado.**

2.4. **Investiga y describe las diferentes técnicas de aplicación de adhesivos y materiales de rejuntado, incluyendo herramientas y métodos de trabajo para cada tipo de material.**

2.5. **Analiza la relación entre la sostenibilidad en la construcción y la elección de adhesivos y materiales de rejuntado con bajo impacto ambiental.**

3. Elaboración de morteros, pastas, hormigones, adhesivos y materiales de rejuntado

Contenidos

INTRODUCCIÓN

En el sector de la construcción, donde la creatividad se fusiona con la ingeniería, se encuentran los pilares del progreso: los morteros, las pastas, los hormigones, los adhesivos y los materiales de rejuntado. Estos materiales, lejos de ser simples mezclas, son obras maestras de la ciencia y la técnica, capaces de unir, reforzar y embellecer las estructuras que dan forma a nuestro mundo.

A lo largo de este capítulo, se desarrollan los contenidos para comprender la elaboración de estos materiales esenciales. Desde la dosificación precisa de componentes hasta el control exacto de las condiciones ambientales, explorando los secretos que dan vida a estas mezclas prodigiosas.

➤ Morteros y pastas: la sinfonía de la arena y el cemento

Al hablar de pastas y morteros, la arena y el cemento se convierten en los elementos esenciales de la construcción. La dosificación precisa, como la afinación de un violín, determina la consistencia y las propiedades de estas mezclas versátiles. La arena, cual percusión precisa, aporta estructura y resistencia, mientras que el cemento, como un suave violonchelo, une y cohesiona los elementos, creando una melodía sólida y resistente.

Figura 3.1. El mortero de cemento es una mezcla de arena, agua y cemento, que al unirse crea una pasta resistente y duradera.

➤ Hormigones: la fortaleza silenciosa

El hormigón, titán de la construcción, se erige como una fortaleza silenciosa. Su elaboración, un proceso que debe realizarse de forma meticulosa, requiere de la selección precisa de materiales, la dosificación exacta y la mezcla eficiente.

La compactación, cual martillo forjando acero, elimina el aire de la mezcla, mientras que el curado, como un abrazo protector, permite que el hormigón alcance su máxima fuerza.

➤ Adhesivos y materiales de rejuntado: la unión perfecta

A la hora de hablar de los adhesivos y materiales de rejuntado, la precisión y la adherencia son las reinas. La elección de la resina adecuada, como la selección de un vestido perfecto, determina la funcionalidad y estética de la unión. La mezcla homogénea, cual pincelada maestra, garantiza una aplicación uniforme, mientras que la aplicación adecuada, como un gesto delicado, asegura una unión duradera y resistente.

➤ Un viaje de aprendizaje y dominio

Esta unidad no es solo una exploración teórica, sino un viaje de aprendizaje y dominio práctico. A través del estudio de los procesos, las condiciones, los equipos y las técnicas involucradas, se adquirirán las habilidades necesarias para convertirse en un maestro en la elaboración de estos materiales esenciales.

Nos sumergiremos en este universo fascinante y descubriremos los secretos para crear los cimientos de la construcción moderna. A través de este viaje de aprendizaje, se profundizará en la elaboración de morteros, pastas, hormigones, adhesivos y materiales de rejuntado, contribuyendo así al desarrollo de estructuras sólidas, duraderas y estéticamente agradables.

3.1. PROCESOS Y CONDICIONES DE ELABORACIÓN DE PASTAS Y MORTEROS

En la construcción, donde la creatividad se fusiona con la ingeniería, aparecen elementos esenciales para el sector: las pastas y los morteros. Estos materiales, lejos de ser simples mezclas, son obras maestras de la ciencia y la técnica, capaces de unir, reforzar y embellecer las estructuras que dan forma a nuestro mundo, pues aparecen en todas las construcciones de nuestro día a día.

Su elaboración no es un proceso sencillo, donde la precisión, el conocimiento y el control de las condiciones ambientales son las claves de una correcta ejecución. En este apartado, se desarrolla una exploración profunda por los secretos de la elaboración de pastas y morteros, descubriendo las técnicas y principios que permiten crear mezclas de una calidad excepcional.

Es importante aprender sobre la importancia de la dosificación, donde la proporción adecuada de cada parte determina las propiedades finales de la mezcla. Es necesario conocer la técnica de la mezcla homogénea de los productos básicos, donde la distribución uniforme de estos es crucial para obtener resultados adecuados a las necesidades. También hay que conocer la importancia de la consistencia final, adaptando la mezcla a la aplicación prevista, ya sea un enlucido fluido o un asentamiento de ladrillos firme. Y, por último, comprender la importancia de las condiciones ambientales que se presentan en cada caso, donde la temperatura, la humedad y la ventilación son aspectos que impactan significativamente en el producto obtenido y el trabajo final.

Con el dominio de estos principios y técnicas, los profesionales de la construcción se convertirán en maestros, capaces de crear mezclas que tengan la calidad deseada y aseguren la solidez, durabilidad y estética de las estructuras que construyen.

3.1.1. Identificación y control de componentes

Cuando se elaboran pastas y morteros, la identificación y el control de los diferentes componentes resulta fundamental para que la calidad final de la mezcla sea la deseada. Cada producto base, desde el cemento hasta la arena y el agua, aportan propiedades específicas a la mezcla, y llevar a cabo una selección y un control rigurosos es esencial para obtener resultados adecuados y satisfactorios.

¿Sabías que...
los egipcios ya utilizaban morteros hace más de 5000 años?

Estos antiguos constructores empleaban mezclas de cal, arena y agua para unir bloques de piedra en sus imponentes pirámides y templos.

Figura 3.2. Cuando se elaboran pastas y morteros deben utilizarse cementos de calidad.

➤ Cemento: el corazón de la mezcla

El cemento es el alma de las pastas y los morteros, es el elemento que proporciona resistencia, cohesión y durabilidad. Su selección debe realizarse en función de la aplicación prevista, considerando factores como la resistencia, el tiempo de fraguado y las condiciones ambientales de trabajo. Los cementos Portland son los más utilizados en la construcción, y se clasifican en diferentes tipos según su composición y propiedades.

➤ Arena: la estructura de la mezcla

La arena, como esqueleto de la mezcla, aporta estructura y volumen a las pastas y morteros. Su selección debe considerar su granulometría, su forma y la presencia de impurezas. La granulometría, es decir, la distribución de los tamaños de los granos de arena afecta a la trabajabilidad y a la resistencia de la mezcla. Una arena bien graduada, con una variedad de tamaños de grano, es ideal para lograr una mezcla homogénea y resistente.

Figura 3.3. La elección de la arena adecuada es de vital importancia.

➤ Agua: el elemento esencial

El agua es el elemento esencial para la hidratación del cemento, juega un papel crucial en la elaboración de pastas y morteros. Su calidad y cantidad afectan directamente a la trabajabilidad, el fraguado y la resistencia final de la mezcla. El agua potable es la más adecuada para su uso en la construcción, libre de impurezas y contaminantes que puedan afectar las propiedades del cemento.

➤ Aditivos: mejorando las propiedades

Los aditivos son sustancias que se añaden a las pastas y morteros en pequeñas cantidades para modificar o mejorar sus propiedades. Su uso debe ser cuidadosamente estudiado, seleccionando el tipo y la cantidad adecuados para la aplicación prevista. Algunos aditivos comunes incluyen plastificantes para aumentar la trabajabilidad, retardantes para retrasar el fraguado y espumantes para incorporar aire a la mezcla y mejorar la aislación térmica.

➤ Control de calidad: rigurosidad y precisión

El control de calidad de los distintos elementos es fundamental para garantizar la correcta ejecución y características de las pastas y morteros. Se deben realizar pruebas y análisis para verificar que los materiales cumplan con las especificaciones técnicas establecidas. El cemento debe tener la resistencia y el tiempo de fraguado adecuados, la arena debe tener la granulometría y forma correctas, y el agua debe ser potable y libre de impurezas.

En resumen, la identificación y el control de las distintas partes es un aspecto crucial en la elaboración de los morteros.

3.1.2. Dosificación en peso y volumen, correcciones de dosificación

Cuando se inicia el proceso de elaboración de mezclas, la dosificación adecuada de los componentes es un paso esencial para obtener morteros de buena calidad. La dosificación puede realizarse en peso o en volumen, cada método con sus ventajas y consideraciones específicas. A continuación, se definen los detalles de la dosificación en peso y volumen, explorando las diferentes técnicas y principios que permiten determinar la proporción perfecta de cada componente.

¿Sabías que…

el mortero romano, conocido como *opus caementicium*, era tan resistente que algunas estructuras construidas con él aún se mantienen en pie?

Los romanos descubrieron la clave para crear un mortero hidráulico, capaz de endurecer incluso bajo el agua.

➤ Dosificación en peso: precisión exacta

La dosificación en peso es el método más exacto para determinar la cantidad de cada componente en la mezcla. Se basa en el principio de que la masa de un material es directamente proporcional a su volumen. Para realizar este tipo de dosificación, se utilizan básculas que permiten medir la cantidad exacta de cada componente con gran precisión.

Ventajas de la dosificación en peso

- **Precisión superior:** la dosificación en peso ofrece una precisión inigualable, minimizando la variabilidad y asegurando la consistencia de los morteros.
- **Control de calidad adecuado:** al medir la masa exacta de cada componente, se facilita el control de calidad del material resultante.
- **Menos desperdicio:** la dosificación en peso reduce el riesgo de desperdicio de materiales, ya que se utiliza la cantidad exacta requerida para la mezcla.

➤ Dosificación en volumen: simplicidad y practicidad

La dosificación en volumen es un método más simple y práctico que la dosificación en peso, usado en situaciones donde la precisión no es tan necesaria. Se basa en el principio de que el volumen ocupado por un material es proporcional a su masa. Para realizar este tipo de dosificación en volumen, se utilizan recipientes como tazas, cubos o carretillas.

Ventajas de la dosificación en volumen

- **Simple:** la dosificación en volumen es un método simple y fácil de implementar, no requiere de básculas calibradas ni equipos especiales.
- **Práctico:** es un método práctico para trabajos de pequeña escala o donde la precisión extrema no es esencial.
- **Eficiente:** permite realizar la dosificación de manera rápida y eficiente, especialmente en situaciones donde el tiempo es un factor importante.

➤ Correcciones de dosificación: ajustando la mezcla perfecta

Cuando se trabaja en obra, puede ser necesario realizar correcciones a la dosificación inicial para obtener la consistencia deseada en los morteros. Estas correcciones se basan en la observación de las propiedades del mortero, como su trabajabilidad y fraguado.

➤ Factores que afectan la dosificación

- **Contenido de humedad de los materiales:** la cantidad de agua presente en los materiales, especialmente en la arena, puede afectar en la consistencia de la mezcla.
- **Temperatura ambiente:** la temperatura del entorno de trabajo puede influir en el tiempo de fraguado del mortero.

- **Tipo de grano:** la granulometría y forma de la arena afectan directamente en la trabajabilidad de la mezcla.

➤ Realización de correcciones

- **Ajustar la cantidad de agua:** si la mezcla está demasiado seca, se puede agregar una pequeña cantidad de agua para aumentar su trabajabilidad. Si la mezcla está demasiado húmeda, se puede agregar un poco más de cemento o arena para ajustar su consistencia.
- **Ajuste del tiempo de amasado:** un mayor tiempo de amasado puede mejorar la trabajabilidad de la mezcla.
- **Selección de aditivos:** la adición de aditivos específicos puede modificar las propiedades de la mezcla, como su trabajabilidad, tiempo de fraguado o resistencia.

3.1.3. Amasado con medios manuales y mecánicos

El amasado es un proceso esencial que determina propiedades como la homogeneidad, trabajabilidad y calidad final del mortero. Este proceso puede realizarse de forma manual o mecánica, y cada método con sus ventajas y consideraciones específicas. A continuación, se desarrollan los detalles principales del amasado con medios manuales y mecánicos, explorando las técnicas y principios que permiten obtener productos uniformes y de alta calidad.

➤ Amasado manual: tradición y control personalizado

El amasado manual es un método tradicional que requiere esfuerzo físico y destreza manual. Se realiza utilizando herramientas como palas, rastrillos o amasadoras manuales. Este método ofrece un control personalizado sobre la mezcla, permitiendo al profesional ajustar la consistencia y homogeneidad de acuerdo a sus necesidades de cada trabajo.

Ventajas del amasado manual

- **Control personalizado:** el amasado manual permite un control preciso sobre la consistencia y homogeneidad de la mezcla.
- **Adaptabilidad a pequeñas cantidades:** cuando se requieren pequeñas cantidades de morteros para trabajos a pequeña escala resulta ideal.
- **Habilidad manual:** desarrolla la destreza manual y el conocimiento práctico de los profesionales.

Figura 3.4. Se debe verter el agua en el cono realizado con la mezcla seca.

Consideraciones del amasado manual

- **Esfuerzo físico:** requiere un esfuerzo físico considerable, lo que puede limitar su puesta en práctica para trabajos de gran volumen.
- **Variabilidad:** la consistencia de los morteros puede variar dependiendo de la fuerza y de la técnica de cada profesional.
- **Tiempo:** el proceso de amasado manual resulta más lento que el amasado mecánico.

➤ Amasado mecánico: eficiencia y uniformidad

El amasado mecánico se realiza usando maquinaria como mezcladoras eléctricas o neumáticas. Estas herramientas permiten mezclar grandes cantidades de mortero de manera rápida y eficiente, asegurando una homogeneidad superior en la mezcla.

Ventajas del amasado mecánico

- **Eficiencia y rapidez:** permite mezclar grandes cantidades de mortero de manera rápida y eficiente.
- **Homogeneidad superior:** garantiza una mezcla uniforme y libre de grumos.
- **Menos esfuerzo físico:** reduce el esfuerzo físico requerido y facilita el trabajo en grandes proyectos.

Figura 3.5. El proceso de amasado mediante hormigonera facilita la obtención de la homogeneidad requerida.

Consideraciones del amasado mecánico

- **Inversión inicial:** requiere una inversión inicial en la compra de una hormigonera.
- **Curva de aprendizaje:** es necesario realizar un aprendizaje del uso de los distintos equipos para realizar el amasado.
- **Control menos personalizado:** el control que se ejerce sobre la consistencia de la mezcla puede ser menos preciso que en el amasado manual.

➤ Selección del método de amasado

La selección del método de amasado depende de diversos factores, como la cantidad de material a mezclar, el tiempo disponible, la precisión requerida y la experiencia del profesional.

- **Trabajos de pequeña escala:** para trabajos de pequeña escala o donde se requiere un control personalizado, el amasado manual puede ser la mejor opción.
- **Trabajos de gran volumen:** para trabajos de gran volumen o donde se requiere una mezcla uniforme y eficiente, el amasado mecánico es la mejor opción.
- **Combinación de métodos:** en algunos casos, se puede combinar el amasado manual con el amasado mecánico, utilizando el método manual para pequeños ajustes o mezclas especiales.

➤ Recomendaciones para el amasado

- **Seguir las instrucciones del fabricante:** leer y seguir las instrucciones del fabricante de la mezcladora para garantizar su correcto uso y mantenimiento.
- **Añadir los materiales poco a poco:** agregar los componentes gradualmente, mezclando bien después de cada adición hasta obtener una mezcla homogénea.
- **Controlar la consistencia:** observar la consistencia de la mezcla y realizar ajustes si es necesario.
- **Tiempo de mezcla adecuado:** mezclar la pasta o mortero durante el tiempo adecuado, siguiendo las recomendaciones del fabricante o la experiencia del profesional.

¿Sabías que…

el mortero utilizado en la construcción de la Gran Muralla China se elaboraba con una mezcla de arroz glutinoso, cal y sangre de animal?

Esta combinación inusual proporcionaba una gran resistencia y durabilidad a la estructura.

La selección del método adecuado depende de las características del trabajo, la cantidad de material a mezclar y la experiencia del profesional. Dominar las técnicas de amasado, tanto manual como mecánico, permite obtener mezclas uniformes, trabajables y de alta calidad, asegurando el éxito en la construcción de proyectos sólidos y duraderos.

3.1.4. Aporte de agua

El agua juega un papel esencial para la hidratación del cemento y la formación del mortero. La cantidad y cómo se realiza la adición de agua son aspectos que determinan la trabajabilidad, el fraguado y la resistencia final de la mezcla.

➤ La importancia del agua en la hidratación del cemento

El agua es el elemento esencial que inicia la reacción de hidratación del cemento. Esta reacción química, conocida como hidratación, es la responsable del fraguado y endurecimiento de la mezcla. Durante la hidratación, las moléculas de agua reaccionan con los compuestos del cemento, formando nuevos compuestos hidratados que se entrelazan y forman una matriz rígida y resistente.

Figura 3.6. El agua que se añade a morteros y hormigones debe estar libre de impurezas.

➤ Cantidad de agua: equilibrio entre trabajabilidad y resistencia

La cantidad de agua usada en la mezcla es un factor vital que debe ser cuidadosamente controlado. Si se utiliza demasiada agua, la mezcla se vuelve demasiado fluida y débil, con una resistencia final escasa. Por otro lado, si se utiliza poca agua, la mezcla se vuelve demasiado densa y difícil de trabajar, lo que puede generar porosidad y afectar de forma negativa en la resistencia.

➤ Relación agua-cemento (a/c): la medida clave

La relación agua-cemento (a/c) es un aspecto fundamental que expresa la proporción de agua en relación con la masa de cemento en los morteros. Una menor relación a/c indica una mezcla más seca y resistente, mientras que una mayor relación a/c indica una mezcla más fluida y menos resistente. La relación a/c óptima depende del tipo de cemento, la aplicación prevista y las condiciones ambientales de trabajo.

➤ Métodos de aporte de agua

El agua se puede añadir a la mezcla de diferentes maneras, cada método con sus ventajas y consideraciones específicas:

- **Adición manual:** se usa empleando recipientes como los cubos, controlando manualmente la cantidad de agua.
- **Dosificadores automáticos:** estos sistemas permiten una dosificación precisa y exacta del agua, para garantizar una mayor uniformidad en la mezcla.

- **Mezcladores con control de agua:** algunas hormigoneras incorporan sistemas de control de agua que permiten ajustar la cantidad de agua durante el proceso de amasado.

➤ Factores que afectan el aporte de agua

La cantidad de agua requerida en la mezcla puede verse afectada por diversos factores, como:

- **Tipo de cemento:** cada tipo de cemento tiene diferentes necesidades de agua para la hidratación óptima.
- **Granulometría de la arena:** la granulometría de la arena afecta a la trabajabilidad de la mezcla y, por lo tanto, la cantidad de agua necesaria.
- **Condiciones ambientales:** la temperatura y la humedad del ambiente influyen en la velocidad de evaporación del agua y, por lo tanto, en la cantidad de agua necesaria.

➤ Control y optimización del aporte de agua

El control sobre cómo se añade el agua es esencial para obtener morteros de alta calidad. Se tienen que considerar los siguientes aspectos:

- **Selección del tipo de cemento:** elegir un tipo de cemento adecuado para la aplicación prevista y con los requerimientos de agua adecuados.
- **Realización de pruebas previas:** realizar pruebas preliminares para determinar la relación a/c adecuada para las condiciones específicas del trabajo.
- **Control de la cantidad de agua:** controlar de forma adecuada la cantidad de agua añadida a la mezcla, usando métodos de dosificación precisos.
- **Observación de la consistencia:** observar la consistencia de la mezcla y realizar ajustes en la cantidad de agua si es necesario.

➤ Recomendaciones para el aporte de agua

- **Utilizar agua potable:** el agua usada en la mezcla debe ser potable, libre de impurezas y contaminantes que puedan afectar las propiedades del cemento.
- **Evitar el exceso de agua:** es preferible añadir poca agua y realizar ajustes posteriores si es necesario, que agregar demasiada agua y debilitar la mezcla.
- **Mezclar adecuadamente:** mezclar la pasta o mortero durante el tiempo adecuado para asegurar una distribución uniforme del agua y una hidratación completa del cemento.

3.1.5. Llenado de contenedores de transporte

A la hora de transportar la mezcla del lugar de producción a donde se va a utilizar se necesita usar recipientes de diversa índole, es un paso muy importante que garantiza la entrega segura y eficiente de la mezcla en el tajo. Este proceso requiere atención a los detalles, planificación cuidadosa y técnicas adecuadas para evitar derrames, desperdicios y accidentes. En este apartado, se detalla el llenado de contenedores de transporte, explorando las mejores prácticas y recomendaciones para optimizar la eficiencia y seguridad en este proceso.

¿Sabías que...

se han encontrado evidencias de que los vikingos utilizaban una especie de mortero a base de clara de huevo para impermeabilizar sus barcos?

Esta mezcla, al secarse, formaba una película resistente al agua que protegía la madera de la humedad.

Figura 3.7. Los contenedores deben ser de fácil transporte y seguros.

➤ Elección del contenedor adecuado

La selección del contenedor adecuado es el primer paso para un llenado eficiente y seguro. Se deben considerar factores como la cantidad de material a transportar, la distancia de transporte, las condiciones ambientales y el tipo de aplicación prevista. Los más utilizados son:

- **Cubetas:** ideales para pequeñas cantidades de material y de fácil transporte manual.

- **Carretillas:** útiles para transportar cantidades moderadas de material en distancias cortas.
- **Bombonas:** permiten un transporte eficiente de grandes cantidades de material a través de tuberías o sistemas de bombeo.
- **Camiones mixtos:** adecuados para transportar grandes cantidades de material directamente al lugar de trabajo.

➤ Preparación del contenedor

Previo al llenado, es necesario preparar el contenedor de manera adecuada para evitar derrames y garantizar la seguridad. Se deben realizar las siguientes acciones:

- **Inspección del contenedor:** revisar el contenedor para verificar que esté en buen estado, libre de daños o fugas.
- **Limpieza del contenedor:** limpiar el interior del contenedor para eliminar cualquier residuo o material que pueda contaminar la mezcla.
- **Colocación de cubiertas:** colocar cubiertas o tapas en las aberturas del contenedor para evitar derrames durante el transporte.

➤ Técnicas de llenado adecuadas

Cuando se procede a llenar los contenedores se influye directamente en la eficiencia, seguridad y calidad de la mezcla. Se deben seguir las siguientes recomendaciones:

- **Llenado gradual:** se debe llenar el contenedor de manera gradual, evitando hacerlo en exceso y permitiendo que la mezcla se asiente adecuadamente.
- **Control de la caída:** hay que controlar la caída de la mezcla para minimizar salpicaduras y derrames.
- **Uso de embudos:** se deben utilizar embudos para dirigir el flujo de la mezcla hacia el interior del contenedor y evitar derrames.
- **Nivelación de la superficie:** es necesario nivelar la superficie de la mezcla una vez llenado el contenedor para facilitar el transporte y evitar derrames.

➤ Seguridad en el llenado

La seguridad es un aspecto crítico en todo proceso constructivo, en el llenado de contenedores de transporte también. Se deben seguir las siguientes medidas de precaución:

- **Equipo de protección personal:** hay que utilizar equipos de protección individual adecuados, como guantes, gafas de seguridad y zapatos de seguridad.
- **Estabilidad del contenedor:** asegurar la estabilidad del contenedor durante el llenado evita vuelcos o accidentes.
- **Prevención de caídas:** se debe mantener el área de trabajo limpia y seca para evitar caídas.
- **Manipulación segura de equipos:** hay que manipular los equipos de llenado, como bombas o tolvas, de manera segura y siguiendo las recomendaciones del fabricante.

➤ Recomendaciones para el llenado eficiente y seguro

- **Planificación adecuada:** se debe planificar el proceso de llenado con anticipación, considerando la cantidad de material, el tiempo disponible y la logística de transporte.
- **Comunicación efectiva:** es importante mantener una comunicación efectiva entre el personal responsable del llenado y el equipo de transporte.
- **Capacitación y entrenamiento:** dar formación y entrenamientos adecuados al personal involucrado en el proceso de llenado garantiza su seguridad y eficiencia.
- **Supervisión constante:** se debe supervisar constantemente el proceso de llenado para identificar y corregir cualquier problema potencial.

3.1.6. Condiciones ambientales para la elaboración de morteros y pastas

Las condiciones ambientales no son simples espectadoras en el proceso de elaboración de morteros y pastas. Son, de hecho, maestras silenciosas que influyen de manera determinante en la trabajabilidad, el fraguado y la resistencia final de la mezcla. La temperatura, la humedad relativa y la ventilación son como sus instrumentos, y el maestro artesano debe saber cómo manejarlos con precisión para obtener una obra maestra.

¿Sabías que...

los romanos utilizaban orina para acelerar el fraguado del mortero?

La urea presente en la orina actuaba como un acelerante natural, ayudando a que el mortero se endureciera más rápidamente.

➤ Temperatura: el termómetro de la mezcla

La temperatura ambiente es un aspecto significativo en la velocidad de hidratación del cemento, lo que a su vez influye en el fraguado y la resistencia final del mortero. Lo normal es que, las temperaturas más altas aceleran el fraguado, mientras que las temperaturas más bajas lo retardan.

- **Temperaturas óptimas:** la temperatura ideal para la elaboración de pastas y morteros se encuentra entre 10 °C y 25 °C. En este rango, la hidratación del cemento se desarrolla a un ritmo adecuado, permitiendo un fraguado controlado y una resistencia final óptima.
- **Temperaturas extremas:** temperaturas muy bajas o muy altas pueden tener efectos negativos en el mortero. Las temperaturas por debajo de 5 °C pueden retardar excesivamente el fraguado, mientras que superiores a 30 °C pueden provocar un fraguado excesivamente rápido y una pérdida de trabajabilidad.

Figura 3.8. Las condiciones climáticas son importantes a la hora de realizar pastas, morteros y hormigones.

➤ Humedad relativa: equilibrio en el aire

La humedad relativa del ambiente, es decir, la cantidad de vapor de agua presente en el aire, también influye en la trabajabilidad y el fraguado de la mezcla. Cuando existe un ambiente excesivamente seco se puede acelerar la evaporación del agua de la mezcla, dificultando su trabajabilidad y afectando negativamente el fraguado.

- **Humedad relativa óptima:** se recomienda mantener una humedad relativa entre 50 % y 70 % durante la elaboración y el fraguado de pastas y morteros. En este rango de humedad, el agua se evapora a un ritmo adecuado, permitiendo una trabajabilidad cómoda y un fraguado controlado.

- **Control de la humedad:** en ambientes muy secos, se puede humedecer el área de trabajo o la superficie de la mezcla para aumentar la humedad relativa. En ambientes muy húmedos, se puede ventilar el área de trabajo para reducir la humedad relativa.

Figura 3.9. La humedad ambiental puede variar sustancialmente el proceso de fraguado.

➤ Ventilación: aire fresco para la mezcla

La ventilación adecuada durante la elaboración y el fraguado de pastas y morteros es vital para eliminar el exceso de humedad y evitar la formación de la condensación. Una ventilación escasa puede provocar una retención excesiva de humedad en el mortero, afectando de manera negativa al fraguado y la resistencia.

- **Ventilación natural:** se recomienda aprovechar la ventilación natural tanto como sea posible, abriendo puertas y ventanas para permitir la circulación del aire.

- **Ventilación forzada:** cuando la ventilación natural es insuficiente, se puede usar ventilación forzada mediante ventiladores u otros sistemas de extracción de aire.

¿Sabías que...

en algunas culturas antiguas se creía que ciertos ingredientes mágicos podían mejorar las propiedades del mortero?

Por ejemplo, los egipcios a veces añadían sangre de animales o partes de plantas con propiedades curativas a sus mezclas.

➤ Consideraciones adicionales

- **Exposición al sol:** se debe evitar la exposición directa del mortero al sol, ya que esto puede acelerar la evaporación del agua y afectar negativamente al fraguado.
- **Protección contra la lluvia:** proteger la mezcla de la lluvia o la nieve es necesario para evitar que se diluyan los componentes y se afecte la trabajabilidad y el fraguado, este fenómeno se conoce habitualmente como lavar la mezcla.
- **Controlar las condiciones ambientales:** es importante controlar las condiciones ambientales durante la elaboración y el fraguado de la mezcla para realizar ajustes si fuera necesario.

➤ Recomendaciones para controlar las condiciones ambientales

- **Planificación del trabajo:** es necesario planificar el trabajo considerando las condiciones climáticas previstas y tomar medidas necesarias para controlar la temperatura, la humedad relativa y la ventilación.
- **Uso de aditivos:** en casos extremos, se pueden utilizar aditivos específicos para modificar las propiedades de la mezcla y adaptarla a las condiciones ambientales.
- **Formación del personal:** brindar capacitación al personal encargado de la elaboración de pastas y morteros sobre la importancia de las condiciones ambientales y las técnicas para controlarlas.

3.2. PROCESOS Y CONDICIONES DE ELABORACIÓN DE HORMIGONES

El hormigón es un material compuesto por cemento, agua, áridos y, en ocasiones, aditivos, que se moldea y endurece para formar estructuras sólidas y duraderas. Su uso en puentes, edificios, túneles y otras obras de ingeniería lo convierte en el material de construcción más utilizado en el mundo, y su elaboración es un proceso complejo que requiere precisión, control y un elevado conocimiento de los principios físicos que le afectan.

En este apartado, se desarrollan los distintos procesos que influyen en la elaboración del hormigón, explorando los pasos esenciales, las técnicas utilizadas y los factores que afectan en su calidad final. Desde la dosificación exacta de los componentes hasta el control preciso del fraguado, cada etapa es crucial para garantizar la integridad estructural y la durabilidad de las construcciones que lo utilizan.

A medida que nos adentramos en este capítulo, descubriremos:

- **La ciencia detrás del hormigón:** explorando los principios químicos y físicos que determinan las propiedades del hormigón y cómo se ven afectados por la dosificación, el mezclado, la colocación y el curado.
- **Técnicas de elaboración:** conociendo las diferentes técnicas utilizadas en cada etapa del proceso de elaboración, desde la dosificación precisa de los componentes hasta el control del fraguado y el acabado final.
- **Factores que influyen en la calidad:** analizando los factores que pueden afectar la calidad del hormigón, como la calidad de los materiales, las condiciones ambientales y las técnicas de elaboración utilizadas.
- **Control de calidad:** descubriendo la importancia del control de calidad en la elaboración del hormigón y las diferentes pruebas que se realizan para garantizar que cumpla con las especificaciones del proyecto.

Al finalizar, se conseguirá una comprensión profunda de los procesos y condiciones de elaboración del hormigón, lo que permitirá apreciar la complejidad y la importancia de este material en la construcción moderna.

¿Sabías que…

los romanos utilizaban cenizas volcánicas para mejorar la resistencia de sus hormigones?

La puzolana, una ceniza volcánica rica en sílice, reaccionaba con la cal para formar un material similar al cemento Portland, lo que les permitía construir estructuras duraderas incluso en ambientes marinos.

3.2.1. Identificación y control de componentes

A la hora de proceder con la elaboración del hormigón, la identificación y el control de componentes son ejes fundamentales para garantizar la calidad y el rendimiento final del material. Cada componente, desde el cemento y el agua, hasta los áridos y aditivos, juegan un papel crucial en las propiedades del hormigón, y su selección, dosificación y control adecuados son básicos para obtener mezclas consistentes, resistentes y duraderas.

➤ Componentes esenciales del hormigón

- **Cemento:** es el aglutinante que une los áridos y da forma al hormigón. Es responsable de la hidratación y el fraguado del material, proporcionándole resistencia y durabilidad. La selección del tipo de cemento adecuado depende de las características del proyecto y las propiedades deseadas del hormigón.

- **Agua:** es el elemento esencial que inicia la reacción de hidratación del cemento. La cantidad y calidad del agua influyen de forma directa en la trabajabilidad, el fraguado y la resistencia final del hormigón. Es recomendable usar agua potable libre de impurezas que puedan afectar las propiedades del cemento.
- **Áridos:** constituyen la mayor parte del volumen del hormigón y proporcionan resistencia y estabilidad a la mezcla. Se pueden clasificar en dos categorías: áridos gruesos (grava) y áridos finos (arena). La selección y dosificación adecuadas de los áridos son cruciales para lograr una densidad precisa y una trabajabilidad adecuada del hormigón.
- **Aditivos:** son sustancias químicas que se añaden a la mezcla de hormigón para modificar sus propiedades, como la trabajabilidad, el tiempo de fraguado, la resistencia al agua o la resistencia al aire. La selección y dosificación adecuadas de los aditivos dependen de las características específicas del proyecto y las propiedades deseadas del hormigón.

➤ Identificación y control de calidad de componentes

- **Cemento:** debe cumplir con las normas y especificaciones establecidas para el tipo de cemento seleccionado. Se deben realizar pruebas de laboratorio para verificar su calidad, incluyendo finura, tiempo de fraguado, resistencia a la compresión y contenido de aire.
- **Agua:** debe ser potable y libre de impurezas que puedan afectar las propiedades del cemento. Se deben realizar pruebas de laboratorio para verificar su pH, contenido de sólidos disueltos y contenido de cloruros.
- **Áridos:** deben cumplir con las normas y especificaciones establecidas para el tipo de árido seleccionado. Se deben realizar pruebas de laboratorio para verificar su granulometría, contenido de arcilla, contenido de material orgánico y resistencia al desgaste.
- **Aditivos:** deben cumplir con las normas y especificaciones establecidas para el tipo de aditivo seleccionado. Se deben seguir las instrucciones del fabricante para su dosificación y uso correcto.

➤ Control de dosificación

La dosificación de los componentes del hormigón es vital para obtener hormigones consistentes y de calidad. Se debe utilizar un sistema de dosificación preciso y realizar controles periódicos para verificar su correcto funcionamiento.

➤ Almacenamiento y manejo adecuado

Es importante almacenar y manejar adecuadamente los componentes del hormigón para evitar su deterioro o contaminación. El cemento debe almacenarse en un lugar seco y fresco, protegido de la humedad y la intemperie. Los áridos deben almacenarse en áreas limpias y libres de impurezas. El agua debe almacenarse en tanques limpios y protegidos de la contaminación.

¿Sabías que...

existen hormigones que brillan en la oscuridad?

Estos hormigones contienen aditivos luminiscentes que absorben la luz durante el día y la emiten en la noche, lo que los hace ideales para señalización o aplicaciones artísticas.

➤ Recomendaciones para la identificación y control de componentes

- **Establecimiento de un plan de control de calidad:** se deben definir los procedimientos y pruebas de laboratorio a realizar para verificar la calidad de los componentes del hormigón.
- **Selección de proveedores confiables:** hay que elegir proveedores de materiales de construcción que cumplan con las normas y especificaciones establecidas.
- **Realización de pruebas de laboratorio periódicas:** es recomendable realizar pruebas de laboratorio de forma regular para verificar la calidad de los componentes y detectar cualquier problema potencial.
- **Registro adecuado:** se deben registrar los resultados de las pruebas de laboratorio y la información relacionada con la dosificación y el uso de los componentes.
- **Formación del personal:** es importante ofrecer formación al personal involucrado en la elaboración del hormigón sobre la importancia de la identificación y control de componentes, así como sobre las técnicas adecuadas de almacenamiento y manejo.

En resumen, la identificación y el control de componentes son aspectos cruciales en la elaboración del hormigón de calidad. La selección adecuada de materiales, la realización de pruebas de laboratorio para verificar su calidad, la dosificación precisa y el almacenamiento y manejo adecuados son esenciales para garantizar la consistencia, resistencia y durabilidad del hormigón a lo largo de su vida útil. Dominar estos principios y técnicas permite a los profesionales de la construcción crear estructuras sólidas, duraderas y de alta calidad que cumplan con los requisitos de cada proyecto.

3.2.2. Dosificación en peso y volumen, correcciones de dosificación

La dosificación precisa de sus componentes es fundamental para obtener hormigones consistentes, de calidad y con las propiedades deseadas. Existen dos métodos principales: dosificación en peso y dosificación en volumen. Cada método tiene sus ventajas y desventajas, y la elección del método adecuado depende de varios factores, como la complejidad del proyecto, la precisión requerida y la disponibilidad de equipos.

➤ Dosificación en peso

La dosificación en peso se considera el método más preciso y confiable para dosificar los componentes del hormigón. En este método, cada componente se mide y se pesa individualmente, lo que garantiza una mayor exactitud y consistencia en la mezcla.

Las **ventajas** de la dosificación en peso son:

- **Mayor precisión:** permite una dosificación más precisa de los componentes, lo que resulta en mezclas más consistentes y con menos variabilidad.
- **Menor desperdicio:** reduce el desperdicio de materiales, ya que se utiliza la cantidad exacta de cada componente.
- **Mejor control de calidad:** facilita un mejor control de calidad del hormigón, ya que se puede rastrear la cantidad de cada componente utilizado en cada mezcla.

Sin embargo, las **desventajas** de la dosificación en peso son las siguientes:

- **Mayor coste:** requiere de equipos de dosificación más costosos y especializados.
- **Mayor complejidad:** la operación de los equipos de dosificación en peso puede ser más compleja y requerir personal capacitado.

➤ Dosificación en volumen

La dosificación en volumen es un método más simple y económico que la dosificación en peso. En este método, los componentes se miden y se dosifican por volumen, utilizando recipientes graduados o cubetas.

Las **ventajas** de la dosificación en volumen son las siguientes:

- **Menor coste:** requiere de equipos de dosificación más simples y económicos.
- **Menor complejidad:** la operación de los equipos de dosificación en volumen es más sencilla y no requiere personal tan especializado.

Pero las **desventajas** de la dosificación en volumen son:

- **Menor precisión:** la dosificación por volumen es menos precisa que la dosificación en peso, lo que puede resultar en mezclas menos consistentes y con mayor variabilidad.
- **Mayor desperdicio:** puede haber un mayor desperdicio de materiales, ya que no se utiliza la cantidad exacta de cada componente.
- **Menor control de calidad:** dificulta el control de calidad del hormigón, ya que no se puede rastrear con precisión la cantidad de cada componente utilizado en cada mezcla.

➤ Correcciones de dosificación

Independientemente del método de dosificación utilizado, es importante realizar correcciones de dosificación para ajustar la cantidad de agua o cemento en la mezcla en función de la humedad de los áridos. La humedad de los áridos puede afectar significativamente a la trabajabilidad, el fraguado y la resistencia final del hormigón.

➤ Métodos para corregir la dosificación

- **Método del cono de Abrams:** este método se basa en la medición del asentamiento del hormigón en un cono de Abrams. La cantidad de agua se ajusta en función del valor de asentamiento medido.
- **Método del ensayo de compactación:** este método se basa en la compactación del hormigón en un molde cilíndrico. La cantidad de agua se ajusta en función de la densidad del hormigón compactado.

➤ Recomendaciones para la dosificación y correcciones de dosificación

- **Seleccionar el método de dosificación adecuado:** se debe elegir el método de dosificación (peso o volumen) que mejor se adapte a las necesidades del proyecto, considerando su complejidad, la precisión requerida y la disponibilidad de equipos.
- **Realizar pruebas de laboratorio para determinar la humedad de los áridos:** antes de la dosificación, hay que realizar pruebas de laboratorio para determinar la humedad de los áridos y determinar la cantidad de agua o cemento necesaria para ajustar la mezcla.

- **Utilizar métodos de corrección de dosificación adecuados:** se debe aplicar el método de corrección de dosificación adecuado para ajustar la cantidad de agua o cemento en la mezcla en función de la humedad de los áridos.

¿Sabías que...

Se dice que los constructores de la Gran Muralla China utilizaban una mezcla secreta para elaborar el mortero que unía los bloques de piedra. Esta mezcla, que incluía arroz glutinoso, cal y sangre de animal, confería al mortero una resistencia y durabilidad excepcionales, permitiendo que la muralla se mantuviera en pie durante siglos. Aunque esta leyenda es difícil de verificar, lo cierto es que la Gran Muralla China es un testimonio de la ingeniería y la construcción de la antigua China.

- **Mantener registros de dosificación y correcciones:** registrar la información relacionada con la dosificación de los componentes y las correcciones realizadas garantiza la trazabilidad y el control de calidad del hormigón.

3.2.3. Amasado con medios manuales y mecánicos

El proceso de amasado es una etapa crucial donde los componentes del hormigón, cemento, agua, áridos y aditivos se mezclan y unifican para formar una masa homogénea y trabajable. Esta mezcla se realiza utilizando medios manuales o mecánicos, cada uno con sus ventajas y desventajas, y la elección del método adecuado depende del tamaño del proyecto, la disponibilidad de equipos y las características deseadas del hormigón.

➤ Amasado manual

El amasado manual es un método tradicional utilizado en proyectos pequeños o en áreas donde no hay acceso a equipos mecánicos. Este método se realiza utilizando herramientas manuales como palas, azadones u hormigoneras manuales.

Las **ventajas** del amasado manual son:

- **Bajo coste:** no requiere de equipos costosos ni de inversión en maquinaria.
- **Simplicidad:** el proceso es sencillo y no necesita conocimientos técnicos especializados.
- **Adaptabilidad:** se puede utilizar en áreas de difícil acceso o en proyectos de pequeño tamaño.

Como **desventajas** del amasado manual están las siguientes:

- **Menor eficiencia:** el proceso es más lento y laborioso que el amasado mecánico.
- **Menor homogeneidad:** la mezcla puede ser menos homogénea y presentar mayor variabilidad.
- **Mayor esfuerzo físico:** requiere de mayor esfuerzo físico por parte del personal involucrado.

➤ Amasado mecánico

El amasado mecánico es el método más usado en la elaboración del hormigón. Este método se realiza utilizando hormigoneras mecánicas, que permiten una mezcla rápida, eficiente y homogénea de los componentes.

Las **ventajas** del amasado mecánico son:

- **Mayor eficiencia:** el proceso es más rápido y eficiente que el amasado manual.
- **Mayor homogeneidad:** la mezcla es más homogénea y presenta menor variabilidad.
- **Menor esfuerzo físico:** requiere de menor esfuerzo físico por parte del personal involucrado.
- **Posibilidad de agregar aditivos:** permite la incorporación de aditivos de forma precisa y controlada.

Pero las **desventajas** del amasado mecánico son las siguientes:

- **Mayor coste:** requiere de una inversión en equipos mecánicos, como hormigoneras.
- **Mayor complejidad:** la operación de las hormigoneras mecánicas puede requerir de conocimientos técnicos básicos.
- **Menor adaptabilidad:** puede ser menos adaptable a proyectos de pequeño tamaño o en áreas de difícil acceso.

➤ Consideraciones para la elección del método de amasado

- **Tamaño del proyecto:** en proyectos pequeños, el amasado manual puede ser una opción viable. En proyectos más grandes, el amasado mecánico es habitualmente la mejor opción.
- **Disponibilidad de equipos:** si no se dispone de hormigoneras mecánicas, el amasado manual puede ser la única alternativa.
- **Características deseadas del hormigón:** si se requiere una mezcla altamente homogénea y con una consistencia específica, el amasado mecánico es la mejor opción.

- **Coste:** el coste de los equipos mecánicos y la mano de obra debe ser considerado al elegir el método de amasado.

➤ Recomendaciones para el amasado manual y mecánico

- **Utilizar materiales de calidad:** asegurarse de utilizar materiales de calidad, como cemento, agua y áridos, que cumplan con las normas y especificaciones establecidas.
- **Dosificar los componentes correctamente:** dosificar los componentes del hormigón de forma precisa y siguiendo las recomendaciones del diseño de mezcla.
- **Mezclar los componentes de forma adecuada:** mezclar los componentes del hormigón de forma uniforme y hasta obtener una masa homogénea y trabajable.
- **Controlar el tiempo de mezclado:** controlar el tiempo de mezclado para evitar la sobremezcla, que puede afectar a la trabajabilidad y la resistencia final del hormigón.
- **Limpiar los equipos:** limpiar los equipos de amasado después de cada uso para evitar la acumulación de materiales que puedan afectar a la calidad de las mezclas posteriores.

3.2.4. Aporte de agua

El agua es un elemento esencial que inicia y controla la reacción de hidratación del cemento, el cual es un proceso fundamental en el desarrollo de la resistencia y durabilidad del hormigón. La cantidad y la calidad del agua influyen significativamente en la trabajabilidad, el fraguado, la resistencia final y otras propiedades del mismo. En este apartado, se describen en detalle los procesos de aporte de agua, explorando los diferentes métodos de adición, su influencia en las propiedades del hormigón y las recomendaciones para un control adecuado del agua durante el proceso de elaboración.

➤ Métodos de adición de agua

- **Mezclado en seco:** en este método, el agua se añade a los componentes secos (cemento, áridos y aditivos) durante el proceso de mezclado. Es el método más utilizado en la elaboración del hormigón.
- **Premezclado:** el agua se mezcla previamente con algunos de los componentes, como el cemento o los aditivos, antes de añadirlos a los áridos secos.

Este método puede mejorar la trabajabilidad del hormigón y reducir el tiempo de mezclado.

- **Dosificación en el molde:** el agua se añade directamente al hormigón ya colocado en el molde, justo antes del vibrado o compactación. Este método se utiliza principalmente en proyectos especiales, como la colocación de hormigón bajo el agua.

➤ Influencia del agua en las propiedades del hormigón

- **Trabajabilidad:** la cantidad de agua afecta de manera significativa a la trabajabilidad del hormigón. Un mayor contenido de agua aumenta la trabajabilidad, mientras que un menor contenido la reduce.
- **Fraguado:** la cantidad de agua también influye en el tiempo de fraguado del hormigón, resultando que a un mayor contenido de agua se acelera el fraguado, mientras que un menor contenido lo retarda.
- **Resistencia:** la cantidad de agua tiene un impacto directo en la resistencia final del hormigón. Un mayor contenido reduce la resistencia final, mientras que un menor contenido de agua la aumenta.
- **Durabilidad:** la cantidad de agua también afecta a la durabilidad del hormigón, especialmente a su resistencia a la penetración de agua, cloruros y otras sustancias agresivas. Un mayor contenido de agua aumenta la porosidad del hormigón, lo que lo convierte en más susceptible a la degradación.

¿Sabías que...

el hormigón puede ser utilizado para crear estructuras que imitan la madera, la piedra o incluso el tejido orgánico?

Gracias a la versatilidad del hormigón y a las técnicas de moldeado, se pueden obtener acabados muy realistas.

➤ Control adecuado del agua

- **Utilizar agua de calidad:** se recomienda utilizar agua potable libre de impurezas que puedan afectar las propiedades del cemento.
- **Dosificar el agua correctamente:** la cantidad de agua debe dosificarse con precisión, siguiendo las recomendaciones del diseño de mezcla.
- **Controlar la humedad de los áridos:** la humedad de los áridos debe tenerse en cuenta al dosificar el agua, ya que puede afectar la cantidad de agua necesaria para la mezcla.

- **Evitar el exceso de agua:** es importante evitar el exceso de agua en la mezcla, ya que esto puede afectar negativamente a la trabajabilidad, el fraguado, la resistencia y la durabilidad del hormigón.
- **Curar el hormigón adecuadamente:** el curado del hormigón es esencial para garantizar la hidratación completa del cemento y el desarrollo de la resistencia final. El curado debe realizarse de manera adecuada, manteniendo la humedad del hormigón durante el tiempo de fraguado.

➤ Recomendaciones para el aporte de agua

- **Seguir las recomendaciones del diseño de mezcla:** la cantidad de agua debe dosificarse de acuerdo con las recomendaciones del diseño de mezcla, que se basa en las características del proyecto y las propiedades deseadas del hormigón.
- **Realizar pruebas de laboratorio:** se pueden realizar pruebas de laboratorio para determinar la cantidad de agua necesaria para obtener una mezcla con la trabajabilidad deseada.
- **Utilizar equipos de dosificación precisos:** se recomienda utilizar equipos de dosificación precisos para asegurar la dosificación exacta del agua.
- **Supervisar el proceso de mezclado:** se debe supervisar el proceso de mezclado para evitar el exceso de agua en la mezcla.

3.2.5. Llenado de contenedores de transporte

A la hora del llenado de contenedores de transporte hay que tener en cuenta diversos factores para asegurar la transferencia eficiente y segura de la mezcla desde el lugar de producción hasta el sitio de colocación. Esta operación debe realizarse con cuidado y precisión para evitar la segregación de los componentes, la pérdida de trabajabilidad y la alteración de las propiedades del hormigón.

➤ Métodos de llenado

- **Llenado por gravedad:** el hormigón se vierte directamente desde la hormigonera o mezcladora en el contenedor de transporte. Este método es simple y económico, pero puede generar segregación de los componentes si no se realiza con cuidado.
- **Llenado por bomba:** el hormigón se bombea desde la hormigonera o mezcladora hasta el contenedor de transporte a través de una tubería. Este método permite un llenado más homogéneo y reduce la segregación de los

componentes, especialmente en proyectos con distancias considerables o accesos difíciles.

- **Llenado por grúa:** el hormigón se transporta en un balde o tolva suspendida de una grúa y se vierte en el contenedor de transporte. Este método es útil para proyectos con acceso limitado o para colocar el hormigón en áreas elevadas.

➤ Consideraciones para el llenado de contenedores de transporte

- **Tipo de contenedor de transporte:** el tipo de contenedor de transporte utilizado debe ser adecuado para el volumen de hormigón que se va a transportar y las condiciones del proyecto.
- **Distancia de transporte:** la distancia de transporte debe considerarse al elegir el método de llenado y el tipo de contenedor. Para distancias cortas, el llenado por gravedad puede ser suficiente, mientras que, para distancias más largas, el llenado por bomba o grúa puede ser necesario.
- **Accesibilidad al sitio de colocación:** si el acceso es limitado o difícil, el llenado por grúa puede ser la mejor opción.
- **Condiciones climáticas:** las condiciones climáticas, como la temperatura ambiente y la humedad, pueden afectar a la trabajabilidad del hormigón y deben considerarse al elegir el método de llenado y el tiempo de transporte.

➤ Recomendaciones para el llenado de contenedores de transporte

- **Preenfriar o precalentar el contenedor de transporte:** si las condiciones climáticas lo requieren, se puede preenfriar o precalentar el contenedor de transporte para mantener la temperatura adecuada del hormigón durante el transporte.
- **Llenar el contenedor de transporte de forma gradual:** el contenedor de transporte debe llenarse de forma gradual, evitando caídas bruscas del hormigón que puedan generar segregación de los componentes.
- **Compactar el hormigón en el contenedor de transporte:** en algunos casos, puede ser necesario compactar el hormigón en el contenedor de transporte para eliminar el aire atrapado y mejorar la trabajabilidad.
- **Cubrir el contenedor de transporte:** el contenedor debe cubrirse con una lona o material impermeable para evitar la pérdida de humedad del hormigón durante el transporte.
- **Transportar el hormigón lo antes posible:** el hormigón debe transportarse lo antes posible después del llenado para minimizar la pérdida de trabajabilidad y evitar el fraguado prematuro.

- **Monitorear la temperatura del hormigón durante el transporte:** se puede utilizar un termómetro para monitorear la temperatura del hormigón durante el transporte y, si es necesario, tomar medidas para mantener la temperatura adecuada.

¿Sabías que...

existen hormigones que cambian de color en función de la temperatura o la humedad?

Estos hormigones se utilizan en aplicaciones especiales, como la creación de fachadas que cambian de aspecto según las condiciones climáticas.

3.2.6. Condiciones ambientales para la elaboración de hormigones

Las condiciones ambientales juegan un papel crucial en el proceso de fraguado y en las propiedades finales del material. La temperatura, la humedad, la velocidad del viento y la exposición al sol son factores que pueden afectar significativamente la trabajabilidad, el tiempo de fraguado, la resistencia y la durabilidad del hormigón. En este apartado, exploraremos en detalle las condiciones ambientales que deben considerarse durante la elaboración del hormigón, así como las medidas que se pueden tomar para mitigar sus efectos negativos y garantizar la calidad del material.

➤ Influencia de las condiciones ambientales en el hormigón

- **Temperatura:** la temperatura ambiente afecta significativamente a la velocidad de reacción del cemento con el agua, lo que a su vez influye en el tiempo de fraguado y en la resistencia final del hormigón.

- **Temperaturas altas:** las temperaturas elevadas aceleran el fraguado del hormigón, lo que puede dificultar su colocación y compactación, y puede reducir la resistencia final.

- **Temperaturas bajas:** las temperaturas bajas retardan el fraguado del hormigón, lo que puede prolongar el tiempo de trabajo y aumentar el riesgo de congelamiento del agua, dañando la estructura del hormigón.

- **Humedad:** la humedad del aire y de los áridos puede afectar a la cantidad de agua necesaria para la mezcla y a la trabajabilidad del hormigón.

- **Humedad alta:** la alta humedad del aire puede aumentar la cantidad de agua necesaria para la mezcla y reducir la trabajabilidad del hormigón.

- **Humedad baja:** la baja humedad del aire puede reducir la cantidad de agua necesaria para la mezcla y aumentar la trabajabilidad del hormigón, pero también puede aumentar el riesgo de pérdida de humedad del hormigón durante el fraguado.
- **Velocidad del viento:** la velocidad del viento puede afectar a la pérdida de humedad del hormigón durante el fraguado, lo que puede afectar negativamente a la resistencia y la durabilidad del material.
- **Exposición al sol:** la exposición directa al sol puede aumentar la temperatura del hormigón y acelerar el fraguado, lo que puede dificultar su colocación y compactación.

➤ Medidas para mitigar los efectos de las condiciones ambientales

- **Protección contra la temperatura:** se pueden utilizar medidas como el uso de agua fría o hielo en la mezcla, el cubrimiento del hormigón con lonas o materiales aislantes, y el trabajo en horas más frescas del día para mitigar los efectos de las temperaturas extremas.
- **Control de la humedad:** se puede controlar la humedad del aire en el área de trabajo mediante el uso de humidificadores o deshumidificadores, según sea necesario. La humedad de los áridos también debe controlarse y ajustarse en la dosificación de la mezcla.
- **Protección contra el viento:** se pueden utilizar barreras contra el viento o lonas para proteger el hormigón del viento directo.
- **Protección contra el sol:** se debe cubrir el hormigón con lonas o materiales aislantes para protegerlo de la exposición directa al sol.

¿Sabías que...

en algunas partes del mundo se han encontrado hormigones antiguos que han resistido miles de años sin deteriorarse significativamente?

Estos hormigones, elaborados con técnicas ancestrales, desafían a los ingenieros modernos con su durabilidad.

➤ Recomendaciones para la elaboración de hormigón en diferentes condiciones ambientales

- **Clima cálido:** en climas cálidos, se deben utilizar medidas para reducir la temperatura del hormigón, como el uso de agua fría o hielo en la mezcla, y se debe evitar el trabajo durante las horas más calurosas del día.

- **Clima frío:** en climas fríos, se deben utilizar medidas para proteger el hormigón de la congelación, como el uso de aditivos anticongelantes y el cubrimiento del hormigón con materiales aislantes.
- **Clima húmedo:** en climas húmedos, se debe controlar la humedad del aire en el área de trabajo y se debe ajustar la dosificación de la mezcla para tener en cuenta la humedad de los áridos.
- **Clima ventoso:** en climas ventosos, se deben utilizar barreras contra el viento o lonas para proteger el hormigón del viento directo.

3.3. PROCESOS Y CONDICIONES DE ELABORACIÓN DE ADHESIVOS Y MATERIALES DE REJUNTADO

En el sector de la construcción, la unión entre los diversos elementos es un aspecto crucial para la integridad y estética de las edificaciones. En este contexto, los adhesivos y materiales de rejuntado juegan un papel fundamental, proporcionando un enlace fuerte, duradero y resistente entre diversos materiales, como ladrillos, cerámicos, piedras y otros elementos.

Este apartado se adentra en los detalles de la elaboración de estos materiales, sus condiciones óptimas y las mejores prácticas para garantizar un trabajo de alta calidad.

Dominar las técnicas, los procesos y las condiciones de elaboración de adhesivos y materiales de rejuntado es esencial para lograr uniones fuertes, duraderas y estéticamente agradables en diversos proyectos de construcción. Al comprender los principios fundamentales y seguir las mejores prácticas, los profesionales de la construcción pueden garantizar la calidad y el rendimiento de estas uniones, contribuyendo a la integridad y belleza de las edificaciones.

3.3.1. Identificación y control de componentes

Los adhesivos y materiales de rejuntado, también conocidos como lechadas, juegan un papel fundamental para unir y sellar diversos elementos, como ladrillos, cerámicos, piedras y otros materiales. La calidad y el rendimiento de estos productos dependen en gran medida de la correcta selección, identificación y control de sus componentes.

En este apartado, se desarrollan los detalles de la identificación y el control de componentes para adhesivos y materiales de rejuntado, explorando los diferentes aspectos que los componen, las características de cada uno y las prácticas recomendadas para garantizar su calidad y compatibilidad.

➤ Componentes de adhesivos y materiales de rejuntado

- **Aglutinantes:** son los elementos responsables de unir las partículas de los materiales a unir. Pueden ser de origen orgánico o inorgánico y se clasifican en diferentes tipos según sus características y aplicaciones.
  - **Aglutinantes orgánicos:** algunos ejemplos de aglutinantes orgánicos comunes en adhesivos y materiales de rejuntado son las resinas acrílicas, epoxi, vinílicas y poliuretánicas. Estos aglutinantes ofrecen una alta flexibilidad, adherencia y resistencia al agua.
  - **Aglutinantes inorgánicos:** algunos ejemplos de aglutinantes inorgánicos comunes en adhesivos y materiales de rejuntado son el cemento Portland, el yeso y la cal. Estos aglutinantes ofrecen una alta resistencia mecánica y durabilidad, pero pueden ser menos flexibles que los aglutinantes orgánicos.
- **Áridos:** son materiales inertes que se añaden a los adhesivos y materiales de rejuntado para darles volumen, mejorar su trabajabilidad y reducir su coste. Se clasifican por tamaño en gruesos, finos y ultrafinos.
  - **Áridos gruesos:** los áridos gruesos, generalmente con tamaños entre 4 y 8 mm, se utilizan en adhesivos y materiales de rejuntado para mejorar su trabajabilidad y reducir su contracción.
  - **Áridos finos:** los áridos finos, generalmente con tamaños entre 0,15 y 4 mm, se utilizan en adhesivos y materiales de rejuntado para mejorar su trabajabilidad, cohesión y resistencia mecánica.
  - **Áridos ultrafinos:** los áridos ultrafinos, generalmente con tamaños inferiores a 0,15 mm, se utilizan en adhesivos y materiales de rejuntado para mejorar su trabajabilidad, cohesión y resistencia a la fisuración.
- **Aditivos:** son sustancias que se añaden a los adhesivos y materiales de rejuntado para modificar sus propiedades, como su tiempo de fraguado, trabajabilidad, adherencia, resistencia al agua, flexibilidad y otras características.
  - **Aditivos retardantes:** se utilizan para retrasar el tiempo de fraguado de los adhesivos y materiales de rejuntado, permitiendo un mayor tiempo de trabajo y ajuste de las piezas.
  - **Aditivos plastificantes:** se emplean para aumentar la flexibilidad y trabajabilidad de los adhesivos y materiales de rejuntado, facilitando su aplicación y reduciendo la fragilidad.
  - **Aditivos impermeabilizantes:** sirven para mejorar la resistencia al agua de los adhesivos y materiales de rejuntado, protegiendo las uniones de la humedad y la penetración de líquidos.

- **Agua:** es un componente esencial en la elaboración de adhesivos y materiales de rejuntado, ya que actúa como medio para la hidratación del aglutinante y la formación de la pasta. La calidad del agua, libre de impurezas y contaminantes, es fundamental para garantizar las propiedades del material final.

➤ Identificación y control de componentes

Resulta muy importante seleccionar proveedores que transmitan confianza y que cumplan con los estándares de calidad, de tal forma que puedan proporcionar información detallada sobre la composición y características de sus productos.

Las hojas de datos de seguridad proporcionan información importante sobre los componentes de los adhesivos y materiales de rejuntado, incluyendo su clasificación de peligrosidad, riesgos potenciales y medidas de seguridad para su manipulación.

En algunos casos, puede ser necesario realizar ensayos de laboratorio para verificar las propiedades de los componentes y garantizar su compatibilidad con los materiales a unir y las condiciones de aplicación.

¿Sabías que...
algunos materiales de rejuntado pueden emitir luz en la oscuridad?

Estos rejuntes luminiscentes se utilizan en aplicaciones decorativas o para señalizar zonas específicas.

➤ Recomendaciones para la identificación y el control de componentes

- **Documentar la información de los componentes:** es importante mantener registros detallados de la información de los componentes, incluyendo su origen, proveedor, características y fecha de recepción.
- **Realizar inspecciones visuales:** las inspecciones visuales ayudan a detectar posibles problemas con los componentes, como la presencia de impurezas, grumos o cambios de color.
- **Almacenar los componentes de manera adecuada:** los componentes deben ser almacenados en condiciones adecuadas de temperatura, humedad y ventilación para evitar su deterioro o alteración de sus propiedades.
- **Seguir las instrucciones del fabricante:** es muy importante seguir las instrucciones del fabricante para la manipulación, almacenamiento y uso de

los componentes, asegurando así la calidad y el rendimiento de los adhesivos y materiales de rejuntado.

3.3.2. Correcciones de dosificación

La elaboración de los adhesivos y materiales de rejuntado requiere de una precisión correcta en la dosificación de sus componentes para obtener una mezcla con las propiedades adecuadas para la aplicación que se requiera. Sin embargo, a veces, pueden surgir errores en la medición o mezclado que obligan a realizar correcciones para asegurar la calidad de la unión.

A continuación, se desarrollan los detalles de las correcciones de dosificación en adhesivos y materiales de rejuntado, explorando las causas comunes de errores, las técnicas para identificarlos y las mejores prácticas para realizar correcciones efectivas que garanticen la calidad y el rendimiento de la mezcla.

➤ Causas comunes de errores en la dosificación

Pueden ocurrir errores de medición por diversos motivos, como el uso de instrumentos de medición inadecuados, la falta de atención o la interpretación incorrecta de las instrucciones. La selección de componentes incompatibles o la mezcla de diferentes tipos de adhesivos o materiales de rejuntado puede generar una mezcla con propiedades inadecuadas para la aplicación deseada. Por otra parte, las condiciones ambientales, como la temperatura, la humedad y la ventilación, pueden afectar a la trabajabilidad de la mezcla y dificultar la correcta dosificación de los componentes. Cuando se realiza el mezclado de los distintos elementos pueden suceder deficiencias que pueden alterar la consistencia y las propiedades de la mezcla.

➤ Identificación de errores en la dosificación

- **Observación visual:** la observación visual de la mezcla puede revelar indicios de errores en la dosificación, como una consistencia demasiado líquida o espesa, una coloración diferente a la normal o la presencia de grumos.
- **Pruebas de trabajabilidad:** la realización de pruebas de trabajabilidad, como la aplicación de una pequeña cantidad de la mezcla sobre una superficie de prueba, puede ayudar a evaluar la consistencia y la adherencia de la mezcla.
- **Ensayos de laboratorio:** en algunos casos, puede ser necesario realizar ensayos de laboratorio para determinar con precisión las propiedades de la mezcla y la necesidad de realizar correcciones.

➤ Técnicas para realizar correcciones de dosificación

- **Ajuste de la cantidad de agua:** si la mezcla es demasiado líquida, se puede agregar una pequeña cantidad de polvo seco para aumentar su consistencia. Si la mezcla es demasiado espesa, se puede agregar una pequeña cantidad de agua para mejorar su trabajabilidad.
- **Ajuste de la cantidad de aditivos:** si la mezcla no presenta las propiedades deseadas, como la adherencia o el tiempo de fraguado, se puede ajustar la cantidad de aditivos específicos para modificar estas características.
- **Preparación de una nueva mezcla:** si los errores en la dosificación son considerables o si la mezcla no cumple con las especificaciones, puede ser necesario preparar una nueva mezcla con las cantidades correctas de los componentes.

➤ Recomendaciones para evitar errores en la dosificación

- **Leer cuidadosamente las instrucciones del fabricante:** estas instrucciones del fabricante proporcionan información detallada sobre la dosificación de los componentes y las condiciones de mezclado para obtener una mezcla con las propiedades adecuadas.
- **Usar instrumentos de medición precisos:** resulta importante utilizar instrumentos de medición precisos para garantizar la dosificación correcta de los componentes.
- **Mezclar los componentes de manera uniforme:** se deben mezclar los componentes de manera uniforme para obtener una mezcla homogénea y evitar la formación de grumos.
- **Realizar pruebas de trabajabilidad:** se recomienda realizar pruebas de trabajabilidad antes de aplicar la mezcla para verificar su consistencia y adherencia.
- **Almacenar los componentes en condiciones adecuadas:** los componentes deben almacenarse en condiciones adecuadas de temperatura, humedad y ventilación para evitar su deterioro o alteración de sus propiedades.

3.3.3. Amasado con medios manuales y mecánicos

La elaboración de adhesivos y materiales de rejuntado requiere de un proceso de amasado adecuado para obtener un producto homogéneo, trabajable y con sus propiedades óptimas para la aplicación deseada. Este proceso puede realizarse de forma manual o utilizando herramientas mecánicas, cada método con sus propias ventajas y limitaciones.

En este apartado, se explican en detalle el amasado con medios manuales y mecánicos en la elaboración de adhesivos y materiales de rejuntado, analizando los principios fundamentales de cada técnica, las herramientas y los equipos utilizados, las recomendaciones para su uso correcto y las consideraciones para seleccionar el método más adecuado en cada caso.

➤ Amasado manual

El amasado manual es un método tradicional que se caracteriza por su simplicidad y economía. Se realiza utilizando herramientas manuales como paletas, cucharas o amasadoras manuales, y requiere de esfuerzo físico para mezclar los componentes de manera uniforme.

Figura 3.10. El amasado manual debe garantizar las mismas características que el mecánico.

Las **ventajas** del amasado manual son:

- **Bajo coste:** no requiere de inversión en equipos costosos.
- **Portabilidad:** las herramientas manuales son fáciles de transportar y utilizar en lugares de difícil acceso.
- **Control preciso:** permite un control preciso de la consistencia de la mezcla.

Sin embargo, las **desventajas** del amasado manual son:

- **Trabajo físico:** requiere de esfuerzo físico considerable, lo que puede ser agotador para grandes cantidades de mezcla.
- **Limitación de volumen:** no es adecuado para grandes cantidades de mezcla.

- **Menos homogeneidad:** puede ser difícil lograr una mezcla completamente homogénea, especialmente en mezclas con componentes de diferentes tamaños.

➤ Amasado mecánico

El amasado mecánico utiliza herramientas y equipos motorizados para mezclar los componentes de manera eficiente y rápida. Ofrece mayor comodidad y reduce el esfuerzo físico, siendo ideal para grandes cantidades de mezcla.

➤ Tipos de equipos para amasado mecánico

- **Mezcladoras de mano:** son herramientas portátiles que se utilizan con una sola mano y son ideales para pequeñas cantidades de mezcla.
- **Mezcladoras de barril:** consisten en un tambor giratorio que mezcla los componentes de manera uniforme. Son adecuadas para cantidades medias de mezcla.
- **Mezcladoras de tambor:** son equipos de mayor capacidad con un tambor giratorio que permite mezclar grandes cantidades de material.

Como **ventajas** del amasado mecánico, están:

- **Menor esfuerzo físico:** reduce considerablemente el esfuerzo físico necesario para mezclar los componentes.
- **Mayor rapidez:** permite mezclar grandes cantidades de material en menos tiempo.
- **Mayor homogeneidad:** facilita la obtención de una mezcla completamente homogénea.

Sin embargo, tiene las siguientes **desventajas:**

- **Mayor coste:** requiere de inversión en equipos motorizados.
- **Menor portabilidad:** los equipos motorizados son menos portátiles que las herramientas manuales.
- **Riesgo de sobremezclado:** si se excede el tiempo de mezcla, se puede alterar la consistencia y las propiedades de la mezcla.

➤ Selección del método de amasado

La elección del método de amasado adecuado depende de diversos factores, como la cantidad de mezcla requerida, la disponibilidad de equipos, el tipo de adhesivo o material de rejuntado y las preferencias del usuario.

- **Para pequeñas cantidades de mezcla:** el amasado manual suele ser suficiente y económico.
- **Para cantidades medias de mezcla:** las mezcladoras de barril o de mano eléctricas pueden ser una buena opción.
- **Para grandes cantidades de mezcla:** las mezcladoras de tambor son la mejor opción para garantizar la eficiencia y homogeneidad de la mezcla.

➤ Recomendaciones para el amasado manual y mecánico

- **Seguir las instrucciones del fabricante:** las instrucciones del fabricante proporcionan información específica sobre el tiempo de mezcla recomendado para cada tipo de adhesivo o material de rejuntado.
- **Mezclar los componentes de manera uniforme:** es importante mezclar los componentes de manera uniforme para obtener una mezcla homogénea y evitar la formación de grumos.
- **Evitar el sobremezclado:** el sobremezclado puede alterar la consistencia y las propiedades de la mezcla, por lo que se debe seguir el tiempo de mezcla recomendado.
- **Limpiar los equipos después de cada uso:** es importante limpiar los equipos después de cada uso para evitar la acumulación de material y garantizar su buen funcionamiento.

3.3.4. Llenado de contenedores de transporte

La elaboración de adhesivos y materiales de rejuntado implica, no solo la mezcla de componentes, sino también la transferencia eficiente de la mezcla a los contenedores de transporte adecuados para su distribución y uso. Este proceso, conocido como llenado de contenedores de transporte, juega un papel crucial para garantizar la integridad, la calidad y la practicidad de la mezcla durante su traslado y almacenamiento.

➤ Selección de contenedores adecuados

- **Tipo de material:** los contenedores deben estar fabricados con materiales compatibles con el tipo de adhesivo o material de rejuntado, considerando aspectos como la resistencia química, la impermeabilidad y la facilidad de limpieza.
- **Tamaño y capacidad:** el tamaño y la capacidad de los contenedores deben ser adecuados para la cantidad de mezcla requerida, considerando aspectos como la facilidad de transporte y almacenamiento.

- **Forma y diseño:** la forma y el diseño de los contenedores deben facilitar el llenado, la distribución y la extracción de la mezcla, evitando derrames y desperdicios.

➤ Prácticas recomendadas para el llenado de contenedores de transporte

- **Preparar el área de trabajo:** hay que asegurarse que el área de trabajo esté limpia, ordenada y bien iluminada para evitar accidentes o derrames.
- **Preparar los contenedores:** se deben limpiar y secar los contenedores antes de llenarlos para garantizar la higiene y evitar la contaminación de la mezcla.
- **Llenar los contenedores de manera uniforme:** es importante distribuir la mezcla de manera uniforme en los contenedores para evitar vacíos o áreas con exceso de material.
- **Eliminar el aire atrapado:** se debe eliminar el aire atrapado en la mezcla golpeando suavemente los contenedores o utilizando una espátula para eliminar las burbujas de aire.
- **Sellado los contenedores:** los contenedores deben cerrarse herméticamente para evitar la pérdida de humedad, la entrada de polvo o contaminantes y garantizar la calidad de la mezcla.
- **Etiquetar los contenedores:** una etiqueta en los contenedores con información relevante como la fecha de elaboración, el tipo de adhesivo o material de rejuntado, y las instrucciones de almacenamiento y uso, resulta de gran ayuda.

3.3.5. Condiciones ambientales para la elaboración de adhesivos y materiales de rejuntado

A continuación, se definen en detalle las condiciones ambientales ideales para la elaboración de adhesivos y materiales de rejuntado, analizando los efectos de cada factor ambiental, las recomendaciones para controlar estas condiciones y las estrategias para adaptar el proceso a diferentes entornos.

➤ Efectos de la temperatura

- **Temperaturas altas:** las temperaturas altas pueden acelerar el tiempo de fraguado y curado de la mezcla, lo que puede dificultar su trabajabilidad y aumentar el riesgo de agrietamiento o desprendimiento.

- **Temperaturas bajas:** las temperaturas bajas pueden ralentizar el tiempo de fraguado y curado de la mezcla, lo que puede afectar la resistencia final del material y prolongar el tiempo de trabajo.

➤ Recomendaciones para controlar la temperatura

- **Realizar la mezcla en un ambiente con temperatura controlada:** idealmente, la mezcla debe realizarse en un ambiente con una temperatura de entre 18 °C y 25 °C.
- **Proteger la mezcla de temperaturas extremas:** la mezcla debe protegerse de la exposición directa a la luz solar, fuentes de calor y corrientes de aire frío.
- **Utilizar agua a temperatura adecuada:** el agua utilizada para la mezcla debe estar a una temperatura cercana a la temperatura ambiente.

➤ Efectos de la humedad

- **Humedad alta:** la humedad alta puede afectar al tiempo de fraguado y curado de la mezcla, aumentando el riesgo de formación de hongos o moho.
- **Humedad baja:** la humedad baja puede acelerar el tiempo de fraguado y curado de la mezcla, lo que puede dificultar su trabajabilidad.

➤ Recomendaciones para controlar la humedad

- **Realizar la mezcla en un ambiente con humedad controlada:** idealmente, la mezcla debe realizarse en un ambiente con una humedad relativa de entre 50 % y 70 %.
- **Evitar realizar la mezcla en ambientes con condensación o goteras:** la presencia de agua en la superficie de trabajo puede afectar la calidad de la mezcla.
- **Proteger la mezcla de la humedad excesiva:** la mezcla debe protegerse de la exposición directa a la lluvia, neblina o fuentes de humedad.

➤ Efectos de la ventilación

- **Ventilación adecuada:** una ventilación adecuada es esencial para eliminar los gases y vapores liberados durante la mezcla y el curado de la mezcla, evitando la inhalación de sustancias nocivas.
- **Ventilación excesiva:** una ventilación excesiva puede acelerar el secado de la mezcla, lo que dificulta su trabajabilidad.

➤ Recomendaciones para la ventilación

- **Realizar la mezcla en un área bien ventilada:** el área de trabajo debe tener una ventilación natural o artificial adecuada.
- **Evitar realizar la mezcla en espacios cerrados sin ventilación:** la falta de ventilación puede generar una concentración excesiva de gases y vapores.
- **Utilizar equipos de protección personal:** si es necesario, se deben utilizar equipos de protección personal como mascarillas o guantes para protegerse de los gases y vapores liberados.

➤ Adaptación del proceso a diferentes entornos

- **Climas cálidos y secos:** en climas cálidos y secos, se recomienda utilizar agua fría para la mezcla y proteger la mezcla de la exposición directa al sol.
- **Climas fríos y húmedos:** en climas fríos y húmedos, se recomienda utilizar agua tibia para la mezcla y controlar la humedad del ambiente para evitar la formación de hongos o moho.

3.4. EQUIPOS

En el sector de la construcción, la elaboración de adhesivos y materiales de rejuntado requiere de una amplia gama de equipos para realizar las diferentes tareas involucradas en el proceso, desde la mezcla y el transporte hasta la aplicación y el acabado. La selección, comprobación y manejo adecuados de estos equipos son esenciales para garantizar la calidad, eficiencia y seguridad del trabajo.

3.4.1. Tipos y funciones (selección, comprobación y manejo)

A continuación, se exponen los diferentes tipos de equipos:

➤ Mezcladoras

Las mezcladoras son equipos esenciales para mezclar los componentes de los adhesivos y materiales de rejuntado de manera uniforme y homogénea. Existen diferentes tipos de mezcladoras:

- **Mezcladoras manuales:** son herramientas portátiles que se utilizan con una sola mano y son ideales para pequeñas cantidades de mezcla.

Figura 3.11. La batidora es una herramienta que facilita el amasado de pequeñas cantidades.

- **Mezcladoras de barril:** consisten en un tambor giratorio que mezcla los componentes de manera uniforme. Son adecuadas para cantidades medias de mezcla.

Figura 3.12. La hormigonera es esencial en cualquier obra de construcción.

- **Mezcladoras de tambor:** son equipos de mayor capacidad con un tambor giratorio que permite mezclar grandes cantidades de material.
- **Mezcladoras de hélice:** utilizan una hélice para mezclar los componentes de manera rápida y eficiente. Son ideales para mezclas viscosas o para aplicaciones que requieren un alto grado de homogeneidad.

¿Sabías que...

existen mezcladoras de mortero diseñadas específicamente para trabajar en el espacio?

Estos equipos especializados deben ser compactos y ligeros para poder ser transportados y utilizados en condiciones de microgravedad.

➤ Bombas

Las bombas se utilizan para transferir la mezcla desde el punto de mezclado hasta el lugar de aplicación. Existen diferentes tipos de bombas:

- **Bombas de pistón:** son bombas de desplazamiento positivo que ofrecen un flujo constante y preciso.
- **Bombas de membrana:** son bombas de desplazamiento positivo menos propensas a obstrucciones que las bombas de pistón.
- **Bombas peristálticas:** son bombas de desplazamiento positivo ideales para transferir mezclas viscosas o sensibles al cizallamiento.

➤ Herramientas de aplicación

Las herramientas de aplicación se utilizan para distribuir la mezcla sobre la superficie a unir. Existen diferentes tipos de herramientas de aplicación:

- **Llanas:** las llanas se utilizan para aplicar la mezcla de manera uniforme sobre superficies planas.

Figura 3.13. El uso de la llana debe ser conocido por cualquier profesional de la construcción.

- **Espátulas:** las espátulas se usan para aplicar la mezcla en áreas de difícil acceso o para realizar acabados finos.
- **Pistolas de calafateo:** las pistolas de calafateo se emplean para aplicar mezclas viscosas en juntas o grietas.

¿Sabías que...

en algunas culturas antiguas, las herramientas de albañilería tenían un significado simbólico y eran utilizadas en rituales religiosos?

Por ejemplo, el martillo podía representar la fuerza y la creación, mientras que la plomada simbolizaba la justicia y el equilibrio.

- **Equipos de limpieza:** los equipos de limpieza se usan para limpiar los equipos y herramientas utilizados en la elaboración de adhesivos y materiales de rejuntado. Existen diferentes tipos de equipos de limpieza:
  - — **Lavadoras a presión:** las lavadoras a presión se emplean para eliminar la suciedad y el material adherido de las superficies y equipos.
  - — **Compresores de aire:** los compresores de aire se utilizan para soplar el polvo y la suciedad de las superficies y equipos.
  - — **Aspiradoras:** las aspiradoras se usan para eliminar el polvo, la suciedad y el material derramado.

➤ Selección de equipos

A continuación, veamos los aspectos que se deben tener en cuenta a la hora de la selección de los equipos:

- La selección de los equipos adecuados depende de varios factores, como la cantidad de material a mezclar, el tipo de adhesivo o material de rejuntado, el método de aplicación y las condiciones de trabajo.
- Para pequeñas cantidades de material, se pueden utilizar mezcladoras manuales y herramientas de aplicación manuales. Para grandes cantidades de material, se recomienda optar por mezcladoras mecánicas, bombas y herramientas de aplicación neumáticas o eléctricas.
- Algunos adhesivos o materiales de rejuntado pueden requerir equipos especiales para su mezcla o aplicación. Se deben consultar las instrucciones del fabricante para determinar los equipos recomendados.
- El método de aplicación elegido determinará el tipo de herramienta de aplicación necesaria. Por ejemplo, si se va a aplicar la mezcla en superficies planas, se necesitará una llana. Si se va a aplicar la mezcla en juntas o grietas, se necesitará una pistola de calafateo.
- Las condiciones de trabajo pueden afectar la selección de equipos. Por ejemplo, si se va a trabajar en espacios confinados, se pueden necesitar equipos compactos y portátiles.

➤ Comprobación de equipos

Antes de utilizar los equipos, es importante realizar una comprobación visual para detectar cualquier daño o desgaste. También es necesario leer las instrucciones del fabricante para familiarizarse con el funcionamiento correcto del equipo y las medidas de seguridad necesarias.

➤ Manejo seguro de equipos

- **Seguir las instrucciones del fabricante:** se deben leer y seguir cuidadosamente las instrucciones del fabricante para cada equipo.
- **Utilizar el equipo para el propósito previsto:** no se puede utilizar el equipo para ningún otro propósito que no sea el previsto por el fabricante.
- **Usar el equipo de protección personal adecuado:** se debe usar el equipo de protección personal adecuado, como gafas de seguridad, guantes y protectores auditivos, según sea necesario.
- **Mantener el equipo limpio y en buen estado:** es importante limpiar y mantener el equipo de manera regular de acuerdo con las instrucciones del fabricante.
- **Inspeccionar el equipo antes de cada uso:** se debe inspeccionar el equipo antes de cada uso para detectar cualquier daño o desgaste. No se utilizará el equipo si está dañado.
- **Desconectar el equipo cuando no esté en uso:** hay que desconectar el equipo de la fuente de alimentación cuando no esté en uso.
- **No sobrecargar el equipo:** no hay que sobrecargar el equipo más allá de su capacidad nominal.
- **Tener cuidado al transportar el equipo:** se debe ser cuidadoso al transportar el equipo para evitar daños.
- **Almacenar el equipo adecuadamente:** el equipo debe estar guardado en un lugar seco, fresco y fuera del alcance de los niños.

3.5. EQUIPOS DE PROTECCIÓN

La elaboración de morteros, hormigones, adhesivos y materiales de rejuntado implica la manipulación de diversos materiales y la exposición a una variedad de riesgos, como el polvo, los humos químicos, los derrames y los peligros eléctricos. La utilización adecuada de equipos de protección individual y colectiva es fundamental para proteger la salud y el bienestar de las personas trabajadoras, así como para prevenir accidentes y enfermedades profesionales.

En este apartado, se detallan los tipos de equipos de protección individual y colectiva usados en la elaboración de morteros, hormigones, adhesivos y materiales de rejuntado, analizando sus características, funciones y aplicaciones específicas.

3.5.1. Individuales

Los equipos de protección individual (EPI) son elementos o dispositivos que se utilizan para proteger a las personas trabajadoras de riesgos específicos para su salud y seguridad durante la realización de sus tareas. En el contexto de la elaboración de morteros, hormigones, adhesivos y materiales de rejuntado, los EPI más comunes incluyen:

- **Protección respiratoria:** mascarillas, respiradores o equipos de respiración autónoma para proteger las vías respiratorias del polvo, los humos químicos y los gases nocivos.
- **Protección ocular:** gafas de seguridad, pantallas faciales o viseras para proteger los ojos de salpicaduras, partículas y radiación ultravioleta.

Figura 3.14. Los equipos de protección individual (EPI) deben usarse en todo momento.

- **Protección auditiva:** tapones para los oídos o protectores auditivos para proteger los oídos del ruido excesivo.

Figura 3.15. La protección personal debe ser una prioridad.

- **Protección de manos:** guantes de protección química, guantes de látex o guantes de cuero para proteger las manos del contacto con productos químicos, abrasivos y materiales cortantes.

Figura 3.16. Las manos deben protegerse convenientemente.

- **Calzado de seguridad:** botas o zapatos de seguridad con puntera reforzada y suela antideslizante para proteger los pies de caídas de objetos, golpes y perforaciones.

Figura 3.17. El calzado de seguridad debe usarse en todo momento.

- **Ropa de trabajo:** batas o delantales para proteger la piel y la ropa del contacto con materiales químicos, polvo y suciedad.

¿Sabías que...

algunas botas de seguridad están equipadas con sensores que pueden detectar la presencia de gases tóxicos?

Estas botas alertan al trabajador en caso de peligro, permitiendo que se retire de la zona de riesgo.

➤ Selección y uso adecuado de los EPI

La selección adecuada de los EPI depende de los riesgos específicos presentes en el lugar de trabajo. Es importante consultar las hojas de datos de seguridad (HDS) de los materiales utilizados y las normas de seguridad y salud ocupacional vigentes para determinar qué EPI son necesarios.

El uso correcto de los EPI es fundamental para su eficacia. Hay que seguir las instrucciones del fabricante para cada tipo de EPI, incluyendo su colocación, ajuste, mantenimiento y reemplazo.

¿Sabías que...

existen arneses de seguridad con sistemas de posicionamiento global (GPS)?

Estos arneses permiten a los equipos de rescate localizar rápidamente a los trabajadores en caso de accidente.

3.5.2. Colectivos

Los equipos de protección colectiva (EPC) son instalaciones o dispositivos que se utilizan para proteger a todas las personas trabajadoras en un área de trabajo de riesgos generales o específicos. A la hora de elaborar morteros, hormigones, adhesivos y materiales de rejuntado, los EPC más comunes son:

- **Ventilación general:** sistemas de ventilación por extracción o recirculación para eliminar el polvo, los humos químicos y los gases nocivos del ambiente de trabajo.
- **Ventilación local:** campanas extractoras o brazos de aspiración para eliminar contaminantes específicos de una fuente puntual.
- **Barreras físicas:** pantallas, mamparas o cortinas para separar las áreas de trabajo y minimizar la exposición a riesgos.

¿Sabías que...

los antiguos romanos utilizaban andamios de madera para construir sus coliseos y acueductos?

Estos andamios eran estructuras temporales y rudimentarias, pero permitieron a los trabajadores alcanzar grandes alturas.

- **Señalización de seguridad:** señales de advertencia, avisos e instrucciones para alertar a los trabajadores sobre los riesgos presentes y las medidas de seguridad a seguir.
- **Iluminación adecuada:** sistemas de iluminación que proporcionen una visibilidad adecuada para realizar las tareas de manera segura.

➤ Implementación y mantenimiento de los EPC

La implementación y el mantenimiento adecuados de los EPC son esenciales para garantizar su efectividad. Es importante contar con un plan de seguridad y salud ocupacional que defina los EPC necesarios, su ubicación, su mantenimiento y su uso correcto.

En resumen, la utilización adecuada de equipos de protección individual y colectiva es una medida fundamental para garantizar la seguridad y el bienestar de las personas trabajadoras en la elaboración de morteros, hormigones, adhesivos y materiales de rejuntado. Al seleccionar los EPI y EPC adecuados, utilizarlos correctamente y mantenerlos en buen estado, los empleadores y los trabajadores pueden contribuir a prevenir accidentes, enfermedades profesionales y crear un ambiente de trabajo seguro y saludable.

3.6. RIESGOS LABORALES Y AMBIENTALES; MEDIDAS DE PREVENCIÓN

La elaboración de morteros, hormigones, adhesivos y materiales de rejuntado implica una serie de actividades que pueden exponer a las personas trabajadoras a diversos riesgos laborales y ambientales. Estos riesgos pueden afectar su salud a corto y largo plazo, así como generar impactos negativos en el medioambiente.

En este apartado, exploraremos en detalle los principales riesgos laborales y ambientales asociados a la elaboración de estos materiales, analizando las medidas de prevención y protección necesarias para minimizar su impacto.

3.6.1. Riesgos laborales

- **Riesgos ergonómicos:** las tareas repetitivas, el manejo de cargas pesadas y las posturas inadecuadas pueden provocar lesiones musculoesqueléticas, como lumbalgias, tendinitis y síndrome del túnel carpiano.
- **Riesgos químicos:** la exposición a polvo cementoso, sílice, aditivos químicos y solventes puede causar enfermedades respiratorias, alergias dérmicas y problemas gastrointestinales.

- **Riesgos físicos:** el ruido excesivo, las vibraciones y la exposición a temperaturas extremas pueden generar daños auditivos, problemas musculoesqueléticos y estrés térmico.
- **Riesgos eléctricos:** el uso de herramientas eléctricas, maquinaria y cables defectuosos puede provocar descargas eléctricas y quemaduras.
- **Riesgos de caídas y golpes:** la manipulación de materiales pesados, el trabajo en altura y la presencia de superficies resbaladizas pueden ocasionar caídas y golpes que pueden ser graves.

3.6.2. Riesgos ambientales

- **Contaminación del aire:** la emisión de polvo cementoso, sílice y gases nocivos durante la mezcla y el fraguado de los materiales puede contaminar el aire y afectar a la calidad del medioambiente.
- **Contaminación del suelo y del agua:** el vertido inadecuado de residuos de materiales, aguas de lavado y productos químicos puede contaminar el suelo y las fuentes de agua.
- **Generación de residuos:** la producción de morteros, hormigones, adhesivos y materiales de rejuntado genera una cantidad considerable de residuos sólidos, algunos de los cuales pueden ser peligrosos.

3.6.3. Medidas de prevención y protección

Para minimizar los riesgos laborales y ambientales asociados a la elaboración de estos materiales, es fundamental implementar medidas de prevención y protección adecuadas, que incluyen:

➤ Prevención de riesgos laborales

- **Ergonomía:** implementar técnicas de manipulación de cargas correctas, utilizar herramientas ergonómicas y adaptar los puestos de trabajo para evitar posturas inadecuadas.
- **Higiene industrial:** controlar la exposición al polvo, humos químicos y solventes mediante sistemas de ventilación adecuados, utilizar equipos de protección individual (EPI) y realizar mediciones periódicas de la calidad del aire.
- **Seguridad en el trabajo:** implementar procedimientos de trabajo seguros, utilizar herramientas y equipos en buen estado, señalizar adecuadamente las áreas de riesgo y capacitar a las personas trabajadoras en materia de seguridad y salud ocupacional.

¿Sabías que...

Se dice que, durante la construcción de la Torre Eiffel, se utilizó un sistema de ascensores especialmente diseñado para transportar a los trabajadores y los materiales hasta la cima de la torre. Este sistema fue una verdadera innovación tecnológica para la época y permitió acelerar la construcción de uno de los monumentos más famosos del mundo.

➤ Prevención de riesgos ambientales

- **Gestión de residuos:** implementar un plan de gestión de residuos para la correcta clasificación, almacenamiento, transporte y eliminación de los residuos generados.
- **Control de emisiones:** utilizar sistemas de filtración de polvo y gases para reducir las emisiones contaminantes al aire.
- **Protección de recursos hídricos:** implementar medidas para evitar el vertido de residuos y aguas de lavado en el suelo y las fuentes de agua.

3.7. MATERIALES, TÉCNICAS Y EQUIPOS INNOVADORES DE RECIENTE IMPLANTACIÓN

La industria de la construcción se encuentra en constante evolución, buscando soluciones innovadoras que optimicen los procesos de elaboración, mejoren las propiedades de los materiales y reduzcan el impacto ambiental. En el ámbito de la elaboración de morteros, hormigones, adhesivos y materiales de rejuntado, surgen continuamente nuevos materiales, técnicas y equipos que aportan beneficios significativos en términos de calidad, eficiencia y sostenibilidad.

En este apartado, se definen en detalle algunos de los materiales, técnicas y equipos innovadores de reciente implantación que están transformando la forma en que se elaboran estos materiales esenciales para la construcción.

3.7.1. Materiales innovadores

A continuación de indican los principales materiales innovadores:

- **Morteros de altas prestaciones:** incorporan aditivos y fibras que les confieren propiedades superiores de resistencia, trabajabilidad, adherencia y durabilidad, reduciendo la necesidad de encofrados y mejorando el rendimiento estructural de las edificaciones.

- **Hormigones autonivelantes:** poseen una alta fluidez que permite la autonivelación de los hormigones, facilitando el vertido y eliminando la necesidad de vibrado, lo que se traduce en ahorros de tiempo y mano de obra.
- **Adhesivos de base acuosa:** estos adhesivos libres de compuestos orgánicos volátiles (COV) son más ecológicos y seguros para la salud de las personas trabajadoras, ofreciendo una alta adherencia y resistencia a la humedad.
- **Materiales de rejuntado de alta resistencia:** estos materiales de rejuntado presentan una mayor resistencia al desgaste, las manchas y la proliferación de moho, prolongando la vida útil de los revestimientos y facilitando su limpieza.

3.7.2. Técnicas innovadoras

Las principales técnicas innovadoras son:

- La implementación de sistemas de dosificación automática de materiales asegura una mayor precisión en la mezcla, reduciendo el desperdicio y optimizando el consumo de materiales.
- Los sistemas de mezclado continuo de hormigón permiten una producción homogénea y constante del material, optimizando el tiempo de fraguado y mejorando la calidad del hormigón.
- La utilización de robots y otras herramientas automatizadas para la aplicación de morteros, adhesivos y materiales de rejuntado permite una mayor precisión, uniformidad y ahorro de tiempo.
- El curado mediante vapor acelera el proceso de fraguado del hormigón, permitiendo un desmoldado más rápido y una mayor resistencia inicial del material.

3.7.3. Equipos innovadores

A continuación de indican los principales equipos innovadores:

- **Mezcladoras de alta velocidad:** permiten una mezcla rápida y homogénea de materiales viscosos y densos, como morteros de altas prestaciones y hormigones autonivelantes.
- **Bombas de hormigón de alta presión:** permiten bombear hormigón a grandes distancias y alturas, facilitando el trabajo en proyectos de gran envergadura.
- **Sistemas de control de calidad automatizados:** la implementación de sistemas de control de calidad automatizados permite monitorizar los parámetros críticos de la mezcla y el fraguado de los materiales, garantizando la calidad final del producto.

- **Herramientas de acabado eléctricas:** las herramientas de acabado eléctricas, como lijadoras y pulidoras, permiten un acabado más rápido, preciso y uniforme de las superficies revestidas.

3.7.4. Impacto de las innovaciones

La adopción de materiales, técnicas y equipos innovadores en la elaboración de morteros, hormigones, adhesivos y materiales de rejuntado genera un impacto positivo en diversos aspectos:

- Los materiales y técnicas innovadoras permiten obtener estructuras más resistentes, duraderas y con mejores propiedades estéticas.
- Los equipos automatizados y las técnicas optimizadas reducen el tiempo de ejecución de las obras, el consumo de materiales y la mano de obra necesaria.
- Los materiales ecológicos, las técnicas de bajo consumo energético y la gestión eficiente de residuos contribuyen a minimizar el impacto ambiental de la construcción.
- Los equipos ergonómicos, la automatización de tareas y la reducción de la exposición a agentes nocivos mejoran la seguridad y el bienestar de las personas trabajadoras.

ACTIVIDADES FINALES

De comprobación

3.1. ¿Qué se entiende por identificación y control de componentes en la elaboración de pastas y morteros?

a) La selección y verificación de la calidad de los materiales utilizados, como cemento, áridos y agua.

b) El proceso de mezclado y amasado de los componentes para obtener la pasta o el mortero deseado.

c) El control del fraguado y endurecimiento del material una vez aplicado.

3.2. ¿En qué consiste la dosificación en peso y volumen en la elaboración de pastas y morteros y qué correcciones de dosificación se pueden aplicar?

a) La dosificación en peso se basa en la cantidad de material por kilogramo, mientras que la dosificación en volumen se basa en la cantidad de material por metro cúbico. Las correcciones de dosificación se realizan ajustando la cantidad de agua o áridos para obtener la trabajabilidad deseada.

b) La dosificación en peso es más precisa y se utiliza para aplicaciones donde se requiere alta resistencia y durabilidad, mientras que la dosificación en volumen es más rápida y sencilla para aplicaciones menos exigentes. Las correcciones de dosificación no son necesarias si se utilizan las proporciones correctas de materiales.

c) La dosificación en peso es más común en la industria de la construcción, mientras que la dosificación en volumen se utiliza principalmente en aplicaciones de bricolaje. Las correcciones de dosificación solo se pueden aplicar si se utiliza un mezclador mecánico.

3.3. ¿Qué diferencias existen entre el amasado manual y mecánico de pastas y morteros?

a) El amasado manual es más lento y requiere más esfuerzo físico, mientras que el amasado mecánico es más rápido y uniforme. Ambos métodos pueden producir pastas y morteros de buena calidad si se realizan correctamente.

b) El amasado manual solo se utiliza para pequeñas cantidades de material, mientras que el amasado mecánico es necesario para grandes cantidades. El tipo de mezclador utilizado no afecta la calidad del material.

c) El amasado manual es ideal para obtener una mezcla más homogénea y aireada, mientras que el amasado mecánico es más adecuado para mezclas densas y compactas.

3.4. ¿Qué factores influyen en el aporte de agua en la elaboración de pastas y morteros?

a) La cantidad de agua necesaria depende de la trabajabilidad deseada, la retención de agua de los áridos y el tipo de cemento utilizado. Un exceso de agua puede disminuir la resistencia del material, mientras que una cantidad insuficiente puede dificultar su aplicación.

b) El agua debe ser limpia y libre de impurezas, ya que estas pueden afectar la calidad del material. La temperatura del agua también puede influir en el fraguado y endurecimiento del mortero.

c) La cantidad de agua se determina en función de la relación agua-cemento (a/c), que es un parámetro crucial para la resistencia y durabilidad del material.

3.5. ¿Qué precauciones se deben tomar al llenar contenedores de transporte con pastas y morteros frescos?

a) El llenado debe realizarse de forma gradual y uniforme para evitar la segregación del material. Se deben utilizar equipos adecuados para evitar derrames y salpicaduras.

b) Los contenedores deben ser de material resistente y estar limpios y secos antes de su uso. El tiempo de transporte debe ser lo más corto posible para evitar el fraguado prematuro del material.

c) La temperatura del contenedor y del ambiente debe ser adecuada para mantener la trabajabilidad del material durante el transporte. Se deben utilizar aditivos retardantes de fraguado si el tiempo de transporte es prolongado.

3.6. ¿Qué condiciones ambientales influyen en la elaboración de pastas y morteros?

a) La temperatura y la humedad del ambiente pueden afectar el fraguado y endurecimiento del material. Temperaturas extremas o cambios bruscos de temperatura pueden provocar fisuraciones o retracciones.

b) La presencia de viento o corrientes de aire puede acelerar el secado del material, lo que puede dificultar su trabajabilidad. Se recomienda trabajar en un ambiente interior o protegido de las inclemencias del tiempo.

c) La iluminación adecuada es importante para garantizar una correcta mezcla y aplicación del material. Se deben utilizar equipos de iluminación adecuados si se trabaja en condiciones de poca luz.

3.7. ¿Qué aspectos se consideran en la identificación y control de componentes en la elaboración de hormigones?

a) La selección y verificación de la calidad de los materiales utilizados, como cemento, áridos, agua y aditivos. Se deben cumplir las especificaciones técnicas y normativas para garantizar las propiedades deseadas del hormigón.

b) El proceso de mezclado y amasado de los componentes para obtener una mezcla homogénea y uniforme. El orden de adición de los materiales y el tiempo de mezclado son factores importantes para la calidad del hormigón.

c) El control del fraguado y endurecimiento del hormigón una vez colocado y curado. El curado adecuado es esencial para alcanzar la resistencia y durabilidad deseadas del hormigón.

3.8. ¿En qué consiste la dosificación en peso y volumen en la elaboración de hormigones y qué correcciones de dosificación se pueden aplicar?

a) La dosificación en peso se basa en la cantidad de material por kilogramo, mientras que la dosificación en volumen se basa en la cantidad de material por metro cúbico. Las correcciones de dosificación se realizan ajustando la cantidad de agua o áridos para obtener la trabajabilidad, trabajabilidad y resistencia deseadas del hormigón.

b) La dosificación en peso es más precisa y se utiliza para aplicaciones donde se requiere alta resistencia y durabilidad, mientras que la dosificación en volumen es más rápida y sencilla para aplicaciones menos exigentes. Las correcciones de dosificación no son necesarias si se utilizan las proporciones correctas de materiales.

c) La dosificación en peso es más común en la industria de la construcción, mientras que la dosificación en volumen se utiliza principalmente en aplicaciones de bricolaje. Las correcciones de dosificación solo se pueden aplicar si se utiliza un mezclador mecánico.

3.9. ¿Qué diferencias existen entre el amasado manual y mecánico de hormigones?

a) El amasado manual es más lento y requiere más esfuerzo físico, mientras que el amasado mecánico es más rápido y uniforme. Ambos métodos pueden producir hormigones de buena calidad si se realizan correctamente.

b) El amasado manual solo se utiliza para pequeñas cantidades de material, mientras que el amasado mecánico es necesario para grandes cantidades. El tipo de mezclador utilizado no afecta la calidad del material.

c) El amasado manual es ideal para obtener una mezcla más homogénea y aireada, mientras que el amasado mecánico es más adecuado para mezclas densas y compactas.

3.10. ¿Qué factores influyen en el aporte de agua en la elaboración de hormigones?

a) La cantidad de agua necesaria depende de la trabajabilidad, resistencia y durabilidad deseadas del hormigón. Un exceso de agua puede disminuir la resistencia del material, mientras que una cantidad insuficiente puede dificultar su aplicación y afectar el fraguado.

b) El agua debe ser limpia y libre de impurezas, ya que estas pueden afectar la calidad del hormigón. La temperatura del agua también puede influir en el fraguado y endurecimiento del hormigón.

c) La cantidad de agua se determina en función de la relación agua-cemento (a/c), que es un parámetro crucial para la resistencia, trabajabilidad y durabilidad del hormigón.

3.11. ¿Qué precauciones se deben tomar al llenar contenedores de transporte con hormigón fresco?

a) El llenado debe realizarse de forma gradual y uniforme para evitar la segregación del material. Se deben utilizar equipos adecuados para evitar derrames y salpicaduras.

b) Los contenedores deben ser de material resistente y estar limpios y secos antes de su uso. El tiempo de transporte debe ser lo más corto posible para evitar el fraguado prematuro del material.

c) La temperatura del contenedor y del ambiente debe ser adecuada para mantener la trabajabilidad del hormigón durante el transporte. Se deben utilizar aditivos retardantes de fraguado si el tiempo de transporte es prolongado.

3.12. ¿Qué condiciones ambientales influyen en la elaboración de hormigones?

a) La temperatura y la humedad del ambiente pueden afectar el fraguado y endurecimiento del hormigón. Temperaturas extremas o cambios bruscos de temperatura pueden provocar fisuraciones o retracciones.

b) La presencia de viento o corrientes de aire puede acelerar el secado del hormigón, lo que puede afectar la trabajabilidad y el fraguado. Se recomienda trabajar en un ambiente interior o protegido de las inclemencias del tiempo.

c) La iluminación adecuada es importante para garantizar una correcta mezcla y aplicación del hormigón. Se deben utilizar equipos de iluminación.

3.13. ¿Qué se entiende por identificación y control de componentes en la elaboración de adhesivos y materiales de rejuntado?

a) La selección y verificación de la calidad de los materiales utilizados, como resinas, endurecedores, áridos, aditivos y agua. Se deben cumplir las especificaciones técnicas y normativas para garantizar las propiedades deseadas del adhesivo o material de rejuntado.

b) El proceso de mezclado y amasado de los componentes para obtener una mezcla homogénea y uniforme. El orden de adición de los materiales y el tiempo de mezclado son factores importantes para la calidad del adhesivo o material de rejuntado.

c) El control del fraguado y endurecimiento del adhesivo o material de rejuntado una vez aplicado. El curado adecuado es esencial para alcanzar la adherencia, resistencia y durabilidad deseadas del material.

3.14. ¿Qué correcciones de dosificación se pueden aplicar en la elaboración de adhesivos y materiales de rejuntado?

a) Las correcciones de dosificación se pueden realizar ajustando la cantidad de agua o aditivos para obtener la trabajabilidad, adherencia y tiempo de fraguado deseados del material. Es importante seguir las instrucciones del fabricante y realizar pruebas previas para determinar la dosificación correcta.

b) Las correcciones de dosificación solo son necesarias si se utilizan materiales de baja calidad o si las condiciones ambientales son extremas. En general, se recomienda seguir las proporciones recomendadas por el fabricante.

c) Las correcciones de dosificación no son posibles en la elaboración de adhesivos y materiales de rejuntado, ya que la composición de estos materiales está estrictamente definida para garantizar sus propiedades.

3.15. ¿Qué diferencias existen entre el amasado manual y mecánico de adhesivos y materiales de rejuntado?

a) El amasado manual es más lento y requiere más esfuerzo físico, mientras que el amasado mecánico es más rápido y uniforme. Ambos métodos pueden producir adhesivos y materiales de rejuntado de buena calidad si se realizan correctamente.

b) El amasado manual solo se utiliza para pequeñas cantidades de material, mientras que el amasado mecánico es necesario para grandes cantidades. El tipo de mezclador utilizado no afecta la calidad del material.

c) El amasado manual es ideal para obtener una mezcla más homogénea y aireada, mientras que el amasado mecánico es más adecuado para mezclas densas y compactas.

3.16. ¿Qué precauciones se deben tomar al llenar contenedores de transporte con adhesivos o materiales de rejuntado frescos?

a) El llenado debe realizarse de forma gradual y uniforme para evitar la segregación del material. Se deben utilizar equipos adecuados para evitar derrames y salpicaduras.

b) Los contenedores deben ser de material resistente y estar limpios y secos antes de su uso. El tiempo de transporte debe ser lo más corto posible para evitar el fraguado prematuro del material.

c) La temperatura del contenedor y del ambiente debe ser adecuada para mantener la trabajabilidad del material durante el transporte. Se deben utilizar aditivos retardantes de fraguado si el tiempo de transporte es prolongado.

3.17. ¿Qué condiciones ambientales influyen en la elaboración de adhesivos y materiales de rejuntado?

a) La temperatura y la humedad del ambiente pueden afectar el fraguado y endurecimiento del material. Temperaturas extremas o cambios bruscos de temperatura pueden provocar una mala adherencia o fisuraciones.

b) La presencia de viento o corrientes de aire puede acelerar el secado del material, lo que puede dificultar la trabajabilidad y el fraguado. Se recomienda trabajar en un ambiente interior o protegido de las inclemencias del tiempo.

c) La iluminación adecuada es importante para garantizar una correcta mezcla y aplicación del material. Se deben utilizar equipos de iluminación adecuados si se trabaja en condiciones de poca luz.

3.18. ¿Qué tipos de equipos se utilizan en la elaboración de pastas, morteros, hormigones, adhesivos y materiales de rejuntado, y cuáles son sus funciones?

a) Mezcladoras: se utilizan para mezclar los componentes de forma homogénea y uniforme. Existen diferentes tipos de mezcladoras, como manuales, mecánicas, de tambor o de continuo.

b) Bombas: se emplean para transportar el material desde el lugar de mezclado hasta el lugar de aplicación. Existen diferentes tipos de bombas, como de hormigón, de mortero o de membrana.

c) Vibradores: se usan para eliminar las burbujas de aire de la mezcla, lo que mejora la trabajabilidad y la resistencia del material. Existen diferentes tipos de vibradores, como de aguja, de superficie o de encofrado.

3.19. ¿Qué aspectos se deben considerar para la selección, comprobación y manejo de los equipos utilizados en la elaboración de estos materiales?

a) Seleccionar el equipo adecuado para el tipo de material, la cantidad de material a mezclar y las condiciones de trabajo. Verificar el estado del equipo antes de su uso, asegurándose de que no haya daños o averías que puedan afectar su funcionamiento. Manipular el equipo de forma segura y siguiendo las instrucciones del fabricante.

b) Realizar un mantenimiento preventivo periódico del equipo para garantizar su correcto funcionamiento y prolongar su vida útil. Calibrar los equipos de medición, como básculas o medidores de agua, para garantizar la precisión de la dosificación. Almacenar el equipo en un lugar adecuado, limpio y seco, para protegerlo de la intemperie y los daños.

c) Capacitar a los operadores en el uso correcto del equipo, incluyendo los procedimientos de seguridad y mantenimiento. Implementar un sistema de control de riesgos para identificar y evaluar los peligros asociados al uso del equipo, y tomar las medidas preventivas necesarias.

De aplicación

3.1. **Una empresa constructora necesita realizar el revoque de una pared interior en un edificio residencial. ¿Qué tipo de mortero recomendarías para esta aplicación y por qué?**

3.2. **Se va a colocar un pavimento cerámico en una terraza exterior expuesta a la intemperie. ¿Qué tipo de adhesivo y material de rejuntado se deben utilizar en este caso y qué características deben tener?**

3.3. **Se necesita reparar una fisura en una pared de hormigón armado. ¿Qué tipo de mortero o pasta se debe utilizar para esta reparación y cómo se debe preparar y aplicar correctamente?**

3.4. **Se va a instalar un sistema de aislamiento térmico en una fachada exterior mediante la fijación de paneles de poliestireno expandido (EPS). ¿Qué tipo de adhesivo se recomienda para este tipo de aplicación y qué precauciones se deben tomar durante la instalación?**

3.5. **Se está realizando la colocación de baldosas hidráulicas en un baño. ¿Qué tipo de material de rejuntado se recomienda para este tipo de baldosas y cómo se debe aplicar para obtener un acabado de calidad?**

3.6. **Una empresa industrial necesita nivelar el suelo de una nave antes de la instalación de maquinaria pesada. ¿Qué tipo de mortero autonivelante se recomienda para esta aplicación y cómo se debe preparar y aplicar correctamente?**

3.7. **Se va a realizar la instalación de tuberías de PVC en una obra de nueva construcción. ¿Qué tipo de adhesivo se debe utilizar para unir las tuberías y qué precauciones se deben tomar durante la aplicación?**

3.8. **Se necesita sellar las juntas de dilatación en una piscina de hormigón. ¿Qué tipo de sellador se recomienda para este tipo de aplicación y cómo se debe aplicar correctamente?**

3.9. **Se va a colocar un revestimiento de piedra natural en una pared exterior. ¿Qué tipo de adhesivo se recomienda para este tipo de material y qué factores se deben considerar al elegirlo?**

3.10. **Se está realizando la reparación de un pavimento de hormigón armado que presenta daños por desgaste y fisuraciones. ¿Qué tipo de mortero o pasta se debe utilizar para esta reparación y cómo se debe preparar y aplicar correctamente?**

De ampliación

3.1. Investiga y describe las ventajas e inconvenientes de utilizar mezcladoras continuas frente a mezcladoras discontinuas en la elaboración de hormigón a gran escala.

3.2. Explica la importancia de la granulometría de los áridos en la trabajabilidad, resistencia y durabilidad del hormigón, y cómo afecta la elección de la granulometría en diferentes aplicaciones.

3.3. Analiza los diferentes tipos de aditivos utilizados en la elaboración de hormigones, clasificándolos según su función y describiendo sus efectos específicos sobre las propiedades del hormigón.

3.4. Investiga y describe las técnicas innovadoras de colocación de hormigón, como el bombeo de hormigón autocompactante o el uso de hormigones proyectados, destacando sus ventajas y aplicaciones.

3.5. Analiza la relación entre la sostenibilidad en la construcción y la elección de materiales de bajo impacto ambiental en la elaboración de pastas, morteros, adhesivos y materiales de rejuntado.